慶應義塾女子高等学校

〈収録内容〉

2024 年度 …………………………… 数・英・国＋作文

2023 年度 …………………………… 数・英・国＋作文

2022 年度 …………………………… 数・英・国＋作文

2021 年度 …………………………… 数・英・国＋作文

2020 年度 …………………………… 数・英・国＋作文

2019 年度 …………………………… 数・英・国＋作文

平成 30 年度 …………………………… 数・英・国＋作文

平成 29 年度 …………………………… 数・英・国＋作文

DL 平成 28 年度 …………………………… 数・英

DL 平成 27 年度 …………………………… 数・英

※データのダウンロードは 2025 年 3 月末日まで。
※データへのアクセスには、右記のパスワードの入力が必要となります。 ⇒ 565241

〈合格最低点〉

※学校からの合格最低点の発表はありません。

本書の特長

実戦力がつく入試過去問題集

▶ 問題 …………… 実際の入試問題を見やすく再編集。
▶ 解答用紙 …… 実戦対応仕様で収録。
▶ 解答解説 …… 詳しくわかりやすい解説には、難易度の目安がわかる「基本・重要・やや難」の分類マークつき（下記参照）。各科末尾には合格へと導く「ワンポイントアドバイス」を配置。採点に便利な配点つき。

入試に役立つ分類マーク 

基本 確実な得点源！
受験生の 90％以上が正解できるような基礎的、かつ平易な問題。
何度もくり返して学習し、ケアレスミスも防げるようにしておこう。

重要 受験生なら何としても正解したい！
入試では典型的な問題で、長年にわたり、多くの学校でよく出題される問題。
各単元の内容理解を深めるのにも役立てよう。

やや難 これが解ければ合格に近づく！
受験生にとっては、かなり手ごたえのある問題。
合格者の正解率が低い場合もあるので、あきらめずにじっくりと取り組んでみよう。

合格への対策、実力錬成のための内容が充実

▶ 各科目の出題傾向の分析、合否を分けた問題（過去３年分）の確認で、入試対策を強化！
▶ その他、学校紹介、過去問の効果的な使い方など、学習意欲を高める要素が満載！

解答用紙ダウンロード	解答用紙はプリントアウトしてご利用いただけます。弊社ＨＰの商品詳細ページよりダウンロードしてください。トビラのＱＲコードからアクセス可。
＋α ダウンロード	2019年度以降の数学の解説に ＋α が付いています。弊社ＨＰの商品詳細ページよりダウンロードしてください。トビラのＱＲコードからアクセス可。
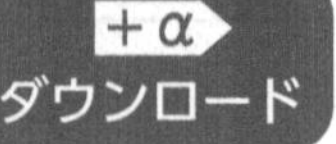	見やすく読みまちがえにくいユニバーサルデザインフォントを採用しています。

慶應義塾女子高等学校

普通科
生徒数　610名
〒108-0073
東京都港区三田2-17-23
☎03-5427-1674
山手線・京浜東北線田町駅、
都営三田線三田駅・白金高輪駅、
都営浅草線三田駅、南北線白金高輪駅
各徒歩10分

慶應唯一の女子高校
多彩な選択科目で可能性を伸ばす
生徒が主役の自由な校風

URL	https://www.gshs.keio.ac.jp

自由自主に基づき知徳の模範を目指す

1858（安政5）年、江戸築地鉄砲洲に蘭学塾を開塾。10年後、芝新銭座に移転して「慶應義塾」と命名した。1874（明治7）年に、のちの幼稚舎となる、和田塾による学校教育を開始。以後、大学部、普通学科を設置して、明治年間に一貫教育体制をつくった。1950（昭和25）年、女子教育の理想実現を目指し、慶應義塾唯一の女子高校として開校した。

福澤諭吉が説いた「独立自尊」をモットーとし、自由な雰囲気の中で、生徒の自主性を重んじ、可能性を最大限に開花させる環境が整っている。

大学に隣接し校内に日本庭園も

旧徳川邸跡に立地し、校内には純日本風の門や十三重の石塔など、武家屋敷の片鱗をとどめる遺構が随所に残っている。

普通教室の他には、理科実験室やコンピュータ教室、家庭科室などの特別教室がある。また、都心の学校であるため、生徒が走り回れる広い校庭はないが、体育館や屋上の体育施設で十分に補っている。また、大学のキャンパスに隣接しているので、早くから学問研究の雰囲気になじむことができる。クラブ活動では大学の施設を利用することも多い。

武家屋敷の面影をとどめる校庭

個性を伸ばす幅広い選択科目

慶應義塾大学への進学を前提とし、生徒の自主性を養い、個性を伸ばすことを目的としているため、特に受験のためのカリキュラムは編成していないが、必修科目の他に、多彩な選択科目を設けて、生徒の適性や進路に応じている。例えば、1～3年次を通して英語は必修科目だが、英語の時間数を減らして、仏語や独語、中国語を履修することも可能。これらの第二外国語を履修した生徒は、慶應義塾大学の既修者クラスに入ることができる。

また、自由選択科目は、2年次に話し方、情報の科学、地学、英語演習など20科目の中から週6時間、3年次には社会演習、数学Ⅲ、物理、英語演習など45科目の中から週14時間が設定されている。例えば、情報の授業ではパソコンを使い、情報の活用法や情報技術を修得する。これらの選択科目には、慶應義塾大学の先生が担当する科目もある。

生徒が運営する演劇会や体育祭

1学年約190名という小規模の学校の中には、幼稚舎出身の生徒、中等部からの進学者、そして高校から入学した者がおり、時には個性をぶつけ合いながら、互いに切磋琢磨している。

宿題のない夏休み、生徒の自主運営による運動会や十月（かんな）祭など、学校生活全体に、伝統の“自由”な気風が受け継がれており、中でも、6月の演劇会に対する生徒の思い入れは強い。また、各学年とも5月中旬に、1年生は野外活動、2年生は奈良へ、3年生は京都への修学旅行を実施している。慶應義塾一貫教育校派遣留学制度が始まり、米国や英国の名門校への長期留学の機会を設けている。ニュージーランド・カナダへの短期留学制度もある。また、制服にも、生徒の意志が反映されている。グレーの上着とスカート、白のブラウスとハイソックスは、1960年度の新入生が着用してから変わっていない。50年以上変わらぬ制服に、生徒は誇りを持っている。クラブ活動は、文化系・体育系・同好会を含めて30以上のクラブがある。女子高単独で活動しているもの、日吉の兄弟校と連携して活動するもの、大学生の指導を受けるものなど、活動方法も生徒の自主性にゆだねられている。

生徒の自主性を育むクラブ活動も活発

希望者は全員が慶應義塾大学に進学

卒業生のうち希望者は、慶應義塾大学の各学部に全員が進学でき、文学部・経済学部など10学部に進学している。他大学への進学は、北里大学医学部など、医学系が多い。

2024年度入試要項

試験日　1/22（推薦）　2/10（一般・帰国生）
試験科目　適性＋面接（推薦）
国・数・英＋作文（一般・帰国生）

2024年度	募集定員	受験者数	合格者数	競争率
推薦	約30	125	32	3.9
一般	約70	431	146	3.0
帰国生	若干	38	16	2.4

過去問の効果的な使い方

① **はじめに**　入学試験対策に的を絞った学習をする場合に効果的に活用したいのが「過去問」です。なぜならば，志望校別の出題傾向や出題構成，出題数などを知ることによって学習計画が立てやすくなるからです。入学試験に合格するという目的を達成するためには，各教科ともに「何を」「いつまでに」やるかを決めて計画的に学習することが必要です。目標を定めて効率よく学習を進めるために過去問を大いに活用してください。また，塾に通われていたり，家庭教師のもとで学習されていたりする場合は，それぞれのカリキュラムによって，どの段階で，どのように過去問を活用するのかが異なるので，その先生方の指示にしたがって「過去問」を活用してください。

② **目的**　過去問学習の目的は，言うまでもなく，志望校に合格することです。どのような分野の問題が出題されているか，どのレベルか，出題の数は多めか，といった概要をまず把握し，それを基に学習計画を立ててください。また，近年の出題傾向を把握することによって，入学試験に対する自分なりの感触をつかむこともできます。

過去問に取り組むことで，実際の試験をイメージすることもできます。制限時間内にどの程度までできるか，今の段階でどのくらいの得点を得られるかということも確かめられます。それによって必要な学習量も見えてきますし，過去問に取り組む体験は試験当日の緊張を和らげることにも役立つでしょう。

③ **開始時期**　過去問への取り組みは，全分野の学習に目安のつく時期，つまり，9月以降に始めるのが一般的です。しかし，全体的な傾向をつかみたい場合や，学習進度が早くて，夏前におおよその学習を終えている場合には，7月，8月頃から始めてもかまいません。もちろん，受験間際に模擬テストのつもりでやってみるのもよいでしょう。ただ，どの時期に行うにせよ，取り組むときには，集中的に徹底して取り組むようにしましょう。

④ **活用法**　各年度の入試問題を全問マスターしようと思う必要はありません。できる限り多くの問題にあたって自信をつけることは必要ですが，重要なのは，志望校に合格するためには，どの問題が解けなければいけないのかを知ることです。問題を制限時間内にやってみる。解答で答え合わせをしてみる。間違えたりできなかったりしたところについては，解説をじっくり読んでみる。そうすることによって，本校の入試問題に取り組むことが今の自分にとって適当かどうかが，はっきりします。出題傾向を研究し，合否のポイントとなる重要な部分を見極めて，入学試験に必要な力を効率よく身につけてください。

数学

各都道府県の公立高校の入学試験問題は，中学数学のすべての分野から幅広く出題されます。内容的にも，基本的・典型的なものから思考力・応用力を必要とするものまでバランスよく構成されています。私立・国立高校では，中学数学のすべての分野から出題されることには変わりはありませんが，出題形式，難易度などに差があり，また，年度によっての出題分野の偏りもあります。公立高校を含め，ほとんどの学校で，前半は広い範囲からの基本的な小問群，後半はあるテーマに沿っての数問の小問を集めた大問という形での出題となっています。

まずは，単年度の問題を制限時間内にやってみてください。その後で，解答の答え合わせ，解説での研究に時間をかけて取り組んでください。前半の小問群，後半の大問の一部を合わせて50%以上の正解が得られそうなら多年度のものにも順次挑戦してみるとよいでしょう。

英語

英語の志望校対策としては，まず志望校の出題形式をしっかり把握しておくことが重要です。英語の問題は，大きく分けて，リスニング，発音・アクセント，文法，読解，英作文の5種類に分けられます。リスニング問題の有無(出題されるならば，どのような形式で出題されるか)，発音・アクセント問題の形式，文法問題の形式(語句補充，語句整序，正誤問題など)，英作文の有無(出題されるならば，和文英訳か，条件作文か，自由作文か）など，細かく具体的につかみましょう。読解問題では，物語文，エッセイ，論理的な文章，会話文などのジャンルのほかに，文章の長さも知っておきましょう。また，読解問題でも，文法を問う問題が多いか，内容を問う問題が多く出題されるか，といった傾向をおさえておくことも重要です。志望校で出題される問題の形式に慣れておけば，本番ですんなり問題に対応することができますし，読解問題で出題される文章の内容や量をつかんでおけば，読解問題対策の勉強として，どのような読解問題を多くこなせばよいかの指針になります。

最後に，英語の入試問題では，なんと言っても読解問題でどれだけ得点できるかが最大のポイントとなります。初めて見る長い文章をすらすらと読み解くのはたいへんなことですが，そのような力を身につけるには，リスニングも含めて，総合的に英語に慣れていくことが必要です。「急がば回れ」ということわざの通り，志望校対策を進める一方で，英語という言語の基本的な学習を地道に続けることも忘れないでください。

国語

国語は，出題文の種類，解答形式をまず確認しましょう。論理的な文章と文学的な文章のどちらが中心となっているか，あるいは，どちらも同じ比重で出題されているか，韻文(和歌・短歌・俳句・詩・漢詩)は出題されているか，独立問題として古文の出題はあるか，といった，文章の種類を確認し，学習の方向性を決めましょう。また，解答形式は，記号選択のみか，記述解答はどの程度あるか，記述は書き抜き程度か，要約や説明はあるか，といった点を確認し，記述力重視の傾向にある場合は，文章力に磨きをかけることを意識するとよいでしょう。さらに，知識問題はどの程度出題されているか，語句(ことわざ・慣用句など)，文法，文学史など，特に出題頻度の高い分野はないか，といったことを確認しましょう。出題頻度の高い分野については，集中的に学習することが必要です。読解問題の出題傾向については，脱語補充問題が多い，書き抜きで解答する言い換えの問題が多い，自分の言葉で説明する問題が多い，選択肢がよく練られている，といった傾向を把握したうえで，これらを意識して取り組むと解答力を高めることができます。「漢字」「語句・文法」「文学史」「現代文の読解問題」「古文」「韻文」と，出題ジャンルを分類して取り組むとよいでしょう。毎年出題されているジャンルがあるとわかった場合は，必ず正解できる力をつけられるよう意識して取り組み，得点力を高めましょう。

慶應女子の数学

——出題傾向と対策 合否を分けた問題の徹底分析——

出題傾向と内容

〈出題形式〉

例年大問数は5題程度，小問数は16題程度であるが，小問の中に複数の設問が置かれて設問数が18～20問程度のこともある。本年度は大問5題，小問数にして17題で平年並みであった。①から大問となっている年度もあるが，本年度は①が独立した2題の小問群となっていた。大問ではたいてい前の問題が後の問題のヒントとなる誘導形式で組まれている。また，一つの小問の中に複数の設問が置かれる場合も後の問題に取り組みやすいような工夫がされている。順に解いていくことで自然に高度な内容に踏み込んでいけるようになっていて，問題に挑みながら学べる出題である。

〈本年度の出題内容〉

① [1]は等式を満たす自然数の組を求める問題で，与えられた式を変形して考えないとなかなか当てはまる数値が見つからない。[2]は食塩水の濃度についての文章問題。典型的な形ではあるが使われる数値がやや複雑で，ていねいに計算していかなくてはならない。

② 生徒からお金を2通りの方法で集め、お釣りを渡す際の支払い方法について，その順番の場合の数を問う問題。条件がついていて，生徒数が2人，4人，6人のときを確かめさせ，それをもとにして8人，10人の場合の支払い方法の並び方の数を答えさせている。題意を読み取らないと難しい。

③ 関数・グラフと図形の融合問題。放物線上にある4点を通る四角形の面積を2等分する直線を出発点として，交点の座標の求め方や，平行線を用いて面積を変えないで図形の形を変える方法などを使わせている。

④ 三角形の角の二等分線を引いたり，他の頂点から辺や二等分線に垂線を引いたりしながら線分の長さを求めていく問題である。三平方の定理の応用や合同，中点連結定理なども登場する総合問題になっている。

⑤ 2つの正四面体を立方体の内部に考えて，その共通部分の立体の体積を求めさせる問題である。1つの正四面体が他の正四面体の面とどういう形で交わるのかを問うことから始めて共通部分の形をイメージできるように工夫して設問してある。与えられた図に必要な点と線分を書き込みながら考えていこう。なお，正四面体や正八面体についてしっかり学んである人にとってはそんなに難しいものではない。

〈全体的な傾向〉

いずれの問題も数学の基本的な知識や考え方に基づいているが，よく工夫されていて，思考力，応用力，ときにはある種のひらめきを必要とするものである。比較的平易な数字が使われ，複雑な計算はあまり必要とされていないが，工夫して計算する問題はよく出題される。大問は，小問を順に仕上げていくことで高度な内容のものも解決できるようになっていて，取り組み易いような形で出題されている。どの大問も様々な考え方が含まれていて，中学数学全体が確実に理解できているかが確かめられている。素直な良問ぞろいであるがレベルは高い。

来年度の予想と対策

来年度もほぼ同様の傾向が続くと思われる。中学数学の全分野から，大問にして5題，設問数にして15～20題前後が出題されるだろう。関数・グラフ，平面図形については，標準レベル以上の問題にあたって，座標や直線，線分の位置関係からどのような公式，定理が使えるか，補助線をどう引いたらよいかなどの力をつけておくことが望まれる。あまり見かけない夕イプの問題も混じることもあるので，普段からパズルなどにも興味を持ち，様々に工夫する力を身につけるのはもちろんのこと，数学的な感覚，ひらめきなどを養っておこう。

年度別出題内容の分析表 数学

	出題内容	27年	28年	29年	30年	2019年	2020年	2021年	2022年	2023年	2024年
数・用語	整数・自然数の性質			○	○		○		○	○	○
	倍数・約数										
	用語の意味										
	規則性・新しい記号	○			○		○		○		
計算問題	数・式の計算・式の値	○		○	○	○			○	○	
	分数・小数を含む数・式の計算	○									
	平方根	○		○	○	○	○				
	多項式の展開・因数分解	○							○		
方程式・不等式	連立方程式を含む一次方程式										
	二次方程式							○			
	不等式										
	等式の変形										
	方程式・不等式の応用		○	○		○	○	○	○	○	○
関数・グラフ	比例・反比例										
	一次関数		○	○	○	○	○	○	○	○	○
	$y=ax^2$の二次関数		○	○	○	○	○	○	○	○	○
	その他の関数										
	座標・式を求める問題		○	○	○	○	○	○	○		○
	グラフの作成										
大問で使われる計算等	複雑な数・式の計算	○	○	○	○	○	○		○	○	○
	平方根の計算	○	○	○	○	○	○		○	○	○
	因数分解	○									○
	やや複雑な方程式・不等式		○	○	○	○	○		○	○	○
	その他の計算										
図形の性質	平行線の性質			○	○		○	○	○	○	○
	多角形の性質		○		○	○		○		○	
	円の性質		○	○	○	○	○	○	○		
	合　同										○
	相似・平行線と線分の比	○		○	○	○	○	○		○	○
	三平方の定理	○	○	○	○	○	○	○	○	○	○
	動　点					○					
	立体の切断・位置関係	○	○	○		○	○	○	○	○	○
	図形の移動・回転	○									○
	説明・証明・作図	○	○			○					
図形の計量	角　度		○	○	○	○			○	○	
	長さ・面積・体積	○	○	○	○	○	○	○	○	○	○
	面積・体積の比		○							○	
確率・統計	場合の数・確率	○	○	○	○	○					○
	資料の整理・代表値・平均										
	標本調査										
融合問題	関数・グラフと図形		○	○	○	○	○	○		○	○
	関数・グラフと確率・場合の数										
	図形と確率・場合の数										
	その他の融合問題			○				○			
記述問題											
その他の問題		○			○	○				○	○

慶應義塾女子高等学校

2024年度 慶應義塾女子高等学校 合否を分けた問題 数学

1 [1]

$a^2+b^2-2a-4b=20$の式を見てすぐに平方の式を思い浮かべることが大切。$a^2-2a+b^2-4b=20$として何を加えたら平方の式になるかを考えると$a^2-2a+1+b^2-4b+4=20+1+4$　なお，この感覚は2次方程式を平方完成の方法で解くことで磨かれるかもしれない。例えば，$3x^2-102x-147=0$などの場合，$x^2-34x=49$　$x^2-2\times17x+17^2=49+17^2$　$(x-17)^2=289+49$　$(x-17)=\pm\sqrt{338}$　$x-17=\pm13\sqrt{2}$　$x=17\pm13\sqrt{2}$

2

問題文をよく読むことで，〈箱の中に500円硬貨がないときには1000円札を支払う方法Bはない〉，〈最後は必ず支払方法Bとなる〉ということがわかる。つまり，最初は必ず500円硬貨を支払う方法Aであり，2人のときにはABの並び方だけであり，4人のときには，A○○Bの○○の並び方はBAかABの2通りである。この4人の並び方について，2人目で初めて箱の中の500円硬貨が0枚になるのは1通りで，4人目で初めて箱の中の500円硬貨が0枚になるのは1通りであり，合わせて2通りと考えるとそれ以降につながっていく。

3 [2]

座標平面上の線分の両端の座標がわかっているとき，その長さは三平方の定理を用いて求めることができる。$\mathrm{A}(x_a,\ y_a)$，$\mathrm{B}(x_b,\ y_b)$のときには，$\mathrm{AB}=\sqrt{(x_a-x_b)^2+(y_a-y_b)^2}$

線分の長さの比を求めたいとき，同一直線上にある線分の比，平行線上にある線分の比は，長さを求めなくても，線分の両端のx座標の差(またはy座標の差)を使って求められる。右図で，それぞれの線分のx座標の差がp，q，rのとき，$\mathrm{CD}:\mathrm{EF}:\mathrm{GH}=p:q:r$

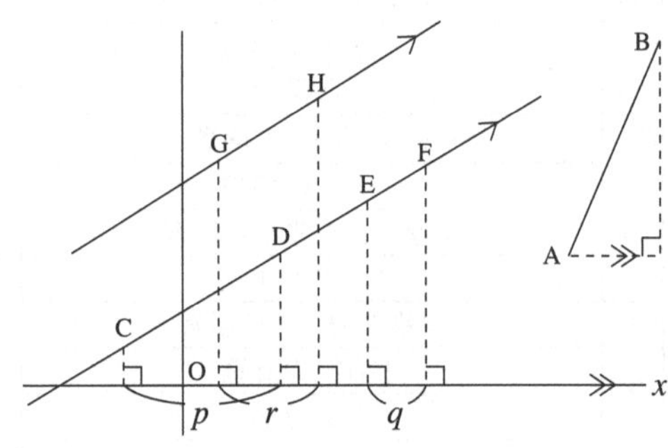

4

[1]，[2]は，3辺の長さが分かっている三角形の高さや面積を求める方法である。右図で3辺の長さが分かっているとき，高さをxとして方程式を立てようとしてもうまくいかない。本問題で指示されているように，BDまたはCDをxとして，高さADを2通りに表して方程式を立てるとよい。三平方の定理を用いて式を立てるときにxの2乗の項が出てくるが途中で消去されてxの一次方程式になる。xを求めてから高さADを求める。

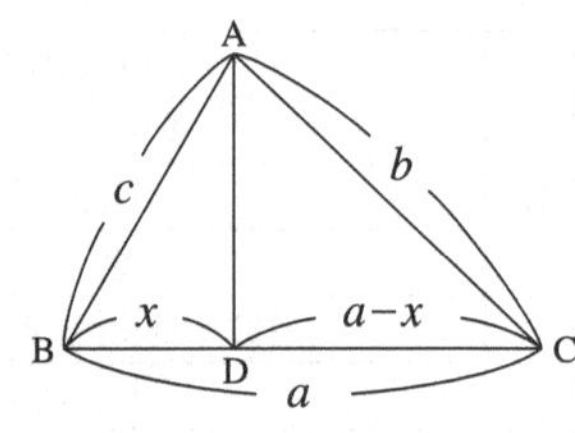

5

立方体や直方体から三角すいを切り取るとき，頂点に3本の垂直が交わっているので，三角すいの体積は求めやすい。頂点と切断面の距離は，三角すいの体積と切断面の面積から求めることができる。

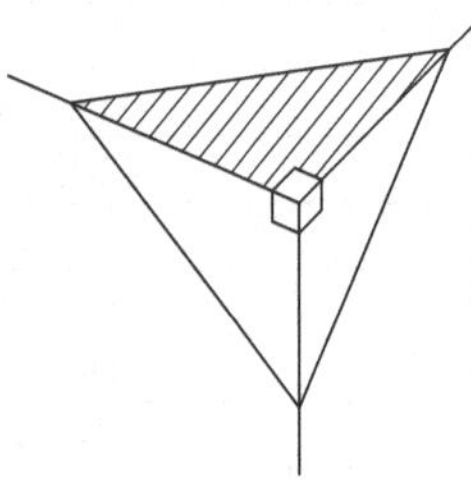

1辺の長さがaの正四面体の体積が$\frac{\sqrt{2}}{12}a^3$であることを公式して覚えている人も多いだろうが，その公式を作る過程も大切である。本文解説はその説明になっている。研究しておこう。

本問題では頂点を含む正三角すいや正四面体を切り取ることで，立方体⇒正四面体⇒正八面体を作るようになっている。立体図形Qが1辺の長さが$\frac{\sqrt{2}}{2}a$の正八面体になることがわかれば，$\frac{1}{3}\times\left(\frac{\sqrt{2}}{2}a\times\frac{\sqrt{2}}{2}a\right)\times a=\frac{1}{6}a^3$と立体図形Qの体積がすぐに求められる。なお，1辺の長さがaの正四面体の体積は$\frac{1}{3}\times(a\times a)\times\sqrt{2}a=\frac{\sqrt{2}}{3}a^3$である。

◎本校の問題では，基本的な考え方から応用までが誘導形式の形で出題されることが多い。問題をどう考えていけばよいかの学習に最適である。徹底的に研究しておこう。

2023年度 慶應義塾女子高等学校 合否を分けた問題 数学

1 〔1〕

素直に進めていく。すると2次方程式$3x^2+11x-42=0$が登場する。2次方程式の解の公式を用いてもよいが，本文解説では「左辺が因数分解できるとすれば」と考えてみる方法を用いた。本問題では$3x^2=3x\times x$なので，$(3x+a)(x+b)$と因数分解できるかどうかを考えた。

2 〔3〕

① Cチームは得点が0点だったのですべてのチームに負けている。② BチームはCチームに勝っているので3点になるためには残りのチームに対して1引き分け3敗である。③ AチームとEチームは9点なので，AチームとEチームの対戦は引き分けである。④ FチームはAチームとEチームに負けてCチームに勝っているから5点になるには残り2チームに対して1勝1引き分けである。⑤ DチームがBチームと同じ負け試合数になるには，後1敗しなくてはならないのでDチームには引き分けはない。⑥ BチームとFチームが引き分けたことになる。

3

$y=ax^2$のグラフがy軸について対称であることは当然のこととして使ってよい。直角二等辺三角形OCDはy軸について対称であり，△FOC，△FODも直角二等辺三角形となる。正三角形OABもy軸について対称であり，y軸の両側に内角の大きさが30°，60°，90°の直角三角形ができる。直角二等辺三角形の3辺の比が$1:1:\sqrt{2}$であること，内角の大きさが30°，60°，90°の直角三角形の3辺の比が$2:1:\sqrt{3}$であることはいつでもすぐに使えるようにしておこう。

∠DHEの大きさを求めるときには三角形の外角の性質を使うとよい。三角形の外角はその隣にない2つの内角の和に等しい。いろいろな場面で使われる重要な定理である。

三角形の面積の比に関しては，高さが等しい三角形の面積の比は底辺の比に等しいことを用いることが多い。右図で，$\triangle ADE=\frac{cd}{ab}\triangle ABC$であることの説明にも使われる。$\triangle ADE:\triangle ABE=AD:AB=c:a$から，$\triangle ADE=\frac{c}{a}\triangle ABE$…①　$\triangle ABE:\triangle ABC=AE:AC=d:b$から，$\triangle ABE=\frac{d}{b}\triangle ABC$…②　②を①に代入すると，$\triangle ADE=\frac{c}{a}\times\frac{d}{b}\triangle ABC=\frac{cd}{ab}\triangle ABC$

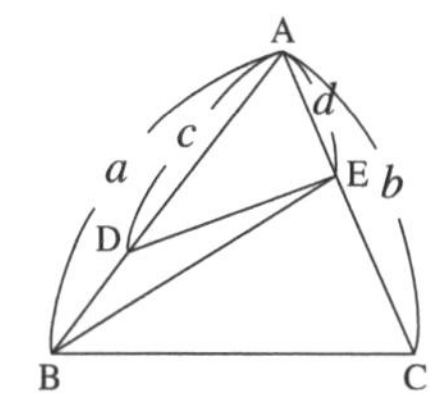

4

△BCEで三平方の定理を用いると，BC＝25　すると，CE：BE：BC＝15：20：25＝3：4：5

△BCEと相似な三角形は辺の比が3：4：5になる。そのことから，EF：EC＝4：5　$EF=\frac{4}{5}EC=12$と求めていけばよい。なお，四角形ABCDは対角線が垂直に交わるので，個々の三角形の面積を求めなくても，本文解説のように$\frac{1}{2}\times$(対角線)×(対角線)で求めることができる。

5

球を平面で切断すると切り口は円になる。切り口の円の半径を求めるには，その円の直径を通る平面で切断して考えるとよい。本問題では三角柱の底面が正三角形であり，球は3つの側面と接している。また，上底面，下底面とも接している。球と△ABC，△DEFとの接点はそれぞれ△ABC，△DEFの重心であることから，ADの中点をKとして△KGHで考えると球の半径がわかる。

[2]に関しては，3点A，D，Oを通る平面で考えていけばよい。

◎本校の問題では，基本的な考え方から応用までが誘導形式の形で出題されることが多い。問題をどう考えていけばよいかの学習に最適である。徹底的に研究しておこう。

2022年度 慶應義塾女子高等学校 合否を分けた問題 数学

1 [1]

(1)はともかく，(2)の後半の変形は気づかないかも知れない。2000＝A，22＝Bと置いた方が気づきやすい。(1)は$(A+B)^2+(A-B)^2=2(A^2+B^2)$そのままである。(2)は，$(A+2B)^2+(A-2B)^2+(2A+B)^2+(2A-B)^2=2(A^2+4B^2)+2(4A^2+B^2)=2A^2+8B^2+8A^2+2B^2=10(A^2+B^2)$

2

三平方の定理の証明方法はいろいろある。そのうちの1つを復習しておこう。図1で，△ABCは∠BAC＝90°の直角三角形である。点Aから辺BCに垂線AHを引いて，AB＝c，BC＝a，CA＝b，BH＝x，CH＝yとする。△ABCと△HBAは2組の角がそれぞれ等しいので相似であり，AB：HB＝BC：BA　$c:x=a:c$　$ax=c^2$…①　同様に，△ABC∽△HAC　AC：HC＝BC：AC　$b:y=a:b$　$ay=b^2$…②　①＋②　$ax+ay=b^2+c^2$　$a(x+y)=b^2+c^2$　よって，$a^2=b^2+c^2$となり，斜辺BCの平方は他の2辺，ABとCAの平方の和に等しい。

図1

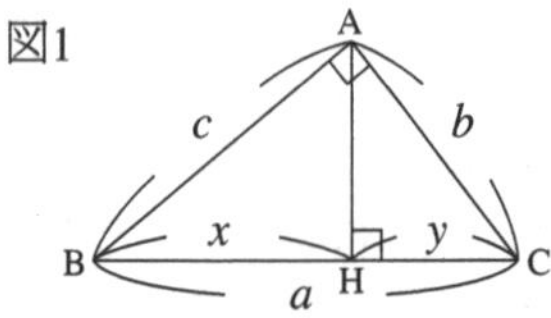

図2

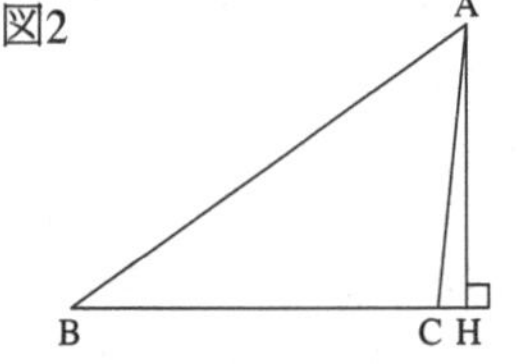

三平方の定理の逆の証明も様々な方法がある。そのうちの1つを図2で復習しておこう。△ABCで$AB^2=BC^2+CA^2$…①であるとする。点Aから直線BCに垂線AHを引くと，$AB^2=BH^2+AH^2$…②　また，△AHCで，$CA^2=AH^2+CH^2$…③　②，③を①に代入すると，$BH^2+AH^2=BC^2+AH^2+CH^2$　$BH^2=BC^2+CH^2$　ところで，BH＝BC＋CHを代入すると，$(BC+CH)^2=BC^2+CH^2$　$2\times BC\times CH=0$　BCは0ではないので，CH＝0　したがって，点Cは点Hと一致するので，△ABCは直角三角形である。(BH<BCとして進めても同様である。)

3

1，13，25，37，…の数の列について，12ずつ大きくなっているので，1＝12－11，13＝12×2－11，25＝12×3－11，…と考えて行けば，n番目が$12n-11$であることがわかる。

例えば，23，27，31，35，…の数の列については，23，23＋4，23＋4×2，23＋4×3，…と考えて，n番目の数を$23+4(n-1)$としてもよいが，19＋4，19＋4×2，19＋4×3，19＋4×4，…と考えれば，23－4＝19から，19＋4，19＋4×2，19＋4×3，19＋4×4，…と考えれば，n番目の数は$19+4n$となる。

4

ABは斜辺が4の直角二等辺三角形の等辺の長さとして求められ，ADは点Dのx座標から求められ，結果として△ABDがAB＝ADの二等辺三角形となるようになっている。そして，△ABDの底角と∠ADEの二等分線が等しいことから，1組の錯角が等しいことがいえて，AB//EDが導かれる。様々な考え方がつながるようにたいへんよく工夫されている問題である。

5

真上から見るとどう見えるか，正面から見るとどう見えるかを書いてみるとわかりやすい。

球を平面で切断したときに切断面は円となる。球の半径と，球の中心から切断面の中心までの距離が分かれば，切断面の半径が決まる。半径の2乗は求めやすいから切断面の面積は表しやすい。右図で，球の半径をR，球から切断面の中心までの距離をhとすると，切断面の面積は$\pi(R^2-h^2)$

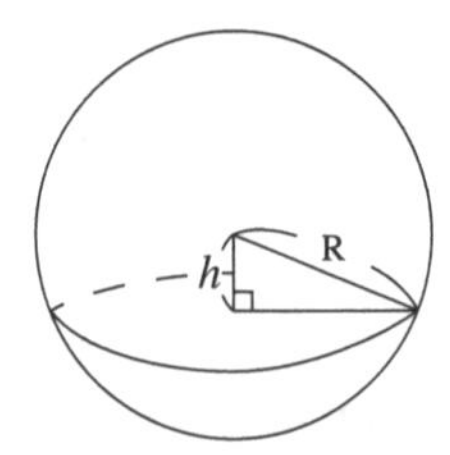

◎本校の問題では，基本的な考え方から応用までが誘導形式の形で出題されることが多い。問題をどう考えていけばよいかの学習に最適である。徹底的に研究しておこう。

慶應女子の英語

——出題傾向と対策　合否を分けた問題の徹底分析——

出題傾向と内容

本年度は，長文読解問題4題，英作文問題1題の計5題という問題構成であった。2020年度までは必ずリスニング問題が出題されていたが，2021年度からは出題されていない。全体としてボリュームが多く，難易度も高い。中学英語のレベルをかなり上回る高度な出題となっている。

英作文問題を除いて他が全て長文読解問題という構成になっているので，読むべき英文の量が非常に多い。制限時間内にいかに速く正確に読み取っていけるかが最大のポイントである。そのためには，英語を英語のままで考える力が相当必要である。

1　洞窟の古代壁画に関する読解問題。長文中の単語を抜き出して文章の要約文を完成させる問題が出題されている。

2　やや長めの長文読解問題で，内容は宇宙基盤の太陽光発電について。内容理解を問う設問と，文法・語法の知識を問う設問の両方が含まれており，総合的で高いレベルの英語力が求められている。設問形式は次の通り。

　語句補充／語句整序／内容一致／語形変化

3　会話文読解問題で話題は飛行機の墜落事故後，アマゾンの熱帯雨林で40日間生き延びた子供たちについて。設問形式は次の通り。

　文補充・選択／英問英答／要旨把握

4　ノーベル経済学賞を受賞したクラウディア・ゴールディンの研究内容（女性の雇用と賃金格差）について説明する文。2と同様に，内容理解を問う設問と，語彙力や文法・語法の知識を問う設問の両方が含まれており，総合的で高いレベルの英語力が求められている。記述式の解答が多く，英問英答では主語と動詞のある文の形で答える。設問形式は次の通り。

　英文和訳／言い換え・書き換え／内容吟味／内容一致／英問英答

5　自由英作文問題。ダイバーシティという語が自分にとって何を意味するか，自分の経験を具体的に挙げて書く。問題文も英語なので，まずは何を書くべきかを読み取らなければならない。これまでに習った単語・熟語・慣用句や文法を総動員した，高度な英語表現力が求められている。また，限られた語数で書くという条件があるため，文章の構成力が必要。

学習のポイント

●速読の練習を十分に行おう。
●英単語，文法は発展的レベルまで幅広く学習しておこう。

来年度の予想と対策

本校の試験は非常にレベルが高く，中学の履修範囲外の知識が必要とされるので，まずは早めに中学英語の基礎を確実に身につけることが求められる。

リスニング問題が再び出題される可能性があるので，CDやラジオ・テレビ番組などで耳を慣らし，内容を正確に聞き取る練習を積んでおきたい。

長文読解対策としては，日頃からジャンルを問わず，数多くの長文を読むことである。比較的平易なものから，だんだんレベルを上げて，高度な内容のものを正確に迅速に読めるように努力しよう。その際，文の構造を見極める力を養うために，文法的知識の習得も欠かせない。会話文に関しては，日常会話でよく使われる慣用表現をできるだけ多く覚えておこう。また，英文和訳と和文英訳は例年出題されているので，できるだけ得点を稼げるようにたくさんの練習問題に取り組んでおこう。

自由英作文問題は例年出題されているので，過去の問題を見て準備しておこう。

年度別出題内容の分析表 英語

出題内容			27年	28年	29年	30年	2019年	2020年	2021年	2022年	2023年	2024年
設問形式	話し方・聞き方	単語の発音										
		アクセント										
		くぎり・強勢・抑揚										
		聞き取り・書き取り	○	○	○	○	○	○				
	語彙	単語・熟語・慣用句	○	○	○	○	○	○	○	○	○	○
		同意語・反意語										
		同音異義語										
	読解	内容吟味	○	○	○	○	○	○	○	○	○	○
		要旨把握								○		○
		語句解釈		○		○	○	○	○	○	○	
		段落・文整序		○								
		指示語	○	○	○	○	○		○	○	○	○
		会話文	○	○	○	○	○	○	○	○	○	
		文補充・選択	○	○	○	○	○	○	○	○	○	○
	文法・作文	和文英訳	○	○	○	○	○	○	○	○	○	○
		語句補充・選択	○	○	○	○	○	○	○	○	○	○
		語句整序	○	○	○	○	○	○	○	○	○	○
		正誤問題										
		言い換え・書き換え	○	○	○	○	○	○	○	○	○	○
		語形変化	○	○	○	○	○	○	○	○	○	○
		英問英答	○	○	○	○	○	○	○	○	○	○
		自由・条件作文	○	○	○	○	○	○	○	○	○	○
		英文和訳(記述・選択)	○	○	○	○	○	○	○	○	○	○
文法事項	文型			○	○				○			
	時制			○	○		○	○		○	○	○
	間接疑問文		○	○			○	○	○		○	
	進行形						○	○	○		○	
	助動詞		○	○	○	○	○	○			○	
	付加疑問文											
	感嘆文											
	命令文											
	不定詞		○	○	○	○	○	○	○	○	○	
	分詞		○	○	○	○		○	○			○
	動名詞		○		○	○	○	○	○		○	
	比較		○	○	○	○			○	○	○	○
	受動態		○	○			○	○	○	○	○	○
	完了形					○		○	○	○		
	前置詞			○		○	○	○	○		○	
	接続詞			○		○	○	○	○	○	○	
	代名詞								○			
	関係代名詞		○	○	○	○	○		○	○	○	

慶應義塾女子高等学校

2024年度 慶應義塾女子高等学校 合否を分けた問題 英語

2の問4は語句整序問題。以下で英訳文の組み立てを確認しよう。

2 問4

[A] This is why solar panels do n't last as long in space as they do on Earh.
「こういうわけで」 「ソーラーパネルは宇宙では長持ちしない」 「地球上で長持ちするほど」
→「こういうわけで，ソーラーパネルは宇宙では地球上ほど長持ちしない」

last が「長持ちする」という動詞として使われていることに注意する。また not as … as ～「～ほど…ではない」という構文を使って，don't last as long as ～ は「～ほど長くは持たない」とする。さらに2番目の as の前に in space を入れて「宇宙では」とする。

as long as ～ で「～する限り」という意味の接続詞の用法があるが，そう思ってしまうとうまく文が組み立てられない。

また，they do の do は動詞 last の繰り返しを避けるために用いられた代動詞である。

[B] It receives its electricity from the solar panels attached to it.

「それはソーラーパネルから電力を受け取る」「それに取り付けられた」
→「それは自身に取り付けられたソーラーパネルから電力を受け取る」

Attached to it は the solar panels を後ろから修飾する過去分詞句で，文末の it は主語 it を指す。

5

本校では例年，50語程度の英作文問題が出題される。過去10年の英作文問題は以下の通りである。テーマは多岐にわたるが，「現在，社会的に話題になっている事柄や考えについて自分の意見を書く」または「自分の個人的な経験や考えを書くもの」の2種に大別される。

2024 自分にとってのダイバーシティの意味と，自分の人生でダイバーシティを経験した例を挙げる。
2023 書店で本を買う方が良いか，図書館から本を借りるほうが良いかについて書く。
2022 教室での通常授業とオンライン授業のどちらが良いかについて書く。
2021 今あなたが最も興味を持っている，日本か外国のニュースについて説明し，意見を書く。
2020 宿題は必要か否かについて，2つか3つの理由を挙げて考えを書く。
2019 よく見るウェブサイトとその理由について書く。
2018 高校生がアルバイトすることの是非とその理由について書く。
2017 あなたが経験した難しい決断について説明し，どのようにして決めたか，今はその決断をどう思うかについて書く。
2016 あなたは中学校の1年生にどんな2つのアドバイスを与えるか，具体的に書く。
2015 あなたに刺激を与えた著名人を1人(たとえば，科学者，作家，音楽家，スポーツ選手)を挙げ，その人は何をしたか，その人の行いはあなたにどんな影響を与えたかについて書く。

2023年度 慶應義塾女子高等学校 合否を分けた問題 英語

3の問4および4の問2は和文英訳問題。以下で英訳文の組み立てを確認しよう。

3 問4

One of the most attractive points of origami is「折り紙の最も魅力的な点の1つは」
that you can see「あなたが見ることができることだ」
how a simple piece of paper can be changed into something beautiful and powerful.
疑問詞　主語　動詞(受動態)
「1枚のシンプルな紙がどのようにして美しく力強いものに変えられるのか」

〈one of the ＋最上級＋複数名詞〉「最も…な(名詞)の1つ〉が文の主語になる。動詞はbe動詞の is で，文の補語は，接続詞 that「～ということ」を用いた名詞節である。that節中の主語は，日本語では省略されているが，英語では you を補う。動詞 see「見る，目にする」の後ろには間接疑問〈疑問詞＋主語＋動詞〉になる。ここでは動詞が「～される」を表す受動態になっている。

4 問2

They had to work on　the difficult problem of removing the doubt
「彼らは取り組まなくてならなかった」　「疑いを取り除くという難題」
which a lot of people had about potatoes.
「多くの人がジャガイモに関して持った」

work on ～ は「～に取り組む」という熟語。the difficult problem「難題」の後ろには，その内容を表す同格の〈of ＋名詞句〉を置く。ここでは名詞句が動名詞句 removing the doubt「疑いを取り除くこと」となる。the doubt「疑い，疑念」の後ろには目的格の関係代名詞 which(省略可)を置き，「多くの人がジャガイモに関して抱いた(持った)」と続ける。

5

一般的に，英作文問題は配点が高く，合否の鍵となる重要な問題である。減点方式で採点されるため，テーマと指定された単語数(または文の数)を必ず守り，知っている単語を使ってなるべく平易な構造の文にしよう。スペルミスにも十分注意したい。

解答例は「書店で本を買う方が良い」という意見だが，「図書館から本を借りるほうが良い」という意見には以下のようなものが考えられる。

I think borrowing books from a library is better than buying books at a bookstore. It doesn't cost any money and I can save the money to buy some clothes or have lunch with my friends. Also, I don't have to buy a large bookshelf for all the books I want to read.(53words)

(解答例訳)「私は書店で本を買うより図書館から本を借りるほうが良いと思います。お金がかからず，その分のお金を洋服を買ったり友人たちと昼食をとるために貯金することができます。また，読みたい全ての本のために大きな本棚を買う必要がありません」

2022年度 慶應義塾女子高等学校 合否を分けた問題 英語

4 問3

空所補充問題。「空所Aに最も適切な9語を補う」という条件であり，「本文から適切な9語を抜き出して空所Aに補う」というものではないことに注意する。この問題設定から，以下のような問題の解き方が考えられる。

9語という具体的な指定がある → 本文から9語程度の一連の語句を探す
抜き出しではない → その見つけた語句の一部を書き換える

空所Aの前文

the only positive sound made by the English researchers which the Himba recognized was laughter

空所Aを含む文

the only positive sound [A] was laughter

この2つは同じ構文であることに着目する。そして上の文の波線部は9語である。

空所Aの直前に the opposite case was also true「逆の事例もそうだった(逆もまたしかり)」とあることから，上記の波線部の the English researchers と the Himba を逆にした，made by the Himba which the English researchers recognized が空所Aに入る解答となる。

この問題を解く鍵となる空所Aの前文の構造は，大変複雑である。以下で詳しく見てみよう。

主部には2つの修飾部(形容詞的用法の過去分詞句と関係代名詞節)が含まれている。

the only positive sound　made by the English researchers　which the Himba recognized
「ヒンバ族が認識する」

「唯一のポジティブな音」「イングランド人研究者たちによって出された」
→「ヒンバ族が認識する，イングランド人研究者たちによって出された唯一のポジティブな音」

ここまでが主部で，述部は was laughter 「笑いだった」であるから，全体は「ヒンバ族が認識する，イングランド人研究者たちが出した唯一のポジティブな音は，笑いだった」となる。

空所Aを含む段落の第1文に people recognize laughter as laughter even when it is produced by someone from a very unfamiliar culture.「人は笑いを笑いだと認識する，それが全くなじみのない文化から来た人から発せられた場合でも」とある。この具体例として，ヒンバ族の人々はイングランド人研究者たちの出す音(＝声や言葉の調子など)の中で，唯一「笑い」を「笑い」として認識した，ということを述べている。そして逆もまたしかりで the only positive sound [made by the Himba which the English researchers recognized] was laughter「イングランド人研究者たちが認識する，ヒンバ族の出した唯一のポジティブな音は，笑いだった」という文の流れになる。笑い以外のポジティブな音，例えば勝利の喜びを表す音は，イングランド人は歓声，ヒンバ族の人々は歌のような「アイアイアイ」という音であり，それらが何を表しているかをお互いに認識できなかった。

慶應女子の国語

——出題傾向と対策 合否を分けた問題の徹底分析——

出題傾向と内容

(問題文の種類：㊀古文を含む随筆，㊁論説文，作文)

古文を含む随筆　㊀の随筆は，関東大震災の二週間後に発表された竹久夢二の随筆『新方丈記』からの出題で，『方丈記』の現代語訳や内容の読み取り，文学史なども含まれる内容であった。漢字の読み書き，慣用句，脱語補充，文脈の読み取りのほか，要旨をまとめる記述問題が字数指定のない形で5問出題され，内容の深い理解が問われた。

論説文　㊁の論説文は，言葉の「三項表象の理解」をテーマにした文章からの出題。漢字の読み書き，対義語，品詞分解などの知識事項を含み，文脈を的確にとらえる力が試される内容であった。書き抜き1問，論旨を要約する記述問題が3問のほか，本文の内容に合致するか否かを○×形式で解答する出題があり，本文を精読する力が問われた。

知識事項　本年度も，すべて読解問題に組み込まれる形で出題された。漢字の読み書きが10問，品詞分解，慣用句，対義語，文学史などが出題された。

作文　本年度は，「リーダー像」について，提示された文章を読み，その内容をふまえた考察を600字で述べる内容であった。自分の考えと自らの経験談を具体例として示す形で，構成力・表現力・思考力，適切な事例を選ぶ力など，総合的な作文力が問われた。

●出題の特徴

☆作文・品詞分解は毎年出題されている。
☆記述による内容説明の出題が多く，字数指定のないものがほとんどである。
☆古文・韻文は，論説文に含まれる形での出題が続いているが，知識の深さが問われている。
☆文学史はかなり詳細な内容まで問われる傾向にある。
☆作文は，深い考察力が試される内容である。
☆近年の出題傾向は，大問数が少なく記述問題が多いのが特徴と言える。

学習のポイント

文脈を的確に追う練習として，記述力を磨くことを心がけよう。論旨や指示内容，説明部分の要約によって，高度な読解力を身につけることを心掛けるとよいだろう。古文・韻文は，現代文に含まれる形での出題が続いているが，独立問題として出題されることもあるので，万全な対策を講じておこう。

来年度の予想と対策

現代文二～三題で，古文・韻文が含まれる出題が続いており，古文・韻文は独立問題の内容に近く，古文・韻文の深い知識が求められている。現代文は，論説文が続いているが，論説文，随筆，小説，すべてにおいて内容説明や心情説明の記述問題が多いので，レベルの高い問題集を用いるなどして，記述対策をしておこう。毎年出題される品詞分解は，品詞ごとの特徴をしっかりとおさえ，確実に得点できる力をつけておこう。作文は，深い考察力が問われる傾向にあることをふまえ，様々なテーマで練習しておこう。

年度別出題内容の分析表 国語

		出題内容	27年	28年	29年	30年	2019年	2020年	2021年	2022年	2023年	2024年
内容の分類	読解	主題・表題										
		大意・要旨			○	○	○	○	○	○	○	○
		情景・心情	○	○			○		○		○	○
		内容吟味	○	○	○	○	○	○	○	○	○	○
		文脈把握	○	○	○	○	○	○	○	○	○	○
		段落・文章構成										
		指示語		○	○		○					
		接続語							○			
		言い換え			○	○		○	○			
		脱文・脱語補充	○	○	○	○	○	○	○	○	○	○
	漢字・語句	漢字の読み書き	○	○	○	○	○	○	○	○	○	○
		筆順・画数・部首										
		語句の意味	○	○	○		○				○	
		同義語・対義語										○
		三字・四字熟語			○	○		○			○	
		熟語の構成										
		ことわざ・慣用句・故事成語	○	○	○	○	○	○	○	○		
	記述	作　文	○	○	○	○	○	○	○	○	○	○
		要約・説明	○	○	○	○	○	○	○	○	○	○
		書き抜き		○	○						○	○
		その他										
	文法	文と文節・品詞分類	○	○	○	○	○	○	○	○	○	○
		品詞・用法			○		○					
		敬　語										
		仮名遣い	○									
		返り点・書き下し文										
	古文・漢文の口語訳		○	○	○	○	○			○	○	○
	古文の省略に関する問題											
	表現技法							○	○			
	文学史		○	○	○	○	○	○	○	○	○	○
問題文の種類	散文	論説文・説明文		○	○	○	○	○	○	○	○	○
		小説・物語	○	○							○	
		随筆・紀行・日記	○			○						○
	韻文	詩										
		和歌・短歌						○				
		俳句・川柳							○			
	古　文		○	○	○	○	○			○	○	○
	漢文・漢詩						○	○				

慶應義塾女子高等学校

2024年度 慶應義塾女子高等学校 合否を分けた問題 国語

□ 問二

★ 合否を分けるポイント（この設問がなぜ合否を分けるのか）

脱語補充の解答の根拠をとらえる力が試される設問である。難問ではないが，語句の意味にも着目して，解答のしかたを確認しておこう！

★ こう答えると「合格できない」！

前に「一番悪い着物をきて歩くというのも世間への遠慮であろう」とあることから，3の「粗末」を選ばないようにしよう。「粗末」は，品質が良くない，安っぽくみすぼらしい，いいかげんに扱う，という意味なので，直前の「簡素」，後の「質素」と並列する語として適切でない。

★ これで「合格」！

直前の「簡素」は，飾り気がなく質素なこと，という意味なので，並立する語としては，似た意味の「質実」が適切である。語彙力も問われる設問なので，日ごろから，語句の意味の違いを敏感にとらえることを意識しよう！

問五

★ 合否を分けるポイント（この設問がなぜ合否を分けるのか）

本文を精読する力，文脈を丁寧に追う力が試される設問である。本文をよく読んで丁寧に解答しよう！

★ こう答えると「合格できない」！

直後に「清水公園を宅地に開放したり，弁慶橋をテッパイして堀を埋めて住宅を造るという議があったが，そんなにまで人間が，自然の風光を無視して，利殖のために，たださえ住みにくい東京をもっと狭苦しく趣きのないものにしようとした俗吏達も，いまは思い知ったであろう」とあることから，「利殖のために木を伐採した……」とある4を選ばないようしよう。本文には「……して堀を埋めて住宅を造るという議があった」とあるだけなので，「利殖のために木を伐採した」はあてはまらない。

★ これで「合格」！

「それにつけても」とあることに着目しよう。「それにつけても」は，前に述べたことと関連して，後の事柄が続くことを表す。直前には「……これ等の森の木が，どんなに猛火と戦ったかを，今更のように感ぜずにはいられない」とある。「上野公園，芝公園，日比谷公園，山王の森，宮城」といった都市の森の木が震災の時に猛火と戦ってくれたことを挙げて，「緑の都市」の重要性を述べているので，「防災林として緑が重要であることが明らかになったから」とする3を選ぼう！

2023年度 慶應義塾女子高等学校 合否を分けた問題 国語

□二 問六

★ 合否を分けるポイント(この設問がなぜ合否を分けるのか)

本文を精読する力が試される設問である。「当時のインドの状況」と「現代の日本の状況」について,対応する部分を的確にとらえて解答しよう!

★ こう答えると「合格できない」!

「当時のインドの状況」については,イギリスの植民地支配,「現代の日本の状況」については,「富の集中と経済格差が進行」という部分に着目できるが,「~という状況」にあてはまる形での書き抜きに適した部分はなく,また,「重なる」部分にもあてはまらないので,この部分にとらわれると解答できない。「当時のインド」と「現代の日本」の「重なる」部分に適してるところはどこかを考えよう。

★ これで「合格」!

これより前,「英語に対するコンプレックス……」で始まる段落に「インドでは英語ができるインド人が,英語ができないインド人を搾取している」とあり,「インド人は英語を使うべきではないとも主張しました」とある。また,「日本企業ですらない……」で始まる段落には「日本企業ですらない企業,日本に納税を行っていない企業のもとで,日本人が低賃金で働かされている」とあり,「暢気に英語ができる人をもてはやしている場合ではない」としている。「搾取している」と「低賃金で働かされている」,「英語を使うべきではない」と「暢気に……をもてはやしている場合ではない」という部分がそれぞれ対応していることをとらえ,「英語のできるインド人が,英語ができないインド人を搾取している(という状況)」「日本に納税を行っていない企業のもとで,低賃金で働かされている(という状況)」としよう。

□三 問六

★ 合否を分けるポイント(この設問がなぜ合否を分けるのか)

短い言葉で過不足なく説明する力が試される設問である。本文のことばを使って端的に要約しよう。

★ こう答えると「合格できない」!

前後の文脈から,マスクを付けている男を「強者」,マスクを付けていない自分を「弱者」とする文脈であるとわかるが,「強者」を「マスクを付けている人物」,「弱者」を「マスクを付けていない人物」とするだけでは不十分なので注意しよう。

★ これで「合格」!

「強者」については,後に「勇敢に傲然とマスクを付けて,数千の人々の集まって居る所へ,押し出して行く態度は,可なり徹底した強者の態度ではあるまいか」とあり,対して,マスクを付けられない「弱者」については,「自分が世間や時候の手前,やり兼ねて居る」と表現されている。記述量が少ないので,要領よくまとめ,設問に「どういう人物か」とあるので,「~人物」という形にして解答しよう。

2022年度 慶應義塾女子高等学校 合否を分けた問題 国語

□一 問七

★ 合否を分けるポイント(この設問がなぜ合否を分けるのか)

「分岐点」という言葉に注意し，何と何の「分岐点」なのかをはっきりと示す要約力が問われる設問である。「分岐点」とする二点をはっきり示して解答しよう。

★ こう答えると「合格できない」！

直後に「国家とは異なる新たな理想との分岐点」とあることから，後にくる内容はこの部分だとわかるが，前半部分は，直前の「国家という幕末・明治の理想」だけでは不十分なので，この部分だけで終止しないよう注意しよう。

★ これで「合格」！

直前に示されている「国家という……理想」については，その前に「国家主義の場合，人間は国家のために存在する，人間の欲望はすべて国家のために役立たせるべきであると考える」と説明されていることをとらえ，この部分も含めて前半部分の説明を完成させよう。

□三 問七

★ 合否を分けるポイント(この設問がなぜ合否を分けるのか)

「原理」という言葉への理解力が問われる設問である。「農業」と「市場」の違い，という内容にならないよう注意しよう。

★ こう答えると「合格できない」！

「農業」については，「『需要に上限のある生産活動』」，「市場」については，「『需要に上限がないシステム』と要約されているが，「原理」の説明としては不十分なので注意しよう。

★ これで「合格」！

「原理」について，「ですから……」で始まる段落に「市場は『たくさん金が欲しい』という原理だけで動いています。「どれだけあれば足りるかということは問題になりません」とあり，続いて，「農業は違います。食べる人間がいて，その胃袋に詰め込める……総和が『必要な農作物』の上限です。それ以上作ってもしょうがない」とあることも含めて，「農業」と「市場」の原理の違いをまとめ，解答を完成させよう。

2024年度

★★★★★★★★★★★★★★★★★★★★★★★★

入　試　問　題

2024年度

慶應義塾女子高等学校入試問題

【数　学】（60分）　　＜満点：100点（推定）＞

【注意】　1．途中の計算や式などもすべて解答用紙に書いておくこと。

2．図は必ずしも正確ではありません。

1　次の問いに答えなさい。

［1］　等式 $a^2+b^2-2a-4b=20$ が成り立つような a，b の値の組をすべて求めなさい。ただし，a と b はどちらも自然数とする。

［2］　容器Aには濃度 x%の食塩水360 g が入っている。容器Aに水を y g 加えると濃度（$x-1$）%の食塩水ができる。

(1)　x と y の関係について式をたて，xy を y の式で表しなさい。

(2)　容器Aに水を y g 加えるのではなく，あやまって食塩を y g 加えてしまい，すべて溶けて濃度（$x+9$）%の食塩水ができた。x，y の値を求めなさい。

2　材料費１人500円を生徒から集める。生徒は次の支払方法Aまたは支払方法Bのどちらかで払うものとする。

支払方法A：500円硬貨１枚を渡す。

支払方法B：1000円札１枚を渡し，お釣りとして500円硬貨１枚を受け取る。

次の＜条件＞を満たすような支払方法Aと支払方法Bの列の並び方の総数を調べたい。

＜条件＞

・生徒は１列に並んで，その順に集金する。

・支払方法Aと支払方法Bの生徒は同人数である。

・前もってお釣りは用意せず，支払方法Aで集金した500円硬貨を支払方法Bのお釣りとする。

・集金した500円硬貨は１つの箱に入れていき，お釣りが必要なときに取り出していく。先頭の生徒から集金する前，箱の中は空である。

＜条件＞を満たすような支払方法Aと支払方法Bの並び方について，次の問いに答えなさい。

［1］　生徒が全部で２人のときは先頭の生徒が支払方法A，２人めの生徒が支払方法Bという並び方だけであるから１通りである。生徒が全部で４人，６人のとき，＜条件＞を満たす並び方は全部でそれぞれ何通りあるか答えなさい。

［2］　空欄（ア）～（ケ）にあてはまる数字を答えなさい。

生徒が全部で８人のとき，＜条件＞を満たす並び方の総数を次のように考えた。列の先頭から奇数番めの生徒の集金を終えたときには，箱の中の500円硬貨の枚数が０枚にはならないから，＜条件＞を満たす８人の並び方は次の４つの場合に分けることができる。

(a)　先頭から２人めの集金を終えたときに初めて箱の中の500円硬貨が０枚になる場合

(b)　先頭から４人めの集金を終えたときに初めて箱の中の500円硬貨が０枚になる場合

(c)　先頭から６人めの集金を終えたときに初めて箱の中の500円硬貨が０枚になる場合

(d)　先頭から8人めの集金を終えたときに初めて箱の中の500円硬貨が0枚になる場合

(a)~(d)の場合について，次のように考える。

(a)　先頭の生徒から2人めまでの並び方が（ア）通りで，残り6人の並び方が（イ）通り

(b)　先頭の生徒から4人めまでの並び方が（ウ）通りで，残り4人の並び方が（エ）通り

(c)　先頭の生徒から6人めまでの並び方が（オ）通りで，残り2人の並び方が（カ）通り

(d)　先頭の生徒が支払方法A，8人めが支払方法B，2人めから7人めまでの6人が<条件>を満たす並び方であればよいから（キ）通り

したがって，生徒が全部で8人のとき，<条件>を満たす並び方は，全部で

(ア)×(イ)+(ウ)×(エ)+(オ)×(カ)+(キ)=(ク) 通りある。

同様に考えると，生徒が全部で10人のとき，<条件>を満たす並び方は全部で（ケ）通りある。

3　放物線$y=x^2$上に3点A（-2，4），B（b，b^2），C（c，c^2）があり，原点を通り四角形OABCの面積を2等分する直線をℓ，直線ABと直線ℓの交点をDとする。直線ABの傾きは2で，直線ℓの式が$y=\dfrac{22}{3}x$のとき，次の問いに答えなさい。ただし，$0<c<b$とする。

［1］　bの値を求めなさい。

［2］　直線AB上に点Eを，△OAD=△ODEとなるようにとるとき，点Eのx座標を求めなさい。ただし，点Eは点Aと異なる点とする。

［3］　cの値として考えられるものをすべて答えなさい。

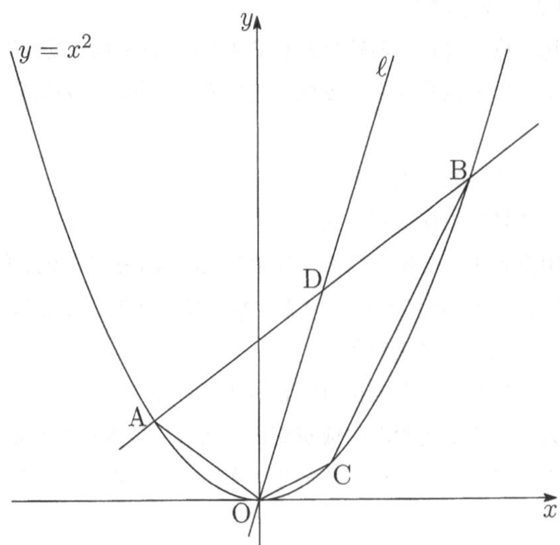

4　△ABC（次のページ）は鋭角三角形で，AB=12，BC=14，CA=10である。頂点Aから辺BCに垂線を引き，その交点をD，∠Bの二等分線と∠Cの二等分線それぞれに頂点Aから垂線を引き，その交点をそれぞれM，Nとする。後の問いに答えなさい。

［1］　CDの長さを求めなさい。

［2］　ADの長さを求めなさい。

［3］ 直線AMと辺BCの交点をO，直線ANと辺BCの交点をPとする。BPの長さとCOの長さを求めなさい。

［4］ MNの長さを求めなさい。

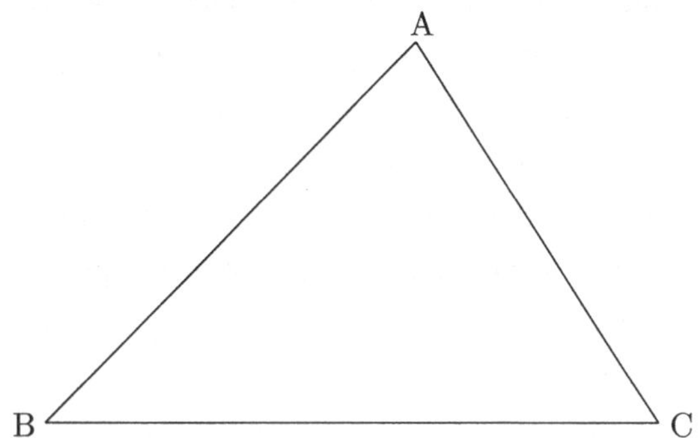

5 一辺の長さがaである立方体ABCD－EFGHについて，次の問いに答えなさい。

［1］ 正四面体AFCHの体積Vをaで表しなさい。

［2］ 正四面体AFCHと正四面体BGDEの共通部分の立体図形をQとする。

⑴ 正四面体AFCHの面AFCと，正四面体BGDEの辺の交点はいくつあるか答えなさい。

⑵ 正四面体AFCHの面AFCと，正四面体BGDEの面の交線はいくつあるか答えなさい。

⑶ 立体図形Qの頂点，辺，面はそれぞれいくつあるか答えなさい。

⑷ 立体図形Qの体積Wをaで表しなさい。

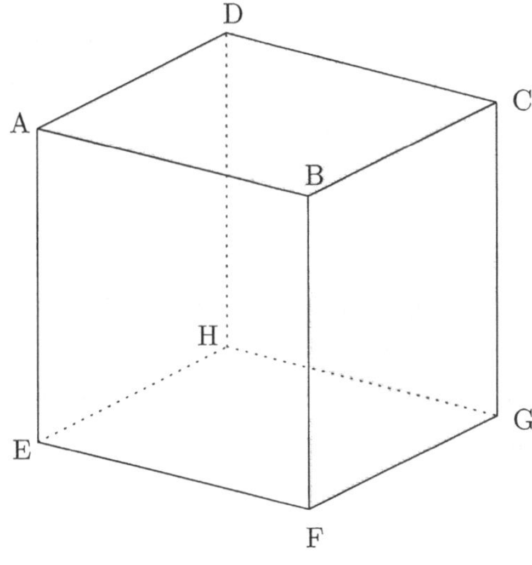

【英　語】（60分）　＜満点：100点（推定）＞

1 次の文章を読んで設問に答えなさい。

Scientists have found hand prints next to ancient drawings on cave walls in many parts of the world. Because many of these drawings show animals such as horses and deer, they believed they were painted by male hunters, perhaps to remember the animals they killed or as some form of magic to improve the success of the next hunting trip. In 2014, an American researcher named Dean Snow analyzed hand prints in eight cave sites in France and Spain and determined they were made by females.

Snow had read research done by a scientist named John Manning. Manning looked at the length of the ring and index fingers for men and women. He wrote that women usually have ring and index fingers of about the same length. However, men's ring fingers are usually longer than their index fingers. Based on Manning's research, Snow created a computer program that could predict whether a hand print was male or female. Snow said that 24 of the 32 hands he looked at in France and Spain were female.

Some experts doubted Snow's research. One of them, Dale Guthrie, did some research that was similar to the one Snow did. His work was based mainly on the differences in the width of the thumb and palm. He thinks most of those hand prints came from young boys. "Caves were probably boring for adults, but perhaps young boys explored them for adventure," he suggests. He and a few other scientists believe the boys drew pictures of what was on their minds when they were in the caves—scary mammals.

We may never know the truth. Snow's work also left out an important question. [A]

［注］ ring finger：薬指　index finger：人差し指　predict：予測する　width：幅　palm：手のひら

問１　①～⑩に入る最も適切な１語を本文中より抜き出し，以下の要約文を完成させなさい。ただし，同じ語を２度以上使わないこと。

For many years, scientists believed that cave drawings were done by (①), perhaps as a way of improving their success at (②). It was probably also related to a kind of (③). Dean Snow used the research of John Manning to challenge this belief. Snow (④) the hand prints found in some of the caves. Since Manning said that the male (⑤) finger is often shorter than the (⑥) finger, Snow believes that most of them were (⑦) based on the length of the fingers. There are some scientists who do not believe Snow's results. One of them did a (⑧) study, but looked at different parts of the (⑨). He thinks (⑩) probably created this art out of their fear of mammals.

問２ ［A］を補うのに最も適切なものを①～④より１つ選び，番号で答えなさい。

① "Why are women's fingers longer than those of men?"
② "Why did the women paint the caves?"
③ "How did the women get into the caves?"
④ "How did the women kill the animals?"

［2］ 次の文章を読んで設問に答えなさい。

You've probably heard people say, "We only have to look at the sky for our energy needs." If it were only that simple. Looking is one thing, but trying to control the power of that star is another. We have made progress, and as the cost of solar panels continues to (① d—), they will become more popular. However, in this age of climate change, many people complain that we are not moving quickly enough to achieve a world of clean energy. Scientists at Caltech University in the U.S.A, have found a way to get us (1) there faster by gathering sunlight in space and turning it into energy. This is called space-based solar power, or SBSP for short, and has the potential to change our lives.

On Earth, sunlight can be blocked by clouds. Also, at night, there is no sunlight. But in space, the sun (あ) 99% of the time. As a result, there's much more solar power in space than there is on Earth. The scientists wanted to capture this power and send it to Earth using new technology. In January of 2023, they sent a satellite with high-tech equipment into space to carry out some experiments.

First, solar panels on the satellite (い) solar energy and sent it to a receiver on the roof of a university building on Earth. The scientists were able to confirm that a small amount of energy reached the receiver. This experiment proved for the first time ever that it was possible to transmit wireless energy to Earth from space. How did they do it? Well, the answer is in the way electromagnetic waves move. Imagine two ocean waves as they travel in the same direction. If the tops of the waves are at the same height, they combine to make a bigger wave. But if the top of one wave meets with the low point of another wave, the waves produce a smaller wave. Similar to ocean waves, the scientists found a way to combine the electromagnetic waves at just the right time. This new technology allowed them to produce a stronger energy.

One of the challenges of SBSP is finding the right type of solar panels. Radiation from the sun and the large amount of space dust can damage them. This is why solar panels [A]. In order to withstand those severe conditions, the Caltech scientists tested different types of solar panels in space. The results of this second experiment are expected to be announced at a later date.

A solar power station in space will need to be (う) if we want to gather large amounts of solar power and send that energy to Earth. It works the same way as a solar power station on Earth does, except it is floating in space! To get an idea of the size we are talking about, think of the International Space Station (ISS). That's about the size of a soccer field flying through the air! In fact, the ISS itself is an example of SBSP. It [B]. Not only the ISS, but thousands of satellites in space use the sun's energy to power them.

Making large power stations in space for Earth's energy needs has always been closer to science fiction than reality. One of the problems is how to transport all those solar panels into space. If the panels are too (ア), they can't provide much (イ). But (ウ) panels will use too much (エ) on the rockets. Scientists are looking at origami for help. They think the design of the panels could be improved using this ancient art.

Another big issue facing SBSP is (② m —). Rockets, satellites, solar panels, and a lot of other expensive equipment will be needed. Unless new and cheaper technology is found, this energy source might remain (I). However, this isn't stopping countries such as China and Japan. Similar to America, they are considering SBSP as a way to replace fossil fuels. In fact, China hopes to have a space-based solar energy station by 2030 to help with its power needs. With more and more governments feeling pressure to reach their climate goals, SBSP might be one of the solutions.

[注] Caltech：カリフォルニア工科大学　satellite：衛星　receiver：受信　transmit：送電する
wireless：無線　electromagnetic wave：電磁波　height：高さ　withstand：耐える
International Space Station：国際宇宙ステーション

問１ (①), (②) にそれぞれ最も適切な１語を補いなさい。ただし，指定された文字で書き始めること。

問２ 下線部(1)の指すことがらを５語以内の英語で答えなさい。

問３ (あ)～(う) に入る語を次より１つずつ選び，文脈に最も適した形で答えなさい。ただし，同じ語を２度以上選ばないこと。

light,　build,　collect,　shine,　carry

問４ [A], [B] を補うように，次の語句を並べかえなさい。

[A] に用いる語句：they do, last as, in space, don't, as, on Earth, long

[B] に用いる語句：attached, the solar panels, receives, from, to it, its electricity

問５ (ア) ～ (エ) に入る語の組み合わせとして最も適切なものを①～④より１つ選び，番号で答えなさい。

① (ア) large　(イ) power　(ウ) small　(エ) space
② (ア) small　(イ) space　(ウ) large　(エ) power
③ (ア) small　(イ) power　(ウ) large　(エ) space
④ (ア) large　(イ) space　(ウ) small　(エ) power

問６ (I) に入る最も適切な２語を本文中より抜き出しなさい。

問7　本文の内容に合っているものを①～⑨より３つ選び，番号の小さい順に答えなさい。

① Gathering solar power on Earth is not as effective as gathering solar power in space.

② In one experiment, scientists checked if wireless energy could be sent from Earth to space.

③ When a low point of one ocean wave meets the high point of another wave, a bigger wave will be produced.

④ Caltech scientists sent a satellite into space and were able to carry out two successful experiments.

⑤ Thanks to the experiments carried out by the Caltech scientists, America can now use space-based solar power for its energy needs.

⑥ In order for space-based solar power to become a reality, scientists will have to figure out how to make better solar panels.

⑦ By using origami techniques, scientists will be able to create smaller rockets to transport solar panels.

⑧ Other countries besides America are looking at spaced-based solar power as a source of their energy needs.

⑨ America and China have announced plans to make solar power stations in space to deal with the danger of climate change.

問8　How did Caltech scientists transmit wireless energy?

① By using ocean waves to create stronger energy.

② By sending a satellite to the sun to carry out experiments.

③ By inventing stronger solar panels.

④ By combining electromagnetic waves in a specific way.

3　次の会話文を読んで設問に答えなさい。

Bob: Did you hear about the four kids who survived 40 days in the Amazon rainforest?

Ann: Yeah. The newspaper said the airplane they were traveling on crashed. [A]

Bob: Sadly, one of them was the children's mother. They were probably so scared.

Ann: I guess they slept next to the plane for the first few nights.

Bob: Right. When their food ran out, they tried to walk through the jungle.

Ann: That's when they got lost and couldn't find their way back to the plane.

Bob: The article said they belonged to an indigenous group and grew up in the Amazon.

Ann: So they were familiar with the fruits and seeds of the jungle.

Bob: [B] Many rainforest plants were producing fruit at that time.

Ann: Maybe that saved them.

Bob: I think it did. Government soldiers tried dropping boxes of food from helicopters. They hoped the children might come across them.

Ann: That was a good idea.

Bob: [C] The jungle was too thick with plants so it was hard for them to move around.

Ann: The newspaper said that hundreds of soldiers looked for the kids day and night.

Bob: Local volunteers as well, including their father and other relatives.

Ann: So who found them?

Bob: One of the soldier's rescue dogs. It stayed with them until the soldiers arrived.

Ann: I think they were found quite close to the plane crash, right?

Bob: Yes, it was only a few kilometers away. Because there was no place to land a helicopter, the soldiers airlifted the kids to a hospital.

Ann: What an amazing story! Do you think you can survive something like that?

Bob: It depends. I know the first thing we should do is STOP.

Ann: Stop for what?

Bob: [D] STOP stands for stop, think, observe, and plan.

Ann: Oh, I see. That makes sense.

Bob: After you do that, finding a good source of water should be a priority.

Ann: [E]

Bob: We can look for streams or rivers. If we can't find any, we can drink rainwater.

Ann: OK, what's next?

Bob: We need to build a shelter to protect ourselves from the weather and animals.

Ann: The kids in the Amazon used branches and leaves to build one.

Bob: That was smart. The important thing is to stay warm and dry.

Ann: Wow Bob! You seem to have good survival skills.

［注］ crash：衝突する　indigenous：先住民族の　helicopter：ヘリコプター　airlift：空輸する

問１ [A] ～ [E] を補うのに，最も適切なものを①～⑩より１つずつ選び，番号で答えなさい。ただし，同じ番号を２度以上選ばないこと。

① They never found them though.　② The father helped them.
③ They were lucky.　④ Where did they search?
⑤ That's not what I mean.　⑥ How were they found?
⑦ How do we do that?　⑧ All the adults on the plane died.
⑨ To look for some food.　⑩ How will we know?

問２ 本文の内容に合うように，後の質問の答えとして最も適切なものを①～④より１つずつ選び，番号で答えなさい。

1 Which of the following is not true about this dialogue?

① Soldiers and volunteers all searched for the missing kids.

② Because the kids grew up in the Amazon, they were familiar with the jungle.
③ After finding some food, the kids went back to the plane.
④ Boxes of food were dropped from helicopters.

2 Which of the following is not a reason the children survived?
① They grew up in the Amazon.
② They were able to walk around easily.
③ They could find food on their own.
④ They had some knowledge of the local plants.

3 Based on STOP, which of the following should you not do?
① Take some time to calm down.
② Look at the things that are around you.
③ Think of a way to be rescued.
④ Shout for help in every direction.

問3 次のア～オを，子供たちがとった行動の順番になるように並べかえなさい。
ア They flew in a helicopter.　イ They stayed next to the plane.
ウ They met soldiers.　エ They walked through the jungle.
オ They saw a rescue dog.

問4 Based on the dialogue, what did the children do to protect themselves from the weather?
Answer in English and use 4 words. 主語と動詞のある文の形で答えること。

4 次の文章を読んで設問に答えなさい。

［A］ Claudia Goldin, a Harvard University professor, recently made history by becoming the third woman to receive the Nobel Prize in Economics, and the first to win it by herself rather than sharing it. Her important research helps us understand the ongoing gender gap in the workplace, explaining why women worldwide are less likely to work and are paid less when they do.

［B］ Goldin's work is driven by the clear difference in employment between men and women. Globally, only about half of women have paid jobs compared to 80% of men. Experts think that it is a waste of an opportunity, as many skilled women are either not entering the workforce or are not taken seriously for employment. The gender pay gap, where women in developed countries earn 13% less on average than men, also makes women less interested in making careers or getting higher education.

［C］ Goldin looked closely at the reasons behind these differences. Her research showed that they often resulted from women's choices based on their low expectations for the future. (1) <u>Some women didn't realize they had many job choices, and others felt too busy with family duties.</u>

[D] To get a better understanding of what was going on, Goldin carefully researched 200 years of labor market data. (2) <u>This process was not easy</u>, as women's work was frequently not respected. Activities like farm work supporting husbands and small home-based businesses were often not recorded. Goldin had to create new databases using old statistics and surveys to show how much women really worked.

[E] Correcting the historical record led to some surprising findings. During the Industrial Revolution, as economies shifted from farms to factories in the U.S. and Europe, fewer women joined the workforce. This was not what many people, including researchers in this field, had expected. The progress in expanding female employment was slowed down to a certain degree by (3) <u>women's expectations and experiences</u>, as they often observed their mothers staying at home, even after their children had grown.

[F] Goldin also discovered that marriage was a more serious barrier to women's employment than it had been thought. At the start of the 20th century, when around 20% of women were employed, only 5% of married women worked, as many laws stopped them from continuing their employment. These laws were changed later, and the number of married women with jobs kept rising towards the end of the 20th century.

[G] (4) <u>With the increase in the number of women in the workforce and higher education, the gender pay gap decreased</u>. Yet, it didn't disappear. Goldin examined two centuries of pay difference data and found that it narrowed during specific periods, such as the first half of the 19th century and from 1890 to 1930 as jobs that involved office work and paperwork became more needed.

[H] [A], the gap didn't decrease as much from 1930 to 1980. Becoming parents was found to be one of the main reasons for that. Once women became mothers, their pay usually started to decline, and it didn't grow as fast as men's, even for those with similar professional backgrounds. Companies often expect employees to be able to work at all hours, which can be challenging for women with more childcare responsibilities.

[I] Goldin expressed worries over the declining workforce participation of women in some countries. She focused on the need to examine family relationships together with employment. Goldin suggested that women need more support, often from their partners, in balancing childcare and work responsibilities. Creating a fairer relationship with partners can lead to greater gender equality.

[J] When asked about the first thing she did upon hearing that she had won the Nobel Prize, Goldin responded with what she said to her husband, who had asked how he could help: "I told him to take the dog out and make some tea, and that I had to prepare for a press conference."

［注］　drive：動機づける　employment：雇用　workforce：労働　statistics：統計
Industrial Revolution：産業革命　decline：減少する　employee：雇用者　participation：参加

問1　以下の見出しに対して最も適切な段落を，［A］～［J］から1つずつ選びなさい。ただし，同じ記号を2度以上選ばないこと。

1．Careful Research on Labor Market Data
2．Narrowing the Gender Pay Gap
3．Surprising Historical Findings
4．Workplace Challenges for Mothers

問2　下線部(1)を日本語に直しなさい。

問3　下線部(2)の理由として最も適切なものを①～④より1つ選び，番号で答えなさい。
① 過去の女性に関するデータが膨大で作業するのが大変だった。
② 女性はあまり働いていなかったので尊敬に値する存在ではなかった。
③ 女性の畑仕事や家庭で行った仕事が記録から抜けていた。
④ 過去の統計や調査は古いものばかりで利用することができなかった。

問4　下線部(3)に最も影響を与えていると思われる存在を日本語で答えなさい。

問5　次の文が，下線部(4)とほぼ同じ意味になるように（ア），（イ）にそれぞれ最も適切な1語を補いなさい。ただし，指定された文字で書き始めること。

As more women started working and going to university, the（ア d—）in pay between men and women got（イ s—）.

問6　[A] を補うのに最も適切なものを①～④より1つ選び，番号で答えなさい。
① And　② Because　③ However　④ Also

問7　本文の内容に合っているものを①～⑥より2つ選び，番号の小さい順に答えなさい。
① Claudia Goldin is the first woman ever to receive the Nobel Prize in Economics.
② Experts believe it is a problem that many skilled women are not entering the workforce.
③ Goldin's research showed that women's decisions about their employment often resulted from their parent's choices.
④ The gender pay gap kept decreasing strongly over the past century.
⑤ During the Industrial Revolution, more women joined the workforce.
⑥ Marriage was an important factor in women's employment in the early 20th century.

問8　次の質問に英語で答えなさい。ただし，主語と動詞のある文の形で答えること。

Based on the text, what is necessary for women to balance childcare and work responsibilities?

[5] What does diversity mean to you? Give an example (or examples) of how you've experienced diversity in your life. Write in English and use about 50 words. Please write the number of words in the space (words) on the answer sheet.

1　子どもが楽しそうに何かをしているのを見るのは、おとなにとっても楽しいことである。

2　「私」と「あなた」が「外界」を見て、存在を理解し合うことが、三項表象である。

3　文法によって記号の並びに意味を持たせ、コミュニケーションの手段とするのが言語である。

4　対象を指し示す記号で意味を見出すことは、人間にしかできない能力である。

5　言語は意思疎通をスムーズにしてくれるものなので、言語がなくては共同作業は成立しない。

問九　本文中の═の部分を、例にならって品詞分解し、それぞれの品詞名を答えなさい。ただし、活用のあるものは文中での活用形も答えなさい。

(例)

名詞	助詞	名詞	助詞	名詞	助動詞 終止形
これ	は	今年	の	試験問題	です

チンパンジーは、みんなでサルを狩るなど、共同作業に見えることをする。しかし、本当に意思疎通ができた上での共同作業ではないらしい。他者が何をしているかを推測することのできる高度なコンピュータが、その知識をもとに［X］というほうが、彼らの行動をよりよく描写していると私は思う。

私たちは、外界についてそれぞれが自分自身の表象を持っている。いわば個人的表象だ。それを表現するのが言語である。言語で表されたものは公的表象となる。その公的表象を受け取った他者は、それについて独自の個人的表象を持つ。誰も他者の心を見ることはできないので、個人的表象はあくまでもその個人しか理解できないものである。「リンゴ」という言葉で表される公的表象は、秋冬の赤い果物、少しすっぱい、青森や長野が有名、アップルパイのもと、などである。しかし、「リンゴ」という言葉で何を思うかは、人それぞれに異なる。

「自由」「勇気」「繁栄」「正義」など、もっと抽象的な概念になると、公的表象とそれぞれの個人的表象の間には、「リンゴ」のような具体的なものの表象よりもずっと多くの、微妙な違いが生じるに違いない。それでも人々は、言語で表される公的表象でコミュニケーションを取り、共同作業を行わねばならない。その公的表象がD各個人の持つ表象の最大公約数としてうまく機能している限り、共同作業はうまくいくだろう。実際、かなりうまくいっているからこそ、この社会は動いている。

しかし、本質的に、それは共同幻想なのだろう。何か探しているような4素振りを見せる人に対し、「何かお探しですか?」と聞くのは、本質的にはおせっかいなのだろう。人の心なんて本当は計り知れないものなのだから。それでも大方は当たっている。相手も、そう察してくれることを期待している。それが外れた時に誤解が生じ、「あなたは何もわかってくれない」という恨みが生じる。この何やかやにもかかわらず、E共同幻想こそがヒトを共同作業に邁進させ、ここまでの文明を築いてきたのだろう。そして、互いの思いを一致させることは、相変わらずたいへん難しい作業であり、それができた時、できない時に伴う様々な感情を私たちは備えているのである。

（長谷川眞理子『進化的人間考』より）

問一　波線部1～4のカタカナを漢字で、漢字の読みをひらがなで書きなさい。

問二　［X］に最もよくあてはまる表現を次の中から選び、番号で答えなさい。

1　共同作業を促進している　　2　最終目標を共有している
3　自己欲求を満たしている　　4　互いに勝手に動いている

問三　傍線部Aとは、どのようなものか、文中から句読点を含み三十字以内で抜き出しなさい。

問四　傍線部Bの対義語を次の中から選び、番号で答えなさい。

1　依頼　　2　強制　　3　自由　　4　従順　　5　秩序

問五　傍線部Cについて、筆者はなぜこのように考えているのか、本文のことばを用いて説明しなさい。

問六　傍線部Dについて、これはどのようなものか、説明しなさい。

問七　傍線部Eについて、これはなぜか、説明しなさい。

問八　次のページの中から本文の内容に合致するものには○、合致しないものには×を記しなさい。

関係な表象である。たとえば、イヌを「イヌ」と呼ぼうと、「dog」と呼ぼうと、何でもよい。それらは、イヌという動物の性質とは関係なく、B任意に選ばれている。

そして、様々な記号を結びつけて、さらなる意味を生み出すための文法規則がある。だから、「ヒトがイヌを噛(か)む」と「イヌがヒトを噛む」とでは意味が全く異なるのだ。このような任意の記号と文法規則を備えたコミュニケーションシステムを持つ動物は、ヒト以外にはいない。

そこで、ヒトの言語の進化をめぐって、様々な議論が行われてきた。ヒトと最も近縁な動物であるチンパンジーがどこまで言語を習得できるのかを探るために、チンパンジーに対する言語訓練の実験も何十年にわたって行われてきた。その結果、チンパンジーはたくさんの任意な記号を覚えるが、文法規則は習得しないことがわかった。その他にもいろいろなことがわかった。しかし、最も重要な発見は、言葉を教えられたチンパンジーが別に話したいとは思わない、ということではないだろうか。

数百の単語を覚えたチンパンジーたちが自発的に話す言葉の九割以上は、ものの要求なのである。「オレンジちょうだい」「くすぐって」「戸を開けて」など、教えられたシグナルを使って他者を動かし、自分の欲求を満たそうということである。「空が青いですね」「寒い」など、世界を描写する「発言」はほとんど2カイムだ。ひるがえって、言葉を覚え始めたばかりの子どもの発話の九割以上がものの要求ということはない。もちろん要求もするが、「ワンワン」「お花、ピンク」「あ、〇〇ちゃんだ」「落ちちゃった」など、世界を描写する。単に世界を描写して何をしたいのか。先ほど述べたように、他者も同じことを見ているという確認、思いを共有しているということの確認である。つまり、三項表象の理解を表現しているのだ。

チンパンジーの認知能力は非常に高度である。彼らは、かなり高度な問題をも解くことができる。しかし、どうやら彼らに三項表象の理解はない、というか3乏しい。一頭一頭のチンパンジーは世界に対してかなりの程度の理解を持っているのだが、その理解を互いに共有しようとしないのである。高機能のコンピュータがたくさんあるが、それらどうしがつながっていない、というような状況だろうか。だから、世界を描写してうなずき合おうとはしないのである。Cチンパンジーが時代を超えて蓄積されていく文化を持っていないのは、このためだろう。

三項表象の理解があり、互いに思いを共有する素地があれば、そこから言語が進化するのは簡単であるように思う。言語獲得以前の子どもたちがやっているように、思いの共有さえあれば、あとはその対象に名前をつけていくのは簡単なはずだ。

また、三項表象の理解があれば、目的を共有することができる。私が外界に働きかけて何かしようとしている。その「何か」をあなたが推測し、同じ思いを共有することができれば、「せいのっ！」と共同作業をすることができる。言語コミュニケーションはその共同作業をずっとスムーズに促進させてくれるが、言語がなくても共同作業はできる。言葉の通じない外国でも、表情や身振り手振りで人々は意思疎通することができる。それは、とりもなおさず、先ほどの「私は、あなたが何を考えているかを知っている、ということをあなたも知っている、ということを私は知っている」からだ。

選び、番号で答えなさい。

1　どのような所を占有し、どのような仕事をすれば、少しの間でも身を落ち着け、心をなぐさめられるだろうか

2　どのような所を閉ざし、どのような技術を用いれば、少しの間でも理想的な家に住み、心をなぐさめられるだろうか

3　どのような所を惜しみ、どのような技を持てば、少しの間でも蓄えを持ち、心をなぐさめられるだろうか

4　どのような所をひきしめ、どのような性格でいれば、少しの間でも恋人と過ごし、心をなぐさめられるだろうか

二　次の文章を読んで、あとの設問に答えなさい。

まだ言葉も十分には話せない小さな子どもが、何かを見て興味を持ったとしよう。その子はどうするだろう？　そちらを指さしたり、手を伸ばしたりしながら、あーあー、などと発声し、一緒にいるおとなの顔を見るに違いない。おとながそちらを見てくれなければ、かなりしつこく、おとなの注意をそちらに向けさせようとするだろう。これは、実によくある光景だ。

その声や動作に気づいたおとなは、子どもがさしている方向を見て、何が子どもの興味を引いたのかを理解すると、子どもと顔を見合わせ、「そうだね、○○だね」と話しかける。その言葉を子どもが理解できなくてもかまわない。それでも、動作や表情、視線によって、子どもは、おとなが同じものを見て興味を共有してくれていることを確認する。そして、それは、子どもにとってもおとなにとっても楽しいことなのだ。

今こうやって描写したのが、三項表象の理解である。つまり、「私」と「あなた」と「外界」という三つがあり、「私」が「外界」を見ていて、「あなた」も同じその「外界」を見ている。そして、互いに目を見交わし、互いの視線が「外界」に向いていることを見ることで、両者が同じその「外界」を見ていることを、了解し合う。「外界」に関する心的表象を共有していることを理解し合う、ということだ。

このように描写すると非常にややこしいが、先に述べたように子どもでもやっていることだ。「外界」をイヌとすると、子どもがイヌを見て指さし、「ワンワン」と言う。そして母親を見る。母親もそちらを見て、また子どもと顔を見合わせ、「そうね、ワンワンね、かわいいわね」と言う。あまりにも普通のことに思われるが、これが、どれだけ1シンエンな意味を含んでいることか。

ヒトの心の中で行われているこのプロセスを描写すると、「私は、あなたがイヌを見ているということを知っている」、「あなたは、私がイヌを見ているということを知っている」、そして、「お互いにそのことを知っている」となる。しかし、これを一文で表そうとすれば、「私は、あなたがイヌを見ているということを知っている、ということをあなたは知っている、ということを私は知っている」となる。この文章を理解するよりも、実際に子どもと目を見合わせながらイヌを見るほうが、ずっと簡単だ。しかし、この簡単なことは三項表象の理解であり、実はA非常に高度な認知能力の結果なのである。

言語とは、対象をさし示す記号であり、それらの記号を文法規則で組み合わせて、さらなる意味を生み出すことのできるシステムである。そして、対象をさし示すために使われる記号は、その対象物の性質とは無

経験を生かしたいものだとおもう。

G方丈記の昔にも「勢ひあるものは貪欲深く、ひとり身なる者は人に軽しめらる。H宝あれば恐れ多く、貧しければ歎き切なり。頼めば身他の奴となり、人をはごくめば心恩愛につかはる。世に従へば身苦し、また従はねば狂へるに似たり。Iいづれの所をしめ、いかなる業をしてか、暫しこの身をやどし、玉ゆらも心をなぐさむべき」と書いてある。

幾干もない私の交友の中でさえ、人の心が荒み尖って、ある人は、その温情が、堪えぬばかり5カンショウ的になり、絶望的な厭世を起こしたものがあり。またある人は、ただもう眼前の生活の6イカクに、持っている物は放すまいとし、取れるものならみんな自分の物にしようとするのだ。命ばかりを取りとめて、すべてを失ったものは、すべての欲がなくなったようだし、少しでも被害の少ないもの、何がしを取り残したものは、いやが上にも、所有しようとしているのを私は見た。（中略）

私達にとって欧州戦争は、対岸の Y ほどの実感もなかったが、こん度の震災で、ほんとうに、世界思想の推移をはっきりと見たようにおもう。我等は何を成すべきかを、私どもは、ことに新しく考えねばならない。

（竹久夢二『新方丈記』より）

＊たとえば一朝にして～…琵琶湖を掘った土を盛って一夜にして富士山ができたとするような話は近江八幡に伝わる伝承や『三才図会』『近江輿地誌』など江戸期の文章にも残る。妙義山の伝承は典拠不明だが、類似の伝承があったものと思われる。

＊三越、白木…いずれも日本橋にあった百貨店の名

問一　波線部1～6のカタカナを漢字で、漢字の読みをひらがなで書きなさい。

問二　X に最もよくあてはまる語を次の中から選び、番号で答えなさい。

1 豪華　2 質実　3 粗末　4 適当　5 平滑

問三　Y に最もよくあてはまる語を漢字二字で記しなさい。

問四　傍線部Aについて、筆者にはなぜこのように聞こえたのか、説明しなさい。

問五　傍線部Bについて、筆者がこのように考えるのはなぜか、次の中から最も適切なものを一つ選び、番号で答えなさい。

1 復興の象徴として街に植樹していこうと思つたから
2 世界思想に先駆け都市緑化に向かう好機となったから
3 防災林として緑が重要であることが明らかになったから
4 利殖のために木を伐採したことで街が狭苦しくなったから

問六　傍線部Cについて、筆者はどのような文化が「再び栄えるに違いない」と考えているか、筆者がその文化をどう評価しているかも含めて説明しなさい。

問七　傍線部Dとは、どういうことか、説明しなさい。

問八　傍線部Eとは、どういうことか、説明しなさい。

問九　傍線部Fとは、どういうものか、説明しなさい。

問十　傍線部Gについて、この作品と共に三大随筆と称される古典作品の名を二つ、それぞれひらがなで記しなさい。

問十一　傍線部Hについて、これはなぜか、説明しなさい。

問十二　傍線部Iの現代語訳として、次の中から最も適切なものを一つ

【国　語】（六〇分）〈満点：一〇〇点（推定）〉

一　次の文章は、一九二三年九月一日の関東大震災を体験した筆者が、そこから約二週間の見聞をまとめたものである。これを読んで、あとの設問に答えなさい。

東京は私の住む郊外でさえ、日のうちは蟬も鳴かず、鳥さえ飛ばなくなってしまった。初秋の夜のたださえ寂しいに、Aさすがに虫も、音を忍んで鳴いている。震災以来蚊もあまり出なくなった。（中略）

灰色の東京を見下ろして、最も心づよく眼にうつるものは、緑の立木である。上野公園、芝公園、日比谷公園、山王の森、愛宕山、宮城等を見渡すとき、これ等の森の木が、どんなに猛火と戦ったかを、今更のように感ぜずにはいられない。Bそれにつけても、新しく造られる大東京は、緑の都市でなくてはならない。

清水公園を宅地に開放したり、弁慶橋を1テッパイして堀を埋めて住宅を造るという議があったが、そんなにまで人間が、自然の風光を無視して、利殖のために、たださえ住みにくい東京をもっと狭苦しく2趣きのないものにしようとした3俗吏達も、いまは思い知ったであろう。

戦勝以来一躍して世界の日本帝国になって、その商業主義、唯物主義が所謂文化の絶頂を示した観があったが、自然の一揺りに、一瞬にしてぴしゃんこになってしまった。しかし破壊されたのは建築物に過ぎない、所謂C文化はまた再び栄えるに違いない。あやしげな文化建築、文化風俗、文化何々と。それにしても、こん度の災害はまだまだ我々の祖先が経験した、*たとえば一朝にして富士山が近江の国から飛んだり、中禅寺湖から妙義山がけし飛んだような、地理的変動に比べれば、やさしいものだ。人畜の損傷の多かったのは、電気、瓦斯、水道、油等など謂ゆるD文明の利器が生んだ機械文明が力をかしたことも間接の原因になっている。

山の手の方から下町の被害地を見物に出かける婦人達は、みんな親の仇を打つような格好で、襷がけに4足袋はだし。一番悪い着物をきて歩くというのも世間への遠慮であろう。大東京建設のために、失った家庭を再興するために、婦人達が生活を簡素に、衣食住を X にすることは好いことに違いないが、東京の若い女達が、喪に逢った未亡人のように、断髪にしたり、色彩のない着物をきたりするにも及ぶまい。どんな質素な衣服は作るにしても、優雅と趣きを失わない心掛けはもってほしい。金の高いものを身に着けなければ*三越、白木で流行と称するものを持っていなければ、肩身を狭くおもっていたような、つまりE商業主義の犠牲になっていた婦人達も、これからは、金で品物を買わないで頭で買わなくてはならない。つまり自分の趣向を持って生活する時がきたわけだ。

幾日かのテント生活の経験は、私達に原始的な素朴な勇敢な気性と、同時に、F最も進歩した未来の生活を暗示した、善き教訓を与えた。私達は多くの家族と、種々の家庭が、急造のテントの下で、相扶け相励まして、一つ釜で一つの火で食事をした。一つの火を中心に幾家族かが、生活することは、やがて来る時代を暗示しているとおもう。火の用心から言って、主婦の能率増進の上から、社交和楽の点から、この得がたい

【作　文】（六〇分）

次の文章は、ネルソン・マンデラがリーダー像について語ったものである。

これを読んで、自分の経験に触れながら、あなたの考えを六〇〇字以内で述べなさい。

リーダーとは、羊飼いのようなものである。敏捷（びんしょう）な羊に先頭を行かせ、残りの羊をその後に従わせ、自分は群れの一番後ろにいる。誰も後ろから導かれているとは気づかずに。

2024年度

解　答　と　解　説

《2024年度の配点は解答欄に掲載してあります。》

＜数学解答＞ 《学校からの正答の発表はありません。》

1 [1] $(a, b)=(1, 7), (4, 6), (5, 5), (6, 2)$ [2] (1) $xy=y+360$
(2) $x=10, y=40$

2 [1] 4人のとき2通り，6人のとき5通り [2] (ア) 1 (イ) 5 (ウ) 1
(エ) 2 (オ) 2 (カ) 1 (キ) 5 (ク) 14 (ケ) 42

3 [1] $b=4$ [2] 5 [3] $c=2\pm\sqrt{2}$

4 [1] $\mathrm{CD}=\frac{38}{7}$ [2] $\mathrm{AD}=\frac{24\sqrt{6}}{7}$ [3] BP＝4，CO＝2 [4] MN＝4

5 [1] $\mathrm{V}=\frac{1}{3}a^3$ [2] (1) 交点の数 3個 (2) 交線の数 3本
(3) 頂点の数 6個 辺の数 12本 面の数 8面 (4) $\mathrm{W}=\frac{1}{6}a^3$

○推定配点○

1 [1] 10点(過不足や間違いは1個について3点減点) [2] (1) 4点 (2) 各3点×2
2 [1] 各3点×2 [2] (ア)～(キ) 各1点×7 (ク) 3点 (ケ) 4点
3 [1] 6点 [2] 6点 [3] 8点 4 [1] 6点 [2] 4点 [3] 各3点×2
[4] 4点 5 [1] 4点 [2] (1)・(2) 各2点×2 (3) 各2点×3 (4) 6点
計100点

＜数学解説＞

1 (小問群―自然数の性質，因数分解，方程式の応用，食塩水)

[1] $a^2+b^2-2a-4b=20$ $a^2-2a+1+b^2-4b+4=20+1+4$ $(a-1)^2+(b-2)^2=25$ 整数を2乗した数の和が25になる組を考えると，0と25，9と16，16と9，25と0 つまり，$\{(a-1), (b-2)\}=(0, 5), (3, 4), (4, 3), (5, 0)$ よって，$(a, b)=(1, 7), (4, 6), (5, 5), (6, 2)$

[2] (1) 水をygを入れても水を入れる前と水を入れた後の食塩の量は変わらないから，$0.01x\times360=0.01(x-1)(360+y)$ 両辺を100倍して整理すると，$360x=360x+xy-360-y$ よって，$xy=y+360$

(2) 食塩をyg加えた場合，食塩水全体の量もyg増える。含まれる食塩の量の関係から等式を作ると，$0.01(x+9)(360+y)=0.01x\times360+y$ 両辺を100倍して整理すると，$360x+xy+9\times360+9y=360x+100y$ $xy=91y-9\times360$ (1)で求めた式に代入すると，$91y-9\times360=y+360$ $90y=360+9\times360$ $90y=10\times360$ $y=40$ $xy=y+360$に代入すると，$40x=40+360$ $x=10$

2 (その他の問題，場合の数―支払方法の順番の並び方)

[1] 生徒が4人のとき，最初はA，最後はB，2番目と3番目にAB，BAの2通りがある。6人のときは，最初はA，最後はBで，2番目で初めて箱の中の硬貨が0枚になる2番目から5番目までの並び方はBAAB，BABA 4番目で初めて箱の中が0円になる2番目から5番目までの並び方はABBA

6番目で始めて箱の中の硬貨が0枚になるのはAABB，ABAB　　よって，5通りある。

やや難 [2] (a)の場合，先頭から2人目までの並び方が1通りで，残り6人の並び方が5通りある。(b)の場合，先頭から4人の並び方の中で，4人目で箱の中の硬貨が初めて0枚になる場合がAABBの1通りで，残り4人の並び方は2通りある。(c)の場合，先頭から6人の並び方の中で，6人目で初めて箱の中の硬貨が0枚になるならび方は，AAABBB，AABABBの2通りで，残り2人の並び方は1通りである。　(d)　先頭の生徒がお金を入れておいて，最後の生徒がおつりをもらう場合は，2人目から7人目までの6人が〈条件〉の並び方であれば途中で硬貨が0枚になることはないから，6人のときの5通りがある。よって，$1\times5+1\times2+2\times1+5=14$(通り)　　生徒が10人のときも同様に考えていくと，(a)先頭から2人目で初めて硬貨がなくなるとき，2人の並び方は1通りで残り8人の並び方が14通りだから$1\times14=14$…①　(b)　先頭から4人目で初めて硬貨がなくなるとき，4人の並び方は1通りで残り6人の並び方が5通りだから$1\times5=5$…②　(c)　先頭から6人目で初めて硬貨がなくなるとき，6人の並び方は2通りで残り4人の並び方が2通りだから$2\times2=4$…③　(d)　先頭から8人目で初めて硬貨がなくなるとき，8人の並び方は5通りで残り2人の並び方が1通りだから$5\times1=5$…④　(e)　先頭から10人目で初めて硬貨がなくなるとき，先頭はAで10人目がB，2人目から9人目までが<条件>を満たす8人の並び方でよいから，14通りある…⑤。よって，①～⑤によって，$14+5+4+5+14=42$(通り)

3 (関数・グラフと図形―直線の式，交点の座標，等しい面積の図形，方程式)

基本 [1] A$(-2, 4)$だから，直線ABの式を$y=2x+k$とおき，$x=-2$，$y=4$を代入してkの値を求めると，$4=-4+k$　$k=8$　　直線ABの式は$y=2x+8$だから，放物線$y=x^2$との交点Bのx座標は方程式$x^2=2x+8$の解として求められる。$x^2-2x-8=0$　　$(x-4)(x+2)=0$　　$x>0$だから，$x=4$　　よって，$b=4$

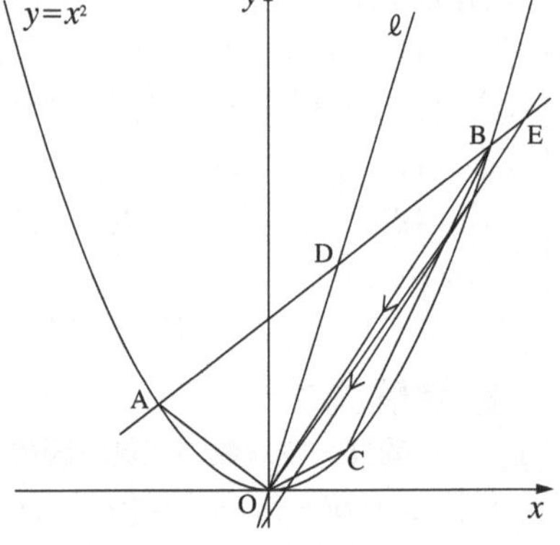

重要 [2] 直線ℓの式が$y=\frac{22}{3}x$だから，直線ABとの交点Dのx座標は方程式$\frac{22}{3}x=2x+8$の解である。$22x=6x+24$　$16x=24$　　$x=\frac{24}{16}=\frac{3}{2}$　　△OADと△ODEはAD，DEを底辺とみたときの高さが共通なので，面積が等しいときに底辺も等しい。AD＝DEのとき，線分AD，DEの両端のx座標の差は等しいから，$\frac{3}{2}-(-2)=\frac{7}{2}$　　$\frac{3}{2}+\frac{7}{2}=5$　　点Eのx標は5である。

やや難 [3] ODが四角形OABCの面積を2等分するとき，四角形OCBD＝△OAD　　△ODE＝OADなので，四角形OCBD＝△ODE　　線分OBを引くと，四角形OCBD＝△OBD＋△OCB，△ODE＝△OBD＋△OEB　　よって，△OCB＝△OEBのときに，四角形OCBD＝△ODEとなる。平行線間の距離は一定だから，点Eを通りOBに平行な直線を引いて放物線$y=x^2$との交点をCとすればよい。点Bのy座標は$4^2=16$　　直線OBの傾きは$\frac{16}{4}=4$　　点Eのy座標は$y=2\times5+8=18$だから，直線CEの式を$y=4x+j$として$x=5$，$y=18$を代入すると，$18=20+j$　　$j=-2$　　よって，点Cのx座標は方程式$x^2=4x-2$の解である。$x^2-4x=-2$　　$x^2-4x+4=2$　　$(x-2)^2=2$　　$x-2=\pm\sqrt{2}$　　$x=2\pm\sqrt{2}$　　したがって，$c=2\pm\sqrt{2}$

4 （平面図形―垂線，角の二等分線，三平方の定理，合同，中点連結定理，長さ）

重要 [1]　CDの長さをxとするとBDの長さは$14-x$　△ADCと△ADBで三平方の定理を用いてAD^2を2通りに表すと，$AD^2=AC^2-CD^2=AB^2-BD^2$　$100-x^2=144-(14-x)^2$　$100-x^2=144-196+28x-x^2$　$x=\frac{152}{28}=\frac{38}{7}$

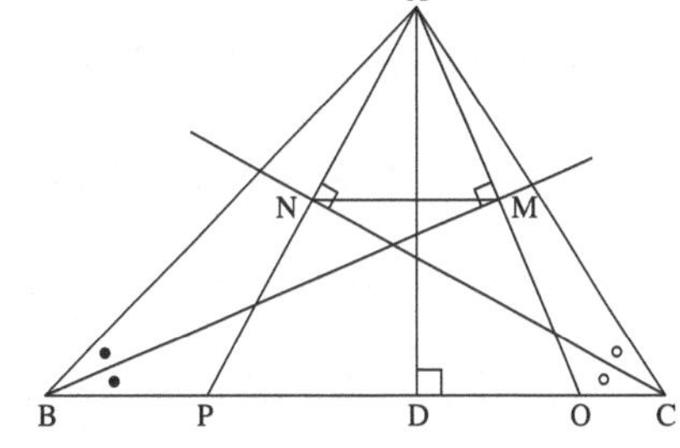

[2]　$AD^2=10^2-x^2=10^2-\frac{38^2}{7^2}=\frac{10^2\times7^2-38^2}{7^2}=\frac{70^2-38^2}{7^2}=\frac{(70+38)(70-38)}{7^2}=\frac{108\times32}{7^2}=\frac{2^2\times3^3\times2^5}{7^2}$　よって，$AD=\frac{24\sqrt{6}}{7}$

[3]　△CANと△CPNにおいて，CN＝CN　∠ACN＝∠PCN　∠CNA＝∠CNP　1辺とその両端の角がそれぞれ等しいので，△CAN≡△CPN　よって，CA＝CP＝10　したがって，BP＝4　同様に，△BAM≡△BOM　BA＝BO＝12　よって，CO＝2

基本 [4]　AN＝PN，AM＝OMなので，中点連結定理によって，$NM=\frac{1}{2}OP$　$OP=14-4-2=8$　よって，MN＝4

＋α 5 （空間図形―正四面体，切断，交わる2つの立体）

[1]　正四面体AFCHは立方体ABCD－EFGHから合同な4つの三角すいEAFH, BAFC，GCHF，DAHCを切り取ったものである。4つの三角すいはいずれも1つの直角二等辺三角形の面を底面とすれば高さは立方体の1辺の長さである。よって，正四面体AFCHの体積Vは，$V=a^3-\frac{1}{3}\times\left(\frac{1}{2}a^2\right)\times a\times4=\frac{1}{3}a^3$

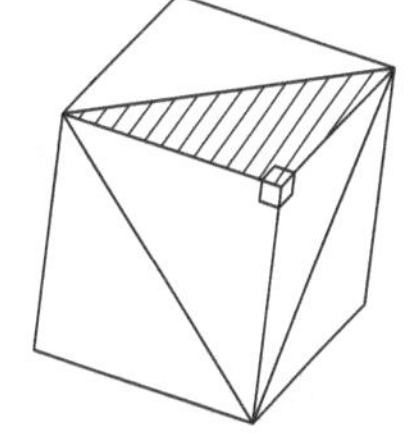

重要 [2]　(1)　面AFCが作る△AFCの辺CA，AF，FCはそれぞれ正四面体BGDEの辺BD，BE，BGと交わる。よって，交点は3個ある。

(2)　(1)の3点をX，Y，Zとすると，直線XY，YZ，ZXが面AFCと正四面体BGDEとの交線となる。よって，3本ある。

(3)　面AFCと同様に面FCH，面HCA，面HAFも正四面体BGDEと3つの点で交わり，それらの点は元の立方体の6つの面の対角線の交点である。よって，立体図形Qの頂点の数は6個である。(2)の3点X，Y，Zを結ぶと正三角形XYZができる。なお，その一辺の長さは，元の立方体の各面の正方形の対角線の長さの$\frac{1}{2}$であり，$\frac{\sqrt{2}}{2}a$である。また，正四面体AFCHと正四面体BGDEの交わりの面は全部で8面あり，立体Qは正八面体となる。辺の数は12本，面の数は8面である。

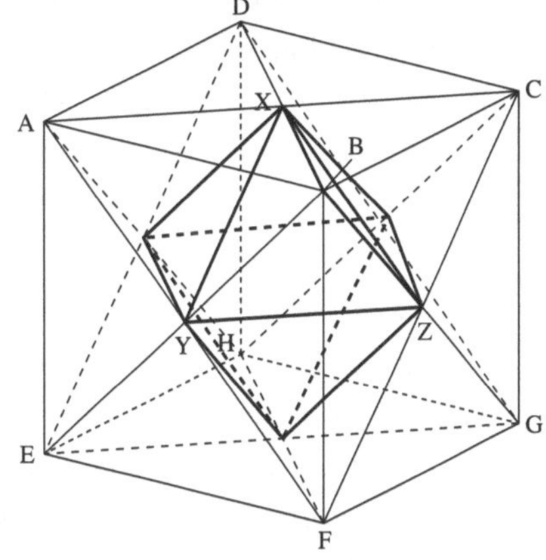

(4)　立体Qは，正四面体AFCHの4つの面で正四面体BGDEの4つの頂点を含む正四面体を切り落として作ることができる。切り落とされる正四面体は1辺の長さが$\frac{\sqrt{2}}{2}a$である。点Bを含む正四面体BXYZで，点Bから底面の正三角形XYZに垂線BSを

引くと，点Sは正三角形XYZの重心である。XYの中点をMとすると，ZM$=\frac{\sqrt{2}}{2}a\times\frac{\sqrt{3}}{2}=\frac{\sqrt{6}}{4}a$

ZS：SM＝2：1　ZS$=\frac{\sqrt{6}}{4}a\times\frac{2}{3}=\frac{\sqrt{6}}{6}a$　$BS^2=BZ^2-ZS^2=\frac{1}{2}a^2-\frac{1}{6}a^2=\frac{1}{3}a^2$　BS$=\frac{\sqrt{3}}{3}a$

よって，正四面体BXYZの体積は，$\frac{1}{3}\times\left(\frac{1}{2}\times\frac{\sqrt{2}}{2}a\times\frac{\sqrt{6}}{4}a\right)\times\frac{\sqrt{3}}{3}a=\frac{1}{3}\times\frac{\sqrt{3}}{8}a^2\times\frac{\sqrt{3}}{3}a=\frac{1}{24}a^3$

よって，立体Qの体積Wは，$\frac{1}{3}a^3-\frac{1}{24}a^3\times4=\frac{1}{6}a^3$

【別解】　立体Qが1辺の長さ$\frac{\sqrt{2}}{2}a$の正八面体であることに気づけば，「頂点を通る対称の面を底面とする合同な正四角すいを合わせたもの」であると考えて，W$=\frac{1}{3}\times\left(\frac{\sqrt{2}}{2}a\times\frac{\sqrt{2}}{2}a\right)\times\frac{1}{2}a\times2=\frac{1}{6}a^3$と求めることができる。

★ワンポイントアドバイス★

1の[1]は2つの因数分解した式ができないか考える。2はともかく書き並べながら方法を見つける。3は△OADと等しい面積の三角形を考え，それが四角形ODBCと等しい面積になるように工夫している問題。5は共通部分の立体Qをどうやって形にしていくかを考える。

＋α は弊社HP商品詳細ページ(トビラのQRコードからアクセス可)参照。

＜英語解答＞ 《学校からの正答の発表はありません。》

1　問1　① men　② hunting　③ magic　④ analyzed　⑤ index　⑥ ring　⑦ female　⑧ similar　⑨ hand　⑩ boys　問2　②

2　問1　① decline[decrease]　② money　問2　a world of clean energy　問3　(あ) shines　(い) collected　(う) built　問4　[A] don't last as long in space as they do on Earth　[B] receives its electricity from the solar panels attached to it　問5　③　問6　science fiction　問7　①，⑥，⑧　問8　④

3　問1　A ⑧　B ③　C ①　D ⑤　E ⑦　問2　1 ③　2 ②　3 ④　問3　イ→エ→オ→ウ→ア　問4　They built a shelter.

4　問1　1 D　2 G　3 E　4 H　問2　自分にたくさんの仕事の選択肢があることに気づかない女性や，家族への務めが忙しすぎると感じる女性もいた。　問3　③　問4　母親　問5　(ア) difference　(イ) smaller　問6　③　問7　②，⑥　問8　It is more support, often from their partners.

5　(例)　I think diversity means many different types of people are included in a group or society and treated equally. The idea of diversity makes the world a better place. Now I often see many foreigners and senior citizens working at convenience stores. Those clerks were often young Japanese people when I was a small child.(55words)

○推定配点○
[1] 問1 各1点×10 問2 2点 [2] 問4・問6 各3点×3 他 各2点×11
[3] 各2点×10(問3は完答) [4] 問2 3点 他 各2点×12 [5] 10点 計100点

<英語解説>

[1] (長文読解問題・論説文：語句補充・選択，要旨把握)

(全訳) 科学者たちは，世界の多くの地域の洞窟の壁に書かれた古代壁画の隣に，手形を発見してきた。これらの壁画の多くが馬や鹿などの動物を表しているため，それらは自分たちが殺した動物を記憶しておくため，または次回の狩猟の旅での成功を向上させる何らかの魔術として，男性の狩人によって描かれたものだと考えられていた。2014年，ディーン・スノウという名のアメリカ人研究者がフランスとスペインの8か所の洞窟で手形を分析し，それらが女性によって作られたものだと結論付けた。

スノウはジョン・マニングという名の科学者によって行われた研究を読んだ。マニングは男女の薬指と人差し指の長さを調べた。彼は，女性はふつう，ほぼ同じ長さの薬指と人差し指を持つと書いた。しかし男性の薬指はふつう人差し指より長い。マニングの研究に基づき，スノウは手形が男性のものか女性のものかを予測するコンピュータプログラムを開発した。スノウはフランスとスペインで調べた32の手形のうち24が女性のものだと述べた。

スノウの調査を疑う専門家もいる。その1人，デール・ガスリーはスノウがしたのと似たような調査を行った。彼の研究は主に，親指と手のひらの幅の違いに基づいていた。彼は，それらの手形のほとんどは少年のものだと考えている。「洞窟はおそらく大人にとっては退屈だが，少年たちは冒険を求めて探検しただろう」と彼は提議する。彼と他の数人の科学者たちは，少年たちは洞窟にいる時に心に浮かんだもの，つまり恐ろしい哺乳類の絵を描いた，と信じている。

私たちは真実がわからないかもしれない。スノウの調査はまた，重要な質問を残した。[A]「なぜ女性たちは洞窟に絵を描いたのか」

重要 問1 「何年間も，科学者たちは洞窟の壁画はおそらく②狩りの成功を向上させる方法として，①男性たちによって描かれたものだと信じていた。それはおそらく一種の③魔術とも関連していた。ディーン・スノウはこの考えに異を唱えるために，ジョン・マニングの研究を利用した。スノウはいくつかの洞窟内で見つかった手形④を分析した。マニングは，男性の⑤人差し指は⑥薬指より短い場合が多いと述べているので，スノウは指の長さに基づくとそのほとんどが⑦女性のものだと信じている。スノウの結果を信じない科学者たちもいる。彼らのうちの1人は⑧似たような研究をしたが，⑨手の異なる部分を調べた。彼は，⑩少年たちが動物への恐怖心からこのような芸術を作り出した，と考えている」 ⑤⑥について，本文では「薬指のほうが人差し指より長い」となっているが，要約文ではそれを「人差し指のほうが薬指より短い」と表している。

問2 全訳下線部参照。もし女性が壁画を描いたのなら，その目的や理由は何か，という疑問が生まれる。

[2] (長文読解問題・論説文：語句補充・選択，指示語，語形変化，時制，受動態，語句整序，比較，分詞，内容一致，英問英答)

(全訳) あなたは「エネルギーが必要なら空を見上げればよい」と人々が言うのを聞いたことがあるかもしれない。そんなに簡単なことならいいのだけれど。見ることとあの星の力をコントロールすることは別のことだ。私たちは進歩しているし，ソーラーパネルのコストも①下がり続けているので，それらはもっと一般的になるだろう。しかしこの気候変動の時代において，私たちはクリーンエネルギーの世界を達成できるほど急速には変化していない，と多くの人が不満を持っている。アメリカのカリフォルニア工科大学の科学者たちは，宇宙空間の日光を集め，それをエネルギーに変えることで，私たちを(1)そこにより速く到達させる方法を発見した。これは「宇宙基盤の太陽光エネルギー」略してSBSPと呼ばれ，私たちの生活を変える可能性を持っている。

地球では，日光は雲に遮られることがある。また夜間は日光がない。しかし宇宙では，太陽が99％の時間(あ)輝いている。結果として宇宙には地球上よりずっと多くの太陽光エネルギーが存在する。科学者たちは新しい技術を使ってこのエネルギーを捕らえ地球に送りたいと思った。2023年1月，彼らはいくつかの実験をするためにハイテク機材を搭載した衛星を宇宙に送った。

まず，衛星に付けられたソーラーパネルが太陽光エネルギー(い)を集めて，地球の大学の建物の屋根にある受信機に送った。科学者たちは少量のエネルギーが受信機に到着したことを確かめることができた。この実験により初めて，無線のエネルギーを宇宙から地球に送電することが可能だと証明された。どうやって彼らはそれを行ったのか。答えは電磁波の動く方法にある。2つの海の波が同じ方向に動く様子を想像しよう。波の高さが同じなら，それらは合わさって1つのより大きい波を作る。しかし1つの波の頂点がもう1つの波の低い点と合わさると，1つのより小さな波ができる。海の波と同様に，科学者たちは電磁波を最適なタイミングで合わせる方法を発見した。この新しい技術により，彼らはより強いエネルギーを生み出すことが可能になった。

SBSPの挑戦の1つは，ソーラーパネルの適切な種類を見つけることである。太陽からの放射線と大量の宇宙塵はそれらを痛める可能性がある。このためソーラーパネルは[A]地球上の場合ほど長持ちしない。そのような厳しい条件に耐えるため，カリフォルニア工科大学の科学者たちは様々な種類のソーラーパネルを宇宙でテストした。この2番目の実験の結果は後日発表されることになっている。

大量の太陽光エネルギーを集めてそのエネルギーを地球に送りたければ，宇宙に太陽光発電所が(う)建設される必要があるだろう。それは宇宙に浮かんでいるということ以外，地球の太陽光発電所とおなじ働きをする！　私たちが話題にしている大きさについて考えるために，国際宇宙ステーション(ISS)を思い浮かべよう。それは空を飛んでいるサッカー場ほどの大きさである！　実は，国際宇宙ステーションそのものがSBSPの一例だ。それは[B]自身に取り付けられたソーラーパネルから電力を受け取っている。ISSだけでなく，宇宙の数千もの人工衛星が電力に太陽エネルギーを使っている。

地球の電力需要のために宇宙に大きな発電所を作ることは，現実よりもSFに近い。問題の1つは，全てのソーラーパネルをどうやって宇宙に輸送するか，ということだ。パネルが(ア)小さすぎれば，あまり(イ)電力を供給できない。しかし(ウ)大きいパネルはロケット上の(エ)場所をたくさん使いすぎる。科学者たちは解決の手助けとして折り紙を調べている。彼らはこの古くからある芸術を使うことでパネルのデザインを良くすることができると考えている。

もう1つのSBSPが直面している大きな問題は②お金だ。ロケット，人工衛星，ソーラーパネル，その他たくさんの高価な設備が必要だろう。新しくてもっと安い技術が見つからなければ，このエネルギー源は(I)SFのままだろう。しかしこれは中国や日本のような国を止めてはいない。アメリカと同様に，彼らはSBSPを化石燃料に代わる手段として考えている。実際，中国は電力需要を助けるため，2030年までに宇宙基盤の太陽光発電所を所有しようと望んでいる。気候ゴールに到達するプレッシャーを感じる政府がどんどん増えていくと，SBSPは解決法の1つになるかもしれない。

問1　①　decline，decrease「下がる，減少する」　②　money「お金」　直後の文の expensive やその次の文の cheaper から推測できる。

重要　問2　下線部(1)の直前の文の a world of clean energy「クリーンエネルギーの世界」が適切。

問3 (あ) shine「輝く」 不変の真理は現在時制で表す。主語が3人称単数なので -s を付ける。 (い) collect「～を集める」 前後の文が過去時制なので合わせて過去形とする。 (う) build「～を建設する」を過去分詞 built にして受動態の文にする。

やや難 問4 [A] last を「長持ちする」という動詞として使うことに注意。not as … as ～「～ほど…ではない」 [B] receives its electricity from the solar panel「ソーラーパネルから電力を受け取る」 attached to it「それ(ISS)に付けられた」が the solar panels を後ろから修飾する。

問5 全訳下線部参照。

重要 問6 最後から2つ目の段落の第1文の science fiction「サイエンス・フィクション(SF)」を抜き出す。宇宙に発電所を作るという考えは，今までずっと現実よりもSFに近いものだとみなされており，実現は難しいと思われている。

重要 問7 ①「地球で太陽光エネルギーを集めることは宇宙で太陽光エネルギーを集めることほど効率的ではない」(○) ②「ある実験では，科学者たちは無線のエネルギーを地球から宇宙へ送れるか確かめた」(×) 宇宙から地球へ送る，が正しい。 ③「1つの海の波の低い点がもう1つの波の高い点と合わさると，より大きな波が1つ生み出される」(×) ④「カリフォルニア工科大学の科学者たちは人口衛星を宇宙に送り，2つの実験を成功して行うことができた」(×) 2つ目の実験(ソーラーパネルの大きさについて)の結果はまだ公表されていないため，成功したかはわからない。 ⑤「カリフォルニア工科大学の科学者たちによって行われた実験により，アメリカは今，電力供給のために宇宙基盤の太陽光エネルギーを利用することができる」(×) ⑥「宇宙基盤の太陽光エネルギーが現実となるために，科学者たちはより良いソーラーパネルの作り方を考え出す必要がある」(○) ⑦「折り紙の技術を使うことによって，科学者たちはソーラーパネルを輸送するための小さいロケットを作ることができるだろう」(×) ⑧「アメリカに加えて他の国も電力需要の供給源として宇宙基盤の太陽光エネルギーを調べている」(○) ⑨「アメリカと中国は気候変動の危機に対処するため，宇宙に太陽光発電所を作ると宣言している」(×)

問8 「カリフォルニア工科大学の科学者たちはどうやって無線のエネルギーを送信したのか」 ④「電磁波を特定の方法によって合わせることによって」

3 **(会話文読解問題：文補充・選択，内容吟味，英問英答，要旨把握)**

(全訳) ボブ：アマゾンの熱帯雨林で40日間生き延びた4人の子供たちについて，聞いた？

アン：うん。彼らが乗っていた飛行機が墜落したと新聞に書いてあった。[A]飛行機に乗っていた大人は全員亡くなったって。

ボブ：悲しいことに，そのうちの1人は子供たちのお母さんだった。彼らはすごく怖かっただろうね。

アン：初めの数晩は，彼らは機体の横で寝たと思う。

ボブ：そう。食料が尽きると，彼らはジャングルの中を歩こうとした。

アン：その時に彼らは迷ってしまって飛行機に戻る道を見つけられなかったのね。

ボブ：記事によると，彼らは先住民族で，アマゾンで育ったそうだよ。

アン：だから彼らはジャングルの果物や種をよく知っていたのね。

ボブ：[B]彼らは運が良かった。その当時たくさんの熱帯雨林の植物が実をつけていた。

アン：それで彼らは助かったのかも。

ボブ：そうだと思う。政府軍がヘリコプターから食料を入れた箱を落としてみたんだ。彼らは子供たちがそれを見つけるかもしれないと願った。

アン：それは名案ね。

ボブ：[C]でも彼らはそれらを見つけなかった。ジャングルは植物がぎっしりと生えていて彼らが動き回るのは難しかったんだ。

アン：新聞によると，兵士数百人が昼夜子供たちを探したそうね。

ボブ：地元のボランティアもね。彼らのお父さんや親戚も含めて。

アン：では誰が彼らを見つけたの？

ボブ：軍の救助犬だよ。それは兵士たちが到着するまで彼らに寄り添っていた。

アン：彼らは飛行機の墜落現場のかなり近くで発見されたよね？

ボブ：うん，数キロしか離れていなかった。ヘリコプターが着陸する場所がなかったから，兵士たちが子供たちを病院まで空中輸送したんだ。

アン：なんて素晴らしい話なの。あなたはそんな風に生き延びることができると思う？

ボブ：場合によるよ。最初にするべきことはSTOPだよ。

アン：何のために止まるの？

ボブ：(D)そういう意味じゃないよ。STOPは立ち止まって(Stop)，考えて(Think)，観察し(Observe)，計画を立てる(Plan)ということを表している。

アン：ああ，なるほど。それなら意味がわかるわ。

ボブ：そうしたら，良い水源を見つけることが優先事項だね。

アン：(E)どうやってそうするの？

ボブ：沢や川を探せるよ。もし全く見つけられなかったら，雨水を飲むことができる。

アン：わかった，次は何？

ボブ：天気や動物から身を守るためのシェルターを作る必要がある。

アン：あのアマゾンの子供たちは木や葉っぱを使ってそれを建てたわ。

ボブ：それは賢かったね。重要なことは暖かさと乾いた状態を保つことだよ。

アン：わあ，ボブ！　あなたはサバイバル術があるみたいね。

問1　全訳下線部参照。

問2　1「この会話について次のうち正しくないものはどれか」 ③「いくらかの食料を見つけた後，子供たちは飛行機に戻った」(×)　彼らは迷ってしまい，飛行機の場所へ戻れなかった。
2「子供たちが生き延びた理由ではないものは次のどれか」 ②「彼らは容易に歩き回ることができた」空所Cの次の文参照。容易に歩き回ることはできなかった。　3「STOPに基づくと，するべきではないのは次のどれか」 ④「あらゆる方向に助けを求めて叫ぶ」　①はStop，②はObserve，③はThinkに相当する。

重要　問3　イ「彼らは機体のそばにいた」→エ「彼らはジャングルの中を歩いた」→オ「彼らは救助犬を見かけた」→ウ「彼らは兵士たちに会った」→ア「彼らはヘリコプターで飛んだ」

重要　問4 「会話に基づくと，子供たちは天気から身を守るために何をしたか。英語で4語使って答えなさい」 ボブとアンの最後から2番目の発言を参照し，「彼らはシェルターを作った」とする。buildは過去形builtにする。

4 **(長文読解問題・論説文：要旨把握，英文和訳，内容吟味，言い換え・書き換え，語句補充・選択，内容一致，英問英答)**

(全訳) [A]　ハーバード大学教授，クラウディア・ゴールディンはノーベル経済学賞を受賞した3人目の女性として，そして合同ではなく単独で受賞した最初の女性として，歴史を作った。彼女の重要な研究は，なぜ女性は世界的に働かず，働いた場合には給料が少ないのかということを説明することによって，私たちが職場における継続中の性差を理解するのに役立つ。

[B]　ゴールドウィンの研究は，雇用における男性と女性の明らかな違いによって動機づけられた。世界的に，男性の80％と比較して，女性は約半数しか有給の仕事を持っていない。専門家たち

はそれは機会の損失だと考えている。というのも多くの有能な女性が労働市場に加わっていないか，もしくは雇用に対して真面目に扱われていないかのどちらかだからだ。賃金の性差は，先進国の女性は平均して男性よりも13%収入が少なく，それが女性たちにキャリアを築くことや高等教育を受けることへの興味を失わせている。

［C］ ゴールドウィンはこのような違いの理由を精査した。彼女の研究によると，それらは女性の将来に対する低い期待に基づいた，女性自身の選択から生じている。(1)女性の中には自分にたくさんの仕事の選択肢があることに気づかない人や，家族への務めが忙しすぎると感じている人もいた。

［D］ 何が起きているのかより良く理解するために，ゴールドウィンは200年分の労働市場のデータを入念に調べた。(2)この過程は容易ではなかった，なぜなら女性の労働はしばしば尊重されていなかったからだ。夫を支える畑仕事や小規模の家族経営の商売などの活動は，記録されないことが多かった。ゴールドウィンは女性が実際にどのくらい働いていたかを示すために，古い統計や調査を用いて，新しいデータベースを作らなくてはならなかった。

［E］ 歴史的な記録を修正することは，いくつかの驚くべき発見に結びついた。産業革命の間は，アメリカやヨーロッパにおいて経済が農場から工場へ移った時だが，労働市場に加わった女性は減少した。これは，この分野の研究者を含む多くの人が予想したことではなかった。女性の雇用拡大への進みは(3)女性の期待や経験によってある程度遅くなった，というのも彼女たちは子供が成長した後でも家に留まる自分の母親の姿をしばしば見ていたからである。

［F］ ゴールドウィンはまた，結婚が女性の雇用に対し，考えられていたよりもさらに深刻な障壁だったことを発見した。20世紀の初め，女性のおよそ20%が雇用されていた時代に，既婚女性の5%しか働いていなかった，なぜなら多くの法律が彼女たちの雇用を継続するのを阻んだからだ。これらの法律は後に変わり，仕事を持つ既婚女性の数は20世紀の終わりに向かって上昇し続けた。

［G］ (4)労働市場における女性の数の上昇と高等教育により，賃金の性差は減少した。しかしそれは消えてはいない。ゴールドウィンは2世紀分の賃金格差のデータを調べ，19世紀の前半と1890年から1930年という特定の期間に差が縮まったことを発見した。なぜならオフィスワークや書類作業を含む仕事がより必要になったからである。

［H］ [A]しかしながら，1930年から1980年は差があまり減少していない。親になることがその主な理由の1つだとわかった。女性が母親になると，彼女たちの賃金はふつう減少し始め，似たような職業的バックグラウンドを持っている者にとっても，男性ほど速くは増えなかった。企業は従業員がフルタイムで働けることを期待し，それは育児の責任が大きい女性たちにとっては困難になりうる。

［I］ ゴールドウィンは，いくつかの国における女性の労働市場の参加の減少について懸念を表した。彼女は，家族関係を雇用と一緒に考える必要性を強調した。ゴールドウィンは，女性は育児と働く責任のバランスを取ることにおいて，より多くのサポートを特にパートナーから得る必要がある，と提案した。パートナーとより公平な関係を築くことが，性の公平さにつながる。

［J］ ゴールドウィンは，ノーベル賞を獲得したと聞いた際に最初にしたことについて尋ねられると，自分はどんな手伝いができるかと尋ねた夫に対して言ったことを答えた。「私は彼に犬を部屋から出してお茶をいれて，と言いました。私は記者会見の準備をしないといけないから，って」

重要 問1 1「労働市場データの精査」→［D］ 2「賃金の性差を縮めること」→［G］ 3「驚くべき歴史的発見」→［E］ 4「母親に対する職場の困難さ」→［H］

重要 問2 Some ～, others …「～もいれば，…もいる」 family duties「家族に対する責務(家事，育児，介護など)」

問3　下線部(2)の次の文がその理由となっている。

問4　下線部(3)に続く as 以下の部分を参照する。女性たちは自分の母親が家庭に留まる姿を見て，自分も同じようになると考えた。

重要 問5 「働いたり大学に行ったりし始める女性が増えるにつれ，男性と女性の賃金における(ア)違いは(イ)小さくなった」 difference「違い」 get smaller「小さくなる」

問6　空所の前後より逆接の However「しかしながら」が適切。

問7　①「クラウディア・ゴールドウィンはノーベル経済学賞を受賞した最初の女性である」(×) ②「専門家たちは，多くの能力のある女性が労働市場に参加していないのは問題だと信じている」(○) ③「ゴールドウィンの調査から，女性の雇用に関する決定は，親の選択によるものだとわかった」(×) ④「賃金の性差は過去の世紀にわたり，大きく減少し続けている」(×) ⑤「産業革命の間，労働市場に参入する女性が増えた」(×) ⑥「結婚は20世紀の初頭の女性の雇用において，重要な要因だった」(○)

問8 「文章に基づくと，女性にとって育児と働く責任のバランスを取るために必要なものは何か」「もっと多くのサポート，特にパートナーからの」 [I]の段落参照。本文中の表現のまま They [Women] need more support, often from their partners. と答えてもよいだろう。

重要 5 (自由・条件英作文)

(問題文訳) 「あなたにとってダイバーシティ(多様性)とはどんな意味ですか。あなたの人生でダイバーシティをどのように経験したか例を1つまたは複数挙げなさい。英語で書き，約50語を使いなさい。解答用紙の空所に単語数を書いてください」

(解答例の訳) 「私は，ダイバーシティはある集団や社会に様々なタイプの人々が含まれ，等しく扱われることを意味すると思います。ダイバーシティという考えは世界をより良い場所にします。今，外国人や高齢者がコンビニエンスストアで働いているのをよく見かけます。私が幼かった頃は，そのような店員は若い日本人の場合が多かったです」

★ワンポイントアドバイス★

5の英作文問題はダイバーシティ(多様性)という語の意味が分からないと解答することができず，時事問題への関心度の高さが問われている。

＜国語解答＞ 《学校からの正答の発表はありません。》

一　問一　1　撤廃　2　おもむ(き)　3　ぞくり　4　たび　5　感傷　6　威嚇
問二　2　問三　火事　問四　(例)　震災後で，虫の音が小さいのも，まるで周囲に気がねしているかのように感じられたから。　問五　3　問六　(例)　自然災害で破滅する建築物とは違う，商業主義や唯物主義による卑俗な精神文化。　問七　(例)　震災による甚大な被害は，機械文明を原因とするものが多かったということ。　問八　(例)　自分の趣向ではなく，流行っているから，高価なものだから，という理由で品物を買うこと。
問九　(例)　物資を共有し，互いに協力し合って暮らす生活。
問十　まくらのそうし・つれづれぐさ　問十一　(例)　財産を失うのではないかという心配事が増えるから。　問十二　1

二　問一　1　深遠　2　皆無　3　とぼ(しい)　4　そぶ(り)　問二　3　問三　任意

の記号と文法規則を備えたコミュニケーションシステム(26字)　問四　2
問五　(例)　チンパンジーは，理解力はあるが，それを互いに共有することはできないから。
問六　(例)　共同作業を行うために必要な，抽象的概念を共通表象とするための共同幻想。
問七　(例)　互いの思いを一致させることは難しいが，相手の思いを察することで共同作業はうまくいくから。　問八　1　×　2　○　3　○　4　×　5　×
問九

見	て	くれ	なけれ	ば
動詞	助詞	動詞	助動詞	助詞
連用形		未然形	仮定形	

○推定配点○
□一 問一～問三・問十　各2点×10　他　各4点×8　□二 問一・問四　各2点×5
問二・問八　各3点×6　他　各4点×5(問九完答)　計100点

＜国語解説＞

□一 (随筆―漢字，脱語補充，文脈把握，情景・心情，内容吟味，要旨，文学史，現代語訳)

問一　1「撤」を使った熟語はほかに「撤去」「撤回」など。　2「趣」の音読みは「シュ」。熟語は「趣向」「情趣」など。　3　つまらない仕事をしている役人，俗物である官吏，という意味。「吏」は，役人，という意味。熟語は「官吏」「吏員」など。　4「足袋」は熟字訓。　5「傷」を使った熟語はほかに「傷病」「中傷」など。訓読みは「きず」「いた(む)」「いた(める)」。　6「威」を使った熟語はほかに「威圧」「権威」など。訓読みは「おど(す)」。

問二　直前の「簡素」と並立する語として，飾り気がない，という意味の「質実」が入る。

問三　「対岸の火事」は，自分に関係のない出来事，という意味。

問四　直前に「東京は私の住む郊外でさえ，日のうちは蝉も鳴かず，鳥さえ飛ばなくなってしまった」とあり，直後には「震災以来蚊もあまり出なくなった」とある。震災の後，虫や鳥の姿が消えてしまったのである。だから，秋の夜の虫の音が小さいのも，コオロギや鈴虫がまるで気がねしているかのように感じられたというのである。

問五　直前に「これ等の森の木が，どんなに猛火と戦ったかを今更のように感ぜずにはいられない」とあるので，「防災林」とある3が適切。関東大震災のときに，都市の森の木々が防災の役目を果たしたことを挙げ，都市の中の「緑」の重要性を述べているのである。

やや難　問六　直前に「しかし破滅されたのは建築物に過ぎない」とあり，直後には，「あやしげな文化建築，文化風俗，文化何々と」とあることから，建築物などではなく，あやしげな文化，風俗といった精神文化は，再び栄えるだろう，という文脈が読み取れる。「所謂文化」は，前に「商業主義，唯物主義」と表現されている。筆者が「再び栄えるに違いない」と考えているのは，商業主義や唯物主義による卑俗な精神文化である。

問七　直前に「人畜の損傷が多かったのは，電気，瓦斯，水道，油等」とあることから，「文明の利器が生んだ機械文明」とは，「電気，瓦斯，水道，油等」を指すとわかる。震災時の人的な被害の大きさは「電気，瓦斯，水道」などの機械文明に端を発するというのである。

問八　直前に「金の高いものを身に着けなければ三越，白木で流行と称するものを持っていなければ，肩身を狭くおもっていた」とあることから，高価なものや流行のものを買わなければいけないような気持ちになることを「商業主義の犠牲」と表現していることがわかる。「三越，白木」は，百貨店の名称。また，直後には「これからは，金で品物を買わないで頭で買わなくてはならない。つまり，自分の趣向を持って生活する」とある。

問九　直後の「私達は，多くの家族と，種々の家族が，急造のテントの下で，相扶け相励まして，一つ釜で一つの火で食事をした」「一つの火を中心に幾家族かが，生活することは，やがて来る時代を暗示しているとおもう」から，幾家族かが助け合い，協力し合いながら生活することを「最も進歩した未来の生活」としていることがわかる。

問十　『方丈記』は，鎌倉時代初期に成立した鴨長明による随筆。前半部分には，平安時代に頻発した災厄にまつわる記述が多い。「三大随筆」に数えられるのは，平安時代に成立した清少納言による『枕草子』と鎌倉時代末期に成立した兼好法師による『徒然草』。

問十一　Hを含む部分の現代語訳は，「勢いのある者は欲深く，独身のものは人に軽視される。財産があれば恐れることも多くなり，貧しければ，恨む気持ちが出てくる。人に頼れば，その身は他人の物となる。人を育てれば，心は情愛に束縛される。世間に従えば，その身は窮屈である。(世間に)従わなければ，狂人のように見られる。どのような所を占有し，どのような仕事をすれば，少しの間でも身を落ち着け，心を慰められるだろうか。」となる。財産を多く所有すれば，その財産が無くなりはしないか，盗まれはしないかと心配事も増える，というのである。

重要　問十二　「しめ」は「占め」と書き，占有する，という意味。「業(わざ)」には，仕事，つとめ，という意味がある。「身を宿す」は，身をとどめる＝身を落ち着ける，という意味なので，1が適切。

二　**(論説文―漢字，脱文・脱語補充，対義語，文脈把握，内容吟味，要旨，品詞分解)**

問一　1　意味や味わいが，はかり知れないほど深いこと。「深」を使った熟語はほかに「深呼吸」「意味深長」など。訓読みは「ふか(い)」「ふか(まる)」「ふか(める)」。　2「皆」を使った熟語はほかに「皆勤」「皆目」など。訓読みは「みな」。　3「乏」の音読みは「ボウ」。熟語は「窮乏」「欠乏」など。　4　顔や動作に表れた様子，という意味。「音読みはほかに「ス」。熟語は「素敵」「素直」など。訓読みは「もと」。

問二　直前に「チンパンジーは……共同作業に見えることをする。しかし，本当に意思疎通ができた上での共同作業ではないらしい」とあるので，3が適切。「共同作業」とある1，「共有」とある2はあてはまらない。4は，「共同作業に見える」とあることと合致しない。

問三　ヒトの心の中で行われている「非常に高度な認知能力」については，「そして……」で始まる段落に「このような任意の記号と文法規則を備えたコミュニケーションシステムを持つ動物は，ヒト以外にはいない」と説明されているので，「任意の記号と文法規則を備えたコミュニケーションシステム(26字)」が適切。

問四　「任意」は，その人の思いのままにすること。対義語は，権力などで無理に従わせる，という意味の「強制」。

問五　直前に「一頭一頭のチンパンジーは世界に対してかなりの程度の理解を持っているのだが，その理解を互いに共有しようとしないのである。……だから，世界を描写してうなずき合おうとはしないのである」と，その理由が説明されている。

やや難　問六　直後の段落の冒頭に「しかし，本質的に，それは共同幻想なのだろう」とあり，そのまえには「うまく機能している限り，共同作業はうまくいくだろう」とある。個人的表象は人それぞれであるが，コミュニケーションを取り，共同作業を行うためには，言語における共通認識が必要であり，それが「公的表象」であり「共同幻想」だというのである。

やや難　問七　直前に「人の心なんて本当は計り知れないものなのだから。それでも大方は当たっている。相手も，そう察してくれることを期待している」とあり，「共同幻想」については，「(共同幻想が)うまく機能している限り，共同作業はうまくいくだろう。実際，かなりうまくいっているからこそ，この社会は動いている」と説明されている。直後には「互いの思いを一致させることは，相変わらずたいへん難しい作業」とあるので，互いの思いを一致させることは難しいが，互いの思いを察することで共同作業はうまくいっている，ということを，「共同幻想こそがヒトを共同作業に邁進させる」と表現しているとわかる。

問八　1は，「その声や……」で始まる段落に「動作や表情，視線によって，子どもは，おとなが同じものを見て興味を共有してくれていることを確認する。そして，それは，子どもにとってもおとなにとっても楽しいことなのだ」とあることと合致しないので×。2は，「三項表象」について，「今こうやって……」で始まる段落で説明されている内容と合致するので○。3は，本文に「言語とは，対象をさし示す記号であり，それらの記号を文法規則で組み合わせて，さらなる意味を生み出すことのできるシステムである」「任意の記号と文法規則を備えたコミュニケーションシステム」とあることと合致するので○。4は，「そこで……」で始まる段落に「チンパンジーはたくさんの任意な記号を覚えるが，文法規則は理解しない」とあることと合致しないので×。5は，「また，……」で始まる段落に「言語がなくても共同作業はできる。……」とあることと合致しないので×。

重要　問九　「見(動詞　連用形)・て(助詞)・くれ(動詞　未然形)・なけれ(助動詞　仮定形)・ば(助詞)」と分けられる。

(作文について)

課題は，「リーダーとは，羊飼いのようなものである」について，自分の経験をふまえて考えを述べる，というものなので，まず冒頭で，この言葉に対する自分の考えをはっきり述べ，体験を具体例として示す，という形で構成するとよいだろう。先導するのではなく，最後尾から全体を見渡しながら導いて行く，というあり方を具体的にイメージして，例えばどのような場面が考えられるか，今までの経験の中で何があてはまるか，自分は最後尾から導くようなリーダーか，と考えを進めてみよう。

★ワンポイントアドバイス★

指示内容や説明を要約する高度な記述力が求められるので，さまざまな例題に当たっておこう！　古文・韻文が現代文に含まれる形での出題が多いので，古文・韻文の知識を充実させよう！

大切なことはメモしておこうネ！

2023年度

★★★★★★★★★★★★★★★★★★★★★★★

入　試　問　題

2023年度

慶應義塾女子高等学校入試問題

【数　学】（60分）　＜満点：100点（推定）＞

【注意】　1．途中の計算や式などもすべて解答用紙に書いておくこと。
2．図は必ずしも正確ではありません。

1　次の問いに答えなさい。

［1］　メスのメダカが15匹，オスのメダカがそのx倍入っている池に，新たに250匹のメダカを加えた。その250匹のうち，メスがオスよりも140匹多かったため，今度はメスの数がオスのx倍になった。xの値を求めなさい。

［2］　整数xに6を加えると整数mの平方になり，xから17を引くと整数nの平方になる。m，nはともに正として，m，n，xの値を求めなさい。

2　A，B，C，D，E，Fの6チームがおたがいに他チームと必ず1回だけ試合をすることにした。得点は次の規則で決めることにする。

＜規則＞

試合の勝ち負けが決まったときは，勝ちチームに2点，負けチームに0点を与える。

試合が引き分けになったときには，それぞれのチームに1点を与える。

この規則で各チームが5試合すべて終えたとき，AからEのチームの得点は

Aチーム　9点　　Bチーム　3点　　Cチーム　0点

Dチーム　4点　　Eチーム　9点

であった。次の問いに答えなさい。

［1］　試合が1つ終わると，両チームに与えられる点の合計は何点か。

［2］　次の文の（あ）～（く）にあてはまる数を答えなさい。

全6チームが試合を終えたとき，試合の総数は（あ）回になるから，Fチームの得点は（い）点である。AチームとEチームは得点が9点であるから，どちらも（う）勝（え）敗（お）引き分けである。したがって，Fチームは（か）勝（き）敗（く）引き分けしたことになる。

［3］　BチームとDチームの負け試合数が同数のとき，Bチームが引き分けた試合の相手チームを答えなさい。

3　次のページの図のように，放物線$y=ax^2$上に4点A，B，C，Dを，△OABが正三角形，△OCDが直角二等辺三角形となるようにとる。点Bからx軸に垂線BEをひき，点Eと線分CDの中点Fを結ぶ。線分EFと線分OB，ODの交点をそれぞれG，Hとし，点B，Dのx座標をそれぞれb，dとして次の問いに答えなさい。ただし，a，b，dは正の値，AB∥CDとする。

［1］　aを用いて，dを表しなさい。

［2］　$b:d$を求めなさい。

［3］ ∠DHEの大きさを求めなさい。

［4］ FG：GEを求めなさい。

［5］ △OFGの面積が$\sqrt{3}$であるとき，a の値を求めなさい。

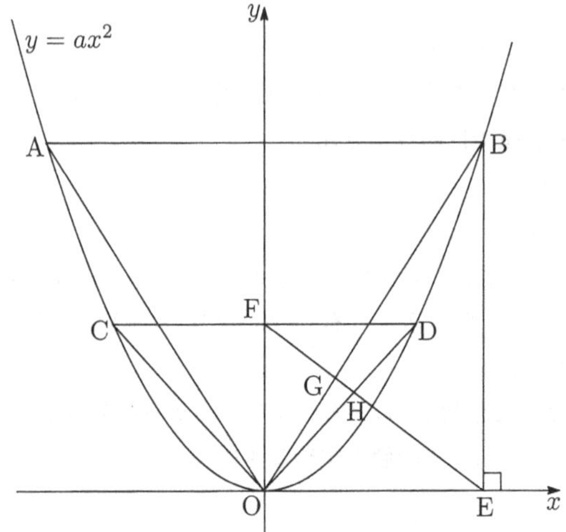

4 円に内接する四角形ABCDの２本の対角線は，点Ｅにおいて垂直に交わっている。点Ｅを通り，辺BCに垂直な直線をひき，辺BC，ADとの交点をそれぞれＦ，Ｇとする。BE＝20，CE＝15，FG＝17として，次の問いに答えなさい。

［1］ 線分EFの長さを求めなさい。

［2］ ∠DBC＝a°として，∠DEGの大きさを a を用いて表しなさい。

［3］ 線分AG，ADの長さをそれぞれ求めなさい。

［4］ 四角形ABCDの面積 S を求めなさい。

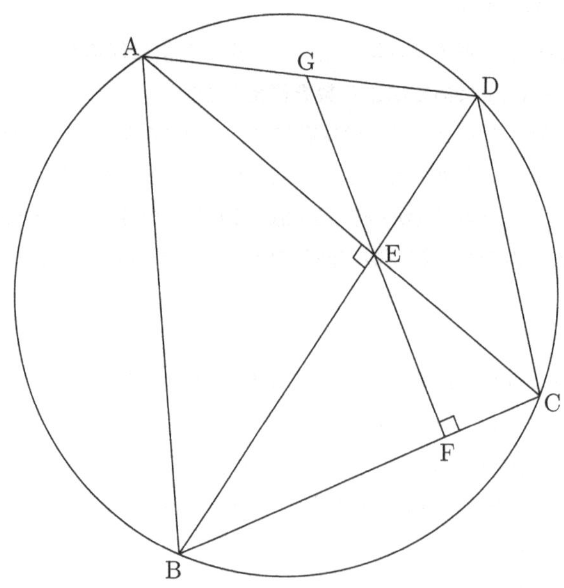

5 三角柱ABC－DEFにちょうど入る半径rの球Oがある。三角柱の底面は1辺の長さが4の正三角形であるとして，次の問いに答えなさい。ただし，円周率はπとする。

［1］ rの値と球Oの体積Vを求めなさい。

［2］ 辺BE，CFの中点をそれぞれG，H，線分GE，HFの中点をそれぞれI，Jとし，点A，G，Hを含む平面Pで球Oを切ったときの切り口の図形の面積をS，点A，I，Jを含む平面Qで球Oを切ったときの切り口の図形の面積をTとする。S，Tの値を求めなさい。

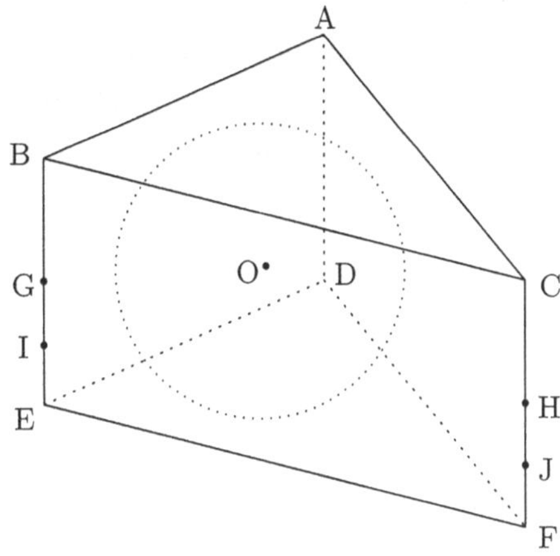

【英　語】（60分）　<満点：100点（推定）>

1　各設問(A)～(C)に答えなさい。

(A)　次の文章の内容を表したものとして最も適切なものを①～④より１つ選び，番号で答えなさい。

According to a recent report on global food consumption, the amount of food thrown away at home is nearly 570 million tons every year. That's 11% of food produced worldwide for humans to consume. When we add the amount of food which is lost and thrown away from production to retailing, something shocking becomes clear — nearly 40% of all food produced around the world is never put into human mouths.

［注］ consumption：消費　production：生産　retailing：小売り　percentage：パーセンテージ

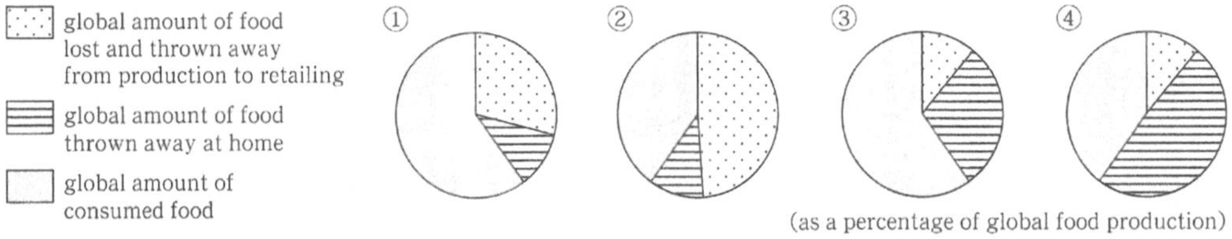

(B)　次の文章の A ， B を補うのに最も適切なものを①～④より１つずつ選び，番号で答えなさい。

Food loss and waste occurs at every step of the way, from producing to consuming food, but we should recognize the differences in timing between developed and developing regions. In developed regions, [A]. A large amount of food is left to spoil in cabinets or refrigerators after they buy food products, or remains on the dinner table at home. In developing regions, however, [B]. It seems to be caused by the low level of technology used in harvesting, packing, and transporting food products.

［注］ timing：タイミング　developed：発展した

① a lot of food is saved by those who produce food products
② a lot of food is thrown away by those who consume food products
③ food is lost more often while it is produced and delivered
④ food is provided more often when people are in need

(C)　次のページのグラフの内容を表したものとして最も適切なものを①～④より１つ選び，番号で答えなさい。

① The annual per capita food losses and waste before reaching home is not as large as the annual per capita food waste at home in all of the regions.
② The total amount of the annual per capita food losses and waste from production to retailing and food waste at home in Developing Region D is smaller than that in Developed Region A.

③ The annual per capita food losses and waste from production to retailing in Developed Region C is larger than that in Developing Region E.

④ Developed Region B has not only the largest annual per capita food losses and waste before reaching home but the largest annual per capita food waste at home of all the regions.

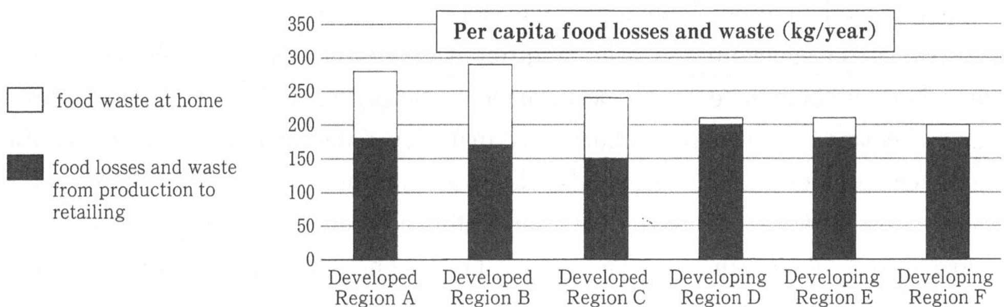

［注］ per capita：一人当たりの

2 次の文章を読んで設問に答えなさい。

Our world is full of superstitions. Superstition is a belief or behavior that is not based on human reason or scientific knowledge, but is thought to bring good or bad luck. While some superstitions such as lucky number 7, unlucky number 13, four-leaf clover, black cats, or wishing on a falling star are widely known, other superstitions are quite personal, like eating specific food before important events or wearing a person's lucky color.

There was a survey to ask Americans if they believe in superstitions or not. The result is nearly half of Americans answered they believe in some superstitions. When we separate the people in the survey into groups, some interesting tendencies appear. [A] People with college degrees and those without college degrees have almost an equal level of belief in superstitions. The survey also shows that the percentage of people who believe in superstitions decreases with the increase in age. In addition, there is a gender difference. (1) Superstitious beliefs are (あ) popular in men than in women, but the number of people who say they are "very" superstitious, not "only a little" superstitious or "somewhat" superstitious, is (い) among men than among women. Of course no survey can be a perfect mirror of the whole world. It might be impossible to say for sure that any one group may be more or less superstitious, but we can (ア) out there are some tendencies for each group.

There is a world, however, which has many superstitious people even though it has various groups of people. Can you guess which world it is? It is the sports world! Sport has always been full of superstitions, even for the best athletes in the world. Four out of five professional athletes have at least one superstition. A lot of famous athletes are known for their unique superstitious beliefs and behaviors. Baseball player Wade Boggs believed the number 7 and 17 to be his lucky numbers. Before a night game, he always ran his sprints exactly at 7:17 PM. (2)テニス選手のSerenaWilliamsは，勝ち続けている限り，トーナメントが終わるまで同じ靴下をくり返し履くことで知られている。 Football player Cristiano Ronaldo always steps onto the football ground with his right foot.

(3)Do these superstitions make a difference? From the scientific point of view, they have nothing to do with performance. Surprisingly, however, superstitions can have a positive effect. Researchers say that they reduce anxiety, increase confidence and help athletes relax. It is also known that they release the chemicals which help athletes to focus better. Many athletes believe if they keep their own superstitions, they can perform well. For them, superstitions are precious good luck charms that can't be (イ) with money.

Many researchers, however, say that superstitions can be harmful, too. Once, a superstition caused a problem for a football club. Two players had the same superstition — they both had to be the last person to leave the locker room before the game, but neither of them was willing to give it up. Both of them got frustrated and anxious, and this (ウ) in a poor performance. Another example is one American football player who used to believe in a superstition which was not common. Before each game, he climbed on top of the television in his hotel room and jumped to the bed. The superstition might be hard to understand, but (4)he had a unique belief that this would protect him from getting hurt on the field. However, one time, he missed the bed and fell. His injury made him miss a game.

Do you have or do you want to have your own superstition for good luck? Surely it is possible that superstitions have a positive effect and (エ) you to success. In fact, it is said that 70% of American students depend on good luck charms for better academic performance. But what happens if you sit down to take an examination and realize you've forgotten your good luck charms? Well, in that case, you don't have to worry. Remember your superstition is nothing more than your own invention. Never let superstition control you. Instead, make use of it wisely!

［注］ superstition：迷信，験(げん)かつぎ　belief：信じること，信念　clover：クローバー
tendency：傾向　superstitious：迷信深い，験(げん)をかつぐ　somewhat：やや，いくぶん
good luck charm：お守り

問１ A を補うのに最も適切なものを①～④より１つ選び，番号で答えなさい。

① Education greatly influences the level of believing in superstitions.

② People with the same level of education show a similar tendency.

③ Education has little effect on how superstitious a person is.

④ People with higher education are more superstitious than those without it.

問２ 次の文は下線部(1)の内容を説明したものである。(あ)，(い) を補うのに最も適切なものを①～⑤より１つずつ選び，番号で答えなさい。ただし，同じ番号を２度以上選ばないこと。

「男性よりも女性の方が迷信や験(げん)かつぎを信じる人が多いが，『ほんの少し』や『やや，いくぶん』ではなく『とても』迷信深いあるいは験(げん)をかつぐと答えるのは男性の方が多い。」

① more　② less　③ fewer　④ larger　⑤ smaller

問３ (ア)～(エ) を補うのに最も適切な語を次より１つずつ選び，文脈に合う形で答えなさい。ただし，同じ語を２度以上選ばないこと。

lead,　enter,　result,　involve,　buy,　compete,　figure

問４ 下線部(2)を英語に直しなさい。

問５ 下線部(3)を以下のように具体的に書きかえた場合，(　) を補うのに最も適切な１語を本文中より抜き出しなさい。

Do these superstitions have any real (　　　) on sports results?

問６ 下線部(4)を日本語に直しなさい。ただし，“this” が指す具体的な内容を明らかにすること。

問７ 本文の内容に合っているものを①～⑥より２つ選び，番号で答えなさい。

① Widely-known superstitions are based on human reason or scientific knowledge, but personal superstitions aren’t.

② According to the survey, younger people have a higher tendency to believe in superstitions than older people.

③ About 80% of professional athletes hesitate to have more than one superstition because they are unable to keep them all.

④ An American football player couldn’t participate in a game because of the injury he got while he was performing his superstitious behavior.

⑤ It is wise not to have your own superstition because it can produce a negative effect and cause a failure.

⑥ 30% of American students are said to forget to bring their good luck charms when they take an examination.

3 次の会話文を読んで設問に答えなさい。

Alice: What is that, Kaori?

Kaori: It’s an origami bird I made last night. I couldn’t sleep because I was still adjusting to the time difference between Japan and here in London. I [　I　] or a crossword puzzle in my suitcase, and I found my origami papers.

Alice: [A]

Kaori: I sometimes need to do so, but it doesn’t always require a lot of thought. In a way, it reminds me of counting. Counting is basically a simple task. But when you are counting a lot of things, you must concentrate or (1)<u>you will lose your place</u>.

Alice: Origami and counting are similar in a sense.

Kaori: Yes. But for me, origami is more creative and exciting than counting. The name of origami simply means "paper folding." [B]

Alice: Like what?

Kaori: (2)折り紙の最も魅力的な点の１つは，1枚のシンプルな紙がどのようにして美しく力強いものに変えられるのかを目にすることができることだ。 Alice, pull the origami bird's tail.

Alice: Yeah. Oh, it's amazing! The bird's wings are flapping up and down! How do you make this bird? Do you make it with scissors and glue?

Kaori: No, (ア a－) I need is just a single sheet of paper. I just use, um... I forget what to call the paper's shape...

Alice: (イ S－) shape?

Kaori: Does it mean having four straight equal sides and four angles of 90°?

Alice: Yes.

Kaori: That's it! [C] That's the only thing I need. And as it is thin, we can fold it many times.

Alice: I see. Oh, Kaori! You are smiling and showing the dimple in your left cheek. It brings back memories when we were little!

Kaori: What do you mean?

Alice: Your dimple is in your left cheek, and mine is in my right cheek. We used to pretend it meant that we were twins.

Kaori: Really? I don't remember that.

Alice: My mom likes (3)this story and tells me even now as a good memory of our life in Japan.

Kaori: I am happy I have a nice friend from childhood. Thank you for letting me stay with your family for two weeks.

Alice: My pleasure. And my mom will be excited with this moving origami, just like me! She says origami is a great Japanese tradition and she would like to learn it someday.

Kaori: I will offer her some lessons while I'm staying here.

Alice: [D]

Kaori: Of course, it's my pleasure.

Alice: Then, you can teach me first. And I'll help you teach my mom as an assistant. (4)I'll be passing the tradition up instead of down.

Kaori: I think we will be good partners!

［注］ flap：羽ばたきする　side：（平面図形の）辺　dimple：えくぼ　pretend：偽って主張する

問１ ［Ｉ］を補うように，次の語句を並べかえなさい。

like, for, a book, searching, something, was

問２ [A] ～ [D] を補うのに最も適切なものを①～⑧より１つずつ選び，番号で答えなさい。ただし，同じ番号を２度以上選ばないこと。

① Are you looking forward to learning origami?

② Thanks for telling me the name.
③ It's an unfamiliar place for doing origami.
④ Can you give me a few, too?
⑤ You don't always carry origami with you.
⑥ But there is more to it than that.
⑦ Do you concentrate when you do origami?
⑧ People name it after origami.

問3 下線部(1)とは，具体的にどのようになるということか。日本語で答えなさい。

問4 下線部(2)を英語に直しなさい。

問5 （ア），（イ）にそれぞれ最も適切な1語を補いなさい。ただし，指定された文字で書き始めること。

問6 下線部(3)の具体的な内容を日本語で答えなさい。

問7 次の文は下線部(4)が表す内容を具体的に説明したものである。［あ］，［い］にそれぞれ適切な日本語を補いなさい。ただし，2箇所ずつある［あ］，［い］には，それぞれ同じ日本語が入る。

「伝統を，［あ］から［い］にではなく，［い］から［あ］に伝えること。」

4 次の文章を読んで設問に答えなさい。

Today the potato is the fourth most important crop in the world, after wheat, rice, and corn. But in the past the crop was seen with doubt by some, as well as with passion by others.

Potatoes have a very rich and interesting history. For thousands of years, they were grown and eaten every day by people living in South America. (1)This daily food was not only preserved by drying and stored in case of poor harvest, but was also used to heal burns more quickly.

The explorers from Spain first came across the potato when they arrived in the Inca Empire in South America in the 16th century. At the time they [I] was, but they gradually began to use it as a food to store and eat on their ships and later brought it to their country.

The 1600s saw potatoes spread throughout Europe, but many people regarded them with doubt and anxiety. Some could not believe that it was possible to eat the part of the plant that grew under the ground, so they ate the leaves instead. This made them sick because there is poison in the leaves. In the 1700s, the upper-class people in France and Prussia recognized it was easy to grow potatoes, and that they could better feed their population with them. But (2)彼らはジャガイモに関して多くの人々が抱いた疑念を取り除くという難題に取り組まなければならなかった. In order to encourage the French people to see the potato as a fashionable plant, King Louis XVI put its flowers in the hole of a button of his dress, and his wife, Marie Antoinette, put ones in her hair. The king of Prussia tried to improve his people's image by planting potatoes in the royal field and placing many soldiers around it. Not surprisingly, the field made people curious. They thought that [A], and so they began to steal the potato plants for their home gardens and the plants quickly became popular.

Although the upper-class people in France and Prussia needed to make a great effort to change people's image of the potato, (3)the Irish people immediately accepted the vegetable with great passion. Since the potato grew well in the cold and rainy climate of the land, a farmer could grow enough potatoes to feed his family. In fact, even without any major developments of agriculture technology, the Irish population increased to be twice as large between 1780 and 1841 thanks to potatoes.

At last, people realized that potatoes are one of the best crops around the world — they are relatively cheap, easy to grow and packed with a variety of nutrients. In October of 1995, the potato became the first vegetable to be grown in space. NASA and a university in America created the technology with the goal of feeding astronauts staying in space, and someday feeding people living on Mars. (4)Potatoes went from being one of the most misunderstood farm products to one of the most important foods on our planet, and in the future they might be in space, too.

［注］ wheat：小麦　the Inca Empire：インカ帝国　upper-class：上流階級の
Prussia：プロイセン王国　royal：王室の　nutrient：栄養素

問１ 下線部(1)を日本語に直しなさい。

問２ ［Ｉ］を補うように，次の語句を並べかえなさい。
the potato, to, valuable, realize, failed, how

問３ 下線部(2)を英語に直しなさい。

問４ [A] を補うのに最も適切なものを①～④より１つ選び，番号で答えなさい。
① nothing worth stealing so frequently was definitely worth protecting
② anything worth protecting so carefully was absolutely worth stealing
③ anything many soldiers stole immediately was totally worth protecting
④ nothing many soldiers watched intensely was really worth stealing

問５ 下線部(3)の理由として最も適切なものを①～④より１つ選び，番号で答えなさい。
① その野菜は隣国において大量に余っていたから
② その野菜は寒く雨の多い土地でもよく育ったから
③ その野菜を栽培する農業技術が大いに発展したから
④ その野菜のおかげで人口が急激に増加したから

問６ 次の文が下線部(4)とほぼ同じ意味になるよう，（ア），（イ）にそれぞれ最も適切な１語を補いなさい。
Although they （ ア ） to be one of the most misunderstood farm products, someday potatoes might be one of the most important foods in （ イ ） as they are on our planet.

問 7 次の質問に英語で答えなさい。ただし，主語と動詞のある文の形で答えること。

1 Which part of the potato containing poison did some people eat in the 1600s?

2 What did King Louis XVI and Marie Antoinette wear in order to change the French people's image of the potato?

5 Which do you think is better for reading, borrowing books from a library or buying books at a bookstore? Tell us your idea with two or three reasons. Write in English and use about 50 words. Please write the number of words in the space (　　words) on the answer sheet.

した友人の名を冠したその文学賞の名をひらがなで記しなさい。

問八　本文中の═══の部分を、例にならって品詞分解し、それぞれの品詞名を答えなさい。ただし、活用のあるものは文中での活用形も答えなさい。

	名詞	助詞	名詞	助詞	名詞	助動詞 終止形
（例）	これ	は	今年	の	試験問題	です

四月となり、五月となった。D遉の自分も、もうマスクを付けなかった。ところが、四月から五月に移る頃であった。また、流行性感冒が、ぶり返したと云う記事が二三の新聞に現われた。自分は、イヤになった。四月も五月にもなって、まだ充分に感冒の脅威から、脱け切れないと云うことが、堪らなく不愉快だった。

が、遉の自分も、もうマスクを付ける気はしなかった。日中は、初夏の太陽が、一杯にポカポカと照らして居る。どんな口実があるにしろ、マスクを付けられる義理ではなかった。新聞の記事が、心にかかりながら、時候の力が、自分を勇気付けて呉れて居た。

丁度五月の半ばであった。市俄古の野球団が来て、早稲田で仕合が、連日のように行われた。帝大と仕合がある日だった。自分も久し振りに、野球が見たい気になった。学生時代には、好球家の一人であった自分も、此の一二年殆ど見て居なかったのである。

その日は快晴と云ってもよいほど、よく晴れて居た。青葉に掩われて居る目白台の高台が、見る目に爽やかだった。自分は、終点で電車を捨てると、裏道を運動場の方へ行った。此の辺の地理は可なりよく判って居た。自分が、丁度運動場の周囲の柵に沿うて、入場口の方へ急いで居たときだった。ふと、自分を追い越した二十三四ばかりの青年があった。自分は、ふとその男の横顔を見た。見るとその男は思いがけなくも、黒いマスクを掛けて居るのだった。自分はそれを見たときに、ある不愉快な激動を受けずには居られなかった。それと同時に、その男に明らかな憎悪を感じた。その男が、何となく小憎らしかった。その黒く突き出て居る黒いマスクから、いやな妖怪的な醜さをさえ感じた。

此の男が、不快だった第一の原因は、こんなよい天気の日に、此の男に依って、感冒の脅威を想起させられた事に違いなかった。それと同時に、自分が、マスクを付けて居るときは、偶にマスクを付けて居る人に、逢うことが嬉しかったのに、自分がそれを付けなくなると、マスクを付けて居る人が、不快に見えると云う自己本位的な心持ちも交じって居た。が、そうした心持ちよりも、更にこんなことを感じた。自分がある男を、不快に思ったのは、E強者に対する弱者の反感ではなかったか。あんなに、マスクを付けることに、熱心だった自分迄が、時候の手前、それを付けることが、何うにも気恥ずかしくなって居る時に、勇敢に傲然とマスクを付けて、数千の人々の集まって居る所へ、押し出して行く態度は、可なり徹底した強者の態度ではあるまいか。兎に角自分が世間や時候の手前、やり兼ねて居ることを、此の青年は勇敢にやって居るのだと思った。此の男を不快に感じたのは、此の男のそうした勇気に、圧迫された心持ちではないかと自分は思った。

（菊池寛「マスク」より）

問一 波線部1と2について、それぞれ漢字の読みをひらがなで書き、意味を簡潔に記しなさい。

問二 傍線部Aについて、これはなぜか、説明しなさい。

問三 傍線部Bとは、どのような勇気か、説明しなさい。

問四 傍線部Cについて、この時に「私」が抱いていた思いはどのようなものか、説明しなさい。

問五 傍線部Dとは、どういうことか、「自分」につながるように説明しなさい。

問六 傍線部Eの「強者」と「弱者」について、それぞれどういう人物か、本文のことばを用いて説明しなさい。

問七 作者は出版社の社長としてある文学賞を創設した。若くして自殺

罹ったりすれば命が危ういという診断を医者から受けていた。

こうした診察を受けて以来、生命の安全が刻々に脅かされて居るような気がした。1殊に、丁度その頃から、流行性感冒が、猛烈な勢いで流行りかけて来た。医者の言葉に従えば、自分が流行性感冒に罹ることは、即ち死を意味して居た。その上、その頃新聞に頻々と載せられた感冒に就いての、医者の話の中などにも、心臓の強弱が、勝負の別れ目と云ったような、意味のことが、幾度も繰り返されて居た。

自分は感冒に対して、脅え切ってしまったと云ってもよかった。自分は出来る丈予防したいと思った。最善の努力を払って、罹らないように、しようと思った。他人から、臆病と嗤われようが、罹って死んでは堪らないと思った。

自分は、極力外出しないようにした。妻も女中も、なるべく外出させないようにした。そして朝夕には過酸化水素水で、含嗽をした。止むを得ない用事で、外出するときには、ガーゼを沢山詰めたマスクを掛けた。そして、出る時と帰った時に、叮嚀に含嗽をした。

それで、自分は万全を期した。が、来客のあるのは、仕方がなかった。風邪がやっと癒ったばかりで、まだ咳をして居る人の、訪問を受けたときなどは、自分の心持ちが暗くなった。自分と話して居た友人が、話して居る間に、段々熱が高くなったので、送り帰すと、その後から四十度の熱になったと云う報知を受けたときには、二三日は気味が悪かった。

A毎日の新聞に出る死亡者数の増減に依って、自分は一喜一憂した。日毎に増して行って、三千三百三十七人まで行くと、それを最高の記録として、僅かばかりではあったが、段々減少し始めたときには、自分はホッとした。が、自重した。二月一杯は殆ど、外出しなかった。友人はもとより、妻までが、自分の臆病を笑った。自分も少し神経衰弱の恐病症に罹って居ると思った。が、感冒に対する自分の恐怖は、何うにもまぎらすことの出来ない実感だった。

三月に、入ってから、寒さが一日一日と、引いて行くに従って、感冒の脅威も段々衰えて行った。もうマスクを掛けて居る人は殆どなかった。が、自分はまだマスクを除けなかった。

「病気を怖れないで、伝染の危険を冒すなどと云うことは、それは野蛮人の勇気だよ。病気を怖れて伝染の危険を絶対に避けると云う方が、文明人としての勇気だよ。誰も、もうマスクを掛けて居ないときに、マスクを掛けて居るのは変なものだよ。が、それは臆病でなくして、B文明人としての勇気だと思うよ。」

自分は、こんなことを云って友達に弁解した。又心の中でも、幾分かはそう信じて居た。

三月の終わり頃まで、自分はマスクを捨てなかった。もう、流行性感冒は、都会の地を離れて、山間僻地へ行ったと云うような記事が、時々新聞に出た。Cが、自分はまだマスクを捨てなかった。もう殆ど誰も付けて居る人はなかった。が、偶に停留場で待ち合わして居る乗客の中に、一人位黒い布片で、鼻口を掩うて居る人を見出した。自分は、非常に頼もしい気がした。ある種の同志であり、2知己であるような気がした。自分は、そう云う人を見付け出すごとに、自分一人マスクを付けて居ると云う、一種のてれくささから救われた。自分が、真の意味の衛生家であり、生命を極度に愛惜する点に於いて一個の文明人であると云ったような、誇りをさえ感じた。

その箇所の、直後の五字を句読点を含み記しなさい。

英語力が経済成長につながるのであれば、英語を公用語とするフィリピンが世界有数の経済大国になってもおかしくなかったはずです。

問四 傍線部Aについて、筆者はどのようなところを「良い」としているのか、本文のことばを用いて説明しなさい。

問五 傍線部Bについて、筆者はなぜこのように考えているのか、本文のことばを用いて説明しなさい。

問六 傍線部Cについて、当時のインドの状況と、現代の日本の状況で筆者が重なると考えている部分はどこか、「〜という状況」につながるように、本文から最も適切な部分をそれぞれ抜き出しなさい。

問七 傍線部Dについて、『平家物語』の文体を何文というか、漢字四字で記しなさい。

二

次の文章を読んで、あとの設問に答えなさい。

A十二月一日ごろなりしやらむ、B夜に入りて、雨とも雪ともなくうち散りて、村雲騒がしく、ひとへに曇りはてぬものから、むらむら星うち消えしたり。引き被き臥したる衣を、更けぬるほど、C丑二ばかりにやと思ふほどに、引き退けて、空を見上げたれば、ことに晴れて、D浅葱色なるに、光ことごとしき星の大きなるが、むらもなく出でたる、なのめならずおもしろくて、花の紙に、箔をうち散らしたるによう似たり。E今宵初めて見そめたる心地す。先々も星月夜見なれたることなれど、これは折からにや、ことなる心地するにつけても、ただ物のみ覚ゆ。

X をこそながめなれしか Y の夜の深きあはれを今宵知りぬる

（『建礼門院右京大夫集』より）

＊浅葱色…薄い藍色。水色。

問一 X・Y に最もよくあてはまる語を次の中から選び、番号で答えなさい。（同じ番号は一度しか使えない。）

1 雨　2 雲　3 月　4 花
5 光　6 星　7 物　8 雪

問二 傍線部Aについて、「十二月」の月の異名をひらがな（現代仮名づかい）で記しなさい。

問三 傍線部Bについて、この日の夜の様子として、正しいものをすべて選び、番号で答えなさい。

1 雨も雪も降らずに月が美しく輝いていた。
2 雨や雪が舞うように花びらが散っていた。
3 月のない日で夜更けには星が輝いていた。
4 ぶ厚い雲があたり一面を覆い隠していた。
5 夜の初め頃は雨まじりの雪が降っていた。

問四 傍線部Cについて、「丑二」は何時頃か、もっとも近い時刻を次から選び、番号で答えなさい。

1 午後十時頃　2 午前〇時頃
3 午前二時頃　4 午前四時頃

問五 傍線部Dについて、なぜ夜空が「浅葱色」なのか、説明しなさい。

問六 傍線部Eとはどういうことか、説明しなさい。

三

次の文章を読んで、あとの設問に答えなさい。

一九二〇年、全世界で一億人以上の死者が出た流行性感冒が日本でも広がっていた。「私」は体質的な問題で、急な運動をしたり今回の感冒に

も納得できません。英語ができることと知性の高さを同一視すべきではないと考えるからです。

英語に対するコンプレックスには危うさが潜んでいます。インド独立の父であるマハトマ・ガンジーは『真の独立への道』（田中敏雄訳、岩波文庫）という著書の中で、インドでは英語ができるインド人が、英語ができないインド人を搾取（さくしゅ）していることを3喝破しました。その上で、インド人は英語を使うべきではないとも主張しました。

ガンジーは「塩の行進」と呼ばれる非暴力・不服従運動による抗議活動を行っています。当時、インドで塩はイギリスの植民地当局による4センバイ制がしかれており、高い税金がかけられ、インド人が自由に作ることができませんでした。

そこでガンジーは弟子たちとともに海岸まで5エンエンと歩いて向かい、小さな塩のかたまりを拾い集めるという行動に打って出ました。この姿はインド民衆の圧倒的な支持を集めただけでなく、全世界にイギリスの6オウボウさを知らしめたのです。

こうした根気強い独立運動の結果、最終的にイギリスは植民地支配を維持できなくなり、インドの独立が認められました。

ガンジーの独立運動は、C私たち日本人にとっても無関係ではありません。

数年前、日本企業を含む多国籍企業がタックスヘイブンとして有名なイギリス領ケイマン諸島に多額の資産をため込み、課税逃れを行っている7ジッタイが報じられました。

現実に、データの上でも超富裕層である二十人程度が、世界人口の収入の低いほうの半分の総資産と同額の富を独占しているといわれています。異常なまでの富の集中と経済格差が進行しています。

日本企業ですらない企業、日本に納税を行っていない企業のもとで、日本人が低収入で働かされているのだとしたら、暢気（のんき）に英語ができる人をもてはやしている場合ではありません。

経済格差の問題は一X一Yに解決するものではなく、私たち個人ができることも限られています。しかし、私たちは英語コンプレックスから抜け出すことはできるはずです。

現在は、翻訳ソフトが進化し、YouTubeのコメント欄の英語もいろいろな言語に訳されるようになりました。各言語間の翻訳も同様です。それぞれの母語で思考・表現できる時代がＡＩの進化によってやって来ることを期待しています。

私が日本の人たちに問いかけたいのは、日本語の美しさに触れないまま8ショウガイを終えてしまって本当にいいのだろうか、ということです。D『平家物語』の美しい言葉の響きを知ることもなく、英語を習得しなければならないというプレッシャーを抱えながら生きていく人生のほうが本当に素晴らしいと言い切れるのでしょうか。

（齋藤孝『なぜ日本語はなくなってはいけないのか』より）

＊タックスヘイブン…課税が免除あるいは軽減されるなど、税制上の優遇措置をとっている国や地域のこと。

問一 波線部1～8のカタカナを漢字で、漢字の読みをひらがなで書きなさい。

問二 X・Yに最もよくあてはまる漢字一字をそれぞれ記し、四字熟語を完成させなさい。

問三 本文には次の一文が省略されています。どこに入れたらよいか、

【国語】（六〇分）〈満点：一〇〇点（推定）〉

一 次の文章を読んで、あとの設問に答えなさい。

自分が入社しようとする会社が英語を公用語としているので、入社したら英語を使わなければならない。その状況に文句を言う筋合いはありません。嫌なら他の会社を選ぶことができるからです。

しかし、すでに勤務している会社が「英語ができなければ一定の役職以上に昇進できない」というルールを設けたとなると話は別です。少なくともショックを受ける人が出ます。公的な性格の強い企業が、英語力を基準に社員のキャリアを押さえ付けるのは、人権上問題があるのではないかとさえ感じます。

そもそも「英語ができなければ国際的なビジネスはできない」という思い込みはどこから生まれたのでしょうか。

日本は明治維新を経て世界の強国へと成長し、第二次世界大戦後の復興期には急激な経済成長を経験し、世界第二位の経済大国へと上り詰めました。この国力の伸張は、日本人の英語力によって成されたのでしょうか。

しかし、現実には英語を公用語とする国々よりも、日本ははるかに経済的な成功をおさめることができました。つまり、英語力と経済力は必ずしもイコールではないということです。

明治維新や経済成長を可能にしたのは、日本人一人ひとりが日本語でしっかりと考えられるタフな脳を持っていたからです。

第二次世界大戦で日本の国土は一面焼け野原となりましたが、生き残った人々には日本語で考える脳が残されていました。戦後に英語を勉強したからではなく、戦前の教育を受けていた人たちが経済復興を下支えしたのです。

そう考えると、戦前の教育を全否定しながら戦後の復興を讃（たた）えるというのは筋が通らない話です。戦後の復興を讃えるなら、A戦前の教育の良い部分もきちんと評価する必要があります。

戦後の経済成長を成し遂げたことからもわかるように、戦前の教育は軍国主義の要素を除けば、かなり精度の高いものであり、精神の強さを育てるものでありました。そして、その根本に日本語教育があったのは間違いありません。

もちろん、戦前と現在では時代背景が異なります。今はグローバル化が加速している時代であり、企業が世界的な潮流を無視してビジネスを行うのは1コンナンです。しかし、そうであっても、日本の企業が英語力を絶対視することは、本当にコストパフォーマンスのよい選択なのでしょうか。

英語力を重視する企業は、他の能力に優先して英語ができる人材を積極的に採用します。逆にいえば、多少は英語以外の能力に欠けていても許されるということです。これはB長期的に見て企業価値を損ねることにつながるのではないか、と私は2危惧しています。

外国語を話せるのは基本的によいことです。外国語を習得しようとする努力も素晴らしいですが、だからといって日本語しかできないことにコンプレックスを持つ必要があるとは思いません。

日本では、英語が得意な人を持ち上げたり、英語ができないことにコンプレックスを感じたりする風潮があります。私はこの風潮にどうして

【作　文】（六〇分）

世の中には、「科学的である」と考えられているものと、「科学的でない」と考えられているものがあります。この両者を分ける基準は、何だと思いますか？　具体例を示しながら、その基準を六〇〇字以内で述べなさい。

2023年度

解　答　と　解　説

《2023年度の配点は解答欄に掲載してあります。》

＜数学解答＞ 《学校からの正答の発表はありません。》

1 ［1］ $x=\frac{7}{3}$ ［2］ $m=12$, $n=11$, $x=138$

2 ［1］ 2点 ［2］ (あ) 15 (い) 5 (う) 4 (え) 0 (お) 1 (か) 2 (き) 2 (く) 1 ［3］ Fチーム

3 ［1］ $d=\frac{1}{a}$ ［2］ $b:d=\sqrt{3}:1$ ［3］ $\angle DHE=75°$ ［4］ FG：GE＝1：3 ［5］ $a=\frac{\sqrt{2}}{4}$

4 ［1］ EF＝12 ［2］ $\angle DEG=90°-a°$ ［3］ AG＝5, AD＝10 ［4］ S＝299

5 ［1］ $r=\frac{2\sqrt{3}}{3}$ $V=\frac{32\sqrt{3}}{27}\pi$ ［2］ $S=\frac{6}{5}\pi$, $T=\frac{4}{3}\pi$

○推定配点○

1 ［1］ 9点 ［2］ 各3点×3 2 ［2］ 各1点×8 他 各6点×2 3 各4点×5
4 ［3］ 各3点×2 ［4］ 6点 他 各5点×2 5 ［1］ 各4点×2 ［2］ 各6点×2
計100点

＜数学解説＞

1 （小問群―方程式の応用，数の性質）

［1］ (1) 新たに加えた250匹のうちのメスをy匹とするとオスは$(250-y)$匹　よって，$y=(250-y)+140$　$y=195$　よって，メスは15＋195＝210(匹)となり，オスは$15x+(250-195)=15x+55$(匹)　よって，$210=x(15x+55)$　$15x^2+55x-210=0$　$3x^2+11x-42=0$　左辺を$(3x+a)(x+b)$と因数分解できるa，bを求めると，$a=-7$，$b=6$のときに，$3b+a=11$，$ab=-42$となる。よって，$(3x-7)(x+6)=0$　$x>0$だから，$x=\frac{7}{3}$

［2］ $x+6=m^2$，$x-17=n^2$　$m^2-n^2=23$　$m^2-n^2=(m+n)(m-n)=23$　$m+n$，$m-n$はともに整数で，23は素数だから，$m+n=23$，$m-n=1$　$m=1+n$だから，$(1+n)+n=23$　$n=11$　よって，$m=12$　$x-17=11^2$から，$x=138$

＋α 2 （規則性―総当たり戦の得点と順位）

［1］ 1試合で勝敗が決まるとき，勝ちチームに2点，負けチームに0点なので合計2点　引き分けのときは両チームに1点ずつで合計2点　よって，1試合で与えられる点の合計は2点

重要 ［2］ 各チームが5チームと1試合ずつするので，6×5＝30(試合)したことになるが，試合は2チームで行うので，試合の総数は30÷2＝15　1試合で2点が与えられるので，与えられた得点の合計は2×15＝30(点)　A，B，C，D，Eの5チームの合計が25点だから，Fチームの得点は5点である。AチームとEチームは得点が9点だから，どちらも4勝0敗1引き分けである。FチームはAチームにもEチームにも負けているので，5点を得たということは残りの3試合が2勝1引き分けである。よって，Fチームは2勝2敗1引き分けしたことになる。

やや難 [3]　Cチームが0点だったので，3点だったBチームは1勝はしているからBチームは1勝3敗1引き分けである。つまり，負け試合数が3である。4点だったDチームの負け試合数がBチームと同じ3であるとき，Dチームは2勝3敗0引き分けである。よって，BとDが引き分けることはない。よって，BチームはDに負けてFと引き分けた。なお，考えやすいように，明らかにわかることを右表で示す。

	A	B	C	D	E	F
A		○	○	○	△	○
B	×		○		×	
C	×	×		×	×	×
D	×		○		×	
E	△	○	○	○		○
F	×		○		×	

3 (関数・グラフと図形一数の並び，自然数の性質)

重要 [1]　点Dのx座標がdで，点Dは$y=ax^2$上にあるから，D$(d,\ ad^2)$　△OCDが直角二等辺三角形であり，$y=ax^2$のグラフはy軸について対称であることから，∠DOF＝45°　よって，△ODFは直角二等辺三角形であり，DF＝OF　$d=ad^2$　$d(ad-1)=0$　$ad-1=0$から，$d=\dfrac{1}{a}$

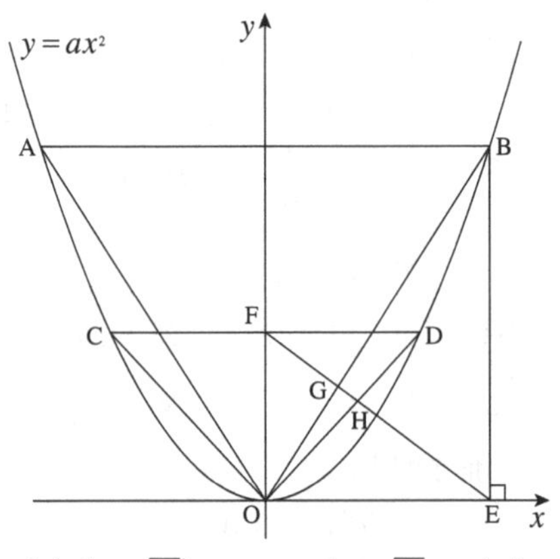

[2]　点Bのx座標がbで，点Bは$y=ax^2$上にあるから，B$(b,\ ab^2)$　△OABが正三角形であり，$y=ax^2$のグラフはy軸に対称であることから，∠BOE＝60°　よって，△BOEは内角の大きさが30°，60°，90°の直角三角形だから，OE：BE＝1：$\sqrt{3}$　$b:ab^2=1:\sqrt{3}$　$b(ab-\sqrt{3})=0$　$ab-\sqrt{3}=0$から，$b=\dfrac{\sqrt{3}}{a}$　よって，$b:d=\dfrac{\sqrt{3}}{a}:\dfrac{1}{a}=\sqrt{3}:1$

[3]　∠DHEは△DHFの外角である。CD//OEなので，∠DFH＝∠OEF　ところで，OF：OE＝FD：OE＝$d:b=1:\sqrt{3}$　よって，∠DFH＝∠OEF＝30°　また，∠ODF＝45°なので，∠DHE＝∠DFH＋∠HDF＝75°

[4]　FO//BEなので，FG：EG＝FO：EB＝$ad^2:ab^2$…①　$d:b=1:\sqrt{3}$から，$b=\sqrt{3}d$…②　②を①に代入すると，FG：EG＝$ad^2:ab^2=ad^2:a\times(\sqrt{3}d)^2=ad^2:3ad^2=1:3$

[5]　△OFGと△OEGはFG，EGをそれぞれの底辺とみたときの高さが共通である。よって，面積の比は底辺の比に等しいので，△OFG：△OEG＝FG：EG＝1：3　△OFG＝$\sqrt{3}$のとき，△OEG＝$3\sqrt{3}$，△OEF＝$4\sqrt{3}$　よって，$\dfrac{1}{2}\times$OE$\times$OF$=\dfrac{1}{2}\times\dfrac{\sqrt{3}}{a}\times\dfrac{1}{a}=4\sqrt{3}$　$\dfrac{\sqrt{3}}{2a^2}=4\sqrt{3}$　$8a^2=1$　$a>0$だから，$a=\dfrac{1}{\sqrt{8}}=\dfrac{\sqrt{2}}{4}$

4 (平面図形一三平方の定理，相似，角度，長さ，面積)

[1]　△EBCで三平方の定理を用いると，BC＝$\sqrt{\mathrm{BE}^2+\mathrm{CE}^2}=\sqrt{625}=25$　△EBCと△FECにおいて，∠EBC＝90°－∠ECB＝∠FEC，∠ECB＝∠FCE　2組の角がそれぞれ等しいから，△EBC∽△FEC　よって，BE：EF＝BC：EC　20：EF＝25：15　EF＝12

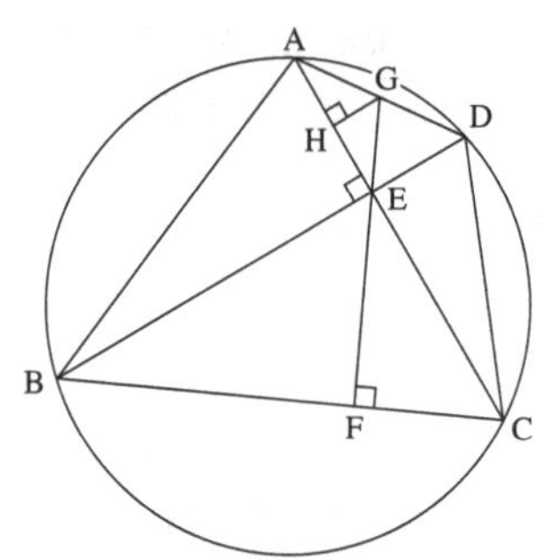

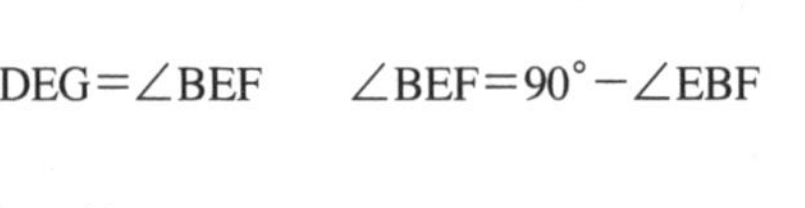
[2]　対頂角は等しいから，∠DEG＝∠BEF　∠BEF＝90°－∠EBF　よって，∠DEG＝$(90-a)$°

[3]　同じ弧に対しての円周角は等しいから，∠DAC＝∠DBC＝a°　∠AEG＝90°－∠DEG＝90°－$(90-a)$°＝a°　したがっ

て，$\angle$GAE＝$\angle$GEA＝a°　△GAEは2角が等しいので二等辺三角形である。よって，AG＝EG＝FG－EF＝17－12＝5　△GDEにおいて，$\angle$GDE＝90°－$\angle$GAE＝90°－a°＝$\angle$DEG　△GDEは2角が等しいので二等辺三角形であり，GD＝GE＝5　よって，AD＝10

重要 [4]　点GからAEに垂線GHを引くと，△GAEが二等辺三角形なのでAH＝EH　△EGHと△ECFは，$\angle$GEH＝$\angle$CEF，$\angle$GHE＝$\angle$CFEなので相似であり，GH：CF＝EH：EF＝EG：EC＝5：15＝1：3　△CEF∽△CBEなので，CF：CE＝EF：BE　CF：15＝12：20　CF＝9　GH：CF＝EG：EC＝5：15＝1：3だから，GH＝3　EH：EF＝EG：EC＝5：15＝1：3だから，EH＝4　AE＝8　よって，AC＝8＋15＝23　GH//DEで，AG：AD＝1：2だから，ED＝2EG＝6　BD＝20＋6＝26　四角形ABCDは対角線が垂直に交わる四角形なので，その面積Sは，$\frac{1}{2}\times$AC$\times$BD$=\frac{1}{2}\times 23\times 26=299$

5 （空間図形―正三角柱に内接する球，三平方の定理）

重要 [1]　図1はBE，CFの中点G，Hを通る面ABCに平行な平面でこの立体を切断したときの切断面を示したものである。球の中心のOはその平面上にある。GHの中点をM，ADの中点をKとすると，KMは正三角形KGHの中線であり，点Oは正三角形KGHの重心である。よって，KO：OM＝2：1　KMは1辺の長さが4の正三角形の高さだから$2\sqrt{3}$　よって，$r=\mathrm{OM}=\frac{1}{3}\mathrm{KM}=\frac{2\sqrt{3}}{3}$　球Oの体積は，$\frac{4}{3}\pi r^3=\frac{4}{3}\pi\times\left(\frac{2\sqrt{3}}{3}\right)^3=\frac{4}{3}\pi\times\frac{24\sqrt{3}}{27}=\frac{32\sqrt{3}}{27}\pi$

図1

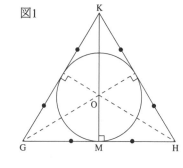

やや難 [2]　図2は，点AとGHの中点Mを通る面ABCに垂直な平面でこの立体を切断したときの切断面である。球Oは点Mで面BEFCに接する。AK$=\frac{2\sqrt{3}}{3}$，KM$=2\sqrt{3}$，△AMKで三平方の定理を用いると，AM$=\sqrt{(2\sqrt{3})^2+\left(\frac{2\sqrt{3}}{3}\right)^2}=\frac{\sqrt{40}}{\sqrt{3}}$　点OからAMに垂線OPを引くと，△MOPと△MAKで$\angle$MPO＝$\angle$MKA，$\angle$OMP＝$\angle$AMK　2組の角がそれぞれ等しいので，△MOP∽△MAK　MP：MK＝MO：MA　MP：$2\sqrt{3}=\frac{2\sqrt{3}}{3}:\frac{\sqrt{40}}{\sqrt{3}}$　MP$=2\sqrt{3}\times\frac{2\sqrt{3}}{3}\div\frac{\sqrt{40}}{\sqrt{3}}=4\times\frac{\sqrt{3}}{2\sqrt{10}}=\frac{2\sqrt{3}}{\sqrt{10}}$　よって，$S=\pi\times\left(\frac{2\sqrt{3}}{\sqrt{10}}\right)^2=\frac{6}{5}\pi$　図3は点AとIJの中点Lを通る面ABCに垂直な平面で切断したときの切断面を表す。ALとMKの交点をNとすると，ML//AK，ML：KA＝1：2なので，MN：KN＝1：2　MN$=\frac{1}{3}$MK$=\frac{2\sqrt{3}}{3}$　よって，点Nは球の中心Oと一致する。したがって，$T=\pi\times\left(\frac{2\sqrt{3}}{3}\right)^2=\frac{4}{3}\pi$

図2

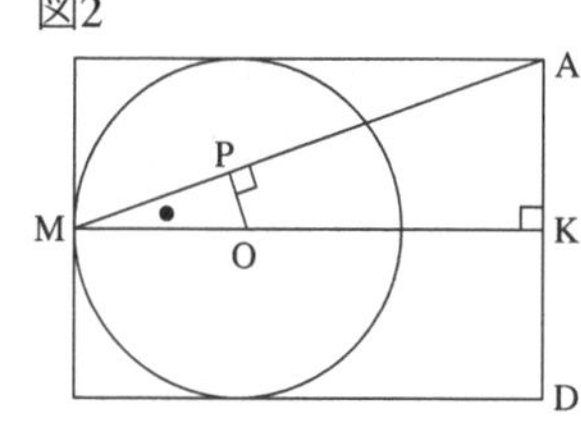

図3

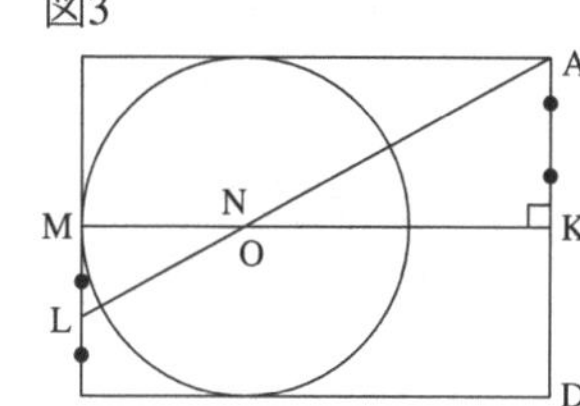

★ワンポイントアドバイス★

1の[2]はm^2とn^2の差をとって考える。2は表を作って考えるとわかりやすい。3，4は，小問を順に解いていけばよい。前の小問が後の小問のヒントになっている。5は切断して考える。点AとBC，EFの中点を通る平面で切るとよい。

＋α は弊社HP商品詳細ページ（トビラのQRコードからアクセス可）参照。

＜英語解答＞ 《学校からの正答の発表はありません。》

1 (A) ① (B) A ② B ③ (C) ②

2 問1 ③ 問2 (あ) ② (い) ④ 問3 (ア) figure (イ) bought (ウ) resulted (エ) lead 問4 Serena Williams, a tennis player, is known for wearing the same socks again and again until the tournament ends as long as she continues to win. 問5 effect 問6 彼は，試合の前にホテルの部屋でテレビの上からベッドにジャンプすることが，自分をフィールドで怪我することから守ってくれるという，独自の信念を持っていた。 問7 ②，④

3 問1 was searching for something like a book 問2 A ⑦ B ⑥ C ② D ④ 問3 どこまでしたかわからなくなること 問4 One of the most attractive points of origami is that you can see how a simple piece of paper can be changed into something beautiful and powerful. 問5 (ア) all (イ) Square
問6 カオリには左の頬にえくぼがあり，アリスには右の頬にえくぼがあるので，自分たちは双子だと言い張っていたこと。 問7 あ 上 い 下

4 問1 この日常的な食品は乾燥させて保存され，収穫の少ない時に備えて貯蔵されるだけでなく，やけどを早く治すためにも用いられた。 問2 failed to realize how valuable the potato 問3 They had to work on the difficult problem of removing the doubt which a lot of people had about potatoes. 問4 ② 問5 ② 問6 (ア) used (イ) space 問7 1 They ate the leaves. 2 They wore the flowers of potato.

5 (例) I think buying books at a bookstore is better than borrowing books from a library. I own the book. It means I can read it many times or take time to read it without worrying about the return date. I can even mark the words or sentences which I find interesting or important.(53 words)

○推定配点○

1 各2点×4 2 問4・問6 各4点×2 他 各2点×10
3 問1・問3・問7 各3点×3(問7完答) 問4・問6 各4点×2 他 各2点×6
4 問1・問3 各4点×2 問2・問7 各3点×3 他 各2点×4 5 10点 計100点

＜英語解説＞

重要 1 **(長文読解問題・資料読解：内容吟味，内容一致)**

(A) (全訳) 世界的な食品消費についての最近の報告によると，家庭で捨てられる食品の量は毎年5億7000万トン近い。それは世界で人間が消費するために製造された食品の11％である。生産から小売り販売の間に失われたり捨てられたりする食品の量を加えると，衝撃的なことが明らかになる。世界中で生産された全ての食品のうち40％近くが，一度も人間の口に入ることがないのだ。

問 家庭で捨てられる分が11％。それを生産から小売りまでの間に捨てられる分と合わせると，40％近くになるから，①が適切。

(B) (全訳) フードロスと廃棄は，食品の生産から消費までのどの段階でも生じるが，私たちは先進地域と発展途上地域の間におけるタイミングの違いについて認識すべきである。先進地域では，A たくさんの食品が食料品を消費する人々によって捨てられる。大量の食品が，購入後にそのままにされて戸棚や冷蔵庫の中でダメになるか，家庭で夕食のテーブルの上に残される。しかし，発展途上地域では，B 食品は生産されたり配達されたりする間に失われることが多い。それは，食

品を収穫したり，包装したり，輸送したりする時に用いられる技術が低いことによって引き起こされるようだ。

(C)　②「発展途上地域Dにおける，年間1人あたりの生産から小売りまでのフードロスおよび廃棄と家庭における食品廃棄の合計は，発展途上地域Aのそれよりも小さい」(○)

2　**(長文読解問題・紹介文：文補充・選択，語句補充・選択，比較，語形変化，時制，熟語，和文英訳，動名詞，接続詞，言い換え・書き換え，英文和訳，指示語，内容一致)**

(全訳)　私たちの世界は迷信や験かつぎにあふれている。迷信とは，人間の理性や科学的知識に基づいてはいないものの，幸運や悪運を運ぶと信じられている信条や行動のことである。幸運の数字7や不幸の数字13，四葉のクローバー，黒猫，流れ星に願いごとをすることなど，広く知られている迷信がある一方で，重要なイベントの前に特定の食品を食べたり，個人のラッキーカラーを身に着けたりするように，かなり個人的な迷信もある。

アメリカ人に迷信を信じるか否か尋ねる調査があった。結果は，アメリカ人の半数近くが何らかの迷信を信じると解答した。私たちが調査対象の人々をいくつかのグループに分けると，興味深い傾向が現れる。[A]教育は，人がどのくらい迷信深いかについてほとんど影響しない。大学の学位がある人と大学の学位がない人は，迷信を信じることにおいてほぼ同レベルだった。調査によると，迷信を信じる人の割合は年齢が上がるにつれて下がる。さらに，性差もある。(1)迷信深い考えは女性よりも男性のほうが人気が(あ)少ないが，「ほんの少し」や「やや，いくぶん」ではなく「とても」迷信深いと言う人の数は女性よりも男性のほうが(い)多い。もちろん，世界全体を完璧に反映する調査はない。あるグループがより迷信深い，またはより迷信深くないと確実に言うことは不可能かもしれないが，各グループに何らかの傾向があることは(ア)わかる。

しかしながら，様々なグループの人々がいるにも関わらず，迷信深い人々が多い世界がある。それはどの世界かわかるだろうか？　それはスポーツ界だ！　スポーツは常に多くの験かつぎがあり，世界最高のアスリートにとってもそうだ。プロのアスリート5人のうち4人が少なくとも1つの験かつぎを持っている。多くの有名アスリートが，独自の迷信深い考えや行動で知られている。野球選手のウェイド・ボグズは数字の7と17が自分のラッキーナンバーだと信じている。ナイトゲームの前には，彼は必ず午後7時17分ちょうどに短距離離走をした。(2)テニス選手のセリーナ・ウィリアムズは，勝ち続けている限り，トーナメントが終わるまで同じ靴下を繰り返し履くことで知られている。サッカー選手のクリスティアーノ・ロナウドは常に右足からサッカー場に入る。

(3)このような験かつぎは違いを生むのだろうか。科学的観点からいうと，それらはパフォーマンスにまったく関係がない。しかしながら，驚くべきことに，験かつぎは肯定的な効果を持つことがある。研究者たちによると，それらは不安を減らし，自信を増し，アスリートがリラックスするのに役立つ。また，それらはアスリートがより集中するのに役立つ化学物質を放出するということも知られている。多くのアスリートは，自分の験かつぎを守っていれば，良いパフォーマンスができると信じている。彼らにとって，験かつぎはお金では(イ)買えない貴重なお守りなのだ。

しかし多くの研究者たちは迷信や験かつぎは有害にもなりうると言う。かつて，ある験かつぎがサッカークラブに問題を引き起こした。2人の選手が同じ験かつぎを持っていた。彼らは2人とも，試合の前にロッカールームを出る最後の選手でなければならなかったが，両名ともそれをあきらめようとしなかった。彼らは2人ともイライラして不安になり，この(ウ)結果，ひどい出来に終わった。また別の例は，一般的ではない験かつぎを信じていた1人のアメリカンフットボール選手である。各試合の前に，彼はホテルの部屋のテレビの上に登り，ベッドにジャンプした。その験かつぎは理解するのが難しいが，(4)彼は，このことが自分をフィールドで怪我することから守ってくれるという，独自の信念を持っていた。しかしある時，彼はベッドから逸れて落ちてしまった。怪我のせいで彼は試合に出られなかった。

あなたは幸運のために自分自身の験かつぎを持っているだろうか，または持ちたいと思うだろうか。もちろん，迷信や験かつぎが良い効果を持ち，あなたを成功に(エ)導いてくれる可能性がある。実際，アメリカの学生の70％が，より良い学業成績のためにお守りに頼っていると言われている。しかし，あなたがテストを受けるために着席し，お守りを忘れてしまったことに気が付いたら，どうなるだろうか。まあ，そのような場合，心配する必要はない。あなたの験かつぎはあなた自身が作り出したものにすぎないと思い出そう。迷信にあなたを支配させてはいけない。その代わり，それを賢く利用しなさい！

問1　直後の文より，教育と迷信深さは関係ないとわかるので③が適切。have little effect on ～「～にほとんど影響がない」

重要　問2　（あ）　日本語の説明文は「男性よりも女性のほうが迷信を信じる」となっているが，英文では in men than in women「女性よりも男性のほうが」となっているので，less superstitious「より迷信を信じない」とする。〈less ＋形容詞〉「より…でない」（い）　この部分の主語は the number of people「人々の数」であるため，more ではなく larger を入れる。

問3　（ア）　figure out「～を理解する」（イ）　受動態のため buy の過去分詞 bought を入れる。（ウ）　result in ～「結果として～になる」 文脈より過去形にする。　（エ）　〈lead ＋目的語＋to ～〉「－を～へ導く」

やや難　問4　be known for ～ing「～することで知られている」 again and again「何度も，繰り返し」〈as long as ＋主語＋動詞〉「－が～する限り」

問5　effect を入れ，「これらの迷信はスポーツの結果に実際の影響を持つのか」とする。

重要　問6　belief の直後の that は「～ということ」を表す接続詞。this は直前の文の，「試合の前にホテルの部屋のテレビに登り，ベッドへジャンプする」ということを指す。〈protect ＋人＋ from ～ing〉「(人)が～するのを防ぐ」 get hurt「怪我をする」

重要　問7　①「広く知られている迷信は人の理性や科学的知識に基づいているが，個人的な迷信はそうではない」（×）　②「調査によると，若者は高齢者よりも迷信を信じる傾向が高い」（○）　③「プロのアスリートの約80％が1つより多くの迷信を持つことをためらう，なぜならそれらすべてを守ることができないからだ」（×）　④「あるアメリカンフットボールの選手は，自分の験かつぎをしている時に負った怪我のせいで試合に参加することができなかった」（○）　⑤「験かつぎは否定的な効果を生み出し，失敗を引き起こす可能性があるため，自分自身の験かつぎを持たないほうが賢明だ」（×）　⑥「アメリカ人の生徒の30％は，試験を受ける時にお守りを持ってくるのを忘れると言われている」（×）

3　**（会話文読解問題：語句整序，進行形，熟語，前置詞，文補充・選択，語句解釈，和文英訳，比較，接続詞，助動詞，間接疑問，語句補充・選択，単語，指示語）**

（全訳）　アリス：カオリ，それは何？

カオリ：私が昨日の夜に作った折り紙の鳥よ。私は日本とロンドンの時差をまだ調整している段階で，眠れなかったの。私はスーツケースの中に[Ⅰ]何か本とかクロスワードパズルとかを探していて，折り紙の紙を見つけたの。

アリス：[A]折り紙をする時は集中するの？

カオリ：そうする必要がある時もあるけれど，必ずしもたくさん考えなきゃいけないわけじゃない。ある意味，数を数えることを思い出すわ。数を数えることは基本的には簡単なことよ。でもたくさんのものを数える時は，集中しないといけない，さもないと(1)どこまでしたかわからなくなるよね。

アリス：折り紙と数を数えることはある意味似ているのね。

カオリ：うん。でも私にとっては折り紙のほうが数を数えることより創造的でワクワクする。折り紙という名前はただ，「紙を折ること」という意味よ。Ⓑでも，それ以上のことがある。

アリス：例えばどんな？

カオリ：(2)折り紙の最も魅力的な点の1つは，1枚のシンプルな紙がどのようにして美しく力強いものに変えられるのかを目にすることができること。アリス，その折り紙の鳥のしっぽを引っ張って。

アリス：うん。わあ，すごい！　鳥の翼が上下に羽ばたいているわ。どうやってこの鳥を作るの？　はさみやのりを使って作るの？

カオリ：いいえ，必要なものは1枚の紙(ア)だけよ。えーと，その紙の形を何と呼ぶか忘れてしまったけど…

アリス：(イ)正方形？

カオリ：それは，4つの辺が直線で等しく，4つの角が90°という意味？

アリス：うん。

カオリ：そう，それよ！　Ⓒ名前を教えてくれてありがとう。それは私が必要な唯一のものよ。そしてそれは薄いから，何度も折ることができる。

アリス：なるほど。わあ，かおり。あなたは微笑んでいると左の頬にえくぼが見えるね。私たちが幼かった頃の記憶がよみがえるわ！

カオリ：どういう意味？

アリス：あなたのえくぼは左の頬にあり，私のえくぼは右の頬にある。私たちはかつて，それは私たちが双子だという意味だって偽って主張していたのよ。

カオリ：本当？　私はそれを覚えていないわ。

アリス：私のママは(3)この話が好きで，私たちの日本での生活の良い思い出として今でも私に言うのよ。

カオリ：私は子供の頃からの素敵な友達がいて幸せよ。私をあなたの家に2週間ステイさせてくれてありがとう。

アリス：どういたしまして。それにママは私と同じようにこの動く折り紙に感動するわ！　ママは折り紙は日本の素晴らしい伝統だと言っているし，いつか習いたいと思っているの。

カオリ：私がここにステイしている間，彼女に何回かレッスンをしてあげるわ。

アリス：Ⓓ私にも少しやってくれる？

カオリ：もちろん，喜んで。

アリス：じゃあ，先に私に教えてよ。そして私は助手としてあなたがママを教えるのを手伝うわ。(4)私は伝統を上から下へ，ではなく，下から上へ伝えるよ。

カオリ：私たちは良いパートナーになると思うわ！

問1　過去進行形の文。search for ～「～を探す」

問2　全訳下線部参照。　Ⓑ　There is more to it than that. の it は origami を指し，that は paper folding を指す。「折り紙には『紙を折ること』以上のものがある」という意味。

Ⓓ　Can you give me a few, too? は Can you give me a few lessons, too?「私にも少しレッスンをしてくれる？」の意味。

重要 問3　下線部(1)の直訳は「あなたは自分の場所を見失うだろう」で，たくさんのものの数を数えているうちにどこまで数えたかわからなくなることを表している。折り紙も同様に，集中しないとどこまでやったかわからなくなる場合がある，と言っている。

やや難 問4 〈one of the ＋最上級＋複数名詞〉「最も…な(名詞)のうちの1つ」「～を目にすることができることだ」は接続詞 that「～ということ」を用いて，that you can see ～「あなたが～を見ることができることだ」とする。see の後ろには間接疑問〈疑問詞＋主語＋動詞〉を置く。

問5 (ア) All you[I] need is ～「～さえあればよい」 (イ) square「正方形」

問6 下線部(3)の1つ前のアリスの発言内容をまとめる。

問7 pass down は伝統などを上の世代から下の世代へ伝えることを表す。ここでは，娘のアリスが母に折り紙を教えるので，pass the tradition up「伝統を(下から)上に伝える」と言っている。Instead of down は instead of passing down「(上から)下へ伝える代わりに，(上から)下へ伝えるのではなく」の意味。

4 **(長文読解問題・歴史：英文和訳，熟語，受動態，不定詞，語句整序，間接疑問，和文英訳，助動詞，動名詞，関係代名詞，文補充・選択，言い換え・書き換え，英問英答，内容吟味)**

(全訳) 現在，ジャガイモは小麦，米，トウモロコシに次ぐ，世界で4番目に重要な作物だ。しかし昔，その作物はある者には疑いを持って見られ，ある者には情熱を持って見られていた。

ジャガイモには非常に豊かで興味深い歴史がある。数千年の間，それらは南米に住む人々によって栽培され，毎日食べられていた。(1)この日常的な食品は乾燥させて保存され，収穫の少ない時に備えて貯蔵されるだけでなく，やけどを早く治すためにも用いられた。

スペインから来た探検者たちは，16世紀に南米のインカ帝国に到着した時，初めてジャガイモと出会った。その時，彼らは[I]ジャガイモがいかに価値のあるものか理解できなかったが，次第に貯蔵して船上で食べるための食品として利用し始め，その後それを自国に持ち帰った。

1600年代，ジャガイモはヨーロッパ中に広がったが，多くの人々はそれを疑いと不安の目で見ていた。地面の下で育つ植物の一部が食べられるということを信じられなかった人もいて，代わりに葉を食べた。こうすることで彼らは具合が悪くなった，なぜなら葉には毒があるからだ。1700年代，フランスとプロイセン王国の上流階級の人々は，ジャガイモを栽培するのは簡単で，それらを用いて自国の人口をよりよく養うことができることに気が付いた。しかし(2)彼らはジャガイモに関して多くの人々が抱いた疑念を取り除くという難題に取り組まなくてならなかった。フランスの人々にジャガイモをおしゃれな植物として見てもらえるよう，ルイ16世は自分の服のボタン穴にその花を挿し，彼の妻マリーアントワネットはそれらを髪に飾った。プロイセン王はジャガイモを王立の畑に植えてその周りに多くの兵士を配置することによって，自国民のイメージを良くしようとした。当然ながら，その畑は人々の好奇心をあおった。彼らは，[A]それほどしっかりと守るに値するものは確実に盗む価値がある，と考え，ジャガイモを自宅の庭用に盗み始め，その植物はすぐに人気となった。

フランスとプロイセン王国の上流階級の人々は人民のジャガイモのイメージを変えるのに大変な努力をする必要があったが，(3)アイルランドの人々はその野菜を大きな情熱を持ってすぐに受け入れた。ジャガイモはその土地の寒くて雨の多い気候でもよく育ったので，農民は自分の家族を養うのに十分なジャガイモを育てることができた。実際，農業技術は大きく発展しなかったけれども，アイルランドの人口は1780年から1841年の間に，ジャガイモのおかげで2倍に増えた。

最終的に，人々はジャガイモが世界中で最も優れた作物の1つだと実感した。それらは比較的安く，育てやすく，様々な栄養素が詰まっている。1995年10月，ジャガイモは宇宙で育てられた最初の野菜になった。NASAとアメリカの大学が，宇宙に滞在する宇宙飛行士たちを養い，いつか火星に住む人々を養うという目的で，その技術を開発した。(4)ジャガイモは最も誤解された農作物の1つから，地球上で最も重要な食物の1つになり，将来は宇宙においてもそうなるかもしれない。

重要 問1 受動態の過去分詞の部分に，not only A but also B「AだけでなくBも」の構文が用いられている。was preserved and stored「保存されて貯蔵される」 in case of ～「～の場合に，～に備えて」 heal「～を治す」 burn(名詞)「やけど」

問2 〈fail to ＋動詞の原形〉「～するのに失敗する，～できない」 realize「～を理解する，実感する」の後ろには間接疑問で how valuable the potato was「ジャガイモがいかに重要か」と続ける。

やや難 問3 最初に「彼らは難題に取り組まなくてはならなかった」とし，その後に the difficult problem の内容を表す同格の of ～ing を置いて of removing the doubt「疑念を取り除くこと」とする。doubt「疑念」の後ろには関係代名詞 which を置いて「ジャガイモに関して多くの人々が抱いた」の部分を続ける。work on ～「～に取り組む」 remove ～「～を取り除く」

重要 問4 プロイセン王は人民がジャガイモに興味を持つよう，これ見よがしに兵士たちにジャガイモを守らせた。人々はジャガイモを価値のあるものだと思い，盗み，広まったので，王の思惑通りとなった。

問5 下線部(3)の直後の文参照。

重要 問6 「それらはかつて最も誤解された農作物の1つだったけれども，いつかジャガイモは地球上と同様に宇宙でも最も重要な食品の1つになるかもしれない」（ア） used to be ～「かつて～だった」（イ） in space「宇宙で」

問7 1 「毒を含んでいるじゃがいものどの部分を人々は1600年代に食べたか」「彼らは葉を食べた」第4段落第2文参照。質問の文の主語 some people を They にし，動詞 eat を過去形 ate にして They ate the leaves. と答える。 2 「ルイ16世とマリーアントワネットはフランス人のジャガイモのイメージを変えるために何を身に着けたか」「彼らはジャガイモの花を身に着けた」 下線部(2)の次の文参照。 質問の文の主語 King Louis XVI and Marie Antoinette を They にし，動詞 wear を過去形 wore にして They wore the flowers of potato. と答える。

重要 5 （自由・条件英作文）

（問題文訳）「図書館から本を借りて読むのと，書店で本を買うのは，どちらが良いと思いますか。理由を2つか3つ挙げてあなたの意見を教えてください。英語で書き，約50語を使いなさい。解答用紙の空所に単語数を書いてください」

（解答例の訳）「私は図書館から本を借りるよりも書店で本を買う方が良いと思います。私はその本を所有します。それは，何度も読んだり返却日を気にすることなく時間をかけて読んだりできるということです。興味を引かれ重要と思った単語や文に印をつけることさえできます」

★ワンポイントアドバイス★

3の会話文読解は，会話している2人の関係や状況がつかみにくいので注意が必要。

＜国語解答＞ 《学校からの正答の発表はありません。》

一 問一 1 困難 2 きぐ 3 かっぱ 4 専売 5 延々(と) 6 横暴 7 実態 8 生涯 問二 X 朝 Y 夕 問三 しかし，現
問四 (例) 日本語でしっかりと考えられるタフな脳や精神の強さを育てる精度の高いものであったところ。 問五 (例) 英語ができることと知性の高さを同一視すべきではないと考えているから。 問六 (当時のインド) 英語ができるインド人が，英語ができないインド人を搾取している(という状況) (現代の日本) 日本に納税を行っていない企業のもとで，日本人が低収入で働かされている(という状況) 問七 和漢混交(文)

二 問一 X 3 Y 6 問二 しわす 問三 4・5 問四 3 問五 (例) 夜更けになって急に晴れ，大きな星が現れたから。 問六 (例) 空に金箔を散りばめたような星の美しさは，見たことがないということ。

三 問一 1 こと(に) (意味) 特に 2 ちき (意味) 親友 問二 (例) 流行感冒に罹ることは即ち死を意味するので，死亡者数が減少することで少し安心できたから。
問三 (例) もうマスクを掛けている人がいなくなっても，病気を恐れて伝染の危険を避けるためにマスクをする勇気。 問四 (例) マスクをし続ける自分は真の衛生家であり，一個の文明人であるという誇りさえ感じていた。 問五 (例) 感冒の脅威が衰えても，伝染の危険を恐れてマスクを付け続けていた(自分) 問六 (強者) (例) 大勢の人々の中で，勇敢にマスクを付けて押し出していく人物。 (弱者) (例) 世間や時候の手前，マスクを付けることができない人物。 問七 あくたがわ(賞)

問八

なるべく	外出さ	せ	ない	ように	し	た
副詞	動詞	助動詞	助動詞	助動詞	動詞	助動詞
	未然形	未然形	連体形	連用形	連用形	終止形

〇推定配点〇
一 問一・問二 各2点×10 他 各4点×5 二 問一・問二・問四 各2点×4 他 各4点×3 三 問一 各2点×4 他 各4点×8 計100点

＜国語解説＞

一 (論説文－漢字の読み書き，脱文・脱語補充，四字熟語，文脈把握，内容吟味，要旨，文学史)

問一 1 「困」の訓読みは「こま(る)」。「難」の訓読みは「むずか(しい)」「かた(い)」。「困」を使った熟語はほかに「困惑」「貧困」など。 2 「危」の訓読みは「あぶ(ない)」「あや(うい)」「あや(ぶむ)」。「危」を使った熟語はほかに「危機」「危篤」など。 3 「喝破」は，人の間違いなどを見破って，正しい考えをはっきりと示すこと。「喝」を使った熟語はほかに「一喝」「恐喝」など。 4 「専」の訓読みは「もっぱ(ら)」。「専」を使った熟語はほかに「専横」「専制」など。 5 「延々と」は，長く続く様子。「延」の訓読みは「の(ばす)」「の(びる)」「の(べる)」。「延」を使った熟語はほかに「延滞」「延着」など。 6 「横」を使った熟語はほかに「横断」「横柄」など。訓読みは「よこ」。「暴」の訓読みは「あば(れる)」「あば(く)」。 7 「実態」は，物事のありのままの様子。同音の「実体」は，物事の本当の姿，という意味。「実」を使った熟語はほかに「実在」「実像」など。訓読みは「み」「みの(る)」。 8 「涯」を使った熟語はほかに「天涯」「境涯」など。「涯」の訓読みは「はて」。

問二 「一朝一夕」は，わずかの日時，短期間，という意味。

問三 脱落文の文末が「おかしくなかったはずです」となっていることから，逆接の接続詞につな

がると考えられ，「しかし……」で始まる段落の「経済的な成功をおさめる」と，脱落文の「経済大国になってもおかしくなかった」がつながるので，この前に補うのが適切。「英語を公用語とするフィリピン」ではなく，そうではない日本の方が経済大国へと上りつめた，とする文脈である。

問四　直後に「戦後の経済成長を成し遂げたことからもわかるように，……かなり精度の高いものであり，精神の強さを育てるものでありました」と説明されており，前には「明治維新や経済成長を可能にしたのは，日本人一人ひとりが日本語でしっかりと考えられるタフな脳を持っていたからです」と述べられている。経済成長を成し遂げられるような強い精神力や日本語でしっかり考えられるタフな脳を育てることができたのが，「戦前の教育」の良さであると筆者は述べているので，これらを要約すればよい。

問五　英語力を重視する風潮を危惧する筆者の考えはこの後に，「日本では，英語が得意な人を持ち上げたり……。私はこの風潮にどうしても納得できません」とした後に，「英語ができることと知性の高さを同一視すべきではないと考えるからです」と端的に示されている。

やや難 問六　当時のインドの状況については，「英語に……」で始まる段落に「インドでは英語ができるインド人が英語ができないインド人を搾取している」とあり，現代の日本の状況については，「日本企業……」で始まる段落に「日本企業ですらない企業，日本に納税を行っていない企業のもとで，日本人が低収入で働かされている」とある。その直後にそれぞれ「インド人は英語を使うべきではないとも主張しました」「暢気に英語ができる人をもてはやしている場合ではありません」とあることにも着目する。

問七　『平家物語』は，鎌倉時代に成立した軍記物語で平氏の興亡と合戦の模様を描いたもの。琵琶法師によって平曲として語り伝えられながら，増補を繰り返しながら成長していった作品で，漢語・和語・仏教語・口語・俗語・方言・武士用語を豊富に取り込んだ「和漢混交文」で表現されている。

二 （古文―脱語補充，月の異名，文脈把握，内容吟味，口語訳，古時刻，大意）

〈口語訳〉　十二月一日ごろであっただろうか，夜になって，雨とも雪ともなく降って，群がっている雲が騒がしく，ひたすら曇っているので，ここかしこの星も消えていた。衣を被って寝ていたが，夜が更けて，丑二つのころかと思うころ，(衣を)引き退いて，空を見上げると，(空は)よく晴れて，水色で，光かがやく星の大きなのが，空いっぱいに出ているのが，格別にすばらしく，花の紙に箔を散らしたようだ。今夜初めて見たような気がする。以前にも星月夜は見慣れたものだけれど，これは，この季節だからだろうか，いつもとは違う心地がするにつけても，ほかにはないものに思われる。

月を眺めるべきだと思っていたが，星の夜の深い趣を今夜(初めて)知った。

問一　前に「光ことごとしき星の大きなるが，むらもなく出でたる。なのめならずおもしろくて，花の紙に，箔を散らしたるように似たり」と，星のすばらしさが描かれているので，直後に「深きあはれを今宵知りぬる」とあるYには「星」が入る。Xには，「星」と対になるものとして「月」が入る。

問二　月の異名は，一月は「睦月(むつき)」，二月は「如月(きさらぎ)」，三月は「弥生(やよい)」，四月は「卯月(うづき)」，五月は「皐月(さつき)」，六月は「水無月(みなづき)」，七月は「文月(ふづき)・文月(ふみづき)」，八月は「葉月(はづき)」，九月は「長月(ながつき)」，十月は「神無月(かんなづき)」，十一月は「霜月(しもつき)」，十二月は「師走(しわす)」。

問三　直後に「雨とも雪ともなくうち散りて，村雲騒がしく，ひとへに曇りはてぬものから，むらむら星うち消えたり」とあるので，4・5があてはまる。

問四　古時刻は，十二支の「子」から始まり，「子(23時～1時)」「丑(1時～3時)」「寅(3時～5時)」「卯(5時～7時)」「辰(7時～9時)」「巳(9時～11時)」「午(11時～13時)」「未(13時～15時)」「申(15時～17時)」「酉(17時～19時)」「戌(19時～21時)「亥(21時～23時)」となるので，「丑二」は3が適切。

問五　直前に「ことに晴れて」とあり，直後には「光ことごとしき星の大きなるが，むらもなく出でたる」とある。空を覆っていた厚い雲が夜更けになって急に晴れ，大きな星が無数に表れたので，空が浅黄色(水色)になったのである。

問六　直前に「なのめならずおもしろくて，花の紙に，箔をうち散らしたるによう似たり」と，今まで見たことがないような星を見た驚きが示されている。

三　**(小説一漢字の読み，語句の意味，文脈把握，内容吟味，情景・心情，文学史，品詞分類)**

問一　1「殊(こと)に」は，とりわけ，特に，という意味。　2「知己(ちき)」は，親しい友人，親友，という意味。

問二　本文冒頭に「自分が流行感冒に罹ることは，即ち死を意味した」とあり，直後には「(死亡者数は)日毎に増して行って，……段々減少し始めたときには，自分はホッとした」とある。これが「一喜一憂」の理由になっていることをおさえてまとめる。

問三　前に「感冒の脅威も段々衰えていった。もうマスクを掛けて居る人は殆どなかった。が，自分はまだマスクを除けなかった」とあり，続いて「病気を怖れて伝染の危険を絶対に避けると云う方が，文明人としての勇気だよ」とある。マスクを掛けている人がほとんどいなくなってもマスクを付けていることを「勇気」とする文脈である。

やや難　問四　この時の「私」の思いは，同段落最後に「自分が，真の意味の衛生家であり，生命を極度に哀惜する点に於いて一個の文明人であると云ったような，誇りさえ感じた」とある。

問五　直後に「もうマスクを付けなかった」とあることから，「遉の」は，マスクを付け続けていたことを指すとわかる。もうほとんどの人がマスクを付けていない状況になってもマスクを捨てずにいた自分でも，四月になると，もうマスクを付けなかった，という経緯を踏まえてまとめればよい。

問六　直後に「勇敢に傲然とマスクを付けて，数千の人々の集まって居る所へ，態度は，可なり徹底した強者の態度ではあるまいか」とあり，「兎に角自分が世間や時候の手前，やり兼ねていることを，此の青年は勇敢にやっているのだと思った」とある。マスクを付けている者を「強者」，感冒の脅威を感じながらも世間や時候の手前，マスクを付けることができない者を「弱者」とする点を明確にしてそれぞれまとめる。

問七　菊池寛(きくちひろし)は，作家としての活躍にとどまらず，出版社を興し，純文学を対象とした芥川賞，大衆文学を対象とした直木賞を創設した。芥川賞は芥川龍之介，直木賞は直木三十五の名を冠したもので，「若くして自殺した友人」に該当するのは「芥川龍之介」なので，ひらがなで「あくたがわ」とする。

重要　問八　「なるべく(副詞)・外出さ(サ行変格活用動詞　未然形)・せ(助動詞　未然形)・ない(助動詞連体形)・ように(助動詞　連用形)・し(サ行変格活用動詞　連用形)・た(助動詞　終止形)」と分けられる。

(作文について)

テーマは，「科学的である」「科学的でない」と考えられることを分ける基準を説明する，というものなので，「科学的」とは，「科学的でない」とは，という考え方をそれぞれ明確に示した上で，その違いの説明にとどまらず，それを分ける「基準」について端的に説明しよう。最後に「両者を分ける基準とは～である」とする部分を作って構成するとよいだろう。

★ワンポイントアドバイス★

本文の要旨を把握し，端的に要約できる文章力を身につけよう！　毎年出題される品詞分解は文法の知識全般が問われる内容なので，しっかり対策しておこう！

MEMO

大切なことはメモしておこうネ！

T・G

2022年度

★★★★★★★★★★★★★★★★★★★★★★★★

入　試　問　題

2022年度

慶應義塾女子高等学校入試問題

【数　学】（60分）　＜満点：100点（推定）＞

【注意】　1．途中の計算や式などもすべて解答用紙に書いておくこと。

2．図は必ずしも正確ではありません。

1　次の問いに答えなさい。

［1］　次の式を計算しなさい。

(1)　2022^2+1978^2　　　(2)　$2044^2+1956^2+4022^2+3978^2$

［2］　ある小学校の6歳の児童をグループA，8歳の児童をグループB，9歳の児童をグループCに分けた。グループA全員の年齢の合計はグループB全員の年齢の合計の半分になった。その3年後，グループAとグループB全員の年齢の合計は，グループC全員の年齢の合計と同じになる。A，Bそれぞれのグループの人数をx人，y人として次の問いに答えなさい。

(1)　yをxで表しなさい。

(2)　グループCの人数が17人のとき，xとyの値を求めなさい。

2　図の斜線部分は△ABCを点Cを中心に回転させたときに辺ABの通過した部分である。点Bを中心とする半径ABの円Bと斜線部分の面積Sが等しくなるとき，次のページの問いに答えなさい。ただし，円周率をπとする。

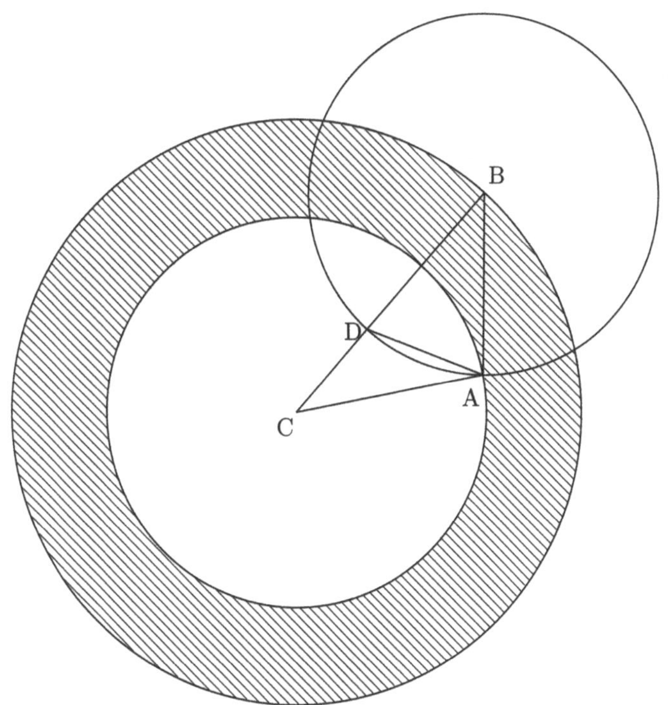

［1］ 辺BC，CAの長さをそれぞれ a，b として S を a，b を用いて表しなさい。

［2］ ∠BACの大きさを求めなさい。

［3］ さらに，円Bと辺BCの交点をDとする。AD＝CDのとき，

(1) ∠DCA＝x° とすると，∠ADBの大きさを x を用いて表しなさい。

(2) x の値を求めなさい。

(3) $S=4\pi$ のとき，△ABCの面積を求めなさい。

3 1から1000までの整数が円形に並んでいる。次のルールで整数に印をつけていく。

1．最初に1に印をつける。

2．印をつけた整数の次の整数から数えて12番目の整数に印をつけていく。すなわち1，13，25，37，…に印をつけていく。

3．何周かすると，一度印をつけた整数に再び印をつけることになるが，そこでやめる。

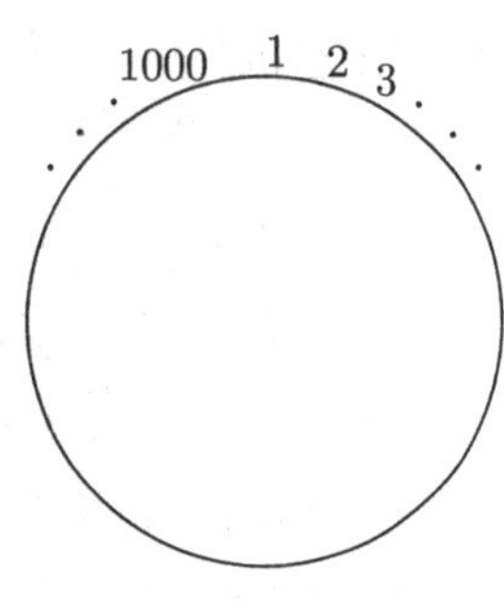

次の問いに答えなさい。

［1］ 1周目で印をつけた整数の個数と2周目の最初に印をつけた整数を求めなさい。

［2］ 印をつけるのをやめた後，印がついていない整数の個数を求めなさい。

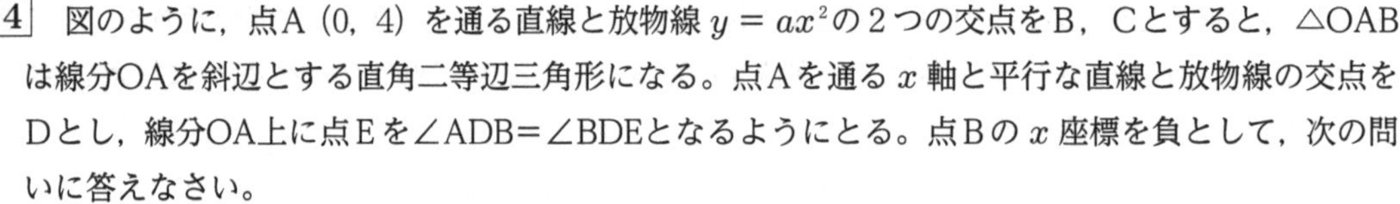

4 図のように，点A (0, 4) を通る直線と放物線 $y=ax^2$ の2つの交点をB，Cとすると，△OABは線分OAを斜辺とする直角二等辺三角形になる。点Aを通る x 軸と平行な直線と放物線の交点をDとし，線分OA上に点Eを∠ADB＝∠BDEとなるようにとる。点Bの x 座標を負として，次の問いに答えなさい。

［1］ 2点B，Dの座標および定数 a の値を求めなさい。

［2］ 点Cの座標を求めなさい。

［3］ 線分ABの長さと，∠ABDの大きさを求めなさい。

［4］ △CEDの面積 S を求めなさい。

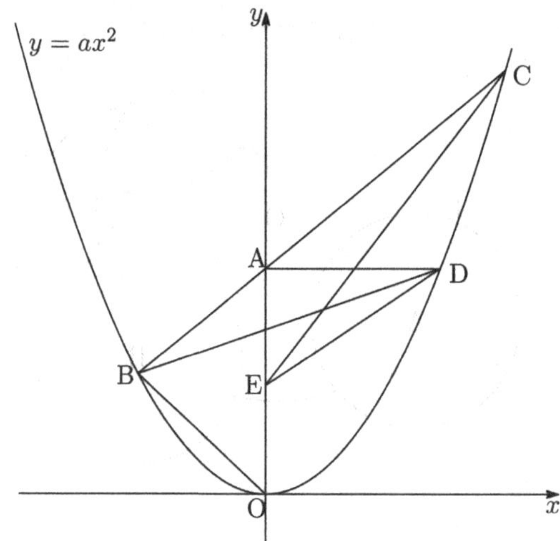

5 床の上に半径 r cmの球Oと半径３cmの球A，B，Cがあり，球Oに球A，B，Cが接していて，球A，B，Cの中心を結んでできる図形は正三角形である。次の問いに答えなさい。ただし，$r>3$ とする。

［１］ $r=4$ とする。球O，A，B，Cの中心を結んでできる四面体の体積を求めなさい。

［２］ $r=12$ とする。底面が床と接し，4つの球がちょうど入る円柱を考える。この円柱の半径を求めなさい。

［３］ $3<r<6$ とする。球Oの中心を通り床と平行な平面で４つの球を切ったときの断面積の和を S，球A，B，Cの中心を通り床と平行な平面で４つの球を切ったときの断面積の和を T とする。$S:T=5:6$ のとき，r を求めなさい。

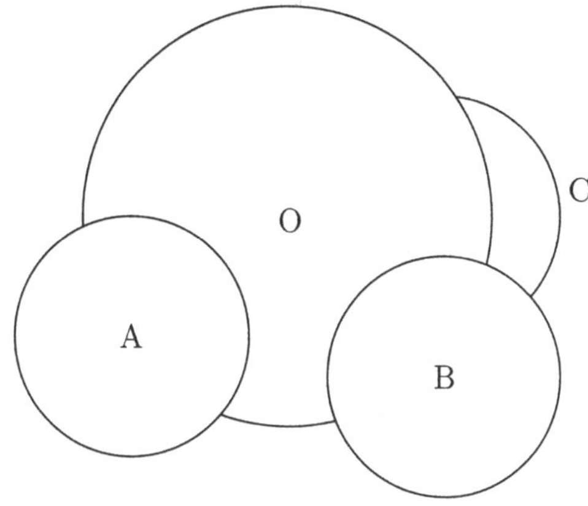

【英　語】（60分）　＜満点：100点（推定）＞

1　次の文章を読んで設問に答えなさい。

(A)　以下は "corroborating" について述べた文章である。

Corroborating means checking important details of an event in more than one text to see if the details are the same or not. Experts in history do this to find out what really happened in the past, because people often remember things differently. When you read more than one text about an event, pay careful attention to which details the texts share and which details are different.

次の文が "corroborating" の説明になるよう，［ア］～［ウ］を補う最も適切なものを①～⑥より１つずつ選び，番号で答えなさい。ただし，同じ番号を２度以上選ばないこと。

［ア］ことから，［イ］ために，１つの出来事に関する複数の文書を［ウ］こと。

①　何が実際に起きるのかを予想する　　②　人々の価値観はしばしば変化する
③　人々の記憶はしばしば食い違う　　④　共感する点としない点に注意して読む
⑤　共通点と相違点に注意して読む　　⑥　何が実際に起きたのかを知る

(B)　以下の２つの文章は "corroborating" の資料である。

Hi, my name's Gary Wallace. My friend Jake and I were hiking in the mountain on Sunday when we suddenly heard a big crashing sound. I looked up in the direction of the noise and saw two people. We saw both of them waving their hands, and thought they were trying to get our attention. One was an older man, I would say, and the other was a boy who looked like a teenager. The boy was wearing an orange jacket, and the man had a hat on. It was about 2:30 in the afternoon when we saw them.

Hello, I'm Alice Simmons. I often walk in the mountains on weekends. On Sunday afternoon, at about 2:35, I heard a noise. I guess I thought some snow just fell down the side of the mountain. Then I looked down and saw a young boy and a tall man standing on a rock that stuck out on the side of the mountain. The boy was wearing jeans and a bright red jacket. Both of them seemed to be waving their hands at people who were farther down the mountain. At the time, I thought they were just being friendly, so I kept walking.

(i)　手を振る２人の人物を Gary，Jake，Alice が見たときの５人の位置関係を表す図として，最も適切なものを①～⑥より１つ選び，番号で答えなさい。ただし，この時点で彼ら５人は同じ山におり，この山に彼ら以外に人はいなかったものとする。

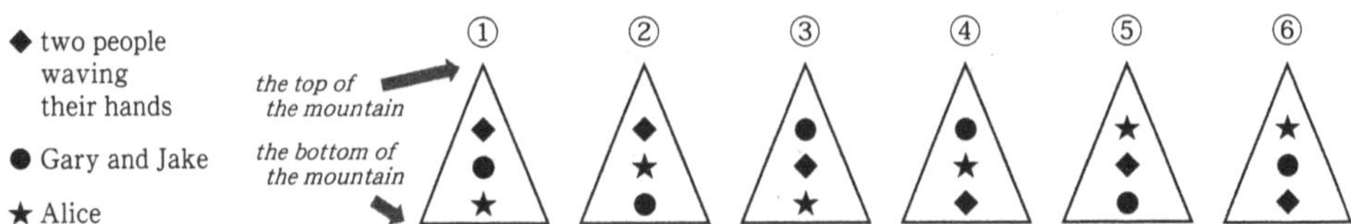

(ii)　Gary と Alice が述べた内容に合っているものを①～④より１つ選び，番号で答えなさい。

①　Both Gary and Alice think that because the man and the boy wanted Gary and Jake to notice them in trouble, they were waving their hands.

② When Alice heard a noise, she was worried that because of some snow falling down the side of the mountain, people hiking in the mountain might be in danger.

③ Gary as well as Alice thinks that one of the two people waving their hands was wearing a jacket and younger than the other.

④ Alice thinks Gary and Jake were good friends who liked hiking in the mountain, and that they greeted each other by waving their hands.

2 次の文章を読んで設問に答えなさい。

If a cheetah, a wolf, and an experienced runner all competed in a marathon, who would win? The cheetah would definitely start off fast. The wolf would probably pass the cheetah after a few miles. But an experienced runner would be the first to cross the finish line!

Marathon running is perhaps the best-known example of human long-distance running culture. (1) <u>What makes some people become top long-distance runners?</u> The amazing runners of Kenya seem to have found an answer. Iten is a small farming town at high altitude in Kenya. It is also home to many of the world's top marathon runners. Most of them are members of the Kalenjini. The Kalenjini usually have perfect bodies for running. Thanks to their thin bodies, long legs, and short waists, power is sent to the parts a runner needs most — the legs. And because Iten is 8,000 feet above (あ s-) level, the Kalenjini develop powerful lungs. They need them to get oxygen out of the thin air there. This gives the Kalenjini an important advantage when they compete in marathon races at lower altitudes.

Thousands of miles away from Iten, in the high mountains of Mexico, live the Tarahumara. They don't have much contact with the outside world. They don't compete in marathon races, but they are also known as top long-distance runners. They call themselves the running people. They run when playing traditional games and when competing in two or three day-long races over mountains. Their running ability comes from their physically active life, and also from the great respect they have for running. (2) <u>It is said that the Tarahumara run because of that.</u>

[A] In fact, it's difficult for most people to even finish a marathon. Then why do they run? Well, most people run for the joy of it. Some people do it for their health. Others want to (ア) their personal records. Each person has different reasons, but marathons definitely attract people all over the world. But how much do you know about marathons? Do you know why it is called a marathon and how and where it began?

The origin of the marathon (イ) back to a legend in Greece. In 490

B.C.E., the Greeks and the Persians had a battle in Marathon. The people of Athens, a city in Greece, believed that the Greeks would lose. So they were about to burn their own city before the Persians could enter and take control of it. But the Greeks defeated the Persians. A messenger called Pheidippides was sent to Athens to deliver the news. (3)<u>He ran the whole distance, about 25 miles, without slowing down or stopping to rest.</u> He arrived at Athens and shouted, "We've (ウ)!" — then fell to the ground and died.

The modern marathon didn't start until 1896. That year the first international Olympic Games were held in Greece. Someone said they should have a race to show their respect to Pheidippides. They used the same route they thought Pheidippides had used 2,400 years earlier — starting in Marathon and ending in Athens. The race was almost 25 miles long and the modern marathon was born.

After the 1896 Olympic Games, the distance of the marathon (エ) close to 25 miles, and was slightly different from race to race. (4)<u>すべてのランナーが同じルートを走る限り，各レースの距離をまったく同じにする必要はないと考えられていたのだ。</u> At the 1908 Olympic Games in London, however, the distance was extended to 26 miles in order to allow the royal family to watch the start of the race from the window of their castle. In order to make the race end in front of the royal family at the stadium, 385 yards were also added to the finish line. As a (い r—) of these changes, the distance of the marathon became 26 miles and 385 yards, or 42.195 kilometers. Later this became the standard distance of the marathon, and it is still used today!

［注］ finish line：(競走の) ゴール　Iten：イテン町　altitude：標高　the Kalenjini：カレンジン族
short waist：短い胴　oxygen：酸素　the Tarahumara：タラフマラ族　B.C.E.：紀元前
Greek：ギリシア人　Persian：ペルシア人　battle：戦い　Marathon：マラトン村
route：ルート　royal：王室の　yard：ヤード (距離の単位で，1ヤードは約91㎝)

問1 下線部(1)に対する答えとして本文で<u>述べられていないもの</u>を①～⑥より２つ選び，番号で答えなさい。

① 適切な食事　② 強力な肺機能　③ 体をよく動かす生活
④ 走ることへの尊敬の念　⑤ 走るのに最適な体　⑥ 短距離走の練習

問2 (あ)，(い) にそれぞれ最も適切な１語を補いなさい。ただし，指定された文字で書き始めること。

問3 下線部(2)を，"The Tarahumara" で始まるほぼ同じ意味の文に書きかえなさい。

問4 [A] を補う最も適切なものを①～④より１つ選び，番号で答えなさい。

① The Kalenjini or the Tarahumara are not top long-distance runners at all.
② Not all people are top long-distance runners like the Kalenjini or the Tarahumara.
③ Not only the Kalenjini and the Tarahumara but also ordinary people are top long-distance runners.
④ Top long-distance runners are not always the Kaleniini or the Tarahumara.

問５ （ア）～（エ）を補う最も適切な語を次より１つずつ選び，文脈に合う形で答えなさい。ただし，同じ語を２度以上選ばないこと。

remain, go, participate, win, remind, search, break

問６ 下線部(3)とあるが，彼は何を阻止するためにこれほどまでに急いでいたのか。日本語で答えなさい。

問７ 下線部(4)を英語に直しなさい。

問８ 本文の内容に合っているものを①～⑥より２つ選び，番号で答えなさい。

① The Kalenjini are good at marathon races especially at lower altitudes because they need to get oxygen out of the thin air there.

② Both the Kalenjini and the Tarahumara live at high altitudes and are well-known as top marathon runners.

③ People all over the world are attracted by marathons because crossing the finish line is the biggest goal for them.

④ Although the people of Athens didn't expect the Greeks would win a battle in Marathon, the Greeks did.

⑤ The modern marathon began in 1896, but its distance was shorter than that of today's marathon.

⑥ At the 1908 Olympic Games in London, the marathon route was extended so that the royal family could easily watch both the start and end of the race from their living places.

3 次の会話文を読んで設問に答えなさい。

Mother: (1)Sorry I'm late. It was very crowded, so I had to park my car in Timbuktu!

Daughter: What did you say, mom? Did you say... "team book what"?

Mother: No, I said "Timbuktu." This word is probably difficult to recognize if you have never heard of it. People often use this word as a symbol of a place that is unknown, far away, or at the end of the earth.

Daughter: I had no idea at all! Is it a real place?

Mother: Some people don't think so. [A] It is a city in the country of Mali in West Africa. Timbuktu used to have two things that the rest of the world wanted — gold and salt. Once it was called the "City of Gold."

Daughter: Sounds like a nice place! Was Timbuktu covered in gold?

Mother: Some Europeans believed so and thought gold was as common as sand in Timbuktu. [B] We sometimes need to take some stories with a grain of salt. Do you understand what the expression "take with a grain of salt" means?

Daughter: Yes, it means not to believe everything somebody says.

Mother: Absolutely right. But still it is true that Timbuktu used to be a rich city thanks to gold and salt.

Daughter: I learned about the history of salt in social studies class. (2)古代には塩はとても貴重だったので，ローマの兵士はしばしばお金の代わりに塩で給料を支払われた。 I don't think I want salt as my salary.

Mother: Me neither. But people of the past didn't mind at all.

Daughter: [C] They were different from you and me. In fact my teacher said the expression "worth one's salt" for describing a person who works hard comes from this story.

Mother: Really? A phrase still used today!

Daughter: Yes, but I wonder why salt was so highly appreciated. I use salt only for adding flavor to food.

Mother: It has been used to keep food fresh since the earliest times. Salt draws out the liquid from food that it touches. By doing so, salt is able to preserve the food for long periods of time. That's how (3)cucumbers can be made into pickles and meat can become bacon.

Daughter: [D] But there is still one thing that I don't understand. My teacher said a lot of salt was used when building the Great Wall of China. He said salt protects buildings in cold places.

Mother: Probably because of the way salt works. You know salt [I] freeze. When water changes into ice, it increases in volume. In order to stop ice from destroying the Great Wall, I guess they spread a lot of salt under it.

Daughter: I see. Oh, mom, it is almost 5 pm! Let's go and find a nice birthday present which makes dad smile. (4)Even if it's in Timbuktu!

［注］ Mali：マリ　grain：一粒　salary：給料　freeze：凍る　volume：体積

問1 下線部(1)とあるが，母と娘は何のために待ち合わせをしていたと考えられるか。最も適切なものを①～④より１つ選び，番号で答えなさい。

① 駐車場を探すため　② Timbuktu に行くため

③ 塩の歴史を学ぶため　④ 誕生日プレゼントを買うため

問2 [A] ～ [D] を補うのに，最も適切なものを①～⑧より１つずつ選び，番号で答えなさい。ただし，同じ番号を２度以上選ばないこと。

① I wonder how to pass them down.

② It seems salt has many uses.

③ Yes, they absolutely minded it.

④ But actually it is.

⑤ We can make salt out of many things.

⑥ Even though you were familiar with it.

⑦ No. they didn't mind.

⑧ But it wasn't the case.

問３　下線部(2)を英語に直しなさい。

問４　次の文が，下線部(3)がどういうことの具体例であるのかを説明する文になるよう，［ア］～［エ］にそれぞれ適切な日本語を補いなさい。

［ア］が食品から［イ］を［ウ］ことによって，食品が［エ］ことの具体例。

問５　［Ｉ］を補うように，次の語句を並べかえなさい。

necessary for, is, the temperature, to, lowers, which, liquid

問６　次の文が，下線部(4)の "Timbuktu" の具体的な意味を含む文になるよう，［　］に入る最も適切な英語を本文中より抜き出しなさい。

Even if it's in ［　　　］!

問７　次の会話文を読んで，Luke の発言の意味として最も適切なものを①～④より１つ選び，番号で答えなさい。

Brad: I read 10,000 pages of a mystery novel last night.

Luke: I will take your story with a grain of salt!

① Luke wonders why Brad was so eager to read last night.

② Luke is worried that Brad stayed up late to read last night.

③ Luke doesn't think that Brad read so many pages in one night.

④ Luke is excited to know how many pages Brad read in one night.

4　次の文章を読んで設問に答えなさい。

Laughter is mysterious — and we do laugh a lot. One study found that people laugh seven times for every 10 minutes of a conversation. Laughter seems to play an important role in our communication. It is one of the ways for us to show others that we wish to connect with them. In fact, in a study of thousands of examples of laughter, the speakers in a conversation were found to be 46 percent more likely to laugh than the listeners. We're also much more likely to laugh in a group. In another study, (1) young children between the ages of 2.5 and 4 laughed eight times more when they watched a TV cartoon with another child.

It is thought that laughter evolved as a way for animals to express playful feelings and form social relationships. Many mammals such as gorillas and even rats laugh when they are tickled and when they are enjoying physical play. But [Ｉ], though generally we can't stop laughing when we're tickled. One researcher says that hundreds of years ago, laughter would really have been a great survival tool for groups of humans. It worked as a glue that kept the group together. In addition, it helped tell the members of the group there was no need to be afraid of what was happening around them.

People from different cultures may laugh at different things, but people recognize laughter as laughter even when it is produced by someone from a very unfamiliar culture. Researchers from England who worked with the Himba in Namibia in Africa found the only positive sound made by the English researchers which the

Himba recognized was laughter. What's interesting is that the opposite case was also true — the only positive sound [A] was laughter. Other positive feelings such as the joy of victory are expressed in very different ways in different cultures. For example, in the UK, it's not unusual for people to cheer. The Himba, on the other hand, produce an almost song-like "ay-ay-ay" sound when they are celebrating.

Laughter is helpful not only in forming our social relationships, but also in improving our health in several ways. When we laugh, the amount of air we get into the body increases, and that can make your heart, lungs, and muscles more active and stronger. Laughing can also help protect our body from diseases by increasing the illness-fighting cells. Moreover, we feel better after laughing because it releases the chemicals that make us feel happy and reduce the levels of stress.

(2)<u>笑いは私たちの社会的生活や肉体や精神によい効果をもたらすけれども，私たちは時に笑うのが難しいと感じる</u>, especially in tough times. In those cases, raise the corners of your mouth into a smile and then try laughing, even if you feel it is a little forced. When you've had your soft, quiet laughter, think about how you're feeling. Don't you feel your mind as well as muscles is more relaxed? (3)<u>That's</u> the real wonder of laughter.

［注］ likely：～する可能性が高い　tickle：くすぐる　the Himba：ヒンバ族　Namibia：ナミビア
cell：細胞

問１　下線部(1)を日本語に直しなさい。また，"another child" の後に省略されている英語を次のように補う場合，（ア），（イ）に入るそれぞれ最も適切な１語を答えなさい。

... another child (ア) when they watched it (イ).

問２　［ I ］を補うように，次の語句を並べかえなさい。

to, action, don't, humans, a physical, laugh, need

問３　[A] を補う最も適切な９語の英語を答えなさい。

問４　下線部(2)を英語に直しなさい。

問５　下線部(3)の具体的な内容として最も適切なものを①～④より１つ選び，番号で答えなさい。

① 笑いが強制されると心身ともに緊張すること
② 一緒に笑うとその人との絆（きずな）が深まること
③ 自然な笑いでなくともリラックス効果があること
④ 文化によって笑いの対象が異なること

問６　次の質問に英語で答えなさい。ただし，主語と動詞のある文の形で答えること。

1 According to one study, how often do we laugh when we have a conversation?
2 What do the chemicals released by laughing lower?

[5] Which do you think is better, regular lessons in classrooms or online lessons? Tell us your opinion with two or three reasons. Write in English and use about 50 words. Please write the number of words in the space (　words) on the answer sheet.

望で動いている市場と、太陽の恵み、大地の恵み、水の恵みを受けて耕作し、育った果実を生身の人間が飢えないために享受するという農業は4ソンリツする原理が違います。だから、市場は農業の原理が理解できないし、農業は市場の原理についてゆけない。そんなの当たり前なんです。できるのは「もともと食い合わせの悪いもの同士の折り合いをつける」ことだけなんです。でも、それはあくまでE暫定的な「折り合い」であって、本質的には市場と農業は「噛(か)み合わない」ということを忘れるべきではないと思います。

（内田樹『日本習合論』より）

問一 波線部1～4のカタカナを漢字で、漢字の読みをひらがなで書きなさい。

問二 V・W に最もよくあてはまる語を漢字一字で入れ、言葉を完成させなさい。

問三 X・Y・Z に最もよくあてはまる語を次の中から選び、番号で答えなさい。（同じ番号は一度しか使えない。）

1 天文学　2 文学　3 危機　4 直接　5 積極
6 物理学　7 算術　8 道徳　9 体系　10 主観

問四 傍線部A・Eの、ここでの意味を次の中から選び、それぞれ番号で答えなさい。

A 修辞
1 難しい言葉遣い　2 細やかな気遣い
3 美しい表現技術　4 上手なたとえ方
5 間接的言い回し

E 暫定
1 もともとの　2 とりあえず　3 なんとなく
4 決まりきった　5 おぼつかない

問五 傍線部Bをすると、なぜ飢餓を回避できるのですか、二点説明しなさい。

問六 傍線部Cについて、どのような点が「文明的」なのですか、次の中から正しい説明を選び、番号で答えなさい。

1 食文化は、各国文化として大切にしているから。
2 食文化は、文学や歴史と密接に関係しているから。
3 食文化は、人々の工夫の中で味を磨いていったから。
4 食文化は、生きていくための知恵で発展してきたから。
5 食文化は、破局的事態の回避のために文化になったから。

問七 傍線部Dについて、農業と市場の原理の違いを説明しなさい。

問八 文章の内容に合致するものに○、しないものに×をつけなさい。

1 市場経済のロジックで農業を従わせることはできない。
2 食文化のリテラシーが低い個体は、飢餓的状況に強い。
3 市場経済は、二万三千年前から続く農業に学ぶべきだ。
4 収益性の高い作物を作れば市場経済と折り合いがつく。
5 発酵物質を使うと他集団にゴミと思われることがある。

問九 本文中の＝＝の部分を、例にならって品詞分解し、それぞれの品詞名を答えなさい。ただし、活用のあるものは文中での活用形も答えなさい。

	名詞	助詞	名詞	助詞	名詞	助動詞 終止形
（例）	これ	は	今年	の	試験問題	です

食文化というのはそういうシリアスなものです。食糧をどうやって安定的に供給するか、供給が止まったときにはどうやって食資源の奪い合いという破局的事態を回避するか、食文化というのはそのために作られたC文明的な仕組みなんです。

当然、農業もそのような食文化の歴史の中に置いて考察しなければなりません。人類七万年の「飢餓を回避する努力」の成果として農業があるからです。どんなことがあっても安定的・継続的に食糧を供給できること。それが農業のアルファであり、オメガです。だから、単一栽培を嫌って、多様な作物を耕作するのは当然なのです。ある農作物が病虫害で全滅しても、それと似たような栄養素を持っている作物が被害を受けずに育っていれば、飢餓は回避できる。農業における多様性の確保というのは集団存続のための基本です。人類の知恵が詰まっている。

ですから、食文化のリテラシーが高い人というのは「何でも食える」人のことです。世界のすべての食文化に等しくオープンマインドに接することのできる人です。他の人が「こんなもの食えるか！」と言って棄(す)ててしまうものを「おお、美味しい」と言ってぱくぱく食べられる人が飢餓にもっとも強い。親たちが子どもに「好き嫌いをしないで、何でも出されたものは食べなさい」とうるさくしつけたのは、別に X 的なことを言っていたわけではありません。そのような食文化リテラシーの高い個体のほうが飢餓を生き延びるチャンスがあるから、そう教えていたのです。子どもたちが飢餓的状況を生き延びられるように、「何でも食べられる能力」を育成していたのです。

ですから、農業は、どうやっても市場のロジックとは合いません。市場は「たくさん金が欲しい」という原理だけで動いています。「どれだけあれば足りるか」ということは問題になりません。世界の超富裕層の中には一〇〇〇億ドルというような Y 的な個人資産を持っている人たちがいます。毎日一億円使っても使い切るまでに三百年かかる。それでも、彼らはもっと金が欲しくて新しいビジネスモデルを開発したり、M&Aを繰り返したりしている。「足りる」ということがないのです。

農業は違います。食べる人間がいて、その胃袋に詰め込める量の Z 的総和が「必要な農作物」の上限です。それ以上作ってもしょうがない。生身の人間の消化器がベースだからです。でも、金が欲しいという人には上限がない。「需要に上限のある生産活動」を「需要に上限がないシステム」によって3制御することはできません。

だから、はっきり言い切りますけれど、農業を市場原理に従わせることはできません。農業は貨幣よりも市場よりも株式会社よりも古い。株式会社というシステムが普及しだしたのは十八世紀の話です。まだ二百五十年くらいの歴史しか持っていないシステムが、少なくとも二万三千年前から存在する生産活動に対して「そんなやり方じゃダメだ」と文句を言うとしたら、それは文句を言うほうが筋違いなのです。

それでも、現代社会には市場経済という仕組みが存在しており、グローバル資本主義の世界で僕たちは生きているわけですから、ある程度そういうものと折り合いをつけなければならない。でも、それはあくまで「折り合う」ことであって、市場経済やグローバル資本主義のルールに「従う」ということじゃない。

D農業と市場は原理が違います。無限に貨幣が欲しいという人たちの欲

のように扱われるべきと渋沢栄一は述べていますか、説明しなさい。

問十二　傍線部Iについて、具体的にどのようなものを筆者は挙げていますか、その一文を見つけ、文中から句読点を含み最初と最後の五字を抜き出しなさい。

問十三　理想がないと、なぜ傍線部Jのような状況になるのですか、説明しなさい。

二　次の文章を読んで、あとの設問に答えなさい。

　飢餓をいかに回避するかが食文化の基本です。僕たちは農業について語るときにはビジネスの用語を使い、食文化について語るときは文学的なA修辞を1クシする。農業と食文化について語る文章の中に「飢餓」というようなエッジの立った単語はふつう出てきません。でも、農業と食文化について語るときは、それが飢餓をいかに回避するかという人類史的な努力の成果だったという事実を忘れてはいけないと思います。人類の食文化は飢餓ベースです。餓死者を出さないこと、そのために人類は食文化を発展させてきたのです。

　食文化は二つの工夫に集約されます。

　一つは不可食物の可食化です。そのままでは食えないものをなんとか食えるようにする。そのために人類は驚異的な努力を積み重ねてきました。叩(たた)いてみる、焼いてみる、蒸してみる、燻蒸(くんじょう)してみる、挽(ひ)いてみる、水に晒(さら)してみる、日に干してみる……あらゆる動植物について、思いつくかぎりの調理法を試すことによって、「こんなもの絶対に食べられない」というものをなんとか可食化してきた。これが食文化の輝かしい成果です。

　もうひとつはB食習慣の差別化です。隣接する集団と自分たちの集団の主食を「ずらした」のです。同じものを食べない。隣がバナナを主食にするなら、自分たちはイモを食べる。向こうが小麦なら、こちらは米を食べる。集団がそれぞれ主食のタイプをずらしてゆくことで、単一の農作物への需要の集中を回避させた。こうしておくと、たとえば、ある植物が病虫害や異常気象のせいで壊滅的な被害に2アっても、それを主食としていない集団にとっては直接的な影響はない。主食が採れなくなった集団でも、「［V］に［W］は代えられない」となればイモでもバナナでも豆でも食べる。

　すべての集団が同じ植物を主食としていたら、その種が不作となったら、全集団が同時的に飢餓の危機に瀕(ひん)します。当然、主食の奪い合いが始まる。それを防ぐためには食習慣をずらすのがもっとも確実です。

　調味料というのもそうです。あれは欲望の集中を防ぐための工夫です。どの集団も調味料には発酵物質を使います。要するに「腐ったもの」です。それを自分たちの主食の上にぶちまける。その調味料を使わない集団から見れば「腐敗したものを食べている」ようにしか見えない。手を出す気になれない。でも、これはすばらしい工夫なわけです。自分たちの食糧を安定的に確保しようと思ったら、周りの集団から「あいつらはゴミを食っている」と思われるのが一番安全だからです。他の集団から羨望されないものを食べているかぎり、奪われる気づかいはない。

　主食を「ずらす」のも、調味料に「腐ったもの」を使うのも、いずれも人類が飢餓を回避するために思いついた生活の知恵です。食文化は飢餓ベースだというのはそういう意味です。人々が欲望するものをできるだけ分散して、欲望の対象が一つに集中しないようにする。

契つた遣方をすれば国家社会の利益となるかを考へ更に此くすれば自己の為にもなるかと考へる、さう考へて見た時、若しそれが自己の為にはならぬが、道理にも契ひ、国家社会をも利益するといふことなら、余は断然自己を捨て、道理のある所に従ふ積りである。

H経済における明治の国家主義がみごとに要約されている。ここに立って眺めれば、渋沢のいう「国家社会の利益」という理想を失い、Iそれに代わる新たな理想も見出せなかった現代の日本の姿が浮かび上がる。J何の理想もない膨大なカネが日本中を飛び交っている。これが今の日本人が生き、そして死んでゆく社会の実態ではないか。

「十億円お年玉企画」のニュースを聞いてそんなことを考えたのだった。

（長谷川櫂「理想なき現代の喜劇」より）

＊イデオロギー…社会的思想。

問一　波線部1～6のカタカナを漢字で、漢字の読みをひらがなで書きなさい。

問二　次の文は、『徒然草』の冒頭です。X・Yに最もよくあてはまる語をひらがな（現代仮名づかい）で記しなさい。

つれづれなるままに、ひくらしすずりにむかひて、Xを、Y、あやしうこそものぐるほしけれ。

問三　傍線部Aの現代語訳として最も適当なものを次の中から一つ選び、番号で答えなさい。

1　偽りがあるのだろうか。　2　偽りがないほうが良い。
3　偽りがないわけではない。　4　偽りがなくなってしまう。
5　偽りがあってはならない。

問四　傍線部Bについて、この場合の「偽り」とはどういうことですか、説明しなさい。

問五　傍線部C「下愚の性」とは、どのような人を表していますか、句読点を含めず十字で「人」に続くようにまとめなさい。

問六　傍線部Dの人物をどのような人のたとえと筆者は考えていますか、最も適当なものを次の中から一つ選び、番号で答えなさい。

1　狂人
2　賢なる人
3　舜を学ぶ人
4　人の賢を見て羨む人
5　賢なる人を見て憎む人

問七　兼好法師は、『徒然草』第八十五段の中で、読者に何を最も強く助言していますか、句読点を含めず十字以内でまとめなさい。

問八　傍線部Eに「最初の分岐点」とありますが、何と何の分岐点ですか、説明しなさい。

問九　傍線部Fの作者の作品に該当するものを次の中からすべて選び、番号で答えなさい。

1　『鼻』　2　『門』　3　『雪国』
4　『細雪』　5　『夢十夜』　6　『十三夜』
7　『人間失格』　8　『夜明け前』　9　『城の崎にて』
10　『仮面の告白』

問十　傍線部G『論語』は誰の言葉をまとめたものか。漢字で答えなさい。

問十一　傍線部H「経済における明治の国家主義」の中では、自己はど

ニュースに東西冷戦終結（一九九一年、平成三年）以後の現代の空気を感じたからであり、理想を[1]ソウシツした戦後日本の「カネ」もついにここまできたかと思うからである。

西洋列強諸国に[2]侮られない立派な国を造りたい。江戸幕府が鎖国を破って国を開いた幕末、そして明治の時代精神（時代の空気）を一言でいえば、それは国家主義だった。国家主義とは国家への貢献を理想とする理想主義の一つである。

では理想とは何か。人間が欲望（金銭と性）に翻弄される動物であることは前にも書いたが、理想には人間の限りない欲望を制御する力がある。国家主義の場合、人間は国家のために存在する、人間の欲望はすべて国家のために役立たせるべきであると考える。この国家という幕末・明治の理想はその後どうなったか。時代の空気の[3]ヘンセンをたどっておきたい。

[E]最初の分岐点は意外に早く訪れた。一九一二年（明治四十五年）、明治の国家主義を一身に体現していた明治天皇が亡くなったとき、日本人は国家とは異なる新たな理想との分岐点に立っていた。ところが[F]夏目漱石の『こゝろ』の先生が高等遊民でありながら「明治の精神に殉じる」、先生のこの自殺が象徴的に表しているように日本人は新しい理想の可能性をあっさり放棄してしまった。

昭和に入ると国家主義が変質した国粋主義が新たな時代精神となった。国粋主義は国家への貢献を理想とする点では国家主義と同じである。しかし明治の建国者たちの広い視野と健全な[4]ヘイコウ感覚を失った、いわば狂信的な国家主義だった。明治の国家主義は「国のために生きる」ことを求めたが、昭和の国粋主義は「国のために死ぬ」ことを[5]シいたのである。

昭和の国粋主義は一九四五年（昭和二十年）の敗戦によって終焉を迎える。このとき日本人はもう一度、国家に代わる新たな理想の可能性を手にした。それは日本国憲法のうたう国民一人一人の自由であり平等であったかもしれない。

ところが不幸にも東西冷戦がこの新たな理想を封じてしまった。新たな理想の候補であった自由と平等が＊イデオロギーの化け物となって戦ったのが東西冷戦だったからである。日本人は自由と平等を理想とするどころか恐れた。ただ半世紀近くつづいた冷戦中、東西陣営の掲げる自由、平等は互いに牽制し合いながら人間の欲望を制御する理想として働いた。

東西冷戦は一九九一年（平成三年）、ソ連（ソビエト社会主義共和国連邦）の突然の崩壊と自由主義陣営の一人勝ちで終結する。これによって東の[6]旗印だった平等は幻影となってしまった。一方、宿敵を失った西の自由は野放しとなり、アメリカのトランプ政権のような大衆迎合政治（ポピュリズム）の横行と経済格差の極端な拡大を招くことになった。今人類の頭上にはぼろぼろに破れた自由と平等の旗が虚しくはためいている。

国家主義の時代、経済もまた国家建設のために動いていた。日本経済の基礎を築いた渋沢栄一（一八四〇－一九三一）は『[G]論語と算盤』にこう書いている。

事柄に対し如何にせば道理に契ふかを先づ考へ、而して其の道理に

【国　語】（六〇分）〈満点：一〇〇点（推定）〉

一　次の文章を読んで、あとの設問に答えなさい。

「人の心、素直ならねば」とはじまる『徒然草』第八十五段。兼好法師はここで人間を二つに分類している。一つは「人の賢」立派な行いを見て羨む人、もう一つは憎む人である。原文を引く。

人の心、素直ならねば、A偽り無きにしもあらず。然れども、自から正直の人、などか無からん。己れ、素直ならねど、人の賢を見て羨むは、尋常なり。

至りて愚かなる人は、偶々、賢なる人を見て、これを憎む。「大きなる利を得んが為に、少しきの利を受けず、B偽り飾りて、名を立てんとす」と譏る。己れが心に違へるに因りて、この嘲りを成すにて知りぬ。この人は、下愚の性、移るべからず。偽りて、小利をも辞すべからず。仮にも、賢を学ぶべからず。

人の立派な行いをみて羨む第一の部類の人は、自分もそうありたいと憧れる人であり、これが人として「尋常」ふつうなのだという。

ところが第二の部類の憎む人は「あれは売名のためにやっているのだ」などと謗り、さらには嘲る。兼好法師いわく、こんなヤツらは「愚かなる人」バカ者であり、その「C下愚の性」腐りきった性根は死ぬまで直らない。

激しく指弾する理由がおもしろい。そんなバカ者は「偽りて、小利をも辞すべからず。仮にも、賢を学ぶべからず」。自分の本心を隠してでも小さな利益を辞退することも、間違っても立派な行いを真似ることはできないというのである。兼好法師のいう「まなぶ」とは「まねぶ」つまり「まねる」ことなのだ。

怒濤の結語がつづく。

狂人の真似とて、大路を走らば、則ち狂人なり。悪人の真似とて、人を殺さば、悪人なり。驥を学ぶは、驥の類ひ、舜を学ぶは、舜の徒なり。偽りても、賢を学ばんを、賢と言ふべし。

前半は説明を要しまい。「驥」とは日に千里を走るという名馬。駄馬でも名馬を真似て日に千里を走ればもはや名馬である。「舜」は中国古代の聖君。凡人が聖君を真似れば聖君と同等の人である。たとえ自分を偽ってでも立派な人を真似る人を立派な人というのだ。

二〇二〇年元日、大手ファッション通販の創業者が「ツイッターの自分のツイートをリツイートした人の中から千人に百万円ずつプレゼントする」という総額十億円にのぼるお年玉企画を発表した、そんなニュースが流れた。

人気獲得のために市民にパンを配ったローマ皇帝を引き合いに出すのは、この創業者が政治家ではないので適切ではないが、宴会の余興に小判をばらまいて芸者や太鼓持ちに拾わせたD紀伊国屋文左衛門を思い出してもいいだろう。兼好法師の分析を当てはめるなら、これは「賢なる」立派な行いをする人とみていいのか、それとも法師の想定しなかった事態なのか。

この話をするのは創業者を羨むからでも謗るためでもない。この

【作　文】（六〇分）

著名な心理学者だった河合隼雄（一九二八～二〇〇七）の著書『こころの処方箋』（一九九二年）には、「道草によってこそ「道」の味がわかる」と題するエッセイが収められています。次の文章は、そのエッセイの一節です。

> ある立派な経営者で趣味も広いし、人情味もあり、多くの人に尊敬されている人にお会いして、どうしてそのような豊かな生き方をされるようになりましたかとお訊きしたら、「結核のおかげですよ」と答えられた。
>
> 学生時代に結核になった。当時は的確な治療法がなく、ただ安静にするだけが治療の手段であった。結核という病気は意識活動の方は全然おとろえないので、若い時に他の若者たちがスポーツや学問などにいそしんでいることを知りつつ、ただただ安静にしているだけ、というのは大変な苦痛である。青年期の一番大切な時期を無駄にしてしまっている、という考えに苦しめられるのである。
>
> ところが、自分が経営者となって成功してから考えると、結核による「道草」は、無駄ではなかったのである。無駄どころか、それはむしろ有用なものとさえ思われる。そのときに経験したことが、今になって生きてくるのである。人に遅れをとることの悔しさや、誰もができることをできない辛さなどを味わったことによって、弱い人の気持がよくわかるし、死について生についていろいろ考え悩んだことが意味をもってくるのである。

上の文章を踏まえた上で、「道草によってこそ「道」の味がわかる」という表現についてのあなたなりの解釈を、あなたの経験を交えながら六百字以内で書きなさい。

MEMO

大切なことはメモしておこうネ！

T・G

2022年度

解　答　と　解　説

《2022年度の配点は解答欄に掲載してあります。》

＜数学解答＞ 《学校からの正答の発表はありません。》

1 ［1］（1） 8000968　（2） 40004840　［2］（1） $y=\frac{3}{2}x$　（2） $x=8$，$y=12$

2 ［1］ $S=\pi a^2-\pi b^2$　［2］ ∠BAC＝90°　［3］（1） ∠ADB＝$2x$°　（2） $x=30$
（3） $2\sqrt{3}$

3 ［1］ 1周目で印をつけた整数の個数　84個，2周目の最初に印をつけた数　9
［2］ 750個

4 ［1］ B(−2，2)，D($2\sqrt{2}$，4)，$a=\frac{1}{2}$　［2］ C(4，8)
［3］ AB＝$2\sqrt{2}$，∠ABD＝22.5°　［4］ $S=4$

5 ［1］ $12\sqrt{3}$ cm³　［2］ 15cm　［3］ $r=5$cm

○推定配点○

1 ［1］（1） 4点　（2） 6点　［2］（1） 4点　（2） 6点　2 ［1］ 6点　［2］ 4点
［3］（1），（2） 各3点×2　（3） 4点　3 ［1］ 各6点×2　［2］ 8点
4 ［1］ 各2点×3　［2］ 4点　［3］ 各3点×2　［4］ 4点　5 ［1］ 6点　［2］ 6点
［3］ 8点　計100点

＜数学解説＞

1 （数の計算，式の展開，数量関係，方程式の応用）

［1］（1） 2022^2+1978^2については，$(a+b)^2+(a-b)^2=2a^2+2b^2=2(a^2+b^2)$を利用して式を変形するとよい。$(2000+22)^2+(2000-22)^2=2\times(2000^2+22^2)=2\times(4000000+484)=8000968$

（2） $2044^2+1956^2+4022^2+3978^2=(2000+44)^2+(2000-44)^2+(4000+22)^2+(4000-22)^2=2\times2000^2+2\times44^2+2\times4000^2+2\times22^2$　この計算式はさらに工夫ができる。$2\times2000^2+2\times(2\times22)^2+2\times(2\times2000)^2+2\times22^2=2\times2000^2+8\times22^2+8\times2000^2+2\times22^2=10\times2000^2+10\times22^2=40000000+4840=40004840$

基本 ［2］（1） グループA全員の年齢の合計は$6x$　これがグループB全員の年齢の合計$8y$の半分だから，$6x=\frac{1}{2}\times8y$　$4y=6x$　$y=\frac{3}{2}x$

（2） 3年後にグループAとグループB全員の年齢の合計は$9x+11y$となり，それがグループC全員の年齢の合計と等しくなるから，$9x+11y=12\times17$　この式に(1)で求めた$y=\frac{3}{2}x$を代入すると，$9x+11\times\frac{3}{2}x=12\times17$　$18x+33x=12\times17\times2$　$51x=12\times17\times2$　$x=12\times17\times\frac{2}{51}=8$
$y=\frac{3}{2}\times8=12$

2 （平面図形―面積，三平方の定理，関係式，角度）

［1］ 斜線部分の面積は半径aの円の面積から半径bの円の面積を引いて求められるから，$S=\pi a^2-$

πb^2

重要 [2] 円Bの半径をrとすると，$\pi r^2=S=\pi a^2-\pi b^2$　両辺をπでわって移項すると，$r^2+b^2=a^2$　BC，CA，ABに三平方の定理が成り立つので，△BACはBCを斜辺とする直角三角形だから，∠BAC＝90°

[3] (1) AD＝CDのとき，△DCAは二等辺三角形だから底角が等しく，∠DAC＝∠DCA＝x°　∠ADBは△DCAの外角なので，∠ADB＝∠DAC＋∠DCA＝$2x$°

(2) BD，BAは円Bの半径だから等しい。よって，∠BAD＝∠BDA＝$2x$°　∠CAB＝x°　$3x$°＝90°　よって，$x=30$

重要 (3) ∠BCA＝x°＝30°　$2x$＝60°なので，△BADは1つの角が60°の二等辺三角形だから正三角形であり，∠ABD＝60°　よって，△CBAは内角の大きさが30°，60°，90°の直角三角形となり，CB：BA：AC＝2：1：$\sqrt{3}$　$S=4\pi$のとき，円Bの面積も4πとなるので，$\pi r^2=4\pi$　$r>0$だから，r＝BA＝2　よって，AC＝$2\sqrt{3}$　△ABCの面積は，$\frac{1}{2}\times2\sqrt{3}\times2=2\sqrt{3}$

3 (規則性―数の並び，自然数の性質)

[1] 1，13，25，37，…の数の並びは，1，1＋12，1＋12×2，1＋12×3，…となっているので，n番めの数は，$1+12\times(n-1)=12n-11$　$12n-11=1000$となるとして計算すると，$12n=1011$　n＝84余り3　$n=84$のとき，$12n-11=997$　よって，1周目に印をつけた整数の個数は84　2周目の最初に印をつけた整数は9である。

[2] $n=85$のとき1009なので9の位置に印がつく。12×83＝996で1000より4小さいので，n＝85＋83＝168のとき9－4＝5の位置に印がつく。n＝85＋83＋83＝251のときは5－4＝1の位置に印がつく。よって4周目に1に印をつけたときに印をつけるのをやめることになる。

1周目で印をつけた数は，12×1－11から12×84－11までの84個である。2周目は，9，9＋12，9＋12×2，9＋12×3，…，$9+12\times(n-1)=12n-3$であり，$12n-3=1000$のとき，n＝83余り7　よって，2周目に印をつけた数は，12×1－3から12×83－3までの83個である。3周目に印をつけた数は，5，5＋12，5＋12×2，5＋12×3，…，$5+12\times(n-1)=12n-7$　$12n-7=1000$　n＝83余り11　12×1－7から12×83－7までの83個ある。よって，印のついた整数は84＋83＋83＝250(個)　したがって，それまでに印がついていない整数は，1000－250＝750(個)

＋α **4 (関数・グラフと図形―直角二等辺三角形，座標，放物線の式，交点，平行線，長さ，角度，面積)**

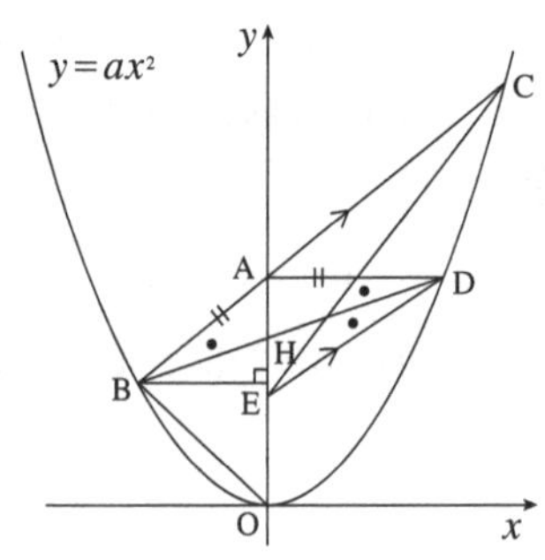

基本 [1] 点BからOAに垂線OHを引くと，△OABが直角二等辺三角形なので，HはOAの中点となる。また，△OBH，△ABHは直角二等辺三角形となる。BH＝OH＝2なので，B(－2，2)　点Bは放物線$y=ax^2$の上にあるので，$2=a\times(-2)^2$　$a=\frac{1}{2}$

点Dのy座標は4なので，そのx座標は，$y=\frac{1}{2}x^2$に$y=4$を代入して，$4=\frac{1}{2}x^2$　$x^2=8$　$x>0$だから，$x=2\sqrt{2}$　よって，D$(2\sqrt{2},\ 4)$

[2] 直線ABは傾きが1で切片が4だから，その式は$y=x+4$　点Cは直線$y=x+4$と放物線$y=\frac{1}{2}x^2$との交点なので，そのx座標は方程式$\frac{1}{2}x^2=x+4$の解として求められる。両辺を2倍して整理する

と，$x^2-2x-8=0$　$(x+2)(x-4)=0$　$x=-2$ではないので，$x=4$　$y=4+4=8$　よって，C(4，8)

[3]　△ABHは直角二等辺三角形なので，$AB=\sqrt{2}AH=2\sqrt{2}$　AB＝ADとなるので△ABDは二等辺三角形である。よって，∠ABD＝∠ADB　∠BAD＝135°なので，∠ABD＝(180°－135°)÷2＝22.5°

重要 [4]　∠ABD＝∠ADB＝∠BDE　1組の錯角が等しいのでBA//ED　△CEDと△AEDはEDを底辺とみたときの高さが等しい。よって，△CED＝△AED　ところで，∠ABD＝∠ADB＝∠BDE＝22.5°だから∠ADE＝45°　△AEDは直角二等辺三角形である。よって，$AE=AD=2\sqrt{2}$　したがって，$S=\triangle CED=\triangle AED=\frac{1}{2}\times2\sqrt{2}\times2\sqrt{2}=4$

5 （空間図形－接する球，正四面体，体積，長さ，断面積，三平方の定理，2次方程式）

重要 [1]　接する球の中心間の距離は2つの球の半径の和である。よって，OA＝OB＝OC＝7　また，△ABCは正三角形であり，点Oから各頂点までの距離が等しいので，四面体O－ABCは図1で示すような正三角錐である。よって，点Oから底面に垂線OGを引くと，Gは△ABCの重心であり，図2で示すように，ABの中点をMとすると，△AGMは内角の大きさが30°，60°，90°の直角三角形となる。図1の△OAGで三平方の定理を用いると，$AG=\sqrt{AO^2-OG^2}=\sqrt{7^2-(4-1)^2}=2\sqrt{10}$　図2で，$AB=2AM=2\times\left(\frac{\sqrt{3}}{2}\times AG\right)=12$　$CM=12\times\frac{\sqrt{3}}{2}=6\sqrt{3}$

よって，O－ABCの体積は，$\frac{1}{3}\times\left(\frac{1}{2}\times12\times6\sqrt{3}\right)\times1=12\sqrt{3}$ (cm³)

図1

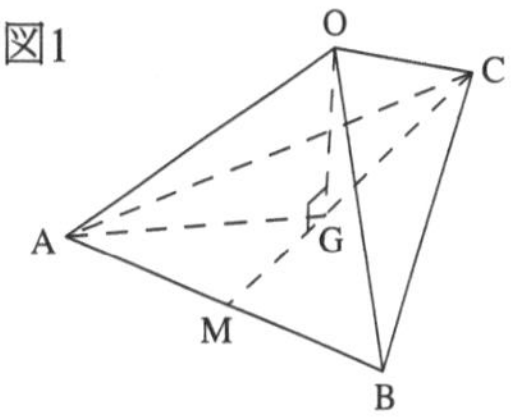

図2

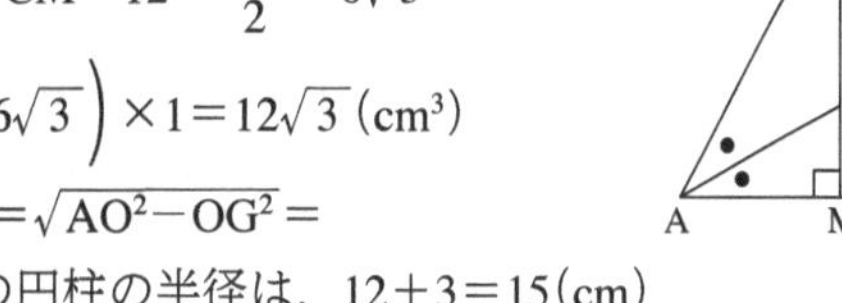

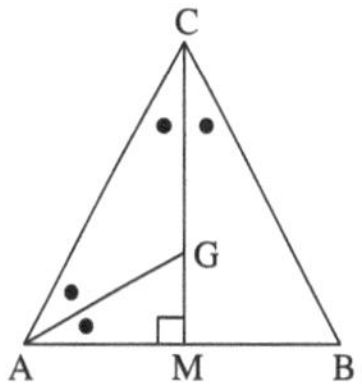

[2]　$r=12$のとき，OA＝OB＝OC＝15　$AG=\sqrt{AO^2-OG^2}=\sqrt{15^2-(12-3)^2}=\sqrt{144}=12$　よって，この円柱の半径は，12＋3＝15(cm)

やや難 [3]　図3，図4はそれぞれ点O，点Aを通る床面に垂直な平面で切ったときの断面を表す。点Oを通り床と平行な平面で切ったとき，図3のように球Aの断面は半径PHの円になり，その面積は，$\pi\times PH^2$　$AH=r-3$だから△APHで三平方の定理を用いると，$PH^2=AP^2-AH^2=3^2-(r-3)^2=9-r^2+6r-9=-r^2+6r$　点Aを通り床と平行な平面で切ったとき，図4のように球Oの断面は半径QIの円になり，その面積は，$\pi\times QI^2$　$OI=r-3$だから△OQIで三平方の定理を用いると，$QI^2=OQ^2-OI^2=r^2-(r-3)^2=r^2-r^2+6r-9=6r-9$　したがって，$\{\pi r^2+3\pi(-r^2+6r)\}:\{\pi(6r-9)+3\times\pi\times3^2\}=5:6$　$6(-2r^2+18r)=5(6r+18)$　$12r^2-78r+90=0$　$2r^2-13r+15=0$　$(2r-3)(r-5)=0$　$3<r$なので，$r=5$

図3

図4

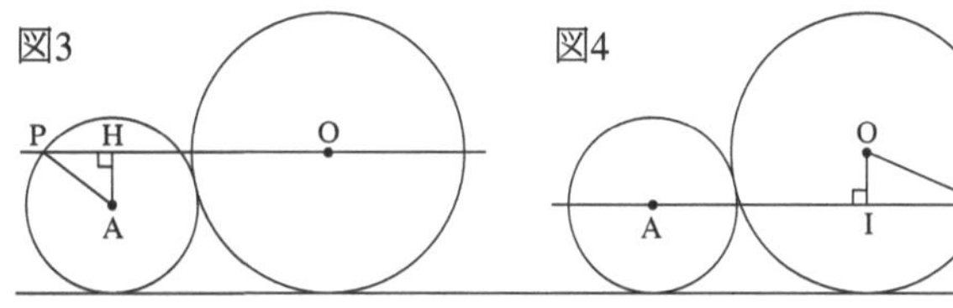

★ワンポイントアドバイス★

1の[1]は$(a+b)^2+(a-b)^2=2(a^2+b^2)$を利用するとよい。2は三平方の定理から入って，二等辺三角形を見つける。3は1000÷12をやってみるとよい。4の[4]はBC//EDにたどりつくはず。5の[3]は，面積は半径の2乗を使うので三平方の定理が利用できる。

＋α は弊社HP商品詳細ページ(トビラのQRコードからアクセス可)参照。

＜英語解答＞ 《学校からの正答の発表はありません。》

1 (A) ア ③ イ ⑥ ウ ⑤ (B) (i) ⑤ (ii) ③

2 問1 ①, ⑥ 問2 (あ) sea (い) result 問3 The Tarahumara are said to run because of that. 問4 ② 問5 (ア) break (イ) goes (ウ) won (エ) remained 問6 アテネ市民が自分たちの街を焼き払うのを阻止するため。
問7 It was thought that the distance of each race didn't need to be the same as long as all the runners ran on the same route. 問8 ④, ⑤

3 問1 ④ 問2 A ④ B ⑧ C ⑦ D ② 問3 Salt was so precious in ancient times that the Roman soldiers were often paid with salt instead of money.
問4 ア 塩 イ 液体[水分] ウ 引き出す エ 長期保存できる
問5 lowers the temperature which is necessary for liquid to 問6 a place that is unknown, far away, or at the end of the earth 問7 ③

4 問1 2歳半から4歳の幼い子供たちは，別の子供と一緒にテレビアニメを見た時のほうが8倍笑った。 (ア) than (イ) alone 問2 humans don't need a physical action to laugh 問3 made by the Himba which the English researchers recognized
問4 Although laughter brings good effects to our social lives, bodies and minds, we sometimes feel it difficult to laugh. 問5 ③ 問6 1 We laugh seven times for every 10 minutes of a conversation. 2 They lower the levels of stress.

5 (解答例) I think regular lessons in classrooms are better than online lessons. I like meeting my teachers and classmates face to face and want to share the learning experience with them. Besides, I can focus on learning more when my teacher is in front of me and everybody else is also learning in the classroom.(54 words)

○推定配点○
1 各2点×5 2 問1 各1点×2 問7 4点 他 各2点×11 3 問3 4点 問5 3点 他 各2点×11 4 問1 和訳 3点 (ア)・(イ) 各1点×2 問4 4点 問5 2点 他 各3点×4 5 10点 計100点

＜英語解説＞

1 (長文読解問題：要旨把握，内容吟味，内容一致)

(A) (全訳) 裏付けとは，1つの出来事の重要な詳細を複数の文書で確認し，それらの詳細が同じか，または同じでないかを確かめることである。歴史の専門家は過去に何が実際に起きたかを知るためにこれを行う，なぜなら人は物事を違って記憶するからだ。あなたがある出来事について複数の文書を読む際には，それらの文書に共通の箇所はどこか，そして異なる箇所はどこかに，よく注意しなさい。

問 全訳下線部参照。本文中の下線部の内容が，問題の空所ア～ウの内容に該当する。

(B) (全訳) こんにちは，僕の名前はゲイリー・ウォレスです。友人のジェイクと僕は日曜日に山でハイキングをしていて突然大きな衝突音を聞きました。僕は音の方向を見上げ，2人の人が見えました。僕たちは，彼ら2人が手を振っているのが見え，彼らが僕たちの注意を引こうとしているのだと思いました。1人はおそらく年配の男性で，もう1人は10代に見える少年でした。その少年はオレンジ色の上着を着て，男性は帽子をかぶっていました。僕たちが彼らを見たのは午後2：30分頃でした。

こんにちは，私はアリス・シモンズです。私は週末によく山歩きをします。日曜日の午後，2：35分ごろに私は物音を聞きました。山腹を雪が滑り落ちたのだと思いました。そして私は下を見て，若者と背の高い男性が山腹から突き出ている岩の上に立っているのが見えました。少年はジーンズと明るい赤色の上着を着ていました。2人とも，山のずっと下の方にいる人たちに手を振っているように見ました。その時，私は彼らがただ感じよく振舞っているのだと思ったので，歩き続けました。

（ｉ） 1番目のゲイリーの文章から，手を振る2人の人物はゲイリーとジェイクの上にいたとわかる。2番目のアリスの文章から，手を振る2人の人物はアリスの下にいたとわかる。よって山の上からアリス，手を振る2人の人物，ゲイリーとジェイク，の順になる。

（ⅱ） ①「ゲイリーとアリスの両方とも，男性と少年は自分たちが困っているのをゲイリーとジェイクに気づいてほしいために手を振っているのだ，と思った」（×） ②「アリスは物音を聞いた時，山腹を滑り落ちる雪のせいで，山でハイキングしている人々が危険な状態になるかもしれないと心配した」（×） ③「アリスと同様にゲイリーも，手を振る2人の人物のうちの1人は上着を着ていてもう1人よりも若いと思っている」（○） ④「アリスは，ゲイリーとジェイクは山でハイキングをすることが好きな仲の良い友達同士で，2人が手を振ってお互いに挨拶していると思っている」（×）

2 **（長文読解問題・紹介文：内容吟味，語句補充，熟語，言い換え・書き換え，受動態，不定詞，文補充・選択，語形変化，時制，現在完了，和文英訳，接続詞，内容一致）**

（全訳） チーター，オオカミ，経験豊富なランナーがマラソンで競ったら誰が勝つだろうか。チーターは間違いなく速いスタートを切るだろう。オオカミはおそらく数マイル後にチーターを抜かすだろう。しかし経験豊富なランナーが最初にゴールを切るだろう！

マラソン走行は人類の長距離走文化において最もよく知られる例かもしれない。(1)何が人をトップレベルの長距離走者にするのか。ケニヤの素晴らしいランナーたちが1つの答えを見つけたようだ。イテン町はケニヤの標高の高いところにある，小さな農業の町だ。そこは数多くの世界トップのマラソンランナーの故郷でもある。彼らのほとんどがカレンジン族だ。カレンジン族はふつう，走るのに完璧な体を持つ。彼らの薄い体，長い脚，短い胴体のおかげで，力がランナーの最も必要とする部分，つまり脚に送られる。イテン町は(あ)海抜8,000フィートのところにあるので，カレンジン族は肺が強く発達している。彼らはそこの薄い空気の中から酸素を得るために強い肺が必要なのだ。このことはカレンジン族が標高の低い場所でマラソン競技をする時に大変有利である。

イテン町から数千マイルも離れたメキシコの高山に，タラフマラ族が住んでいる。彼らは外の世界とあまり接触を持たない。彼らはマラソン競技をしないが，トップレベルの長距離走者として知られている。彼らは自分たちを走る人と呼ぶ。彼らは伝統的な競技をしたり，山越えの2，3日間のレースで競ったりして，走る。彼らの走る能力は活発に体を動かす生活から生じ，また，彼らが走ることに対して持つ高い尊敬の念からも生じている。(2)タラフマラ族はそのために走ると言われている。

Aすべての人々がカレンジン族やタラフマラ族のようなトップレベルの長距離走者ではない。実際のところ，ほとんどの人にとってはマラソンを完走することさえ難しい。それではなぜ彼らは走るのか。ほとんどの人はその喜びのために走る。健康のために走る人もいれば，個人的な記録(ア)を破りたい人もいる。人によって理由は異なるが，マラソンは間違いなく世界中の人々を魅了する。しかしあなたはマラソンについてどのくらい知っているか。あなたはどうしてそれがマラソンと呼ばれ，どのようにしてどこで始まったか知っているだろうか。

マラソンの起源はギリシアの神話に(イ)さかのぼる。紀元前490年，ギリシア人とペルシア人はマラトン村で戦った。ギリシアの街，アテネの人々はギリシア人が負けると思った。そこで彼らはペルシア人が侵攻し制圧する前に自分たちの街を焼き払おうとしていた。しかしギリシア人はペルシア人を打ち負かした。フェイディッピデスという名の使者がその知らせを伝えるためにアテネに送られた。(3)彼はその間の距離約25マイルを，速度を落とさず，休むために立ち止まりもせずに走った。彼はアテネに到着し，「我々が(ウ)勝った！」と叫ぶと地面に倒れこんで死亡した。

現代のマラソンは1896年まで始まらなかった。その年に最初の国際オリンピックがギリシアで開催された。フェイディッピデスに対する敬意を示すために，レースをするべきだと言った人がいた。彼らはフェイディッピデスが2,400年前に使ったと考えられている同じルートを使った。それはマラトン村でスタートし，アテネで終わる。そのレースは距離がほぼ25マイルで，現代のマラソンが誕生した。

1896年のオリンピック後，マラソンの距離は25マイルくらいに(エ)とどまり，レースごとにわずかに違っていた。(4)すべてのランナーが同じルートを走る限り，各レースの距離をまったく同じにする必要はないと考えられていたのだ。しかし1908年のロンドンオリンピックで，王室の人々が城の窓からレースのスタートを見ることができるように，距離が26マイルに延ばされた。スタジアムでは王室の人々の前でレースが終わるようにするために，ゴールにも385ヤードが追加された。これらの変更の(い)結果，マラソンの距離は26マイル385ヤード，つまり42.195キロになった。のちにこれがマラソンの標準距離となり，現在でも使われている！

問1　カレンジン族については②と⑤，タラフマラ族については③と④が述べられている。

問2　(あ)　see level「海面」(い)　as a result of ～「～の結果として」

問3　〈It is said that 主語＋動詞～〉「－は～だと言われている」は〈主語＋ is said to ＋動詞の原形～〉と書き換えることができる。the Tarahumara「タラフマラ族」は Tarahumara people「タラフマラ族の人々」の意味で複数扱いとなりbe動詞は are となる。

問4　全訳下線部参照。

重要　問5　(ア)　break a record「記録を破る」(イ)　go back to ～「～にさかのぼる」　主語が単数なので goes とする。　(ウ)　win「勝つ」　現在完了時制のため過去分詞 won にする。
(エ)　〈remain ＋形容詞〉「～のままでいる」　ここでは過去形 remained とする。

問6　下線部(3)を含む段落の第3，4文参照。アテネ市民はギリシアが戦争に負けると思い，ペルシア人が侵攻する前に自分たちの街を焼き払おうとしていた。フェイディッピデスはそれを阻止するために，アテネにギリシアの勝利を急いで伝えなければならなかった。

やや難　問7　It was thought that ～「～と考えられていた」〈don't need to ＋動詞の原形〉「～する必要はない」〈as long as ＋主語＋動詞〉「－が～する限り」

重要　問8　①「カレンジン族は特に標高が低いところでのマラソンレースが得意だ，なぜなら彼らはその薄い空気から酸素を得る必要があるからだ」(×)　②「カレンジン族とタラフマラ族はともに標高の高いところに住み，トップレベルのマラソン走者として知られている」(×)　③「世界中の人々はマラソンに魅了される，なぜならゴールを切ることが彼らにとって最大の目標だからだ」(×)　④「アテネの人々はギリシア人がマラトン村での戦闘に勝つと予想していなかったが，ギリシア人は勝った」(○)　⑤「現代のマラソンは1896年に始まったが，その距離は今のマラソンよりも短かった」(○)　⑥「1908年のロンドンオリンピックでは，王室の人々がレースの始まりと終わりの両方を彼らが住んでいる場所から容易に見られるようにするために，マラソンのルートが延ばされた」(×)　スタートを城から見られるようにした。ゴール地点はスタジアムで王室の人々のいる前に設定された。

3 (会話文読解問題：内容吟味，文補充・選択，和文英訳，接続詞，受動態，熟語，語句整序，関係代名詞，不定詞，語句解釈)

(全訳) 母：(1)遅くなってごめんね。とても混んでいたから，ティンブクトゥに駐車しなくてはならなかったわ。

娘：何て言ったの，ママ？ 「チーム・ブックなんとか」って言った？

母：いいえ，「ティンブクトゥ」って言ったの。この単語は一度も聞いたことがなければおそらくわからないでしょうね。この単語は，知られていない場所や遠い場所，地球の果ての場所の象徴としてよく使われるの。

娘：ぜんぜんわからなかった！ それは実際にある場所なの？

母：そう思わない人もいる。Aでも実は，実際にある場所よ。それは西アフリカのマリという国の都市なの。ティンブクトゥにはかつて世界の他の国々が欲していた2つのものがあった。金と塩よ。昔そこは「金の都」と呼ばれていたわ。

娘：良い所みたいね！ ティンブクトゥは金で覆われていたの？

母：ヨーロッパ人の中にはそう信じる人がいて，ティンブクトゥでは金が砂のようにありふれたものだと思っていた。Bでもそうではなかった。私たちは時々，「話に塩粒をかけて受け入れる」(話を半信半疑で聞く)必要があるわよね。あなたは「塩粒をかけて受け入れる」という表現の意味がわかる？

娘：うん，誰かの言うことを全部は信じない，っていう意味よ。

母：その通りよ。でもティンブクトゥがかつて金と塩のおかげで豊かな街であったことは確かよ。

娘：私は社会の授業で塩の歴史について習ったわ。(2)古代には塩はとても貴重だったので，ローマの兵士はしばしばお金の代わりに塩で給料を支払われた。私は給料として塩をもらいたくないけれど。

母：私もほしくないわ。でも昔の人は全く嫌ではなかった。

娘：Cそう，彼らは嫌だと思わなかった。彼らは私たちとは違っていたから。実は私の先生が，一生懸命働く人を表す「塩に値する」という表現はこの話が由来だって言っていたよ。

母：本当？ 今でも使われている言い方ね！

娘：うん，でもどうして塩はそんなに高い価値を認められていたのかな。私は食べ物に味付けるためにしか塩を使わない。

母：それは大昔から食べ物を新鮮に保つために使われているの。塩が食品に触れると，水分を引き出す。そうすることで塩は食品を長期間保存することができるの。そうやって(3)きゅうりはピクルスになるし肉はベーコンになるわけ。

娘：D塩はたくさん用途があるようね。でもまたわからないことが1つある。先生が万里の長城を建設する時に大量の塩が使われたって言ったの。先生は，塩は寒い場所で建物を守ると言っていた。

母：おそらくそれは塩の作用のためね。塩は[Ⅰ]液体が凍るのに必要な温度を下げる。水が氷になると，体積が増える。氷が万里の長城を壊すのを防ぐために，大量の塩を下に撒いたのでしょうね。

娘：なるほど。ああ，ママ，もうすぐ午後5時だよ！ パパを笑顔にする素敵な誕生日プレゼントを見つけに行こうよ。(4)たとえそれがティンブクトゥにあっても！

問1 娘の最後の発言参照。父親への誕生日プレゼントを買うためである。

重要 問2 全訳下線部参照。A 娘の Is it a real place? という質問に対する答えの文。But actually it is. は後ろに a real place が省略されている。ティンブクトゥは実際にある場所だと思っていない人もいるが，実は，実際にある場所だ，ということ。 B It wasn't the case. は「そういうことではなかった」という口語表現。 C 前文の母の people of the past didn't mind at all を受け，娘が同じ内容の they didn't mind と繰り返す。日本語ではこのような場合，「その通り」という意味で「はい」と言うが，英語では否定文には No を付けるので No, they didn't mind.「そう，彼らは嫌だと思わなかった」となる。 D It seems (that) ～.「～のようだ」

やや難 問3 「とても～ので…」は so ～ that … で表す。「古代には」は in ancient times,「貴重な」は precious とする。「ローマの兵士は塩で給料を支払われた」は受動態で the Roman soldiers were paid with salt とし，「お金の代わりに」は instead of money とする。

問4 下線部(3)の直前の2文参照。

やや難 問5 (salt) lowers the temperature which is necessary for liquid to (freeze) 塩には氷結温度を下げ，水を凍りにくくする働きがある。まず，salt lowers the temperature「塩は温度を下げる」とし，主格の関係代名詞 which を使って，which is necessary for liquid to freeze「液体が凍るのに必要な」と続ける。

問6 母親は2番目の発言の最終文で Timbuktu の意味を説明している。この文から a place that is unknown, far away, or at the end of the earth を抜き出す。

問7 「ブラッド：僕は昨晩ミステリー小説を10,000ページ読んだよ。／ルーク：僕は君の話をうのみにしないでおくよ！」 ③「ルークはブラッドが一晩でそんなに多くのページを読んだと思っていない」 空所Bの2文後の文と，それに続く娘の言葉参照。take ～ with a grain of salt は「～を半信半疑で受け入れる，話半分で聞く」という慣用句である。本文にはこの表現の由来が述べられていないが，古代ローマでは塩が解毒剤としても用いられ，疑わしいものを食べる時に用心して塩をかけた，ということから，「用心して(半信半疑で)受け入れる」という意味になったと考えられている。

4 **(長文読解問題・論説文：英文和訳，語句解釈，比較，接続詞，語句整序，不定詞，語句補充，和文英訳，指示語，英問英答)**

(全訳) 笑いは神秘的だ。私たちはよく笑う。ある研究により，人は会話において10分毎に7回笑うとわかった。笑いは私たちのコミュニケーションにおいて重要な役割を果たしているようだ。それは私たちが相手と繋がりたいと願っていることを示す方法の1つである。実際，数千例の笑いを調査したところ，会話の話し手は聞き手よりも笑う可能性が46%高い。また，集団でいるほうが笑う可能性がずっと高い。別の研究では(1)2歳半から4歳の幼い子供たちは，別の子供と一緒にテレビアニメを見た時のほうが8倍笑った。

笑いは動物にとって遊びたい気持ちを表現し，社会的関係を形成する方法として発達したと考えられている。ゴリラのように多くの哺乳類は，ネズミでさえも，くすぐられた時や体を使った遊びを楽しんでいる時に笑う。しかし，私たちはたいていくすぐられると笑わずにはいられないものの，[I]人間は笑うのに肉体的な動きを必要としない。ある研究者は，数百年前には笑いは人間の集団にとって生き延びるための強力な道具だっただろう，と言う。それはその集団を結びつけておく糊の働きをした。さらにそれはその集団に属する人々に，自分たちの周りで起きていることを恐れる必要はないと告げるのに役立った。

他の文化から来た人々は異なることに笑うかもしれないが，全くなじみのない文化から来た人から発せられた笑いでも人はそれを笑いだと認識する。アフリカのナミビアのニンバ族と一緒に調査したイングランド出身の研究者たちは，ニンバ族が認識するイングランド人研究者たちの唯一のポジティブな音は笑いだとわかった。興味深いことに，逆もまたしかりだった。Aイングランド人研究者たちが認識するニンバ族の出す唯一のポジティブな音は笑いだったのだ。勝利の喜びのような他のポジティブな感情は，異なる文化では非常に異なる方法で表現される。例えば，英国では人々が歓声を上げることは珍しくない。他方，ヒンバ族はお祝いする時にほとんど歌のような「アイアイアイ」という音を出す。

笑いは社会的関係を形成するのに役立つだけでなく，健康を改善するのにも複数の方法で役立つ。笑うと，体内に入る空気の量が増え，それが心臓，肺，筋肉をよく動くようにし，強くする。笑うことは免疫細胞を増やすことによって体を病気から守ることにも役立つ。さらに笑った後は気分がよくなる，なぜなら笑いは，私たちに幸福感を感じさせてストレスの程度を下げる物質を放出するからだ。

(2)笑いは私たちの社会的生活や肉体や精神によい効果をもたらすけれども，私たちは時に笑うのが難しいと感じる。特につらい時には。そのような場合，たとえ少し無理やりに感じても，口の端を持ち上げて微笑み，それから笑ってみよう。柔らかく静かな笑いができたら，今自分がどのような気分か考えてみよう。筋肉も心もリラックスしていると感じませんか。(3)それが笑いの実に不思議な点だ。

重要 問1　主語は young children between the ages of 2.5 and 4「2歳半から4歳の間の幼い子供たち」で動詞部分は laughed eight times more「8倍笑った」，when 以下は時を表し「別の子供と一緒にテレビアニメを見た時に」となる。ここで eight times more があることから文末以下に than ～「～よりも」が省略されているとわかる。また，下線部の前文に「集団でいる方が笑う傾向が高い」とあるので，「一人で見る時よりも」という内容が省略されていると推測できる。

問2　語群より〈don't need to ＋動詞の原形〉「～する必要がない」を想定しがちであるが，ここでは don't need a physical action to laugh「笑うのに肉体的な動きを必要としない」となる。この to laugh は「笑うために」を表す副詞的用法の不定詞。

やや難 問3　空所Aの前文 the only positive sound made by the English researchers which the Himba recognized was laughter は空所Aを含む文と同じ構文であることに着目する。空所Aの直前に the opposite case was also true「逆の事例もそうだった，逆もまたしかり」とあることから，上記の波線部の the English researchers と the Himba を入れ替えたものが空所Aに入る。

やや難 問4　「～けれども」は Although [Though] ～ とする。bring good effects to ～「～に良い効果をもたらす」〈feel [find] it ＋形容詞＋ to ＋動詞の原形〉「～するのが…だと感じる」

問5　この That は直前の3文の内容を指す。無理して笑った場合であっても，心や筋肉(体)がリラックスしているように感じることを指している。

重要 問6　(1)「ある研究によると，私たちは会話をしている時にどのくらいの頻度で笑うか」「私たちは会話において10分毎に7回笑う」 第1段落第1文参照。本文では people が主語になっているが，この質問文の主語は we なので答えの文も we を主語にする。　(2)「笑うことによって放出される物質は何を下げるか」「それらはストレスの程度を下げる」 第4段落最終文参照。質問文の主語は the chemicals released by laughing「笑うことによって放出される物質」で，動詞は lower「～を下げる」である。答えの文では主語を代名詞 they にし，動詞は質問文で用いられている lower を使う。または本文中で用いられている reduce を使ってもよいだろう。

重要 5 （自由・条件英作文）

（問題文訳）「教室での通常授業とオンライン授業のどちらがよいと思いますか。理由を2つか3つ挙げてあなたの意見を教えてください。英語で書き，約50語を使いなさい。解答用紙の空所に単語数を書いてください」

（解答例訳）「私は教室での通常授業のほうがオンライン授業よりもいいと思います。私は先生やクラスメートと直接会うのが好きで，彼らと一緒に学習体験を共有したいと思います。また，教

室で先生が目の前にいて他の皆も勉強しているほうが，私は勉強により集中できます」(54語)

★ワンポイントアドバイス★

本年度の1は2つの文書を読み比べる読解問題で，人物の位置を図で表す問題が出題された。今後も絵やグラフを用いた問題が出題される可能性がある。

＜国語解答＞《学校からの正答の発表はありません。》

一　問一　1　喪失　2　あなど(ら)　3　変遷　4　平衡　5　強(いた)　6　はたじるし　問二　X　こころにうつりゆくよしなしごと　Y　そこはかとなくかきつくれば　問三　3　問四　(例)　名声を得るために嘘をついて賢人ぶること。
問五　賢人の行いを見て憎む(人)　問六　2　問七　〈例〉　賢人を真似れば賢人だ
問八　(例)　人間は国家のために存在し欲望も国家のためにあるべきだとする理想と，それとは異なる新たな理想の分岐点。　問九　2・5　問十　孔子　問十一　(例)　自己よりも国家の利益を優先し，自己のためにはならないことであっても国家社会のためになるのであれば，自己を捨てて国家に従うべきだ。　問十二　(最初)　それは日本
(最後)　しれない。　問十三　(例)　東西冷戦の終結により，新たな理想となるはずだった自由が野放しとなり，大衆迎合政治や経済格差の拡大を招いてしまったから。

二　問一　1　駆使　2　遭(っても)　3　せいぎょ　4　存立　問二　V　背　W　腹　問三　X　8　Y　1　Z　6　問四　A　3　E　2　問五　・隣接する集団と同じものを主食としないことで，単一食物への需要の集中を回避できるから。　・主食としている食物が不作であったとしても，他の食物を作っている集団があれば食べる物はなくならないから。　問六　4　問七　(例)　農業の原理が，必要な分量だけを生産する「需要に上限のある生産活動」であるのに対し，市場の原理はより多くの貨幣を得ることを考える「需要に上限がないシステム」である。
問八　1　○　2　×　3　×　4　×　5　○
問九

すばらしい	工夫	な	わけ	です。
形容詞	名詞	助動詞	名詞	助動詞
連体形		連体形		終止形

○推定配点○
一　問一・問九・問十　各1点×8(問九完答)　問八・問十一～問十三　各6点×4
他　各3点×6　二　問一～問四　各1点×10(問二完答)　問五・問七　各6点×3
問九　4点　他　各3点×6　計100点

＜国語解説＞

一　(論説文・古文一漢字，文学史，古文の現代語訳，文脈把握，内容吟味，要旨)

問一　1「喪」の訓読みは「も」。熟語は「喪主」「喪中」など。　2「侮」の音読みは「ブ」。熟語は「侮辱」「軽侮」など。　3「遷」を使った熟語はほかに「遷都」「左遷」など。訓読みは「うつ(る)」。　4「衡」を使った熟語はほかに「均衡」「度量衡」など。　5「強」の訓読みは「つよ(い)」「つよ(まる)」「つよ(める)」「し(いる)」。音読みは「キョウ」「ゴウ」。熟語は「強硬」「強

制」「強情」「強奪」など。　6「旗印」は，物事を行う時に掲げる目標，という意味。「旗」を使った熟語はほかに「旗色」「旗頭」など。音読みは「キ」。熟語は「国旗」「旗手」など。

問二　『徒然草』は，「つれづれなるままに，ひぐらしすずりにむかひて，こころにうつりゆくよしなしごとを，そこはかとなくかきつくれば，あやしうこそものぐるほしけれ。」で始まる。

問三　「無きにしもあらず」は，無いこともない，という意味なので，3が適切。

問四　前に「大きなる利を得んがために」とあり，直後には「飾りて，名を立てんとす」とある。「飾り」は，ここでは，賢人に見せかける，という意味。「偽り」は，嘘，という意味なので，「名声を得るために嘘をついて賢人ぶること。」などとする。

問五　前に「こんなヤツら」とあり，前に「(人の立派な行いをみて)憎む人」と説明されている。

やや難　問六　直後に「兼好の分析を当てはめるなら，これは『賢なる』立派な行いをする人と見ていいのか，それとも……」とあることから，「賢なる人」のたとえの一種として挙げていると考えられる。「総額十億円にのぼるお年玉企画を発表」した人から連想した「紀伊国屋文左衛門」は，品の良い行いとは言えないが，小判をばらまいて拾わせるという行いは，施しを与える行為として，「賢なる」行いと言えるのかもしれない，としているのである。

問七　『徒然草』第八十五段の最後に「偽りても，賢を学ばんを，賢と言ふべし(たとえ自分を偽ってでも立派な人を真似る人を立派な人というのだ)」とあり，これが，この段における兼好法師の主張であり，読者への助言である。

問八　直前の段落に「理想とは何か」とあり，「国家主義の場合，人間は国家のために存在する，人間の欲望はすべて国家のために役立たせるべきであると考える。この国家という幕末・明治の理想はその後どうなったか」とあり，直後には「国家とは異なる新たな理想との分岐点」とある。人間は国家のために存在し欲望はすべて国家のために役立たせるべきだとする理想と，国家とは異なる新たな理想の分岐点である。

問九　夏目漱石の作品は『門』『夢十夜』のほかに『坊ちゃん』『三四郎』『それから』『行人』『明暗』など。『鼻』は芥川龍之介，『雪国』は川端康成，『細雪』は谷崎潤一郎，『十三夜』は樋口一葉，『人間失格』は太宰治，『夜明け前』は島崎藤村，『城崎にて』は志賀直哉，『仮面の告白』は三島由紀夫の作品。

問十　『論語』は，「孔子」とその弟子たちの問答を，後に弟子たちが編纂したもの。

問十一　直前に「若しそれが自己の為にはならぬが，道理にも契ひ，国家社会をも利益するといふことなら，余は断然自己を捨てて，道理のある所に従ふ積りである」と述べられている。自分のためよりも国家社会のためを優先させるべきだ，とする考えである。

問十二　「昭和の……」で始まる段落に「国家に代わる新たな理想」とあることに着目する。「新たな理想」については，「それは日本国憲法にうたう国民一人一人の自由であり平等であったかもしれない。」と述べられている。

やや難　問十三　直前に「渋沢のいう『国家社会の利益』という理想を失い，それに代わる新たな理想も見出せなかった」とあり，同様のことは，「ところが……」で始まる段落に「ところが不幸にも東西冷戦がこの新たな理想を封じてしまった。新たな理想の候補であった自由と平等がイデオロギーの化け物となって戦ったのが東西冷戦だったからである」とあり，続いて「東西冷戦は一九九一年(平成三年)，ソ連……の突然の崩壊と自由主義陣営の一人勝ちで終結する。これによって東の旗印だった平等は幻影となってしまった。一方，宿敵を失った西の自由は野放しとなり，……大衆迎合政治(ポピュリズム)の横行と経済格差の極端な拡大を招くことになった」と説明されている。

二 （論説文一漢字，慣用句，脱語補充，語句の意味，文脈把握，内容吟味，要旨，品詞分解）

問一　1「駆」と使った熟語はほかに「駆除」「駆逐」など。訓読みは「か(ける)」「か(る)」。
2「遭う」には，災いなどに出あう，という意味がある。音読みは「遭遇」「遭難」など。
3「御」を「ギョ」と読む熟語はほかに「統御」「防御」など。音読みはほかに「ゴ」。訓読みは「おん」「お」。　4「存」を使った熟語はほかに「存続」「存亡」など。音読みはほかに「ゾン」。熟語は「所存」「生存」など。

問二　「背に腹は代えられない」は，当面の重大な危機を回避するためには，小さな犠牲や損害などに構っていられない，という意味。

問三　X　前出の「『好き嫌いをしないで，何でも出されたものは食べなさい』」という発言を指すので，「道徳(的なこと)」とするのが適切。　Y　直後に「毎日一億円使っても使い切るまでに三百年かかる」とあるので，「天文学(的な個人資産)」とするのが適切。　Z　直前の「胃袋に詰め込める量」の表現としては，「物理学(的総和)」とするのが適切。

問四　A「修辞」は，言葉をうまく使って，美しくたとえること，直前に「文学的な」とあるので3が適切。　E「暫定」は，仮の措置として決めること，という意味なので2が適切。

問五　「差別化」については，直後に「隣接する集団と自分たちの集団を『ずらした』のです」と説明されており，「ずらす」ことの効用については，直後に「集団がそれぞれ主食のタイプをずらすことで，単一の農作物への需要を回避させた」「すべての集団が同じ植物を主食としていたら，その種が不作となったら，全集団が同時的に飢餓の危機に瀕します。……それを防ぐためには食習慣をずらすのがもっとも確実です」と説明されている。

問六　「仕組み」については，直前に「食料をどうやって安定的に供給するか，供給が止まったときにはどうやって食資源の奪い合いという破局的事態を回避するか」と説明されているので，「生きていくための知恵」とする4が適切。

やや難 問七　直後に「無限に貨幣が欲しいという人たちの欲望で動いている市場と，太陽の恵み，水の恵みを受けて耕作し，育った果実を生身の人間が飢えないために享受するという農業」と説明されており，「ですから……」で始まる段落には「市場は『たくさん金が欲しい』という原理だけで動いています。『どれだけあれば足りるか』ということは問題になりません」「農業は違います。食べる人間がいて，……総和が『必要な農作物』の上限です」と，「市場」と「農業」の原理の違いが説明されており，「『需要に上限のある生産活動』を『需要に上限がないシステム』によって制御することはできません」としているので，この部分を使って要約すればよい。

問八　1は，本文に「ですから，農業は，どうやっても市場のロジックとは合いません」「農業を市場原理に従わせることはできません」とあることと合致する。2は，「ですから……」で始まる段落に「食文化リテラシーの高い個体のほうが飢餓を生き延びるチャンスがある」とあることと合致しない。3・4は，本文最後に「本質的には市場原理と農業は『噛み合わない』」とあることと合致しない。5は，「調味料というのもそうです……」で始まる段落に「どの集団も調味料には発酵物質を使います。……その調味料を使わない集団から見れば『腐敗したものを食べている』ようにしか見えない。……『あいつらはゴミを食っている』と思われるのが一番安全だからです」とあることと合致する。

問九　品詞分解すると「すばらしい(形容詞　連体形)・工夫(名詞)・な(助動詞　連体形)・わけ(名詞)・です。(助動詞)」となる。

（作文について）

テーマは「道草によってこそ『道』の意味がわかる」という表現をどう解釈したか，というもので，自らの経験を具体例として示した上で，「道草」の効用について述べることが求められている。

本文には，結核によって青年期の一番大切な時期を無駄にしてしまった，という例が挙げられ，「人に遅れをとることの悔しさや，誰もができることをできない辛さなどを味わったことによって，弱い人の気持がよくわかるし，死についていろいろ考えたことが意味をもってくる」とあることをふまえ，自分自身の経験として，「道草」を食ってしまった＝遅れをとってしまった，あるいは，時間を無駄にしたと感じてしまった，という経験はないかと考え，論の中心となる部分を決めよう。その上で，構成を考え，道草を食ってしまったと感じた経験談を示すこと，そこから考えたことを分けて述べる形でまとめるとよい。適切な具体例を示すことと，そこから導き出される深い論考の二点が求められているので，自分の主張がどういうものかをよく考えて結論部分を書こう。

★ワンポイントアドバイス★

読解対策として，論旨を要約する練習をしておこう！
論説文の中に古文が組み込まれる形で出題されることが多いので，古文対策もしっかりしておこう！

MEMO

大切なことはメモしておこうネ！

T.G

2021年度

★★★★★★★★★★★★★★★★★★★★★★★★

入　試　問　題

2021年度

慶應義塾女子高等学校入試問題

【数　学】（60分）　＜満点：100点（推定）＞

【注意】　1．途中の計算や式などもすべて解答用紙に書いておくこと。

　　　　　2．図は必ずしも正確ではありません。

1　Aさんは，値札に1個 x 円と表示されている商品を必要な個数だけちょうど買える金額のお金を封筒に入れた。商品が値札より安い価格で2日間売りに出されることになり，Aさんは必要な個数を2日間にわけて買うことにした。1日目は x 円の100円引きの価格で y 個買い，2日目は x 円の4割引きの価格で1日目の1.5倍の個数を買い，必要な個数だけちょうど買うことができた。支払った金額は1日目より2日目の方が780円多かった。次の問いに答えなさい。

［1］　商品を値札どおりの価格 x 円で y 個買うときの金額は xy 円になる。xy を y を用いて表しなさい。

［2］　2日間とも封筒からお金を出して商品を買ったところ，封筒に残っていた金額は3720円であった。x，y の値を求めなさい。

2　直線 $y=\frac{\sqrt{3}}{3}x+\frac{10\sqrt{3}}{3}$ 上にあり，x 座標が-16である点をAとおく。この直線と放物線 $y=\sqrt{3}x^2$ との2つの交点のうち x 座標の値が大きい方の点をBとおく。また，点Bを通り，y 軸と平行な直線と放物線 $y=-2\sqrt{3}x^2$ との交点をCとおく。あとの問いに答えなさい。

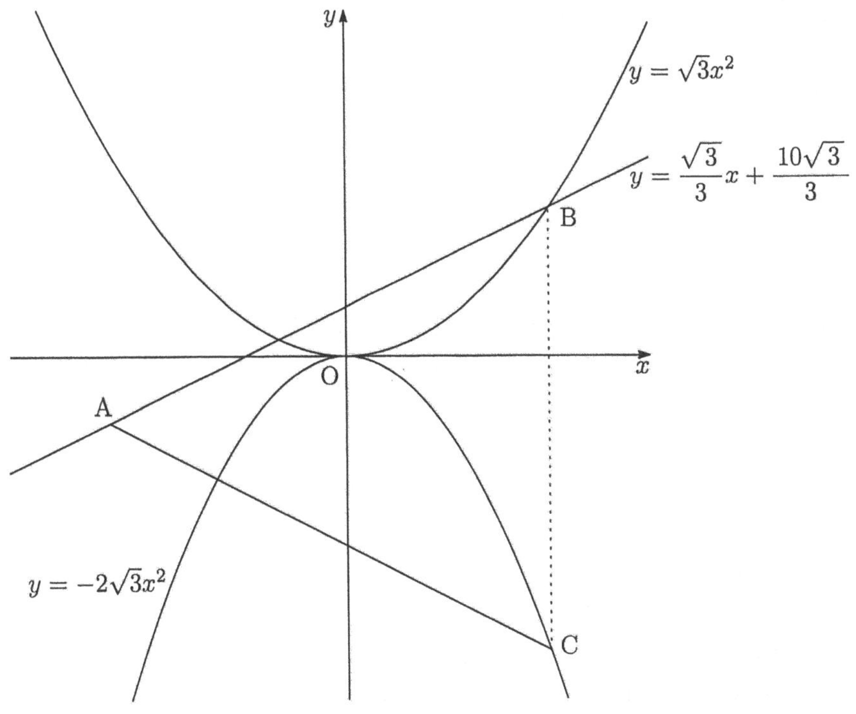

［1］ 点Bの座標を求めなさい。

［2］ 直線ACの式を求めなさい。

［3］ △ABCの面積 S を求めなさい。

［4］ △ABCの３辺に接する円の半径 r を求めなさい。

3 AB＝4，BC＝3，CD＝5，AD＝6，AE＝2，∠ABC＝90°，∠DAB＝90° である四角柱ABCD－EFGHがある。辺CD上に点Pを，辺AD上に点Qをそれぞれ CP＝x，AQ＝x となるようにとる。また，辺BC上に点Rを，CR＝2 となるようにとる。このとき，四角柱ABCD－EFGHを３点G，P，Rを通る平面で切り，切り取ってできた三角錐(すい)CGPRと，四角柱ABCD－EFGHを３点H，P，Qを通る平面で切り，切り取ってできた三角錐DHPQの体積の比が１：３であった。次の問いに答えなさい。

［1］ x の値を求めなさい。

［2］ 三角錐CGPRの体積 V を求めなさい。

［3］ 線分PRの長さを求めなさい。

［4］ 三角錐CGPRにおいて，頂点Cから△GPRに下ろした垂線の長さ h を求めなさい。

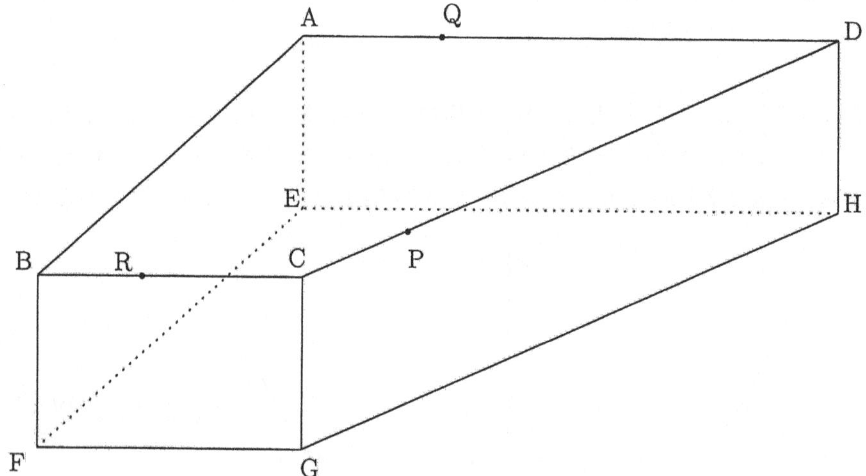

4 次のページの図のような円周上の３点A，B，Cを頂点とする△ABCと，これらの３点と異なる同一円周上の点Pがある。線分BPを直径とする円と線分AB，線分BCの交点をそれぞれD，Eとおく。また，直線DEと直線ACの交点をF，線分DPと線分BEの交点をGとする。∠ABC＝30°，∠BAP＝45°，PE＝$\sqrt{3}$，PD＝6 であるとき，以下の問いに答えなさい。

［1］ ∠BDP と∠DPE の大きさをそれぞれ求めなさい。

［2］ 線分GD の長さを求めなさい。

［3］ 線分BE，線分BP の長さをそれぞれ求めなさい。

［4］ ∠CBP と角度が等しい角を（ア）～（エ）の中から２つ選びなさい。

（ア） ∠GPB （イ） ∠PDF （ウ） ∠PAF （エ） ∠BED

［5］ 線分AP，線分AFの長さをそれぞれ求めなさい。

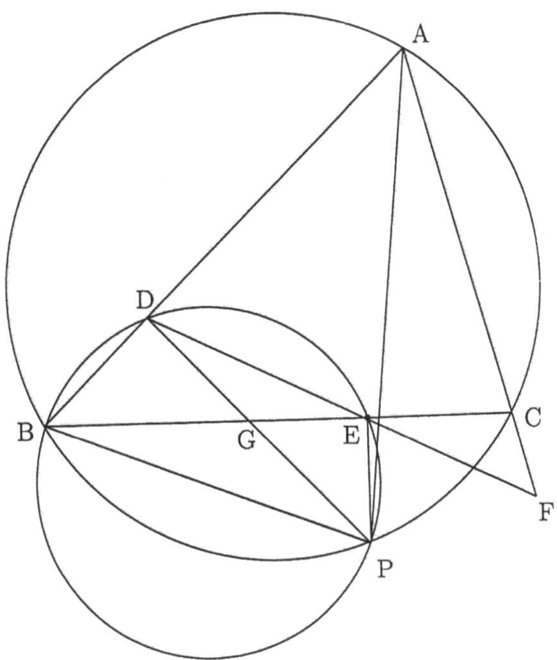

5 s, t, u は $s < t < u$ を満たす５以上の整数とする。1, 3, 4, s, t, u の６枚のカードが入っている箱がある。この箱から，カードを１枚取り出して数字を調べ，それを箱にもどしてから，また，カードを１枚取り出す。１回目に取り出したカードの数字を a，２回目に取り出したカードの数字を b とし，二次方程式

$$x^2 + ax + b = 0 \quad \cdots\cdots ①$$

が次の＜条件１＞を満たすとき，下の問いに答えなさい。

＜条件１＞二次方程式①の解の１つが $x = -3$ となる確率が $\frac{1}{12}$ である。

［１］ 次の文章内の ア に a を用いたもっとも適切な式を，イ ～ エ にもっとも適切な数を入れなさい。

①の解の１つが $x = -3$ のとき，

$b =$ ア ……②

と表すことができる。また，カードの出かたは全部で36通りあるが，＜条件１＞より①の解の１つが $x = -3$ となるカードの出かたは３通りしかない。②の式では，$a \leqq 4$ のときは $a > b$ となり，$a \geqq 5$ のときは $a < b$ となるから，①の解の１つが $x = -3$ となる a, b は次の３通りになる。

$(a,\ b) = (4,$ イ $),\ (s,\ t),\ (t,\ u)$

例えば，$s = 7$ の場合は $t =$ ウ ，$u =$ エ となる。

［２］ t, u を s を用いて表しなさい。

［３］ さらに，次の＜条件２＞も満たすとき，次のページの文章内の オ に a を用いたもっとも適切な式を，カ ～ サ にもっとも適切な数を入れなさい。

<条件２>二次方程式①の解の１つが $x=-10$ となる確率が $\frac{1}{36}$ である。

①の解の１つが $x=-10$のとき。

$b=$ オ ……③

と表すことができる。また，カードの出かたは全部で36通りあるが，<条件２>より①の解の１つが $x=-10$ となるカードの出かたは１通りしかない。③の式では，$a \leqq 11$ のときは $a>b$ となり，$a \geqq 12$ のときは $a<b$ となる。①の解の１つが $x=-10$ となる a，b が，$(a,\ b)=(s,\ t)$ の場合，[２]より $s=$ カ ，$t=$ キ ，$u=$ ク となり，$(a,\ b)=(s,\ u)$ の場合，[２] より $s=$ ケ ，$t=$ コ ，$u=$ サ となる。

【英　語】（60分）　＜満点：100点（推定）＞

1　次の文章やグラフを読んで設問に答えなさい。

（A）

How can money make people happy? In (1) one study, researchers gave people either $5 or $20 and told them to spend the money either on themselves or on others. People who spent the money on others felt happier than the people who spent the money on themselves. The amount of money did not matter. What mattered was what they did with it.

(2) Another study was made with young children. Researchers gave children under the age of 2 some crackers. The researchers pretended to find another cracker and asked the children to give it to a "hungry" stuffed animal. When the children did this, they felt happy. But when the children were asked to give one of their own crackers away to the stuffed animal and did this, they felt much happier.

［注］ pretend：振りをする

(i)　下線部(1)の実験結果として最も適切なものを①～④より１つ選び，番号で答えなさい。

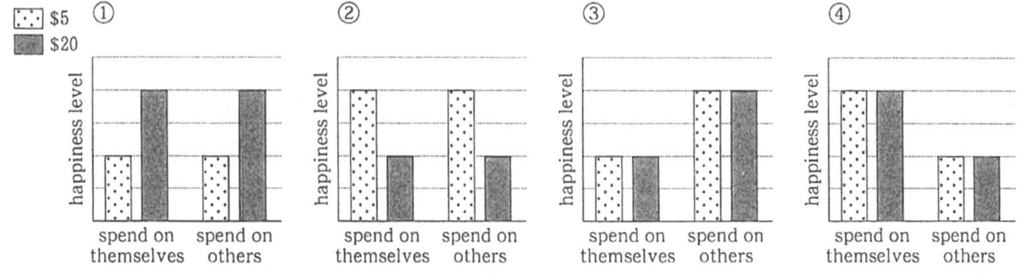

(ii)　次の文は，下線部(2)の実験結果を説明したものである。[　　] に入る最も適切なものを①～④より１つ選び，番号で答えなさい。

Even young children experienced happiness from giving to others. Their happiness level was especially high when they [　　].

① received their favorite crackers

② used their own resources to help others

③ gave something that belonged to others

④ asked for more crackers than they could eat

(B)

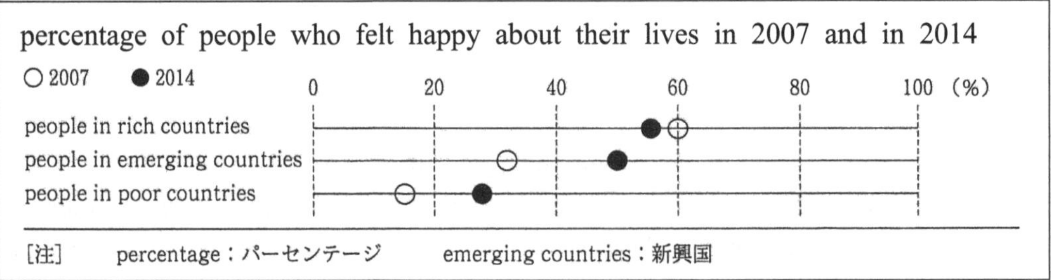

上のグラフの内容に合わないものを①～④より1つ選び，番号で答えなさい。

① More than half of the people in rich countries felt happy both in 2007 and in 2014.

② The percentage of people who felt happy was greater in 2014 than in 2007 in all three types of countries.

③ Emerging countries showed a higher percentage of people who felt happy in 2007 than poor countries showed in 2014.

④ When we compare three types of countries, the percentage of people who felt happy is the biggest in rich countries and the percentage of people who felt happy is the smallest in poor countries both in 2007 and in 2014.

2 次の文章を読んで設問に答えなさい。

A giant panda is a cute animal, but what is it? Because of their big round heads and bodies (ア) with fur, it's not surprising that giant pandas are a type of bear. But for a long time, scientists weren't sure that giant pandas were actually bears until they studied the giant panda's genetic code and found it closest to that of the bear.

Ailuropoda melanoleuca, the giant panda's name used by scientists, means "cat foot, black and white." Where did "cat foot" come from? Although the reason for (イ) the giant panda "cat foot" has been a mystery, the word "cat" is also in the Chinese name for the giant panda, da xiong mao, which means "giant bear cat." In fact, giant pandas' eyes, not their feet, are similar to those of cats. Both cats and giant pandas have vertical pupils, which are different in shape from humans' round pupils. Vertical pupils help animals that are active at night to see in the dark. Because giant pandas are active three times a day including late at night, their vertical pupils are helpful when they move around in the dark of night.

The English name "panda" comes from a word meaning "bamboo-eating animal." Bamboo is definitely giant pandas' favorite food, but do you know their main diet used to be the meat of an animal? Scientists think that their diet had to be changed because that animal died out. Giant pandas chose bamboo as their new food because (1)<u>竹を得るために他の動物と争う必要がないほど彼らの生息地は竹がとても</u>

豊富だった. Giant pandas have eaten bamboo for a long time, but they still have stomachs made for meat which can only digest about 10% of the bamboo they eat. Most adult giant pandas eat 15 to 20 kilograms of bamboo every day to survive.

New research suggests that the black and white fur all over giant pandas' bodies is probably a result of their eating habits. (2) Because the bamboo giant pandas eat doesn't give them enough energy to sleep through the winter, they have to be active to keep eating all year round. In order to do this, they have fur which makes their bodies match the environments in winter as well as in summer. Thanks to the black and white fur covering their bodies, giant pandas can hide and survive both in the snow and in the shade of the forests.

Giant pandas' ears and areas around their eyes are black for different reasons. Their black ears are useful to (ウ) enemies away. Animals which can harm giant pandas might run away when they see the black ears because many of the animals with black parts on their ears, such as tigers, are strong enough to scare them. Giant pandas' black areas around their eyes can also serve to tell other animals to stay away. When they stare down their enemies for the protection of their babies, their hairs around their eyes stand on end, and the enemies believe their eyes have become bigger. This makes giant pandas seem strong and angry enough to attack the enemies. The black areas surrounding their eyes also help them to remember each other because each circle is different in shape and size.

The loss of many bamboo forests put the giant panda on the list of endangered animals, but the population is slowly (エ) because of China's success in bringing back these forests. Giant pandas' popularity attracts a large amount of money to save them. That has made some people worried that (3) too much attention paid to the giant panda might lead to little care of other species in need, but this isn't true. In fact, the giant panda shares its habitat with many other endangered animals living in China. This makes the giant panda an "(4) umbrella species." All the efforts to protect the giant panda's habitat also help a lot of other species to survive.

［注］ fur：毛　genetic code：遺伝情報　vertical：縦長の　pupil：瞳　diet：食事
digest：消化する　stare down：にらむ　protection：保護　stand on end：逆立つ

問1 （ア）～（エ）を補う最も適切な語を次より1つずつ選び，文脈に合う形で答えなさい。ただし，同じ語を2度以上選ばないこと。

reduce,　listen,　keep,　show,　call,　increase,　cover

問2 下線部(1)を英語に直しなさい。ただし，"rich" を用いること。

問3 下線部(2)を日本語に直しなさい。

問4 下線部(3)を以下のように書きかえた場合，［A］，［B］を補う最も適切な8語の英語をそれぞれ答えなさい。

people might [A] because they [B]

問５　下線部(4)の意味として最も適切なものを①～④より１つ選び，番号で答えなさい。

① species whose protection brings the protection of giant pandas

② species whose protection is brought by the protection of giant pandas

③ species whose protection brings other species' protection

④ species whose protection is brought by other species' protection

問６　本文の内容に合っているものを①～⑥より２つ選び，番号で答えなさい。

① The bear has a closer genetic code to that of the giant panda than the cat has.

② The giant panda's name used by scientists means "cat foot, black and white" because they found giant pandas used to have feet which looked like those of cats.

③ Giant pandas as well as cats have pupils which are used to give various signs to others by changing shapes.

④ Most adult giant pandas can only digest about 15 to 20 kilograms of bamboo a day.

⑤ The black ears of giant pandas allow them to hide in the snow as well as in the shade of the forests.

⑥ The black ears around giant pandas' eyes help them not only to protect their babies from their enemies but also to remember each other.

[3] 次の会話文を読んで設問に答えなさい。

Emma: I heard you rode in a hot air balloon.

Kate: I couldn't wait to tell you! I visited my aunt in Albuquerque, New Mexico. A large international hot air balloon festival was held and my aunt took me for a ride! At first it was scary and I felt I left my stomach back on the ground. Then I began to relax.

Emma: What a great experience! How do hot air balloons work? I know they have a burner underneath the balloon. [A]

Kate: By using the burner to heat the air inside the balloon, that air becomes lighter than the cooler air on the outside. This makes the hot air balloon go up. If the air inside the balloon is cooled, it begins to slowly come down. For this reason, the pilot turns the burner on and off.

Emma: That reminds me of the sky lantern festival I enjoyed in Taiwan last February! Sky lanterns don't have pilots of course, but how they work is the same. Instead of burners, they use candles.

Kate: I have seen that festival on TV! Something was written on the sky lanterns. What was it?

Emma: We write our own wishes on the sky lanterns because [ア] to pass on our messages to gods. But it is said the first message on a sky lantern was written by a person asking for help.

Kate: Asking for help? [B]

Emma: Chuko Liang Kongming, a Chinese strategist in the 3rd century. Some people say he came up with an idea of sending up a sky lantern with a message into the sky when he was surrounded by enemies. Actually, sky lanterns are also known as Kongming lanterns, named after him. But other people explain (1) <u>the origin of the name</u> differently. They say the sky lantern looks like the hat Kongming often wore in his pictures.

Kate: [C]

Emma: You should. Sky lanterns were sent up into the night sky at the festival and I loved it. But that hot air balloon festival you went to also sounds impressive.

Kate: Yes, it was fantastic. (2)<u>何千人もの観光客が，700を超える熱気球が空をいっぱいにするのを見に世界中からやってきた。</u>

Emma: Sounds great! What do pilots do when they want to turn right or left?

Kate: [D] Usually they can just travel in the direction of the wind.

Emma: Then the wind is very important for hot air balloons.

Kate: That's right. And the winds in Albuquerque are almost perfect. They are blowing from the north at lower altitudes, but from the south at upper altitudes. This means hot air balloons can fly back to their starting point.

Emma: How interesting!

［注］ hot air balloon：熱気球　Albuquerque, New Mexico：ニューメキシコ州アルバカーキ市
burner：バーナー　underneath：～の下部に　sky lantern：天灯
Chuko Liang Kongming：諸葛亮（しょかつりょう）　strategist：軍師　direction：方向　altitude：高度

問 1 [A] ～ [D] を補うのに，最も適切なものを①～⑧より１つずつ選び，番号で答えなさい。ただし，同じ番号を２度以上選ばないこと。

① Actually they can't do much.　② These two are so similar!
③ But I'm not sure why.　④ How did they come across it?
⑤ They make full use of candles.　⑥ Tell me the name of the last person.
⑦ Do you know who wrote it?　⑧ I'll certainly check those out!

問 2 [ア] を補うのに最も適切なものを①～④より１つ選び，番号で答えなさい。

① they say　② we say　③ they are said　④ we are said

問 3 下線部(1)には２つの説がある。２つの説の内容を，それぞれ日本語で答えなさい。

問 4 下線部(2)を英語に直しなさい。ただし，「700」は英語でつづること。

問 5 次のページの図の中の矢印はアルバカーキ市における熱気球の動きを簡略化して示したものである。あとの(A) (B)に答えなさい。

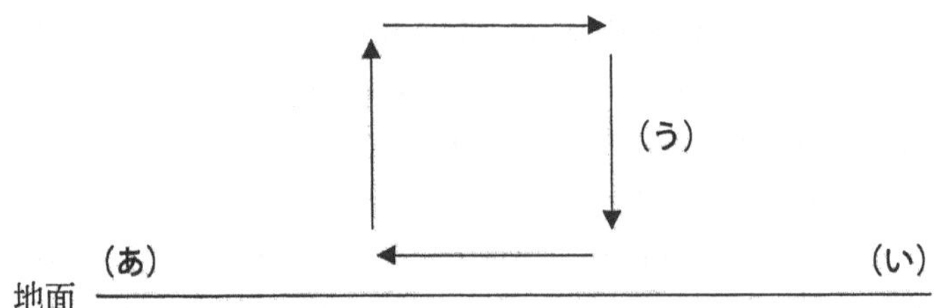

(A) (あ), (い) それぞれの方角を日本語で答えなさい。

(B) また, (う) の時点の事柄として最も適切なものを①～④より1つ選び, 番号で答えなさい。

① The burner is used to make the air inside the balloon lighter.

② The temperature of the air inside the balloon drops.

③ People write their own wishes for the success of the flight.

④ Pilots can just travel in the direction of the winds.

問6 次の質問に英語で答えなさい。ただし, 主語と動詞のある文の形で答えること。

1 When Kate felt scared in the hot air balloon, what image came to her mind?

2 At which part of the day did Emma see sky lanterns going up into the sky?

4 次の文章を読んで設問に答えなさい。

You're shopping, and you see two similar products. How do you decide which one to buy? You might think you make this decision by yourself—but (1) this isn't always the case. You don't believe it? Try this. What letters are (ア m—)?

APPLE TREE GRASS GR_____

What was the first word you thought of? Did you think of "green?" That's probably because we influenced your answer. The words "tree" and "grass" made you think of the color green, right? The color of the words influenced your decision. This is an example of how people are primed. Priming happens when exposure to one stimulus changes how people behave or think later. The point is that people don't know they are influenced by the stimulus.

Priming is using a stimulus like a word, image, sound or action. For example, research has found that we can prime someone to walk more [Ⅰ] "carefully" or "old." If a child sees a bag of candy next to a red bench, the child might begin looking for or thinking about candy when he or she sees a red bench the next time.

Probably everyone has the experience of buying more than we need at a supermarket. (2)ある調査によると, 私たちがスーパーマーケットで買ったものの3分の2が, もともとは買う予定のないものであった。 So why do we buy them? It is because we are primed to.

Have you ever [Ⅱ] the entrance of a supermarket? Well, it is because you will probably think (without even realizing it) about freshness when you see flowers. Flowers are beautiful, they smell nice, and many of them have bright colors — yes, flowers are fresh for us. If this is the first thing a person notices when he or she enters a supermarket, then he or she will be primed to think that every product at the supermarket is fresh and buy a lot. However, if that person always sees a garbage bag full of dirty things at the beginning of his or her shopping trip, (3) that person will be primed in an opposite way.

The use of color is also one type of priming. Did you ever notice that a lot of signs and packages use the color red? Research shows that red gives people warm feelings. We feel good about products connected with this color, so we want to buy them. Green, on the (イ o—) hand, makes products seem natural. Food companies often use green packages to make their food seem this way. Some studies have found that people often think of "health" when they see bright colors such as yellow and orange. As a result, people interested in healthy eating have a higher chance of noticing the product in packages in those colors.

There was an interesting experiment done in a supermarket. For two weeks, French and German music was played on alternate days and they recorded how much French wine and German wine were sold. As you can probably guess now, more French wine was sold on the French music days and more German wine was sold on the German music days. People who bought wine were asked to fill out (4) a simple survey before they left the supermarket. The results of the survey showed that they didn't notice the effects of music on their product choices. The music had a big effect on what people bought, but people didn't know it!

Priming is everywhere. When you go shopping next, you should consider the sights and sounds around you, and what they really mean.

［注］ exposure：接触すること　stimulus：刺激　freshness：新鮮さ　package：包装紙
alternate days：一日おき　consider：よく考える

問１　下線部(1)を日本語に直しなさい。ただし，"this"の具体的な内容を明らかにすること。

問２（ア），（イ）にそれぞれ最も適切な１語を補いなさい。ただし，指定された文字で書き始めること。

問３［Ⅰ］，［Ⅱ］を補うように，次の語句を並べかえなさい。

［Ⅰ］に用いる語句：like, by, slowly, them, having, words, read

［Ⅱ］に用いる語句：flowers, located, wondered, are always, why, at

問４　下線部(2)を英語に直しなさい。ただし，「３分の２」は英語でつづること。

問５　下線部(3)に予測されることとして最も適切なものを①～④より１つ選び，番号で答えなさい。

①　購買意欲が高まる　　②　店頭のゴミ袋を片付ける

③　入店直後に花を選ぶ　　④　商品が新鮮ではないと感じる

問６　下線部(4)の具体的な質問内容として最も適切なものを①～④より１つ選び，番号で答えなさい。

①　Did you notice that both French wine and German wine were sold today?

② Did you notice that either French music or German music was played today?
③ Did you notice that we recorded how much French wine and German wine were sold today?
④ Did you notice that French wine and German wine influenced your choice of French music and German music today?

5 Which news in Japan or foreign countries are you interested in most now? Explain the news and tell us your opinion of it. Write in English and use about 50 words. Please write the number of words in the space (words) on the answer sheet.

束しているんですよ、とこんな調子です。トクヴィルは自身、最初に聞いたときは冗談だと思ったそうです。エゴイズムに陥りがちな個人主義を、人々が手をつなぎあい「アソシエーション」をつくることで3コクフクしている、というのはアメリカにおける最大の発見とみなしています。

個人主義は、近代市民社会の悪い面だと考えられていた。近代以前は、人々は地縁や血縁、あるいは身分制度などでつながり合っていたが、近代では個人主義になったがために人々はお互いのつながりを失って、ばらばらになってしまった。一人ひとりが自然の状態でほったらかしにされている。そういうものの上にたつのが民主主義だとトクヴィルは考えます。これはある意味、近代社会のひとつの4ビョウヘイみたいなものを抉(えぐ)り出していると言えるでしょう。

独立した市民は同時に無力で、一人ではほとんど何をなす力もない。誰一人として仲間を強制して自分に協力させることはできそうにない。だからこそ、無力に陥らないため助け合う方法を考え、アメリカでは結社をつくりだしたのです。

自己決定というのは抜きがたくその個人主義と結びついています。ある人の人生はその人のものだというのは当然のことですが、そして、個人主義では、それでおしまいですが、果たして本当にそうか。アメリカの「結社主義」は、その問いにC一つの答えを出しているのかもしれない。そしてそうだとすると、一人の人間の生涯（死も含めた）は、決してその人だけのものではない、という発想が生まれるようにも思われます。死は自分だけのものではなく、自分を取り巻く様々な共同体に深く関わっている。そういう解釈も可能になります。

（村上陽一郎『死ねない時代の哲学』より）

問一　波線部1～4のカタカナを漢字で書きなさい。

問二　ア・イに最もよくあてはまる接続語を次の中から選び、番号で答えなさい。

1　そして　2　しかし　3　また
4　つまり　5　さらに

問三　X に最もよくあてはまる語を次の中から選び、番号で答えなさい。

1　基本　2　常識　3　本質　4　客観　5　自発

問四　傍線部Aについて、これはなぜですか、説明しなさい。

問五　傍線部Bについて、どのような問題に対応していますか、二点説明しなさい。ただし、「問題」という言葉で終わるように書くこと。

問六　傍線部Cについて、「一つの答え」とは何ですか、「自己決定」という言葉を含めて説明しなさい。

いた『アメリカのデモクラシー』という本があります。彼がアメリカへ行ったのは一八三〇年代の初めで、ちょうど〈individualism〉（個人主義）という言葉が出てきた頃でした。

〈democracy〉の〈demos〉は「大衆」という意味で、〈cracy〉は「統治」です。〈aristocracy〉といえば「貴族統治」という意味ですから、〈democracy〉も、統治形態の一つで、本来は「民主主義」ではなく「民主統治」「民主政」と訳すべきものです。

トクヴィルは名前からもわかるようにもともと貴族の出身で、彼の考え方からすれば、大衆が支配する統治システムというのは、本来、好ましくないものだったのでしょうし、実際、問題のアメリカでも、国を形づくる幾つかの歴史的な基本文書では、「デモクラシー」という言葉を使うことは避けられていました。「市民による政治」、あるいは「市民の統治」、あるいは「共和制」というような言葉が使われました。［ア］当時の常識としては、基本的に「デモクラシー」という言葉は、負のニュアンスでしか使用されていなかったことが判（わか）ります。

［イ］、トクヴィルが実見した時代のアメリカでは、どうやら、この欠点だらけの「デモクラシー」なるものを、新しい方法でうまく使いこなしているようだ。トクヴィルはアメリカを旅行して、そのように感じたのでした。

この新しい民主政を目の当たりにしたトクヴィルは、驚きを持ってそれをヨーロッパの読者に紹介しようとするのです。トクヴィルは、「デモクラシー」なるものの本質に〈individualism〉があると書いています。個人主義は、利己主義とは違うが、自分を大事にするという点において、最後にはエゴイズムに陥る。それゆえ、人間の意識は内向きに働き、パブリックな問題に対してはうまく機能しなくなりかねない。それが、当時の「個人主義」に対する了解でした。念のために書きますが〈individualism〉の語源は「不可分割主義」で、ギリシャ語由来の「アトミズム」〈atomism〉と意味上は全く同じです。社会をそれ以上分割できない単位（つまり個人）にまで[1]カンゲンする立場、と考えてよいでしょう。それで、デモクラシーも社会のなかの「大衆」（単なる個人の集合）を前提としている。だから、デモクラシーと個人主義とは[2]イッカツして負の価値を負わされる、それが一九世紀初頭のヨーロッパの普遍的解釈だったのです。

ではアメリカ人がどういう工夫でそれを救っているかというと、あらゆることについて[B]〈association〉（結社）をつくることで対応している、とトクヴィルは書いています。

結社とは、社会の個人が、［X］的に他者と手を結んで、自分たちの目的を達するために造り上げるコミュニティです。巨大なものもちっぽけなものもあり、まじめなものもふざけたものもあります。お祭りを実施するため、神学校を創設するため、旅籠（はたご）の建設のため、教会を建立（こんりゅう）するため、書物を頒布（はんぷ）するため、僻遠（へきえん）の地に宣教師を派遣するため、およそ新しい事業を起こそうとするとき、アメリカでは必ず結社がつくられる。病院や刑務所や学校も、結社によってつくられるのです。新たな事業の先頭に立つのはフランスなら政府、イギリスなら大領主ですが、アメリカではどんな場合にもそこに結社の姿が見出される、とトクヴィルは賞賛します。

禁酒の「アソシエーション」について、あなた信じられますか？　合衆国では十万単位の人々が、仲間を造って、強い酒を飲まないと公に約

問七　傍線部Dのように書かれているのはなぜですか、説明しなさい。

問八　本文中の══の部分を、例にならって品詞分解し、それぞれの品詞名を答えなさい。ただし、活用のあるものは文中での活用形も答えなさい。

(例)	これ	は	今年	の	試験問題	です
	名詞	助詞	名詞	助詞	名詞	助動詞 終止形

二　次の文章を読んで、あとの設問に答えなさい。

俳句はA非常に翻訳しにくいものです。まず、〝てをは〟の活用の問題があります。〝この道は〟と〝この道や〟がどう違うか、なかなか説明できません。B慣れている人や俳人にとっては、〝この道は〟と〝この道や〟はずいぶん違うのです。

それから芭蕉が唱えたことですが、俳句の場合、取り替えのできない言葉を用いなければならない。もし、ほかの似たような意味の言葉に取り替えられるなら本物の俳句ではないのです。『去来抄』に有名な話があります。芭蕉の

行く春を近江の人と惜しみける

という句に対し、当時軋轢を生じていた門人の尚白は、C〝近江〟は〝丹波〟に、〝行く春〟は〝行く歳〟にも取り替えられると非難したということです。これに対して、同じ門人の去来は「D尚白が難あたらず。湖水朦朧として春をおしむに*便有べし」と反論し、芭蕉も「古人も此国に春を愛する事、*おさ〳〵都におとらざる物を」と応じています。このことから、俳句がいかに、取り替えることのできない絶対的な表現でなければならなかったかがわかります。

（ドナルド・キーン『日本文学を読む・日本の面影』より）

*便…ゆかり。　*おさ〳〵…けっして。

問一　傍線部Aについて、これはなぜですか、説明しなさい。

問二　傍線部Bについて、俳句において〝この道は〟と〝この道や〟はどのように違いますか、説明しなさい。

問三　傍線部Cについて、尚白がこのように発言したのはなぜですか、説明しなさい。

問四　傍線部Dについて、去来がこのように発言したのはなぜですか、場所を含めて説明しなさい。

問五　次の文は、『おくのほそ道』の冒頭です。［X］・［Y］に最もよくあてはまる語を漢字で記しなさい。

月日は百代の［X］にして、行きかふ年もまた［Y］なり。

三　次の文章を読んで、あとの設問に答えなさい。

日本には、個人主義が確立していないとよく言われます。集団主義で同調圧力に負けてしまう。違う意見を持っていても、集団が決めたことにはおとなしく従う、と。

この個人主義と訳される〈individualism〉という英語は、一九世紀初めころ造語された当初は、負の意味で使われていました。そして実は、遥かに古くから存在した「デモクラシー」も、A永く負の価値を負わされてきたと言えます。

フランス人のアレクシ・ド・トクヴィル（一八〇五～一八五九）が書

内心負けることを恐れていた首相はほっと胸を撫でおろした。そして王はほんとうに戯れのつもりなのかもしれないと考えた。

一対一の戦の当日は Y にみるほどの快晴で国境をなす河に架かる橋の上で国を代表するふたりはまみえた。橋の王国側には巨きな人波が見えた。共和国側も同様だった。

共和国を代表する詩人は文学院の要職にある銀の髪の紳士だった。詩人は世界中のそして古今のあらゆる詩に通じていた。王国を代表する人物は小柄で赤ら顔の婦人だった、銀髪の詩人は婦人の身なりが粗末であることを看てとり、侮辱されたように思った。

怒りにまかせ、共和国の詩人は半神のごとき＊御稜威をもって虚空から十九の言葉をもぎとり、脚韻の装飾をほどこして婦人に投げつけた。

詩人の言葉の美しさに橋の両側に押し寄せた人々は驚嘆し、王国側は負けを覚悟した。勝ち負けは形としては後世にゆだねられていたが、大勢の者が瞬時に分明になると考えていた。

戦はそれで終わったと共和国の詩人は考えた。赤ら顔で肉の厚い婦人はいま怯え、震えているではないか。

共和国の詩人の考えは間違っていた。婦人はゆっくりと顔をあげて、看るとその顔には笑みがあった。震えているのではなく笑っていたのだった。詩人はなぜ笑うのかと婦人に尋ねた。

存分に力を振るえるのが嬉しいのです。Bあなたさまの言葉にはわたしの言葉に耐える強さがあります。

その言葉を聞いて詩人は激怒した。なんという思いあがり。

荒い布のスカートを穿いた太り肉の婦人は口を開いてひとつの文を口にした。それは嵐が映る鏡であり口のように見える獣であり果実のなかの夜だった。婦人はさらに短い文を幾つかゆっくりと唇から解き放った。

Cその語を耳にして、山の端にかかる雲は形を変じ、老いた石は嗚咽をもらした。

王国の婦人は黄魚街の洗濯女ではないかと後に噂された。戦に臨んだふたりが語った言葉は王の約束通り一冊の書物となった。その書物はどこの図書館でも簡単に読むことができる。ふたりのどちらが優れた詩人だったのか、王の国と首相の国いずれが勝ったのか、D判断するのは貴方である。

（西崎憲『未知の鳥類がやってくるまで』より）

＊俚諺…民間に言い伝えられてきたことわざ。

＊はつかに…わずかに。

＊御稜威…神がかった強い力。

問一 波線部1～6のカタカナを漢字で、漢字の読みをひらがなで書きなさい。

問二 X ・ Y に最もよくあてはまる語をひらがな二字で記しなさい。

問三 ア に最もよくあてはまる語を次のひらがなから選び、漢字で答えなさい。

せいじつ　　ぼんよう　　せんさい　　けんめい　　しょうじき

問四 傍線部Aとなったのは、なぜですか、説明しなさい。

問五 傍線部Bの言葉から、婦人の心情を説明しなさい。

問六 傍線部Cについて、この一文が表現していることは何ですか、説明しなさい。

【国 語】（六〇分）〈満点：一〇〇点推定〉

一 次の文章を読んで、あとの設問に答えなさい。

ふたつのその小さな国は隣りあっていた。東側の国には王が君臨し、西の国には共和制が敷かれていた。ふたつの国は遥か昔はひとつの国だった。だから同じ言葉を話した。そして両国のあいだで俗にことわざ戦争と呼ばれる争いがあったことは汎く知られている。

ことわざ戦争という名の通り、争いのきっかけはことわざだった。王制の国には昔から「河に降る雨」という*俚諺があって、それは役立たずあるいは能無しという意味であるのだが、共和国の首相が私的な場で王をその語をもって形容したのである。悪口というものは足が速い。そのことは翌々日の午後には王の臣下たちの知るところとなっていた。もちろん臣下の怒るまいことか。

王国の文化を統べる臣下が三日後に共和国に1赴き、首相に面会を求め、おもむろに2イカンの意を伝えた。

首相は失言を後悔していたが謝るのも業腹だったので、言い逃れることにした。つまり我が国では「河に降る雨」という俚諺は人を貶める言葉ではない、と X を切ったのである。

臣下の怒りは沸騰したが、冷静を装い、尋ねた。ではお国において、それはいかなる意味を有せるや、と。

首相は*はつかに言葉に窮したが、ひとたび口を開くと弁舌さわやかに以下の言辞を3弄した。

河に降る雨は幸運な運命に際会した者という意味である。なんとなれば雨も水であり、河も水である。同族に混じったわけであるから雨は幸せであろう。

小賢しいことをとA臣下の腹立ちはいっそう深くなったが、おのが4サイチでは首相に太刀打ちすることは難しいと看た。

御身の言葉を王にしかと伝えます、とだけ云い、臣下は王国に戻った。

臣下は言葉通り、隣国の首相の言を一字一句違えず、王の前で繰りかえした。

王は怒りを表さなかった。単純に怒るにはあまりにも ア であったのだ。少時黙し、ややあって口を開いた。

隣国の首相はずいぶんと言葉を操る才に長けているようだ、考えてみれば隣国は詩において名高い国、そしてわが国もまたそれにいささかも劣るところはない詩の国である。どうだろう、隣国と我が国とで5戯れに詩の戦をするのは。

王はさらに語を継いだ。

それぞれひとりずつ詩人を出して競わせるのだ、なかなか優雅ではないか。

王の提案は隣国の首相に伝えられた。その際、戯れに、という言葉も添えられていたが、むろんそれは表向きのことだった。首相は国の威信をかけた勝負を挑まれたことを理解し即座に受けてたつと決めた。

かくしてことわざからはじまった諍いは詩の戦と変じた。

王は詩人同士の一騎打ちを提案し、首相も肯んじたが、問題は勝ち負けをどうやって決めるかだった。誰が審判を務めるのか。

その問題も王が解決した、勝ち負けを時に6ユダねたのである。つまり一騎打ちを一冊の書物にして優劣を後世の者の判断に任せることにしたのだ。

【作　文】（六〇分）

生命科学技術の発達により、絶滅した動物を復活させる「ディ・エクスティンクション（逆絶滅）」とよばれる研究が進められています。

例えば、絶滅したマンモスを復活させるために、核を取り除いたゾウの卵（らん）に、永久凍土から発見されたマンモスの細胞の核を注入する試みが行われています。

絶滅した動物を人工的に復活させることについて、あなたの考えを六〇〇字以内でまとめなさい。

2021年度

解 答 と 解 説

《2021年度の配点は解答欄に掲載してあります。》

＜数学解答＞ 《学校からの正答の発表はありません。》

1 [1] $xy=1000y-7800$ [2] $x=350$, $y=12$

2 [1] $B(2,\ 4\sqrt{3})$ [2] $y=-\frac{\sqrt{3}}{3}x-\frac{22\sqrt{3}}{3}$ [3] $S=108\sqrt{3}$ [4] $r=6$

3 [1] $x=2$ [2] $V=\frac{16}{15}$ [3] $PR=\frac{8\sqrt{5}}{5}$ [4] $h=\frac{\sqrt{6}}{3}$

4 [1] $\angle BDP=90°$ $\angle DPE=30°$ [2] $GD=4$ [3] $BE=9$, $BP=2\sqrt{21}$

[4] イ，ウ [5] $AP=6\sqrt{2}$, $AF=\frac{9\sqrt{42}}{7}$

5 [1] ア…$3a-9$，イ…3，ウ…12，エ…27 [2] $t=3s-9$, $u=9s-36$

[3] オ…$10a-100$，カ…13，キ…30，ク…81，ケ…64，コ…183，サ…540

○推定配点○

1 [1] 4点 [2] 8点 2 [1]，[2] 各4点×2 [3] 6点 [4] 8点

3 [1]，[2] 各4点×2 [3] 6点 [4] 8点 4 [1] 各2点×2 [2] 4点

[3] 各2点×2 [4] 各2点×2 [5] 各3点×2 5 各2点×11 計100点

＜数学解説＞

1 （方程式の応用―値段と個数）

[1] 1日目には1個$(x-100)$円でy個買ったのだから，支払った金額は$(x-100)y$円…① 2日目はx円の4割引きで買ったのだから，1個$0.6x$円で買ったことになる。また，個数は1日目の1.5倍の$1.5y$個買ったから，支払った金額は，$0.6x\times1.5y=0.9xy$(円)…② 2日目に1日目より780円多く支払ったから，①＋780＝② $(x-100)y+780=0.9xy$ $0.1xy=100y-780$ よって，$xy=1000y-7800$…③

[2] 2日間に使ったお金は，①＋②＝$(x-100)y+0.9xy=1.9xy-100x$(円) これが$x$円で$2.5y$個買うよりも3720円少なかったのだから，$1.9xy-100y=2.5xy-3720$ $-0.6xy-100y=-3720$ この式に③を代入すると，$-0.6(1000y-7800)-100y=-3720$ $-700y=-8400$ $y=12$ ③に代入すると，$12x=12000-7800=4200$ $x=350$

2 （関数・グラフと図形―放物線，直線，座標，直線の式，面積，外接円の中心，三平方の定理）

[1] 直線と放物線$y=\sqrt{3}x^2$の交点のx座標は，方程式$\sqrt{3}x^2=\frac{\sqrt{3}}{3}x+\frac{10\sqrt{3}}{3}$の解である。両辺を$\sqrt{3}$でわって整理すると，$x^2=\frac{1}{3}x+\frac{10}{3}$ $3x^2-x-10=0$ 左辺は因数分解できるので，$(3x+5)(x-2)=0$ x座標が大きい方がBだから，$x=2$ $y=\sqrt{3}\times2^2=4\sqrt{3}$ よって，$B(2,\ 4\sqrt{3})$

[2] 点Cのx座標は2だから，$y=-2\sqrt{3}x^2$に$x=2$を代入して$y=-8\sqrt{3}$ $C(2,\ -8\sqrt{3})$ $y=\frac{\sqrt{3}}{3}x+\frac{10\sqrt{3}}{3}$に$x=-16$を代入すると$y=-2\sqrt{3}$だから，$A(-16,\ -2\sqrt{3})$ 直線ACの傾きは，

$\dfrac{-8\sqrt{3}-(-2\sqrt{3})}{2-(-16)}=-\dfrac{\sqrt{3}}{3}x$　$y=-\dfrac{\sqrt{3}}{3}x+b$とおいて，$(2,\ -8\sqrt{3})$を代入すると，$-8\sqrt{3}=-\dfrac{2\sqrt{3}}{3}+b$　$b=-\dfrac{22\sqrt{3}}{3}$　よって，直線ACの式は，$y=-\dfrac{\sqrt{3}}{3}x-\dfrac{22\sqrt{3}}{3}$

[3]　点AからBCに垂線AMを引くと，$M(2,\ -2\sqrt{3})$　$AM=2-(-16)=18$　$BC=4\sqrt{3}-(-8\sqrt{3})=12\sqrt{3}$　$S=\triangle ABC=\dfrac{1}{2}\times 12\sqrt{3}\times 18=108\sqrt{3}$

重要 [4]　$BM=CM=4\sqrt{3}-(-2\sqrt{3})=-2\sqrt{3}-(-8\sqrt{3})=6\sqrt{3}$なので，AMは線分BCの垂直二等分線であり，△ABMと△ACMは合同な直角三角形である。また，$AM:BM=18:6\sqrt{3}=3:\sqrt{3}=\sqrt{3}:1$　よって，△ABMは内角の大きさが30°，60°，90°の直角三角形であり，△ABCは正三角形となる。正三角形では内接円の中心は重心と一致し，重心は中線(頂点と向かい合う辺の中点を結ぶ線分)を2：1に分けるから，重心をGとすると，AG：GM＝2：1　GMが△ABCに内接する円の半径になるから，$r=18\times\dfrac{1}{3}=6$

＋α **3**　**(空間図形―辺上を動く点，三角錐，体積，三平方の定理，頂点から辺に引いた垂線の長さ)**

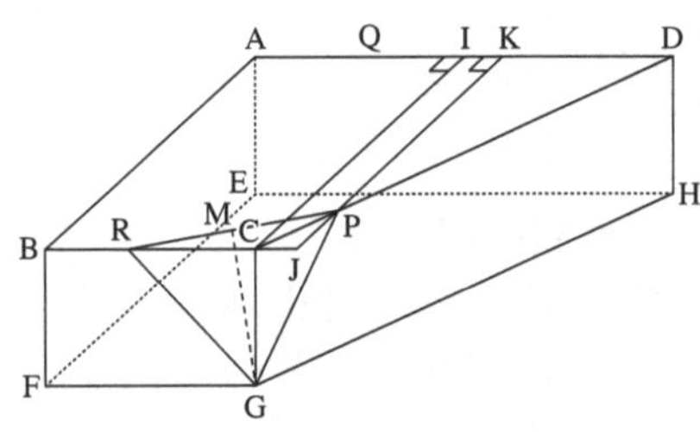

重要 [1]　点CからADに垂線CIを引く。また，点Pから直線BC，ADにそれぞれ垂線PJ，PKを引くと，CI//JKで錯角が等しいから△CPJ∽△DPK∽△DCIとなる。DC＝5，CI＝4，DI＝6－3＝3なので，CP＝xのとき，$PJ=\dfrac{4}{5}x$，$PK=\dfrac{4}{5}(5-x)$　三角錐CGPRと三角錐DHPQは△CPRと△DPQを底面とみたときの高さが等しいから，底面の比が体積の比となる。よって，$\dfrac{1}{2}\times 2\times\dfrac{4}{5}x:\dfrac{1}{2}\times(6-x)\times\dfrac{4}{5}(5-x)=\dfrac{8}{5}x:\dfrac{4}{5}(6-x)(5-x)=2x:(6-x)(5-x)=1:3$　$x^2-11x+30=6x$　$x^2-17x+30=0$　$(x-2)(x-15)=0$　$x<5$なので，$x=2$

基本 [2]　$\triangle CPR=\dfrac{1}{2}\times CR\times PJ$だから，$\dfrac{1}{2}\times 2\times\left(\dfrac{4}{5}\times 2\right)=\dfrac{8}{5}$　よって，三角錐CGPRの体積Vは$\dfrac{1}{3}\times\dfrac{8}{5}\times 2=\dfrac{16}{15}$

基本 [3]　$CJ=\dfrac{3}{5}CP=\dfrac{6}{5}$だから，$RJ=2+\dfrac{6}{5}=\dfrac{16}{5}$　△PRJで三平方の定理を用いると，$PR^2=PJ^2+RJ^2=\left(\dfrac{8}{5}\right)^2+\left(\dfrac{16}{5}\right)^2=\left(\dfrac{8}{5}\right)^2\times(1^2+2^2)=\left(\dfrac{8}{5}\right)^2\times 5$　よって，$PR=\dfrac{8\sqrt{5}}{5}$

重要 [4]　△CRG，△CPGはともに等辺が2の直角二等辺三角形だから，$RG=PG=2\sqrt{2}$　よって，△GPRは二等辺三角形となるから，GからPRに垂線GMを引くとMはPRの中点である。△GMPで三平方の定理を用いると，$GM^2=GP^2-PM^2=8-\dfrac{16}{5}=\dfrac{24}{5}$　$GM=\dfrac{2\sqrt{6}}{\sqrt{5}}$　よって，三角錐CGPRの体積を△GPRを底面として表すと，$\dfrac{1}{3}\times\left(\dfrac{1}{2}\times\dfrac{8\sqrt{5}}{5}\times\dfrac{2\sqrt{6}}{\sqrt{5}}\right)\times h=\dfrac{8\sqrt{6}}{15}h$となる。よって，$\dfrac{8\sqrt{6}}{15}h=\dfrac{16}{15}$から，$h=\dfrac{16}{8\sqrt{6}}=\dfrac{\sqrt{6}}{3}$

4　**(平面図形―円の性質，角度，長さ，相似)**

基本 [1]　∠BDPはBPを直径とする円の直径に対する円周角なので，∠BDP＝90°　弧DEに対する円周角なので，∠DPE＝∠DBC＝30°

[2]　∠BEPは直径BPに対する円周角なので90°であり，∠DPE＝30°だから，△PGEは内角の大き

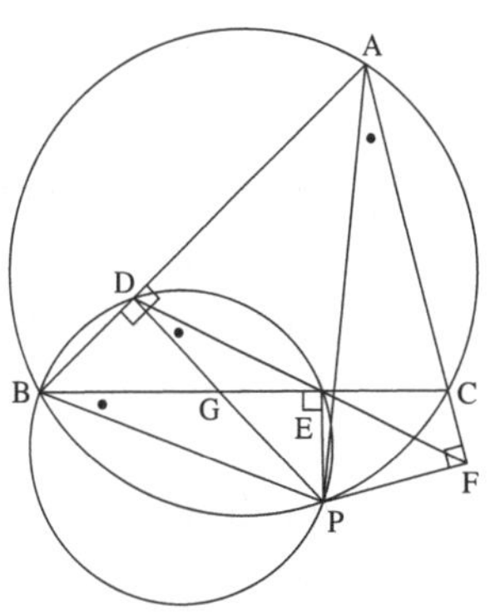

さが30°，60°，90°の直角三角形である。よって，PG：GE：PE＝2：1：$\sqrt{3}$　PE＝$\sqrt{3}$なので，PG＝2　したがって，GD＝6－2＝4

[3]　△GDBと△GEPは2組の角がそれぞれ等しいので相似である。よって，GD：GE＝GB：GP　4：1＝GB：2から，GB＝8　BE＝9となり，△BPEで三平方の定理を用いると，$BP^2=BE^2+PE^2=84$　よって，BP＝$2\sqrt{21}$

[4]　弧PCに対する円周角なので，∠CBP＝∠CAP＝∠ACP　また，弧PEに対する円周角なので，∠PBE＝∠PDEだから，∠CBP＝∠PDF　よって，(イ)，(ウ)

やや難 [5]　∠BAP＝∠DAP＝45°　∠BDP＝90°だから，∠ADP＝90°　よって，△ADPは直角二等辺三角形なので，PD：AP＝1：$\sqrt{2}$　したがって，AP＝$6\sqrt{2}$　ところで，∠PAF＝∠PDF　線分PFを引くと，直線PFと同じ側にあって線分PFを見込む角が等しいから，4点A，D，P，Fは同じ円の円周上にある。∠ADP＝90°なのでAPはその円の直径であり，∠AFP＝90°　△AFPと△BEPにおいて，∠AFP＝∠AEP，∠PAF＝∠PBE　2組の角がそれぞれ等しいので，△AFP∽△BEP　AF：BE＝AP：BP　AF：9＝$6\sqrt{2}$：$2\sqrt{21}$　AF＝$\frac{9\times6\sqrt{2}}{2\sqrt{21}}=\frac{9\times6\sqrt{2}\times\sqrt{21}}{2\times21}=\frac{9\sqrt{42}}{7}$

5 (方程式と場合の数・確率―カードの取り出し，方程式の解，説明)

重要 [1]　$x^2+ax+b=0$…①の解の1つが$x=-3$のとき，①に$x=-3$を代入して，$9-3a+b=0$…②　よって，$b=3a-9$…②　6枚のカードから1枚を取り出して，それを戻してからまた1枚を取り出す取り出し方は$6^2=36$(通り)あり，〈条件1〉で解の1つが$x=-3$となる確率が$\frac{1}{12}$となっているので，$\frac{1}{12}=\frac{3}{36}$から$(a,\ b)$の組は3組ある。$b\geqq1$なので，②から，$a\leqq3$ということはない。$a=4$のときは$b=3$である。$a\geqq5$のときは$b>a$であるので，$(s,\ t)$，$(t,\ u)$　例えば，$s=7$のときは，$t=3\times7-9=12$，$u=3\times12-9=27$　ア…$3a-9$　イ…3　ウ…12　エ…27

[2]　$(a,\ b)=(s,\ t)$から，$t=3s-9$　$(a,\ b)=(t,\ u)$から，$u=3t-9$　この式に$t=3s-9$を代入すると，$u=3(3s-9)-9=9s-36$

やや難 [3]　$x^2+ax+b=0$…①の解の1つが$x=-10$のとき，①に$x=-10$を代入して，$100-10a=b$　$b=10a-100$…③　〈条件2〉で解の1つが$x=-10$となる確率が$\frac{1}{36}$となっているので，この解の出方は1通りしかない。また，$b\geqq1$なので，$a\geqq11$である。$(a,\ b)=(s,\ t)$のとき，$t=10s-100$　これを[2]の$t=3s-9$と連立させて，$10s-100=3s-9$　$7s=91$　$s=13$　よって，$t=10\times13-100=30$，$u=9\times13-36=81$　$(a,\ b)=(s,\ u)$のとき，$u=10s-100$　これを[2]の$u=9s-36$と連立させて，$10s-100=9s-36$　$s=64$　$t=3\times64-9=183$，$u=10\times64-100=540$　オ…$10a-100$　カ…13　キ…30　ク…81　ケ…64　コ…183　サ…540

★ワンポイントアドバイス★

1は，xyの値をそのまま代入する手順がある。2は$\sqrt{3}$という数値から辺の比が2：1：$\sqrt{3}$の直角三角形が思い浮かぶ。3は辺も比が3：4：5の直角三角形を利用する。4は与えられた図が正確なものではないことに注意。5は$x=-3$の解を持つ場合が3通り，$x=-10$の解を持つ場合が1通りになる方程式が作れる数値を求める。

＋α は弊社HP商品詳細ページ(トビラのQRコードからアクセス可)参照。

＜英語解答＞《学校からの正答の発表はありません。》

1 (A) (i) ③ (ii) ② (B) ②

2 問1 (ア) covered (イ) calling (ウ) keep (エ) increasing
問2 Their habitat was so rich in bamboos that they didn't have to compete with other animals for them. 問3 ジャイアントパンダは竹を食べるだけでは冬中寝ていられるのに十分なエネルギーが得られないので，1年中食べ続けられるよう活動的でいなくてはならない。 問4 (A) take little care of other species in need (B) pay too much attention to the giant panda 問5 ③ 問6 ①，⑥

3 問1 A ③ B ⑦ C ⑧ D ① 問2 ③ 問3 諸葛孔明が敵に囲まれた時に助けを求めるメッセージを天灯に書いて空に上げたため，孔明灯と呼ばれる。／天灯は諸葛孔明が身に着けていた帽子に似ているため，孔明灯と呼ばれる。 問4 Thousands of tourists came from all over the world to see more than seven hundred hot air balloons fill the sky. 問5 (A) (あ) 南 (い) 北 (B) ② 問6 1 She felt she left her stomach back on the ground. 2 She saw them at night.

4 問1 自分自身で自分の買うものを選ぶということは，必ずしも真実ではない。
問2 (ア) missing (イ) other 問3 [Ⅰ] slowly by having them read words like [Ⅱ] wondered why flowers are always located at 問4 According to a research, two thirds of what we bought at a supermarket were the things we were originally not going to buy. 問5 ④ 問6 ②

5 (例) Since COVID-19 became a grobal pandemic in March 2020, our lives have been changed in many ways. I think it is very important for us to follow some basic rules such as to keep a distance from each other, to avoid busy places and to wear a mask in order to bring our lives back to normal.(57 words)

○推定配点○

1 各3点×3 2 問1 各2点×4 他 各3点×7 3 問1・問2・問5 各2点×8 他 各3点×5 4 問2・問5 各2点×3 他 各3点×5 5 10点 計100点

＜英語解説＞

1 (長文読解問題・資料読解：内容吟味)

(A) (全訳) お金は人をどうやって幸せにすることができるのか？ (1)ある実験で，研究者たちは人々に5ドルまたは20ドルを渡し，そのお金を自分のため，または他者のために使うように言った。他者のためにお金を使った人々は，自分のためにお金を使った人々よりも幸せに感じた。金額は重要ではなかった。重要だったのはそのお金で何をしたかだった。

(2)別の実験が幼い子供たちに対して行われた。研究者たちは2歳未満の子供たちにクラッカーを何枚か渡した。研究者たちはもう1枚クラッカーを見つけたふりをして，子供たちにそのクラッカーを「はらぺこの」ぬいぐるみにあげるよう頼んだ。子供たちはこうすると幸せに感じた。しかし子供たちが自分のクラッカーのうちの1枚をぬいぐるみにあげるように言われてそうすると，さらに幸せに感じた。

(i) 金額に関係なく，他者のためにお金を使う(spend on others)のほうが幸福度(happiness level)が高い，という結果を表しているのは③のグラフ。

やや難 (ii) ②「幼い子供でさえも他者に与えることで喜びを経験する。彼らの幸福度は，他者を助けるために自分の資産を使った時に特に高かった」 use their own resources「自分自身の資産を使う」とはここでは自分のクッキーをあげることを示している。

（B） グラフは「2007年および2014年における，自分の生活に満足している人の割合」を示している。

①「先進国の人々の過半数が2007年，2014年とも幸せだと感じている」（○） ②「3種類の国の全てで，幸せだと感じている人の割合は2014年のほうが2007年より多い」（×） グラフより people in rich countries「先進国の人々」は2007年のほうが2014年よりも数値が高い。 ③「新興国の人々は2007年に幸せと感じた人の割合が貧困国が2014年に示した割合よりも高かった」（○）

④「3種類の国を比べると，2007年と2014年の両方で，幸せと感じる人の割合が先進国で最も多く，貧困国で最も小さい」（○）

2 **（長文読解問題・論説文：語句補充，語形変化，分詞，動名詞，熟語，進行形，和文英訳，接続詞，英文和訳，関係代名詞，不定詞，言い換え・書き換え，語句解釈，内容一致）**

（全訳） ジャイアントパンダはかわいい動物だが，一体何か。大きな丸い頭と毛で(ア)おおわれた体から，ジャイアントパンダが熊の一種であることは驚くことではない。しかしジャイアントパンダの遺伝情報を調べて，それが熊のものと最も近いと判明するまで，科学者たちは長い間ジャイアントパンダが実際に熊であるとわからなかった。

アイルロポダ・メラノレウカがジャイアントパンダの学名だが，「猫足，黒白」という意味だ。「猫足」はどこから来たのか。ジャイアントパンダを「猫足」と(イ)呼ぶ理由はずっと不明のままだが，猫という単語はジャイアントパンダの中国名「大熊猫」の中にもある。実際，ジャイアントパンダの足ではなく目が，猫の目に似ている。猫とジャイアントパンダは共に縦長の瞳を持ち，それは人間の丸い瞳とは形が異なる。縦長の瞳は夜行性の動物が暗いところで見るのに役立つ。ジャイアントパンダは1日に3回活動的になり，夜遅い時間を含むので，彼らが夜の暗闇で動き回るのに縦長の瞳が役立つ。

英語名のパンダは「竹を食べる動物」という意味の単語から来ている。竹はもちろんジャイアントパンダの大好物だが，彼らの主食はかつて動物の肉であったことをあなたは知っているだろうか。その動物が絶滅してしまったため，彼らの主食は変わらざるを得なかったのだろうと科学者たちは考えている。ジャイアントパンダは自分たちの新しい食べ物として竹を選んだ，なぜなら(1)竹を得るために他の動物と争う必要がないほど彼らの生息地は竹がとても豊富だったからだ。ジャイアントパンダは長い間竹を食べているが，いまだに胃が肉用にできており，食べた竹のわずか10％しか消化できない。ほとんどの大人のジャイアントパンダは生きるために毎日15から20キロの竹を食べる。

新しい研究によると，ジャイアントパンダの全身の白黒の毛はおそらく彼らの食習慣によるものだそうだ。(2)ジャイアントパンダは竹を食べるだけでは冬中寝ていられるのに十分なエネルギーが得られないので，1年中食べ続けられるよう活動的でいなくてはならない。こうするため，彼らは夏と冬の両方の環境に合う毛が生えている。体を覆う黒白の毛のおかげで，ジャイアントパンダは雪の中と森の木陰の両方で体を隠して生き延びることができる。

ジャイアントパンダの耳と目の周りの部分は違う理由で黒い。黒い耳は敵を遠ざけ(ウ)ておくのに役立つ。ジャイアントパンダを傷つける動物は彼らの黒い耳を見て逃げ出すかもしれない，なぜなら黒い耳を持った動物の多くは，トラのように，強くて彼らを怖がらせるからだ。ジャイアントパンダの目の周りの黒い部分も他の動物に近づくなというのに役立つ。彼らが赤ちゃんを守るために敵をにらむと，目の周りの毛が逆立って，敵は彼らの目が大きくなったと思う。こうすると，ジャイアントパンダは強くて，敵を攻撃するほど怒っているように見える。目の周りの黒い部分はお互いを記憶するのにも役立つ，なぜならそれぞれが形も大きさも異なるからだ。

多くの竹の森が消失していることでジャイアントパンダは絶滅危惧種になったが，その数はゆっくりと(エ)増加している，なぜなら中国がこれらの森を元に戻すのに成功しているからだ。ジャイアントパンダは人気があるので，彼らを救うためにたくさんのお金が集まる。そのため，(3)ジャイアントパンダに過剰な注目が集まることが，他の困難な状況にある種に関心が集まらないことにつながるかもしれない，と心配する人々もいる。しかしこれは正しくない。実は，ジャイアントパンダは，中国に生息する他の多くの絶滅が危惧される動物と生息地を共有する。これはジャイアントパンダを「(4)傘の種」にする。ジャイアントパンダの生息地を守ろうとする全ての努力は，他の多くの種が生き残るのにも役立つのだ。

問1 (ア) 形容詞的用法の過去分詞句 covered with fur が bodies を後ろから修飾する。
(イ) call A B「AをBと呼ぶ」 前置詞 for の後ろなので動名詞 calling にする。 (ウ) keep ~ away「~を遠ざけておく」 (エ) increase「増える」 is があるので現在進行形にする。

やや難 問2 so … that ~「とても…なので~」の構文を使い，「彼らの生息地は竹がとても豊富だったので，彼らはそれら(竹)を得るために他の動物と争う必要がなかった」という英文にする。habitat「生息地」は下線部(3)の直後の文中で使われている。be rich in ~「~が豊富である」 compete with ~ for …「…を得るために~と争う」

やや難 問3 Because 節の主語は the bamboo で giant pandas eat「ジャイアントパンダが食べる」が後ろから修飾している。動詞部分は doesn't give，間接目的語の them は giant pandas を指す。Because 節を直訳すると「ジャイアントパンダが食べる竹はジャイアントパンダに冬中ずっと寝ているのに十分なエネルギーを与えないので」となる。自然な日本語として解答例のように「ジャイアントパンダ」を主語にして訳すとよいだろう。

やや難 問4 「人々は[A]他の困難な状況にある種にあまり注意を払わないかもしれない，なぜなら彼らは[B]ジャイアントパンダに過剰に注目するからだ」 [A]，[B]には下線部(3)で使われている語句を使うが，両方とも動詞で始めることがポイントである。8語という語数指定を意識する。

問5 直後の文に「多くの他の種が生き残るのにも役立つ」とあることから③「それを保護することが他の種の保護につながるような種」が適切。

重要 問6 ①「熊は猫よりも遺伝情報がジャイアントパンダに近い」(○) ②「ジャイアントパンダの学名は『猫足，黒白』という意味で，かつてジャイアントパンダは猫の足のような足をしていたと判明したからだ」(×) ③「猫と同様にジャイアントパンダは瞳を使って，形を変えることで他の仲間に様々なサインを与える」(×) ④「ほとんどの大人のジャイアントパンダは，1日に15から20キロしか竹を消化できない」(×) ⑤「ジャイアントパンダは黒い耳のおかげで森の木陰だけでなく雪の中でも隠れることができる」(×) ⑥「ジャイアントパンダの目の周りの黒い部分は赤ちゃんを敵から守るのに役立つだけでなく，お互いを記憶するのにも役立つ」(○)

3 (会話文読解問題：文補充・選択，語句補充・選択，内容吟味，和文英訳，熟語，不定詞，英問英答，代名詞)

(全訳) エマ(以下E)：あなたは熱気球に乗ったんだってね。

ケイト(以下K)：あなたに話すのが待ちきれなかったわ！ 私はニューメキシコ州アルバカーキにいるおばを訪問したの。大規模な国際熱気球フェスティバルが開催されていて，おばが私を連れて行って乗せてくれたの！ 最初は怖くて，胃を地上に置いてきてしまったように感じたわ。それから徐々にリラックスしてきた。

E：なんてすごい体験なの！ 気球はどういう仕組みなの？ 気球の下部にバーナーがあるのは知っているけど。[A]でもどうしてかは知らない。

K：バーナーを使って気球の中の空気を熱することで，その空気が外部の冷たい空気よりも軽くなるの。こうして熱気球が上がるのよ。気球の中の空気が冷やされると，それはゆっくりと下がっていく。このため，パイロットはバーナーをつけたり消したりするの。

E：2月に台湾で楽しんだ天灯祭りを思い出すわ。天灯にはもちろんパイロットはいないけれど，仕組みは同じよ。バーナーの代わりにろうそくを使うの。

K：その祭りをテレビで見たことがあるわ！　天灯に何か書いてあった。あれは何？

E：私たちは天灯に願い事を書くの，なぜなら[ア]それらは私たちのメッセージを神様に届けてくれると言われているから。でも点灯に最初に書かれたメッセージは助けを求めている人によって書かれたと言われているわ。

K：助けを求めて？　[B]あなたは誰が書いたか知っているの？

E：3世紀の中国の軍師，諸葛亮(諸葛孔明)よ。彼は敵に囲まれた時，メッセージを書いた天灯を空に上げるというアイデアを思い付いたと言われているわ。実は，天灯は彼の名前を取って孔明灯としても知られているの。でも(1)名前の起源は違うふうにも説明されているわ。天灯は孔明がよく肖像画で身に着けていた帽子に似ているって。

K：[C]私はそれを絶対に調べてみる！

E：そうするべきよ。お祭りでは天灯が夜の空に上げられて，とてもよかったわ。でもあなたが行った熱気球フェスティバルも素敵そうね。

K：うん，素敵だったよ。(2)何千人もの観光客が，700を超える熱気球が空をいっぱいにするのを見に世界中からやってきた。

E：すごいね！　右に曲がったり左に曲がったりしたい時にはパイロットは何をするの？

K：[D]実は彼らは大したことはやれないの。ふつうは風の方角に進むだけ。

E：じゃあ，風は熱気球にとってとても重要ね。

K：その通り。それでね，アルバカーキの風はほとんど完璧なの。高度の低いところでは風が北から吹いて，高度の高いところでは南から吹く。これは，熱気球がスタート地点に戻ってこられるということよ。

E：すごくおもしろいね！

問1　全訳下線部参照。[C]の those「それら」は Kongming lanterns を指す。ケイトはエマから孔明灯について聞いて興味を持ち，自分で調べてみようと思った。

問2　they are said を入れる。この they は the sky lanterns を指し，「天灯は～すると言われている」という意味になる。①の they say は「人々が～と言う」，つまり「～だと一般的に言われている」という意味で，they は「世間の人々，(外国など，その土地の)人々」を表す。

重要　問3　下線部(1)を含むエマの発言の第2文と最終文の内容をまとめる。

やや難　問4　まず「何千人もの観光客が世界中からやってきた」と訳し，「700を超える熱気球が空をいっぱいにするのを見るために」と続ける。thousands of ～「何千もの～」 from all over the world「世界中から」 more than ～「～を超える」〈see ＋目的語＋動詞の原形〉「…が～するのを見る」 fill ～「～をいっぱいにする」

問5　ケイトの最後の発言参照。風は高度が低いところでは北から吹くので(い)が北，高度が高いところでは南から吹くので(あ)が南。ケイトの2番目の発言より，気球の内部の空気が冷えると下降するので，(う)は②「気球内部の空気の温度が下がる」が適切。

重要　問6　1「ケイトが熱気球の中で怖く感じた時，どんなイメージが心に浮かんだか」 ケイトの最初の発言の最後から2番目の文参照。文中の I，my を She，her に変えて「彼女は胃を地上に置いてきてしまったように感じた」とする。　2「エマが天灯が空に上がっていくのを見たのは1日のどの時点か」 エマの最後から4番目の発言の第2文より，夜とわかる。「彼女はそれらを夜に見た」と答えればよい。at night「夜に」

4 （長文読解問題・論説文：英文和訳，指示語，熟語，語句補充，語句整序，比較，前置詞，動名詞，使役構文，現在完了，間接疑問，和文英訳，関係代名詞，語句解釈）

（全訳） あなたは買い物をしていて2つの似た商品を見つける。どちらを買うか，どうやって決めるだろうか。あなたは自分でこの決定をすると思うかもしれないが，(1)これは真実とは限らない。そんなはずないって？ これをやってみよう。どんな文字が(ア)抜けているだろうか。

APPLE(りんご) TREE(木) GRASS(草) GR_____

あなたが最初に思い付いた単語は何だったか。green だと思っただろうか。それはおそらく私たちがあなたの答えに影響を与えたからである。tree と grass という単語があなたに緑色を思いつかせただろう。それらの単語の色があなたの決定に影響を与えた。これは人がどのように刷り込まれるかを示す例である。

プライミング(刷り込み)は，ある刺激に触れることによって人が後々の行動や考えを変える時に起きる。重要な点は自分がその刺激に影響を受けたことに人々が気づかないことだ。プライミングには単語，イメージ画像，音，または行動などの刺激を用いる。例えば，研究によって，私たちは人に[I]「注意深く」や「年老いた」などの単語を読ませることによって，その人をもっとゆっくりと歩かせることができるとわかった。もし，子供が赤いベンチの隣に飴の入った袋を見たら，その子供は次に赤いベンチを見た時に飴を探したり，飴について考えたりするかもしれない。

おそらく誰もがスーパーマーケットで必要以上のものを買った経験があるだろう。(2)ある調査によると，私たちがスーパーマーケットで買ったものの3分の2が，もともとは買う予定のないものであった。ではなぜ，私たちはそれらを買うのだろうか。なぜなら，私たちはそうするように刷り込まれているからだ。

あなたは[II]なぜスーパーマーケットの入り口にいつも花が置かれているのかと考えたことがあるだろうか。それはなぜなら花を見ると，新鮮さについて(無意識に)考えるからだ。花は美しく，良い香りがして，それらの多くが明るい色をしている。そう，花は私たちにとって新鮮だ。もしこれが人がスーパーマーケットに入る時に最初に気づくものだったら，その人はそのスーパーマーケットで売られている全ての商品が新鮮だと思い込み，たくさん買うだろう。しかし，もしその人が，いつも買い物の最初に汚いものがいっぱい入ったゴミ袋を見たならば，(3)その人は反対に刷り込まれるだろう。

色を使うことはプライミングの1つの形式である。多くの表示や包装紙が赤色を使っていることに気づいたことがあるだろうか。研究によると赤は人々に温かい気持ちを与えることがわかっている。私たちはこの色と結びつく商品に対して良い気分になるので，それらを買いたくなる。(イ)他方，緑は商品を自然に見せる。食品会社は自分たちの食品をこのように見せるために，よく緑色の包装紙を使う。人は黄色やオレンジなどの明るい色をみると「健康」について考えることが研究によってわかっている。結果として，健康的な食事に興味のある人は，商品がこれらの色の包装に入っていることに気づく可能性が高い。

あるスーパーマーケットで行われた興味深い実験がある。2週間，フランスとドイツの音楽が一日おきに演奏され，どのくらいのフランスワインとドイツワインが売れたかを記録した。おそらくあなたが推測したように，フランス音楽の日にはより多くのフランスワインが売れ，ドイツ音楽の日にはより多くのドイツワインが売れた。ワインを買った人はスーパーマーケットを出る前に(4)簡単な調査票に記入するよう求められた。その調査の結果，彼らは自分たちの商品選択に音楽が影響していることは気づいていなかった。音楽は人々が買うものに大きな影響を持っていたが，人々はそれをわかっていなかった！

プライミングは至る所にある。あなたが次回買い物に行く時は，周りの光景や音について，そしてそれらが本当は何を意味しているのかについて，よく考えるべきだ。

問1 this は文章の冒頭の3文の内容を指し，「買い物の際に買うものを自分自身で決めること」とまとめられる。not always ～「必ずしも～ではない」 the case「真実，事実」

問2 （ア） be missing「なくなっている」（イ） on the other hand「他方では」

重要 問3 ［Ⅰ］〈prime ＋人＋ to ＋動詞の原形〉「(人)に～させる」 by ~ing「～することによって」〈have ＋人＋動詞の原形〉「(人)に～させる」 like ～「～のような」(前置詞) ［Ⅱ］ 現在完了の疑問文〈Have you ever ＋過去分詞？〉「今までに～したことがありますか」 wondered の後ろは間接疑問で〈疑問詞＋主語＋動詞〉の語順。be located at ～「～にある」

やや難 問4 according to ～「～によると」 two thirds「3分の2」「私たちがスーパーマーケットで買ったもの」は関係代名詞 what を用いて what we bought at a supermarket とするか，the things (which) we bought at a supermarket とする。「もともとは買う予定のないもの」は同様に what または the things (which) を用いて，その後ろに we were originally not going to buy とする。originally「もともと」

問5 入店してすぐに花を見ると，商品が新鮮だと感じる。入店してすぐにゴミ袋を見ると，その反対，つまり商品が新鮮ではないと感じる。

やや難 問6 下線部(4)の直後の文に「その調査の結果，彼らは自分たちの商品選択に音楽が影響しているとは気づいていなかった」とあるので，その調査は彼らが店内の音楽について意識していたかどうかを尋ねるものだったと推測できる。よって②「あなたは今日，フランス音楽かドイツ音楽のどちらかが演奏されていたと気づきましたか」が適切。

重要 5 (自由・条件英作文)

(問題文訳)「今あなたが最も興味を持っている，日本か外国のニュースは何ですか。そのニュースについて説明し，それについてのあなたの意見を教えてください。英語で書き，約50語を使いなさい。解答用紙の空所に単語数を書いてください」

(解答例訳)「新型コロナウイルスが2020年3月に世界的大流行になって以来，私たちの生活は多くの点で変わりました。私は暮らしを通常に戻すために，お互いに距離を取る，混雑した場所を避ける，マスクを身に着けるなどの基本的ルールを守ることが大切だと思います」(57語)

★ワンポイントアドバイス★

例年1はリスニング問題だったが，今年はグラフの読み取り問題に変わった。試験問題の最初に大きな変化があると動揺しがちだが，他は例年通りなので落ち着いて取り組もう。

＜国語解答＞ 《学校からの正答の発表はありません。》

一 問一 1 おもむ(き) 2 遺憾 3 ろう(した) 4 才知[才智] 5 たわむ(れ) 6 委(ねた) 問二 X みえ Y まれ 問三 賢明 問四 (例) 共和国の首相が王を侮辱したことに腹を立てていたが，さらに，失言を謝らずに言葉を弄して言い逃れようとしたから。 問五 (例) 共和国を代表する詩人の詩のすばらしさを認め，戦う相手として十分な力を持っていると感動している。 問六 (例) 女性が唇から解き放った言葉は，天地が鳴動するような力を持ったすばらしいものであったということ。

問七 (例) 詩のすばらしさに優劣や勝敗はなく，時を経て人々にどのように受け止められるかに意味があるということ。

問八	なかなか	優雅で	は	ない	か。
	副詞	形容動詞 連用形	助詞	形容詞 連体形	助詞

二 問一 (例) 「てにをは」の使い方によって生じる意味の違いを説明するのは非常に難しいから。 問二 (例) 「この道は」という場合は後に続く言葉につながり，「この道や」とした場合は，切れ字「や」によって意味上の切れ目が生じるという違い。

問三 (例) 芭蕉は自分が唱えていたことを守っていないと指摘することで，師である芭蕉に反抗したかったから。 問四 (例) 春を惜しむことと琵琶湖の朦朧とした風情は縁のあるもので，他の言葉には取り替えられないから。 問五 X 過客 Y 旅人

三 問一 1 還元 2 一括 3 克服 4 病弊 問二 ア 4 イ 2

問三 5 問四 (例) デモクラシーの前提となる個人主義は，最後にはエゴイズムに陥るものだと解釈されていたから。 問五 (例) 地縁や血縁といったつながりを失ってしまい，一人一人ばらばらになってしまったという(問題。) (例) 独立した市民は無力で，一人ではほとんど何をなす力もないという(問題。) 問六 (例) 自己決定によって結社に参加することによって，その人は一人ではなくなり，様々な共同体と深く関わるようになるということ。

○推定配点○

一 問一 各1点×6 問二・問三 各2点×3 他 各6点×5
二 問一～問四 各5点×4 問五 各2点×2
三 問一 各1点×4 問二・問三 各2点×3 他 各6点×4 計100点

＜国語解説＞

一 **(論説文—漢字，脱語補充，慣用表現，文脈把握，内容吟味，表現，要旨，品詞分解)**

問一 1「赴」の音読みは「フ」。熟語は「赴任」。 2「遺憾」は，心残りがして残念なこと。「遺」を使った熟語はほかに「遺棄」「遺恨」など。音読みはほかに「ユイ」。熟語は「遺言」。訓読みは「のこ(す)」。 3「弄す」は，もてあそぶ，という意味。「弄」を使った熟語は「弄舌」「翻弄」など。訓読みは「もてあそ(ぶ)」。 4「才知」は，頭の働き，知恵，という意味。「才」を使った熟語はほかに「才能」「英才」など。 5「戯」の音読みは「ギ」。熟語は「戯画」「戯曲」など。「戯作(げさく)」という読み方もある。 6「委」の音読みは「イ」。熟語は「委任」「委嘱」など。

問二 X 「みえを切る」は，自分を誇示するような態度をとること。 Y 「まれに見る」は，めったにない，という意味。

問三　直前に「王は怒りを表さなかった」とある。軽率なふるまいをしないことが示されているので，「賢明」とするのが適切。「賢明」は，賢くて，適切な判断や処理ができること。

問四　「ことわざ戦争に」で始まる段落に「王制の国には昔から『河に降る雨』という俚諺があって，……共和国の首相が私的な場で王をその語をもって形容したのである」とある。ここでいう「臣下」とは，「役立たずあるいは能無し」と言われた王の「臣下」である。「首相は失言を後悔していたが謝るのも業腹だったので，言い逃れることにした」とあることから，自国の王を侮辱された上に，さらに謝らずに言い逃れをしようとしたことに「腹立ちはいっそう深くなった」という文脈だとわかるので，王を侮辱した上に言い逃れをしようとしたことを指摘すればよい。

問五　直前に「存分に力を振るえるのが嬉しいのです」とある。自分の詩に自信を持っていた婦人は，隣国の詩人の言葉のすばらしさを「わたしの言葉に耐える強さがあります」と認め，思う存分力を振るえることに喜びを感じているのである。

問六　「山の端にかかる雲は形を変じ，老いた石は嗚咽をもらした」と，擬人法を用いることによって，天地が鳴動するような力を持った言葉であることを表現している。

やや難　問七　前に「勝ち負けを時にユダねたのである。つまり一騎打ちを一冊の本にして優劣を一冊の書物にして優劣を後世のものの判断に任せることにしたのだ」とあることから，優劣や勝ち負けを決めることをそもそも考えていなかったと考えられる。詩のすばらしさに優劣をつけたり勝敗を決めたりすることに意味はなく，長い年月を経て，後世の人々にどのように受け止められるかが重要だというのである。

問八　「なかなか(副詞)・優雅で(形容動詞　連用形)・は(助詞)・ない(形容詞　連体形)・か(助詞)」と分けられる。

二　**(俳句観賞文―文脈把握，内容吟味，要旨，文法，表現技法，文学史)**

問一　その理由については，直後に「まず，“てにをは”の活用の問題があります。“この道は”と“この道や”がどう違うか，なかなか説明できません」とある。「てにをは」の使い方によって生じる意味上の違いを説明するのは難しく，翻訳しにくいというのである。

問二　「この道は」とした場合は，後に続く内容につながるが，「この道や」とした場合は，切れ字「や」が用いられることによって，ここで意味上の切れ目が生じるという違いである。

問三　直前に「当時軋轢を生じていた門人の尚白」とあることから，師である芭蕉の句の難点を指摘し，芭蕉への反抗を示しているとわかる。芭蕉は「俳句の場合，取り替えのできない言葉を用いなければならない」と唱えているが，「行く春を近江の人と惜しみける」という句を挙げて，他の言葉に取り替えられるから「本物の俳句ではない」と非難したのである。

やや難　問四　「近江」「湖」とあることから，湖水とは「琵琶湖」を指すことをおさえる。「場所を含めて」とあるので，ここでいう「湖水」とは「琵琶湖」のことであることを含めて説明する。「近江」は「丹波」に，「行く春」は「行く歳」に取り替えられる，とい尚白の非難に対し，去来は「湖水朦朧として春をおしむに便有べし」と反論している。朦朧とした琵琶湖の風情と，春を惜しむことは縁のあるものだから，「近江」も「行く春」もほかの言葉に取り替えることはできないと反論しているのである。

問五　『おくのほそ道』は江戸時代初期に成立した松尾芭蕉による俳諧紀行で，「月日は百代の過客にして，行きかふ年もまた旅人なり。」で始まる。

三　**(論説文―漢字，脱語補充，接続語，文脈把握，内容吟味，要旨)**

問一　1「還」を使った熟語はほかに「還暦」「返還」など。訓読みは「かえ(る)」。　2「括」を使った熟語はほかに「統括」「括弧」など。訓読みは「くく(る)」。　3「克」を使った熟語はほかに「克己」「克明」など。訓読みは「か(つ)」。　4「弊」を使った熟語はほかに「弊害」「語弊」

など。

問二　ア　直前に「国を形づくる幾つかの歴史的な基本文書では，『デモクラシー』という言葉を使うことは避けられてきました。『市民による政治』……というような言葉が使われました」とあり，直後で「当時の常識として……負のニュアンスでしか使用されていなかったことが判ります」と説明されているので，説明や言い換えを表す「つまり」が入る。　イ　直前に「『デモクラシー』という言葉は負のニュアンスでしか使用されていなかったことが判ります」とあるのに対し，直後には「欠点だらけの『デモクラシー』なるものを，新しい方法でうまく使いこなしているようだ」とあるので，逆接を表す「しかし」が入る。

問三　直後に「他者と手を結んで，自分たちの目的を達するために造り上げる」とあることから，積極的に他者と手を結ぶ意味の語が入るとわかるので「自発(的に)」とするのが適切。

やや難　問四　「デモクラシー」の「負の価値」については，「この新しい」で始まる段落に「デモクラシーも社会のなかの『大衆』(単なる個人の集合)を前提としている。だからデモクラシーと個人主義はイッカツして負の価値を負わされる」と説明されている。

問五　「〈結社〉をつくることで対応している」問題については，「個人主義は」で始まる段落に「近代以降は，人々は地縁や血縁，あるいは身分制度などでつながり合っていたが，近代では個人主義になったがために人々はお互いのつながりを失って，ばらばらになってしまった」とあり，さらに次の段落では「独立した市民は同時に無力で，一人ではほとんど何をなす力もない」とあるので，この2点を挙げればよい。

やや難　問六　「答え」については，直後に「一人の人間の生涯(死も含めた)は，決してその人だけのものではない，という発想が生まれるようにも思われます。死は自分だけのものではなく，自分を取り巻く様々な共同体に深く関わっている。そういう解釈も可能になります」と説明されている。「自己決定」については，同段落の冒頭に「自己決定というのは抜きがたくその個人主義と結びついています。ある人の人生は……，そして，個人主義では，それでおしまいですが，果たして本当にそうか」とあり，「結社主義」によって，「それでおしまい」ではなくなる，とつながる文脈である。「結社」とは，「個人が他者と手を結んで，自分たちの目的を達するために造り上げるコミュニティ」と説明されているので，自己決定によって結社に参加することによって，その人の生涯は一人だけのものではなくなる，という内容にすればよい。

(作文について)

テーマは「絶滅した動物を人工的に復活させることについて」考えを述べることで，肯定的にとらえるか，否定的にとらえるか，自分の立場を決めて論を進めることが必要である。科学の進歩という視点で意義のあることととらえるか，絶滅した経緯を考えると人工的に復活させることには賛同できないとするか，といった根拠を論理的に述べることが重要である。

★ワンポイントアドバイス★

読解力・思考力・表現力が同時に求められるので，難度の高い問題集を使って総合力をつけよう！　記述対策として，時事問題を扱った課題に数多く当たり，洗練された記述力を身につけよう！

2020年度

★★★★★★★★★★★★★★★★★★★★★★★★

入　試　問　題

2020年度

慶應義塾女子高等学校入試問題

【数　学】（60分）　<満点：100点（推定）>

【注意】 1．途中の計算や式などもすべて解答用紙に書いておくこと。

2．図は必ずしも正確ではありません。

1　次の問いに答えなさい。

［1］　次の式を計算しなさい。

$$(1+2\sqrt{3})\left(\frac{\sqrt{98}}{7}+\frac{6}{\sqrt{54}}-\frac{\sqrt{3}}{\sqrt{2}}\right)$$

［2］　自然数Nの約数は3個で，その和は183である。Nの値を求めなさい。

［3］　2地点A，Bからそれぞれ姉と妹が向かい合って同時に出発したところ，2人はx分後にC地点ですれ違った。そのまま歩き続けて，すれ違ってからy分後に姉はB地点に，24分後に妹はA地点にそれぞれ到着した。

⑴　AC：BC をxを用いて表しなさい。

⑵　yをxを用いて表しなさい。

⑶　BC間にかかる時間が，姉は妹より6分短かったとき，x，yの値を求めなさい。

2　次の文の（あ）～（す）に当てはまる数を答えなさい。（く），（こ），（し）にあてはまる数は小さい方から順に答えること。

数字が書かれたカードが入っている箱から1枚以上のカードを選ぶ。1枚だけを選んだ場合はそのカードに書かれた数字を，複数枚を選んだ場合はそれらのカードに書かれた数字の合計をSとする。最初に箱の中には1と書かれたカード[1]が2枚だけ入っている。

このとき，カードの選び方は次の2通りで，Sの値は，

[1]が1枚でS＝1

[1]と[1]の2枚で　S＝1＋1＝2

となる。Sの値として作れるのは1，2だけであるが，数字の書かれたカードを箱に追加すればSの値として3以上の数を作ることができる。そこで，カードを次の規則に従って箱に追加する。

<規則>

(a)　カード2枚に同じ自然数を記入して追加する。

(b)　それまでにSの値として箱の中のカードで作ることのできた数字を追加のカードに記入してはいけない。

(c)　Sの値が 1，2，3，…と連続して作れるようにする。

2はすでにSの値として作ることができたから，規則(b)より追加するカードに2は記入できない。次に追加するカードは規則(c)よりカード[3]が2枚である。箱の中はカード[1]と[3]がそれぞれ2枚ずつになる。Sの値はカード[1]が2枚だけの場合に加えて，

[3]が1枚で　S＝3

1 と 3 の2枚で　S＝1＋3＝4

1 と 1 と 3 の3枚で　S＝1＋1＋3＝5

（あ）と書かれたカード（い）枚で　S＝6…　のようにして，Sの値を1から連続して（う）まで作ることができる。さらにカードを追加する場合，次のカード2枚には（え）と記入することになる。このようにSの値を調べてカードを追加することを続けると，数字が（え）のカードの次に追加するカード2枚に記入する数字は（お）で，Sの値として（か）個の数字を新しく作ることができる。Sの値として162個の数字を新しく作ることができるのは（き）と記入したカード2枚を追加したときである。また，S＝172 となる場合のカードは，数字が（く）のカード（け）枚，（こ）のカード（さ）枚，（し）のカード（す）枚を箱から選んだときである。

3　図のように点Tで直線TEに接する円がある。4点A，B，C，Dは円周上の点で，∠ATDは弦BT，CTにより3等分されている。線分ACとBTの交点をFとし，AF＝2，∠TAB＝75°，∠TCD＝45°として，次の問いに答えなさい。

［1］　∠DTE，∠ATD の大きさを求めなさい。

［2］　AT：CT を求めなさい。

［3］　FCの長さを求めなさい。

［4］　円の半径 r の長さを求めなさい。

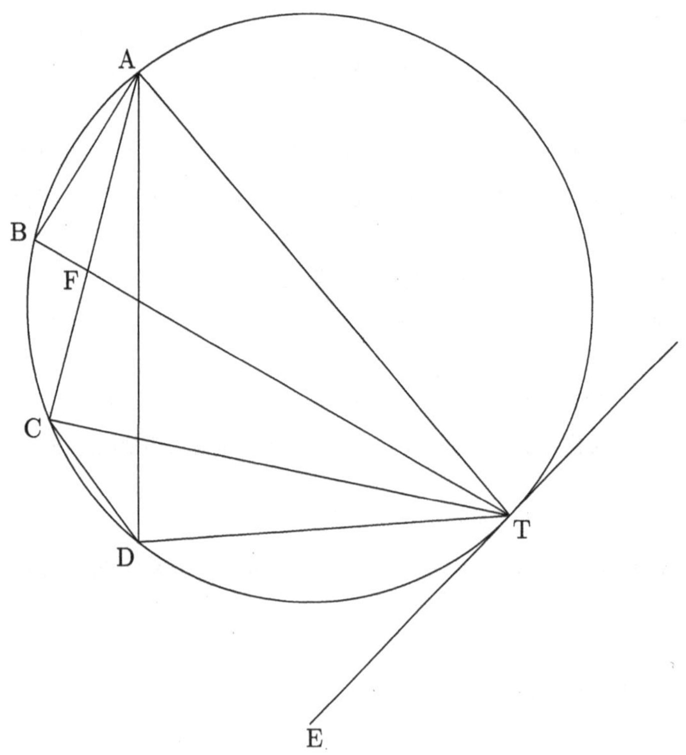

4 図のような放物線 $y=kx^2$ 上の２点A$(a,\ 4)$，B$(b,\ 9)$ を通る直線ABと y 軸との交点をCとする。また，２点D，Eも放物線上の点で，直線ABと直線DEは平行である。点D，Eの x 座標をそれぞれ d，e とし，$a<0$，$b>0$ として次の問いに答えなさい。

［１］ AC：CB を求めなさい。

［２］ △AOC＝24 のとき，k，a，b の値を求めなさい。

［３］ ［２］で AB：DE＝５：７ のとき，直線DEの式を求めなさい。

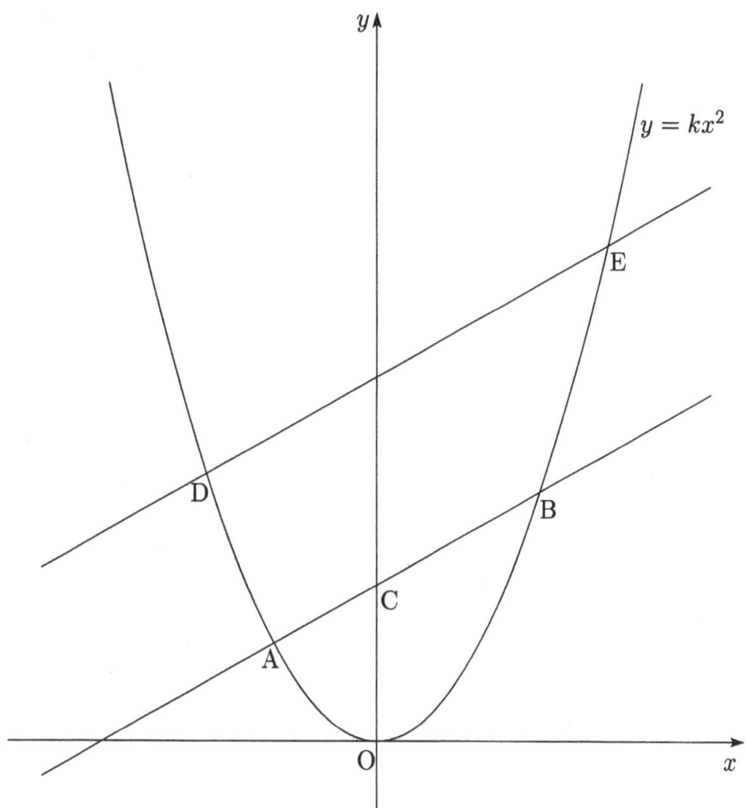

5 正四角錐O－ABCDはどの辺も長さが８である。頂点Oから底面ABCDに垂線をひき，その交点をEとする。辺OA，OB，OC上にそれぞれ点Ｐ，Q，Ｒをとり，この３点を通る平面と辺OD，線分OEとの交点をそれぞれＳ，Ｆとする。OP＝３，OQ＝４，OR＝６，OS＝s として次の問いに答えなさい。

（図は次のページにあります。）

［１］ △OPRの面積を求めなさい。

［２］ 点Ｆから辺OAに垂線をひき，その交点をＨとする。FHの長さを h として，△OFP，△OPRの面積を h を用いて表しなさい。

［３］ h の値を求めなさい。

［４］ s の値を求めなさい。

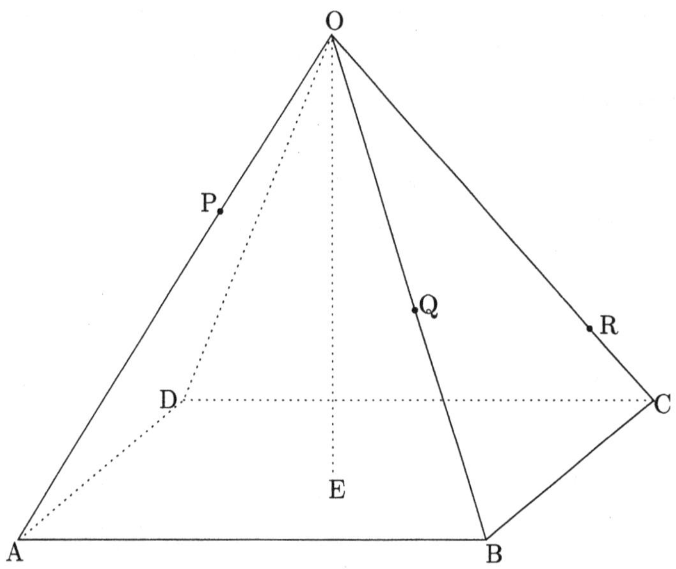
O
P
Q
R
D
C
E
A
B

【英　語】(60分)　＜満点：100点（推定）＞

1 これからリスニングのテストを行います。英文と，それに関する質問が２問ずつ放送されます。１つ目の質問は，最も適切な答えを①～④より１つ選び，番号で答える形式です。２つ目の質問は，書き出しの語句に続けて答えを英語で書く形式です。書き出しの語句も含めて10語以内で解答しなさい。放送を聞きながら問題用紙にメモを取ってもかまいません。英文と質問は２回ずつ放送されます。

(A) 1 ①Both water and sports drinks.
②Both water and juice.
③Both sports drinks and juice.
④No drinks.
2 He ______________________

(B) 1 ①He enjoyed reading stories to his mother.
②He used the Internet as a research tool.
③He read articles about teeth.
④He relaxed by reading comic books.
2 He's ______________________

(C) 1 ①By keeping dogs as pets and training them.
②By finding bombs with their good smelling sense.
③By supporting people who cannot see or hear well.
④By noticing moving cars and emergency sounds.
2 Because they ______________________

※リスニングテストの放送台本は非公表です。

2 次の文章を読んで設問に答えなさい。

About seventy years ago, smoking was thought to be healthy and cool. Beautiful women were often seen smoking in films. Some doctors even said that smoking was good for your health. For example, they said smoking made you stronger against colds and helped your concentration. Of course, now we all know that smoking causes cancer and other terrible diseases. For some people, it is also the first step on the road to using drugs. Even though (1)these facts are known to everyone today, many people can't stop smoking.

The use of drugs in sports is similar to smoking. The use of performance-enhancing drugs has been around for a long time. In fact, during the earliest days of sports, it was thought to be quite common in the same way that smoking was thought to be helpful. Doctors recognized that certain drugs could increase performance levels of people. In ancient Greece, trainers offered athletes various drugs in order to increase their performance. In ancient Rome, gladiators used performance-enhancing drugs. Even horses were also given various drugs to increase their speed and energy.

The word "doping" began to be used for athletes in the beginning of the 20th century. The 1904 Olympic marathon was the first doping case in the history of modern sports. The winner of the race was given an injection of performance-enhancing drugs to keep him going. A race report said, "From a medical point of view, the marathon [Ⅰ] to athletes in long-distance races." It is surprising to know that at that time people didn't recognize the risks of using such chemicals. Though people now understand that these chemicals have bad effects on our bodies, (2)<u>it wasn't until the 1920s that rules about the use of drugs in sports were first thought necessary.</u>

Incredibly, it [Ⅱ] action. Finally in 1972, they created stricter rules, and doping tests were started on athletes. As a result, many athletes were disqualified and lost their medals at the 1972 Olympic Games. That led to a fight which began in the 1980s between athletes and officials. Some athletes tried to discover new performance-enhancing drugs that were not yet on the anti-doping list. The officials tried to detect these drugs.

Since the stricter rules were created, the officials have found many athletes using drugs. Perhaps the most famous case is an athlete from Canada, Ben Johnson. He became the "World's Fastest Man" when he broke the world record and got a gold medal for the 100-meter sprint at the 1988 Olympic Games, but he also became famous for the use of drugs. It was one of the biggest doping cases in the history of the Olympic Games. More recently, the whole track and field team of Russia couldn't take part in the 2016 Olympic Games because Olympic officials thought they were using prohibited drugs.

The fight against doping continues, and anti-doping officials have (3)<u>many challenges to overcome</u>. The biggest one is that a large number of people are trying to use drugs in competitions because they are hungry for a victory. Fortunately, the development of technologies helps anti-doping officials detect prohibited drugs easily. Creating new rules about the use of drugs makes doping more difficult for athletes, too. However, people are always developing new types of doping. One such type is called "gene doping." It changes the forms of genes and material in genes for the purpose of improving the performance of athletes. It also has bad effects on our bodies, but the biggest difference is the fact that though regular doping uses drugs, it does not. Anti-doping officials have asked scientists around the world not to recommend "gene doping" to athletes. Though big steps have been made in the fight against doping, (4)<u>we have a long way to go before the end of doping in sports is realized.</u>

［注］ smoke：タバコを吸う　concentration：集中力　drug：薬物
performance-enhancing：運動能力を向上させる　gladiator：剣闘士　doping：ドーピング
marathon：マラソン　modern：近代の　disqualify：失格にする

anti-doping：アンチ・ドーピング　detect：検出する　prohibit：禁止する
development：発展　gene：遺伝子

問１　下線部(1)が指し示す内容を①～⑥より２つ選び，番号で答えなさい。
①タバコを吸うことは，医師によってすすめられている。
②タバコを吸うことは，風邪をひきやすくさせる。
③タバコを吸うことは，かっこいいと考えられている。
④タバコを吸うことは，ガンやその他の病気の原因になる。
⑤タバコを吸うことは，集中力を下げる。
⑥タバコを吸うことは，薬物使用への第一歩になる。

問２　［Ⅰ］，［Ⅱ］を補うように，次の語句を並べかえなさい。
［Ⅰ］に用いる語句：be, can, has, how drugs, shown, very useful
［Ⅱ］に用いる語句：for, many years, Olympic officials, take, to, took

問３　下線部(2)を日本語に直しなさい。

問４　下線部(3)について，次の（A）（B）に答えなさい。
（A）　その中で最大の課題は何か，日本語で答えなさい。
（B）　また，何が（A）の課題を解決する助けとなるのか，日本語で２つ答えなさい。

問５　下線部(4)が示している内容と最も近いものを①～④より１つ選び，番号で答えなさい。
①We can end doping in sports soon because we have a lot of support all over the world.
②We can't end doping in sports soon because anti-doping rules don't work at all.
③It will take a long time before doping in sports ends because there are a lot of difficulties.
④It won't take a long time before doping in sports ends thanks to the cooperation of doctors.

問６　次の質問に英語で答えなさい。ただし，解答欄の書き出しの語句も含めて６語以内で答えること。
What is the biggest difference between regular doping and "gene doping?"

問７　本文の内容に合っているものを①～⑤より２つ選び，番号で答えなさい。
①Trainers in ancient Greece gave some drugs to athletes in order to increase their performance.
②In the 1904 Olympic marathon, drugs helped an athlete to keep running and to win the race.
③The fight between officials and athletes who tried to discover new drugs began in the 1960s.
④Ben Johnson won a gold medal at the 1988 Olympic Games without the help of drugs.
⑤At the 2016 Olympic Games, a lot of athletes from Russia were disqualified and lost their medals.

3 次の会話文を読んで設問に答えなさい。

Emily: You went to Boston? Did you see any lighthouses there?

David: Yeah, I saw one from the plane just before we landed.

Emily: Please tell me what it was (ア 1ー).

David: Well, it was a common lighthouse for me. I mean, its tower was wider at the base and narrower at the top, and its color was white. It was on a small island in Boston Harbor.

Emily: That's Boston Light! It was the first lighthouse in America, built about 300 years ago. It is so popular among photographers!

David: [A] Why?

Emily: Actually, I am interested in all kinds of lighthouses. My father likes sailing and he has told me a lot about them since my childhood.

David: I see. [B]

Emily: Sure!

David: I wonder why many lighthouses, including Boston Light, have the round-shaped towers.

Emily: It is because the round shape reduces the effect of the wind. Strong winds on the coast can do a lot of damage.

David: Ah, I see. By the way, you said Boston Light is the oldest lighthouse in America, and the oldest one in the world is in Spain, right? I just watched a TV program on various world records last week.

Emily: Do you mean the Tower of Hercules? (1)<u>In a sense, yes.</u> I mean, it is the oldest lighthouse which is still used today. I remember it was built in the first century.

David: That's old! But do you know which lighthouse is the oldest in the world?

Emily: [C] But one of the famous lighthouses in the ancient world is the Lighthouse of Alexandria. It was built in Egypt around 300 B.C.

David: Wow, it's much older!

Emily: And can you believe that it was about 130 meters high? Higher than a 30-story building of today! Alexandria was a busy harbor town and the lighthouse had to be seen by sailors on all the ships coming in and out. But you know, a big mirror at the top of the lighthouse also helped them find it easily.

David: Big mirror? [D]

Emily: In order to make the light stronger. It reflected sunlight during the day and the light from fire at night. (2)<u>その灯台の最上部の光は，50キロ離れたところから見ることができたと言われている。</u>

David: Oh, how wise the ancient people were!

［注］ base：基部　harbor：港　Tower of Hercules：ヘラクレスの塔
Lighthouse of Alexandria：アレクサンドリアの大灯台　Egypt：エジプト　B.C.：紀元前

reflect：反射する

問１ （ア）に，指示された文字から始まる最も適切な１語を補いなさい。

問２ A ～ D を補うのに，最も適切なものを①～⑧より１つずつ選び，番号で答えなさい。ただし，同じ番号を２度以上選ばないこと。

①Actually no one knows for sure. ②What's the matter?
③It is incredibly powerful! ④Why did it have such a thing?
⑤You know a lot about this lighthouse. ⑥So can I ask you a question?
⑦Finally they had to give it up. ⑧Why do you recommend it to me?

問３ 次の文は，下線部(1)が表す内容を具体的に説明したものである。 あ ， い にそれぞれ適切な日本語を補いなさい。

「ヘラクレスの塔は， あ の中では， い ということ。」

問４ 下線部(2)を英語に直しなさい。

問５ David が見た灯台の形に最も近いものを①～⑥より１つ選び，番号で答えなさい。

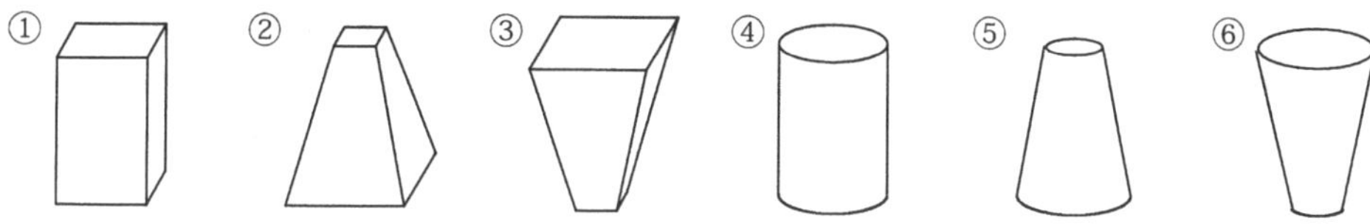

問６ 本文の内容に合うように，次の文の（ ）を補う最も適切な語を①～④より１つ選び，番号で答えなさい。

It was easy for sailors to find the Lighthouse of Alexandria because it was (　　) and it had a big mirror which reflected two kinds of light.

①famous ②old ③high ④busy

4 次の文章を読んで設問に答えなさい。

Mae Jemison, born in 1956, realized her lifelong dream of going into space. Actually, she is the first African-American woman to do so. Her success did not come easily — it was the result of years of preparation and hard work.

Through her early school years, Jemison always had a strong interest in science, especially astronomy. When she was in elementary school, her favorite television show was *Star Trek*. One of her favorite characters on the show was a smart scientist and officer, Uhura, (ア) by an African-American actress. At that time, there were very few women or African-Americans in science. All the astronauts in the 1960s were white men. (1)宇宙船に乗っているアフリカ系アメリカ人の女性をテレビで見ることが，ジェミソンに自分が宇宙飛行士になることができると信じさせた。

During her time at high school, however, she became interested in pursuing a career in engineering. She graduated from high school in 1973, and entered Stanford University when she was only sixteen. Studying at a university was sometimes hard for her. She was the youngest engineering student there. Also, there were very few women or African-American people at Stanford at that time. But she was still an eager student, and (2)<u>she didn't let the discrimination she experienced stop her</u>. Jemison had a strong will to pursue her goal of becoming an engineer. In 1977, she graduated from Stanford with a degree in engineering.

Soon after her graduation, she decided to enter Cornell University to study medicine because she also wanted to help people as a doctor. During her years there, though she was busy, (3)<u>she had time to broaden her horizons by studying in several developing countries and working at a refugee camp in Thailand</u>. After she graduated from Cornell in 1981, she started working as a doctor in Los Angeles. For the next two and a half years, she was working as a medical officer for a volunteer group in some countries in Africa.

In 1985, she returned to the United States, and thought it was time to use her knowledge and experience as an engineer and a doctor to realize her lifelong dream. She made a career change and decided to pursue her dream of [A]. In October of that year, she applied for NASA's astronaut training program. Jemison became one of fifteen candidates selected from about two thousand. She became the first African-American woman (イ) to take part in the astronaut training program.

After more than a year of training, Jemison became an astronaut. On September 12, 1992, with six other astronauts, Jemison (ウ) into space aboard the Endeavour. Thanks to her knowledge and experience, she was selected as a science mission specialist. During her eight days in space, she did some scientific and medical experiments. After her historic flight, Jemison said that society should recognize how much both women and members of other minority groups can contribute to the world if they are given the chance.

After leaving NASA in 1993, Jemison did many things — created a company, taught at a college, traveled around the world to give a talk on technology, and even appeared in *Star Trek* as an actress! Today Jemison works with NASA again. But this time she is not an astronaut. She is one of the leaders of the 100 Year Starship Project. The main purpose of the project is inventing systems that humans will need for traveling around in space in one hundred years. Now she is (エ) advantage of her wide knowledge, strong interest in science, and experience as an astronaut. She might be on Earth forever, but she will continue pursuing her star dreams.

［注］ lifelong：終生の　preparation：準備　astronomy：天文学
Star Trek：『スタートレック』（宇宙を舞台としたアメリカのテレビドラマ）
Uhura：ウフーラ（『スタートレック』の登場人物）　pursue：追求する
Stanford University：スタンフォード大学　discrimination：差別　degree：学位
Cornell University：コーネル大学　medicine：医学　apply for：～に応募する
NASA：アメリカ航空宇宙局　candidate：候補者　Endeavour：エンデバー号

mission specialist：搭乗運用技術者　scientific：科学的な　experiment：実験
historic：歴史的な　minority：少数派　contribute：貢献する　starship：宇宙船

問1　（ア）～（エ）を補う最も適切な語を次より1つずつ選び，文脈に合う形で答えなさい。ただし，同じ語を2度以上選ばないこと。

allow,　fly,　mind,　play,　refuse,　take

問2　下線部(1)を "Seeing" で始まる英語に直しなさい。

問3　下線部(2)を，"the discrimination" で始まる，ほぼ同じ意味の文に書きかえなさい。

問4　下線部(3)を日本語に直しなさい。

問5　[A] を補うのに，最も適切なものを①～④より1つ選び，番号で答えなさい。

①going into space　②working as a doctor
③studying science　④helping a volunteer group

問6　本文の内容に合うように，次の文の（　）に最も適切な1語を補いなさい。ただし，指定された文字で書き始めること。

Mae Jemison is the first African-American woman to be an astronaut. One of her messages is that women and other minority members should be given the (c－) in order to contribute to the world. Now, her knowledge, interest in science, and experience as an astronaut work a lot for her job with NASA.

[5] Do you think homework is necessary? Tell us your idea with two or three reasons. Write in English and use about 50 words. Please write the number of words in the space (words) on the answer sheet.

問一　波線部1～4のカタカナを漢字で、漢字の読みをひらがなで書きなさい。

問二　**X** に最もよくあてはまる語を次の中から選び、番号で答えなさい。

1　一長一短　　2　言行一致　　3　二律背反　　4　表裏一体

問三　傍線部Aについて、これはなぜですか、説明しなさい。

問四　傍線部Bとは、どのような状況ですか、本文の主旨に沿って説明しなさい。

問五　傍線部Cとは、どのようなことですか、文中から句読点を含み二十字程度で抜き出しなさい。

問六　傍線部Dについて、科学を日本語で考える土壌があることが、なぜ日本の科学技術を発達させたのですか、説明しなさい。

問七　本文の内容に合致するものを次の中からすべて選び、番号で答えなさい。

1　英語などの第二言語を使いこなすためには、臨界期までに日本語と英語を使う環境にいなければならない。

2　江戸末期から明治にかけて輸入された様々な概念は、既存の日本語を翻訳語としてうまく当てはめたことで人々に容易に理解された。

3　会話能力を偏重することで、日本人が母語であるはずの日本語ですら使いこなす能力を失ってしまうおそれが出てくる。

4　環境や経験による刺激が受けられなかった結果、ジーニーの脳は適切な発達がなされず言語中枢が縮退していた可能性もある。

5　西周がいなければ、西洋の思想を咀嚼して翻訳語を生み出す作業は滞り、日本語で科学を考える土壌が生まれることはなかった。

6　臨界期を過ぎてしまうと脳の発達は止まってしまうため、幼児期に作られた脳の領域がその後の思考力も決定づけることになる。

問八　本文中の══の部分を、例にならって品詞分解し、それぞれの品詞名を答えなさい。ただし、活用のあるものは文中での活用形も答えなさい。

（例）

これ	は	今年	の	試験問題	です
名詞	助詞	名詞	助詞	名詞	助動詞 終止形

語として英語を学んだほうがいいという意見が増えてきたのです。

先ほども話しましたが、限られた言語中枢の領域で二つの言語を母語にしてしまうと、結局はどっちつかずになり、どちらの言葉もうまく使いこなせなくなってしまう可能性があります。また、母語を獲得する幼少期に接する言語表現は、どうしても幼くなりがちです。だから、母語として獲得できたとしても、その後の人生の中で言語表現を磨いていかなければ社会では通用しません。

まずは日本語でしっかりと考えたり、表現したりすることのできる基礎的な能力を向上させる。そうすることで日本語の基礎力が支えとなり、英語などの第二言語をより深く学ぶことができるのです。

さらに興味深い例として、「D日本の科学技術が発達したのは、科学を日本語で考える土壌があったからだ」という話もあります。江戸末期から明治期にかけて、日本は西洋からたくさんのものを輸入しました。それと同時に、これまで日本語にはなかった様々な概念が、海外から一緒に入ってきたのです。

日本人は西洋文明を咀嚼(そしゃく)して、積極的に新しい日本語をつくってきました。その時、中心となって活躍したのが西周(にしあまね)という人物です。

(中略)

科学をはじめ、哲学、技術、概念、帰納、定義、知識、理想、意識など、この時代に翻訳してつくられた日本語を挙げれば切りがありませんが、西周はその多くに関与したと言われています。これらの日本語は現在、私たちが普通に使っているものばかりです。

明治の初期にこのような言葉がたくさんつくられたからこそ、日本人は西洋文明をベースにした学問を日本語で学ぶことができたのです。やはり、学問を学ぶには母国語で学んだほうが理解も進みます。だから、日本は庶民でも知識のレベルが高くなったと言われているのです。

多くの国では、科学を基本的に英語で学んでいます。しかし、日本では科学を母国語で学ぶことができ、専門用語も日本語でつくられていることが多い。そのため、一つの言葉からたくさんのイメージを受け取ることができるのです。例えば「陽子」という言葉からは、「電気的に陽性(プラス)の2リュウシ」であることを感じ取ることができるでしょう。しかし、英語の「プロトン」と言われても、日本人からしたら電気的な性質についてはピンとこないかもしれません。生物の「細胞」も、その言葉と漢字の意味合いから「小さく細分化されたものの一区画」ということが直感的にわかると思います。

日本は英語以外で科学について考えられる数少ない国の一つです。そのお陰で、世界を驚かすような発見をいくつもしてきたと言っても3カゴンではありません。二〇〇八年にノーベル物理学賞を受賞した益川敏英(ますかわとしひで)博士は、ノーベル賞の受賞講演を日本語で行いました。英語が得意でなくとも世界トップレベルの発見ができるのは、日本語がしっかりとしているからなのです。

ただ、これは日本人が英語を話すことができないこと X です。ごく一般的な日本人は、英語を使わなくとも生活ができるので、英語を身につけようという意欲は低くなります。もっとも、最近は科学に限らず、会話能力を重視し、読み書きの能力を軽視する風潮があるので、日本人の言語リテラシーがこのまま4イジされるかわからない状況になってきました。

(池田清彦『進化論の最前線』より)

二　次の文章を読んで、あとの設問に答えなさい。

幼少期の脳に対する刺激は非常に大切です。環境や経験によって刺激を受けると、神経回路が急速に増えたり、組み換えが起こったりと、脳は活発に変化していきます。ところが、A幼少期に適切な刺激を受けないでいると、その後の能力獲得に大きな差が発生してくるのです。

幼少期の脳に対する刺激の重要性を示す最も有名な事例として、アメリカのジーニーという少女の話があります。ジーニーは一歳から父親によって部屋の中に監禁されたまま育ちました。一三歳の時に保護されたのですが、外界からずっと隔離されながら生活していたので、幼少期から他人と話す経験をしてこなかったのです。結局、ジーニーは言葉を話すことはできず、ごくわずかな単語しか理解できませんでした。

大脳の前頭葉にはブローカ野、側頭葉にはウェルニッケ野という言語に関係する1中枢領域があることが知られています。ジーニーのように、幼少期に他人との接触を断たれ、言語的な刺激を受けなかった人は、言語中枢の神経回路を整備することができなくなった可能性があるのです。もしかしたら、その回路に刺激がまったくこなかったために、言語中枢の神経細胞自体が縮退したのかもしれません。

B同じようなケースでも、五歳で発見された子は、言葉を話すことができるようになったそうです。このことから、言語に関する神経回路は、言語的な刺激を受けて特定の時期までに集中的につくられていることがわかります。

この神経回路がつくり終わるまでの期間は、「臨界期（りんかいき）」と呼ばれています。発達過程において臨界期を過ぎてしまうと、ある行動の学習が成立しなくなるのです。言語の臨界期は七～八歳くらいまでと考えられています。この時期に第一言語、つまり母語としての言葉を覚えていくと言われています。

アメリカの哲学者で言語学者でもあるノーム・チョムスキーは、生成文法という言語学の理論を打ち出しました。これは「人間は白紙で生まれてくるわけではなく、最初から言語を習得できるようプログラムされている」という考えです。ヒトには言語を習得するシステムが備わっているので、必要な時期に必要な刺激を受けていれば、ほとんどの人はマスターできます。だから、子どもを臨界期までに日本語と英語を使う環境に入れておけば、両方の言語をネイティブとして話すことのできるバイリンガルに育てることも可能でしょう。

ただし、ネイティブのバイリンガルになることと、言語をCうまく使いこなすことは、また別の問題です。ヒトの大脳の能力には限界があります。それは言語中枢にも言えることで、ヒトは限られた領域の中に言語の情報を入れて活用しているのです。

環境によっては母語として二つの言語を言語中枢の中に入れることもできるのですが、そうすると今度はどちらも中途半端になってしまう可能性が出てきます。そう考えると、より深くその言語を追究するためには、二つの言語を母語として言語中枢に入れるよりも一つに絞ったほうがいいのかもしれません。第二言語は、母語とは別の領域を活用する。ネイティブと同じようにしゃべることはできませんが、要は話が通じればいいのですから、それで十分ではないでしょうか。

臨界期のこともあり、以前は早い時期に英語教育を始めたほうがいいと言われてきましたが、最近の日本ではこの考えが見直されてきています。現在は、まず母語である日本語をしっかりと根づかせてから第二言

さびしさを引き起こす。

片思いの恋をする少女は、庭に飛ぶ蛍を捕まえ、かざみの袖に包み、「つつめども　かくれぬものは夏虫の　身よりあまれる思ひなりけり」（大和物語）と詠む。袖に包んでも隠しきれない。袖から漏れて来る蛍の光よ、まるであの人への私のあふれる思いのようなものだ。隠そう隠そうとしてもつい顕(あら)われてしまうのだ。少女は興の技法で、[X]からおのれの[Y]を引き出して詠んだのである。

和歌も漢詩も、興を用いない作品はほとんどない。興はI含蓄(がんちく)という詩歌の魅力を創(つく)り出す。最初から何もかも露骨に言ってしまえば、趣がない。悲しいときは悲しいという言葉を使わない。秋の落ち葉で悲しみを引き起こす。嬉しいときは嬉しいと言わない。春の花爛漫(らんまん)で心の喜びを引き起こす。引き起こすという過程があるからこそ、かぎりなく味わいが生まれる。

（彭丹『いにしえの恋歌』より）

問一　波線部1～4のカタカナを漢字で、漢字の読みをひらがなで書きなさい。

問二　[ア]～[ウ]にあてはまる語を現代仮名遣いのひらがなで記しなさい。

問三　[X]・[Y]に最もよくあてはまることばを記しなさい。

問四　本文に登場する次の人物を時代順に並べ替え、番号で答えなさい。

1　西行　　2　紀貫之　　3　清少納言

4　小野小町　　5　柿本人麻呂

問五　傍線部Aについて、なぜ筆者は西行が「若菜を摘む人を見て自分の青春の日々を思い出した」と考えるのですか、説明しなさい。

問六　傍線部Bについて、

(1)　漢字の読みをひらがなで書きなさい。

(2)　「人日」は五節句の一つですが、現在も一月七日に行う「人日」の風習について説明しなさい。

問七　傍線部Cについて、なぜ若菜は恋の象徴となるのですか、説明しなさい。

問八　傍線部Dについて、これはなぜですか、説明しなさい。

問九　傍線部Eとは、どういうことですか、説明しなさい。

問十　傍線部Fについて、

(1)　どのような技法ですか、筆者の考え方を「技法」に続くように、二〇字以内で説明しなさい。

(2)　なぜこの技法が生まれたのですか、説明しなさい。

問十一　傍線部GとHについて、この部分に用いられている和歌の表現技法をそれぞれ漢字二字で記しなさい。

問十二　傍線部Iについて、どのようなものですか、説明しなさい。

問十三　筆者の考える「興」の技法を用いた歌を次の中から二つ選び、番号で答えなさい。

1　春すぎて夏来にけらし白妙の衣ほすてふ天の香具山

2　吹くからに秋の草木のしをるればむべ山風を嵐といふらむ

3　かくとだにえやはいぶきのさしも草さしも知らじな燃ゆる思ひを

4　いにしへの奈良の都の八重桜けふ九重ににほひぬるかな

5　花さそふ嵐の庭の雪ならでふりゆくものはわが身なりけり

6　風そよぐならの小川の夕ぐれはみそぎぞ夏のしるしなりける

素が強い。ゆえに人々は自然現象をよく観察し、季節の変化に敏感に反応した。一年を立春や立秋など二十四等分にして二十四節気とし、D さらに各節気を三つに細分して七十二候とした。

「東風凍を解く」はすなわち立春という節気の、「東風凍を解く　蟄虫始で振く　魚氷に上る」という三候のうちの一候である。春が立つと、風が軒に垂れ下がる氷柱を解かしはじめ、地中の虫はうごめきはじめ、魚も氷の上に登りはじめる。それぞれは早春折々の自然現象にちなむ名前である。農耕生活の体験から生み出された二十四節気や七十二候は、動植物や気象の変化を具体的にしめし、最適の耕作時期を人々に知らせる。これらの暦は今もなお中国と日本で生き続けている。

『古今集』冒頭の歌に七十二候が詠み込まれたことは、文学に現れた農耕生活の影響と言えよう。

日中の詩人は春夏秋冬を好んで詠む。だが、E 春夏秋冬そのものだけが目的ではない。詠みたいのは人の心である。

（中略）

若菜が恋の象徴になりえたのは、春花秋月に心情を託す手法とともに、F 興という表現技法にもよる。

「興」はおこすということ。詩人はある景物を眼にする。その景物は詩人にある種の感動を与える。そこで、詩人は景物を描写することによって、おのれの感動をうたい出す。つまり、まず他物を語る。他物から真に語りたいもの、本物を引き興す。これが興である。最もよく見られるのは、自然の景物から人間の心情を引き出すことである。

詩人の胸中にさまざまな気持ちが3キョライする。どのようにして、どこを切り口にして、それをうたいだすかが難しい。そこで、目にした景物から入れば入りやすい。それがすなわち興である。

興は『詩経』に起源する。

「関雎」の書き出しは「関関たる雎鳩　河の洲に在り」「参差たる荇菜これを左右の流れにもとむ」である。河の中洲でかんかんと鳴きあうみさごも、川の中にながれるあさざも、君子淑女と何の関係もない。だが、双双たるみさごの姿に触発され、作者は君子淑女の恋を思う。新緑の若菜から、清清しい淑女の姿を思う。作者が語りたいのは鳥のみさごでもなく、草の若菜でもない。作者が語りたいのは君子淑女の恋である。みさごと若菜という外的な景物を通して、心に4潜む情感を引き出す。自然風物と人情とは、詩歌の中で渾然一体になる。

和歌にも興がある。

紀淑望は『古今集』の真名序にて、和歌には六種の風体があり、そのうちのひとつは興であるという。日本古典文学全集は、「興」を「比喩されるものを表面に示さない、いわゆる暗喩」と注釈するが、暗喩は比喩の一種であり、興ではないと私は考える。興には比喩の要素があることは確かであり、「比」と「興」を並べて「比興」と言われることが多い。しかし興は比喩そのものではない。興はおこす。他物から本物を引き起こすことをいう。

「花の色は　移りにけりないたづらに　わが身よにG ふるながめせしまに」（小野小町・古今集一一三）。「ふる」は「経る」と「降る」の意味にかかり、色褪せて古びゆくさまをあらわす。花の色の変化から老いの悲しみを引き起こす。

「H あしひきの　山鳥の尾のしだり尾の　ながながし夜をひとりかも寝む」（柿本人麻呂・拾遺集七七八）。山鳥の長い尾からひとり寝る長夜の

【国　語】（六〇分）〈満点：一〇〇点（推定）〉

一　次の文章を読んで、あとの設問に答えなさい。

若菜摘む　野辺の霞ぞあはれなる　昔を遠くへだつと思へば
西行・山家集

西行（一一一八－九〇）もまた、若菜の一首を詠む。A野原で若菜を摘む人を見て自分の青春の日々を思い出したのであろう。

B人日は人間の始まりの日である。この日に若菜を食べると、一年の邪気をはらうことができる。アダムとイブの恋がエデンの園の林檎から始まったが、和歌と漢詩の恋は春の山野の若菜から始まる。

春先の風物である若菜は、花の色や鶯の囀りよりもいち早く春の到来を知らせる。若菜から春が始まり、四季が始まる。この大自然の営みに1コオウするかのように、人も春になれば陽気になり、心が弾む。そこで詩人と歌人は、春とともに芽生える若菜を借りて、恋する心の躍動を表現する。

「巻耳を採りても採りても　筐に盈たず　ああ　我れ　人を懐いて　彼の周行に置く」（詩経・周南・巻耳）。旅に出かけた恋人がなかなか帰ってこない。恋人を思いつつ女は巻耳を採る。いくら採っても籠を満たさない。恋に満たされない気持ちをうたう。巻耳は春の七草繁縷のことである。

「彼の南山に陟り　言に其の蕨を採る　未だ君子を見ず　憂心惙惙たり」（詩経・召南・草蟲）。春の南山に登り蕨を採る女も、恋人に会えない寂しさを憂う。もしいま、ここで彼に会い、彼に寄り添うことができればどんなに嬉しいことか、と訴える。

C春の始まりを象徴する若菜は、恋の象徴となり、詩歌に盛んに取り入れられるようになる。

若菜が恋の象徴になりえたのは、春夏秋冬の自然風物に心情を託すという詩歌の伝統手法があるからである。

袖ひちて　むすびし水のこほれるを　春立つけふの風やとくらむ
紀貫之・古今集二

春夏秋冬は日中の文学につねに登場する。

清少納言の『枕草子』は「春はあけぼの。夏は［ア］。秋は［イ］。冬は［ウ］」で始まる。金国、宋国、蒙古の狭間で波瀾に満ちた生涯を送った元の劇作家白樸（一二二六－一三〇六）は、海棠の花から、春夏秋冬の風物を順にとりあげて描写し、歳月の流伝が夢の如く、春花秋月を思う存分に楽しもうと感歎する（白樸・喬木査）。

そして、詩歌の世界を見てみると、まず春夏秋冬の順で歌を配列する『古今集』が浮上する。いま挙げた一首は二番目の歌である。夏に手で掬った山の泉水は冬に2凍りついた。凍りついた泉水を、今日の春風は解かす。

わずか三十一文字の中に、春夏秋冬の四季が盛り込まれている。

下句の「春立つけふの風やとくらむ」は『礼記・月令』の「孟春の月、東風凍を解く」に基づく。孟春とは春の初め。「東風凍を解く」とは、初春の暖かい風が氷を解かすことをいう。この語は七十二候の一つである。

日本も中国も農耕社会である。古代社会において農業は天候頼みの要

【作　文】（六〇分）

次の文章を読んで、あなたの考えを六〇〇字以内にまとめなさい。

森が燃えていました
森の生きものたちは
われ先にと逃げていきました
でもクリキンディという名のハチドリだけは
いったりきたり
くちばしで水のしずくを一滴ずつ運んでは
火の上に落としていきます
動物たちがそれを見て
「そんなことをしていったい何になるんだ」
といって笑います
クリキンディはこう答えました
「私は、私にできることをしているだけ」

（辻信一『ハチドリのひとしずく』より）

2020年度

解　答　と　解　説

《2020年度の配点は解答欄に掲載してあります。》

＜数学解答＞ 《学校からの正答の発表はありません。》

1 ［1］ $\frac{11\sqrt{6}}{6}$ ［2］ N＝169 ［3］ (1) AC：BC＝24：x (2) $y=\frac{x^2}{24}$
(3) $x=12$，$y=6$

2 (あ) 3 (い) 2 (う) 8 (え) 9 (お) 27 (か) 54 (き) 81
(く) 1 (け) 1 (こ) 9 (さ) 1 (し) 81 (す) 2

3 ［1］ ∠DTE＝45°，∠ATD＝45° ［2］ AT：CT＝2：$\sqrt{3}$ ［3］ FC＝$\sqrt{3}$
［4］ $r=2+\sqrt{3}$

4 ［1］ AC：CB＝2：3 ［2］ $k=\frac{1}{16}$，$a=-8$，$b=12$ ［3］ $y=\frac{1}{4}x+12$

5 ［1］ △OPR＝9 ［2］ △OFP＝$\frac{3}{2}h$ △OPR＝$\frac{9}{2}h$ ［3］ $h=2$ ［4］ $s=4$

○推定配点○

1 ［1］・［2］ 各5点×2 ［3］ (1)・(2) 各3点×2 (3) 4点(完答)
2 (あ)～(き) 各2点×7 (く)～(す) 6点(完答)
3 ［1］ 各3点×2 ［2］・［3］ 各5点×2 ［4］ 4点
4 ［1］ 5点 ［2］ 各3点×3 ［3］ 6点
5 ［1］ 5点 ［2］ 各3点×2 ［3］ 4点 ［4］ 5点 計100点

＜数学解説＞

1 (小問群―平方根の計算，数の性質，方程式の応用，2次方程式)

［1］ $(1+2\sqrt{3})\left(\frac{\sqrt{98}}{7}+\frac{6}{\sqrt{54}}-\frac{\sqrt{3}}{\sqrt{2}}\right)=(1+2\sqrt{3})\left(\frac{7\sqrt{2}}{7}+\frac{6}{3\sqrt{6}}-\frac{\sqrt{6}}{2}\right)=(1+2\sqrt{3})\left(\sqrt{2}+\frac{\sqrt{6}}{3}-\frac{\sqrt{6}}{2}\right)=(1+2\sqrt{3})\left(\sqrt{2}-\frac{\sqrt{6}}{6}\right)=\sqrt{2}-\frac{\sqrt{6}}{6}+2\sqrt{6}-\sqrt{2}=\frac{11\sqrt{6}}{6}$

［2］ 自然数Nの約数が3個のとき，その約数は，1，$\sqrt{\text{N}}$，Nである。$\sqrt{\text{N}}$が奇数の素数となるNを求めていけばよい。$13^2=169$だから，1＋13＋169＝183 よって，N＝169

［3］ (1) 姉と妹の速さをそれぞれ$\frac{a\text{m}}{分}$，$\frac{b\text{m}}{分}$とすると，AC間の道のりは，姉の場合がaxm，妹の場合が$24b$m，CB間の道のりは，姉の場合がaym，妹の場合がbxm 妹の場合で比較すると，AC：BC＝$24b$：bx＝24：x

(2) 姉の場合でAC：BCを表すと，AC：BC＝ax：ay＝x：y よって，x：y＝24：x $24y=x^2$ $y=\frac{x^2}{24}$

(3) $y=x-6$だから，$\frac{x^2}{24}=x-6$ $x^2-24x+144=0$ $(x-12)^2=0$ $x=12$ $y=6$

＋α 2 (数の性質－数が書かれたカードによる数の表し方)

1と書かれたカードが2枚，3と書かれたカードが2枚あるときに，1，1＋1，3，1＋3，1＋1＋3，

$3+3$，$1+3+3$，$1+1+3+3$と1から8までの数を作ることができる。よって，(あ)…3，(い)…2，(う)…8　次に9のカードを2枚追加すると，1と3のカードで1から8までの数が作れたから，$9+(0\sim8)$，$9\times2+(0\sim8)$の18個の数が新たに作れて，6枚のカードによって，1から26までの数を作ることができる。よって，次に追加する2枚のカードに記入する数字は27である。27のカードを2枚追加することで，$27+(0\sim26)$，$27\times2+(0\sim26)$の54個の数字を新たに作ることができ，その結果，8枚のカードで1～80までの数が作れるから，次に追加するカードに記入する数字は81であり，$81+(0\sim80)$，$81\times2+(0\sim80)$の162個の新しい数字を作ることができる。よって，(え)…9　(お)…27　(か)…54　(き)…81　$S=172$となる場合は，$172\div81=2$余り10なので，まず81のカードを2枚　$10\div9=1$余り1なので，9のカードを1枚と1のカード1枚を選べばよい。$1\times1+9\times1+81\times2=172$となる。よって，(く)…1，(け)…1，(こ)…9，(さ)…1，(し)…81，(す)…2

3 (平面図形―円の性質，接線と弦の作る角，三平方の定理，外接円の半径)

重要　[1]　接線(ET)と接点を通る弦(DT)の作る角(∠DTE)はその角内にある弧(弧DT)に対する円周角(∠TCD)に等しいから，∠DTE＝∠TCD＝45°　同じ弧や等しい弧に対応する円周角は等しいから，∠TAD＝45°，∠BAD＝∠TAB－∠TAD＝30°，∠BAC＝∠CAD＝15°，∠ATB＝∠BTC＝∠CTD＝15°　よって，∠ATD＝45°

[2]　∠ATC＝30°，∠TAC＝60°なので，△ATCは内角の大きさが30°，60°，90°の直角三角形となる。よって，AT：CT＝$2:\sqrt{3}$

重要　[3]　TFは∠ATCの二等分線である。角の二等分線はその角と向かい合う辺を，角を作る2辺の比に分けるから，AF：FC＝AT：CT＝$2:\sqrt{3}$　AF＝2なので，FC＝$\sqrt{3}$

[4]　∠ACT＝90°なので，ATはこの円の直径である。AC＝$2+\sqrt{3}$，AT＝2AC＝$2(2+\sqrt{3})$だから，円の半径rは$2+\sqrt{3}$

4 (関数・グラフと図形－座標，直線の式，平行線，線分の比と座標，面積)

[1]　点A，Bは放物線$y=kx^2$の上にあるので，$(a,\ 4)$，$(b,\ 9)$を代入すると，$4=ka^2$，$9=kb^2$　よって，$ka^2:kb^2=4:9$　$a^2:b^2=4:9$　$a<0$だから，$a:b=-2:3$　座標平面上の線分の長さの比は，線分の両端のx座標(またはy座標)の差で求められるから，AC：CB＝2：3

やや難　[2]　高さが等しい三角形の面積の比は底辺の長さの比に等しいから，△AOC：△COB＝2：3　よって，△COB＝36，△AOB＝60　点A，Bからそれぞれx軸に垂線AH，BIを引くと，△AOB＝(台形AHIB)－△AHO－△BIO＝$\frac{1}{2}\times(4+9)\times(b-a)-\frac{1}{2}\times(-a)\times4-\frac{1}{2}\times b\times9=60-\frac{9}{2}a+\frac{4}{2}b=60$　$-9a+4b=120$…①　$a:b=-2:3$から，$3a+2b=0$…②　①－②×2から，$-15a=120$　$a=-8$　②に代入して，$-24+2b=0$　$b=12$　$4=ka^2$に$a=-8$を代入して，$k=4\div64=\frac{1}{16}$

重要　[3]　点D，Eのx座標をそれぞれd，eとすると，$\mathrm{D}\left(d,\ \frac{1}{16}d^2\right)$，$\mathrm{E}\left(e,\ \frac{1}{16}e^2\right)$　平行な直線でも線分の長さの比は，線分の両端のx座標(またはy座標)の差で求められるから，$(e-d):\{12-(-8)\}=7:5$　$e-d=28$…①　$\left(\frac{1}{16}e^2-\frac{1}{16}d^2\right):(9-4)=7:5$　$e^2-d^2=7\times16$　$(e+d)(e-d)=7\times16$…②　②に①を代入して，$e+d=7\times16\div28=4$…③　①－③から，$d=-12$，①＋③から，$e=16$　よって，D$(-12,\ 9)$，E$(16,\ 16)$　直線DEの傾きは，$\frac{16-9}{16-(-12)}=\frac{1}{4}$　$y=\frac{1}{4}x+f$とおいて$(16,\ 16)$を代入すると，$16=4+f$　$f=12$　したがって，直線DEの式は，

$y=\frac{1}{4}x+12$

5 （空間図形─正四角錘，切断，三平方の定理，面積，長さ）

[1]　ACは1辺の長さが8の正方形の対角線なので，AC＝$8\sqrt{2}$　△OACの3辺の比は1：1：$\sqrt{2}$となるから，△OACは∠AOC＝90°の直角二等辺三角形である。よって，△OPR＝$\frac{1}{2}$×OP×OR＝$\frac{1}{2}$×3×6＝9

[2]　△OFPの面積はOPを底辺，FHを高さとして求められるので，△OFP＝$\frac{1}{2}\times3\times h=\frac{3}{2}h$　∠AOF＝∠COFだから，OFは∠PORの二等分線である。三角形の角の二等分線は，その角と向かい合う辺を，角を作る2辺の比に分けるから，PF：FR＝OP：OR＝1：2　よって，PF：PR＝1：3　高さが等しい三角形の面積の比は底辺の長さの比に等しいから，△OPF：△OPR＝PF：PR＝1：3　よって，△OPR＝3△OFP＝$\frac{9}{2}h$

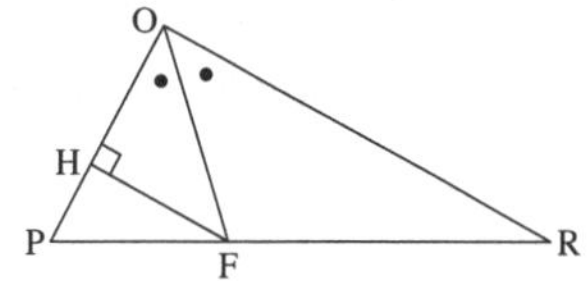

[3]　△OPR＝$\frac{9}{2}h=9$　よって，$h=2$

[4]　△OHFは直角二等辺三角形だから，OF＝$\sqrt{2}$FH＝$2\sqrt{2}$　点FからOCに垂線FJを引くと，△OFJは直角二等辺三角形だから，OJ：OF＝1：$\sqrt{2}$　よって，OJ＝2　JF//OSだから，QJ：QO＝JF：OS　2：4＝2：s　よって，$s=4$

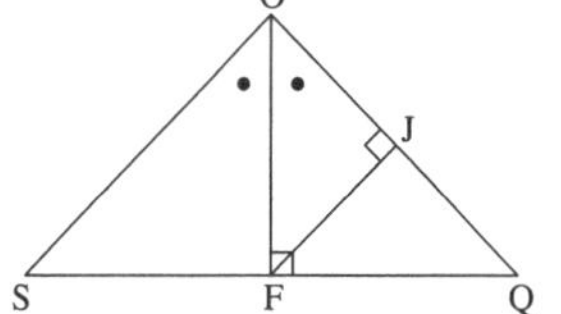

★ワンポイントアドバイス★

どの問題もよく工夫されている。題意をつかむことが大切である。1の[3]はAC間，BC間の道のりを姉，妹それぞれに表して考える。3は等しい角が多数あることに着目する。4の[2]は△OABの面積を利用するとよい。5はOFの長さを求める。

＋α は弊社HP商品詳細ページ（トビラのQRコードからアクセス可）参照。

＜英語解答＞ 《学校からの正答の発表はありません。》

1　リスニングテスト解答省略

2　問1　④，⑥　問2　[Ⅰ]　has shown how drugs can be very useful　[Ⅱ]　took many years for Olympic officials to take　問3　1920年代になって初めて，スポーツ時の薬物使用に関する規則が必要だと考えられるようになった。　問4　(A)　多くの人が競技で勝ちたいために薬物を使用すること。　(B)　・禁止薬物を検出する技術の進歩。・薬物使用に関して新たな規則を作ること。　問5　③　問6　（“Gene doping”）does not use drugs.　問7　①，②

3　問1　like　問2　A　⑤　B　⑥　C　①　D　④　問3　あ　今でも使われている灯台　い　最も古い　問4　It is said that the light at the top of the lighthouse could be seen from fifty kilometers away.　問5　⑤　問6　③

4　問1　(ア)　played　(イ)　allowed　(ウ)　flew　(エ)　taking
問2　(Seeing) an African-American woman in a spaceship on TV made Jemison

believe that she could be an astronaut.　問3 (the discrimination) she experienced couldn't stop her　問4 彼女はいくつかの発展途上国で学び，タイの難民キャンプで働くことによって，自分の視野を広げる時間を得た　問5 ①　問6 chance

5 (例) I think homework is necessary. When students do their homework, they remember what they have learned in class and can understand it better. To solve a lot of math problems and write new English words many times at home helps students master the subjects. Also, they can learn time management skills to complete all the assignments on time.(58 words)

○推定配点○

1 1 各2点×3　2 各3点×3　2 問1・問7 各2点×4　問2～問6 各3点×8

3 問1・問3・問4 各3点×3(問3完答)　他 各2点×6

4 問1・問5 各2点×5　他 各3点×4　5 10点　計100点

<英語解説>

1 リスニングテスト解説省略。

2 **(長文読解問題・紹介文：語句解釈，語句整序，現在完了，間接疑問，不定詞，英文和訳，内容吟味，英問英答，内容一致)**

(全訳) 70年ほど前は，タバコを吸うことは健康で格好いいと思われていた。映画の中で美しい女性がよくタバコを吸っていた。タバコを吸うことは健康にいいと言う医師さえもいた。例えば，彼らはタバコを吸うと風邪に対して強くなり，集中力を高めると言った。もちろん，現在私たちはみな，タバコを吸うことがんやその他の恐ろしい病気を引き起こすことを知っている。また，何人かの人々にとっては，薬物使用への最初の一歩でもある。今日，(1)これらの事実がみなに知られているにもかかわらず，多くの人がタバコを吸うのをやめられない。

スポーツで薬物を使うことはタバコを吸うことと似ている。運動能力を向上させる薬物の使用は，長い間存在している。実際，タバコが役に立つと考えられていたのと同様に，スポーツの初期の時代にはそれは全く一般的なことだった。医師たちはある種の薬物が人間の運動レベルを引き上げることができると認識していた。古代ギリシャでは，トレーナーが選手たちの運動能力を向上させるために様々な薬物を与えた。古代ローマでは，剣闘士たちが運動能力を向上させる薬物を使用した。馬さえもスピードと活動力を向上させるために様々な薬物が与えられた。

20世紀の始め，「ドーピング」という単語が選手たちに使われるようになった。1904年のオリンピックのマラソンは，近代スポーツの歴史において初のドーピング事例だった。レースの優勝者は走り続けられるよう，運動能力を向上させる薬物を注射されていた。レースの報告書には「医学的観点から，マラソンは[I]薬物が長距離レースの選手にとって非常に役立つことを示した」と書かれていた。当時，人々がそのような化学薬品を使用することの危険性について認識していなかったのは驚きである。人々は今，これらの化学薬品が人体に悪影響を及ぼすことを理解しているが，(2)1920年代になって初めて，スポーツ時の薬物使用に関する規則が必要だと考えられるようになった。

信じられないことに，[II]オリンピック当局が行動を起こすのに何年もかかった。1972年になってようやく，より厳しい規則が作られ，薬物テストが選手に対して実施され始めた。結果として1972年のオリンピックでは，多くの選手が失格となったり，メダルを失ったりした。それが1980年代に始まった，選手と当局との争いにつながった。選手の中には，まだアンチ・ドーピング・リストに載っていない，運動能力を向上させる新しい薬物を見つけようとする者もいた。当局はこれらの薬物を検出しようとした。

より厳しい規則が作られてから，当局は薬物を使用している多くの選手を発見してきた。おそらく最も有名な事例はカナダ出身の選手，ベン・ジョンソンだろう。彼は1988年のオリンピックの100メートル走で世界記録を破って金メダルを獲得し，「世界最速の男」になったが，薬物の使用でも有名になった。それはオリンピックの歴史において最大の薬物事例の1つだった。より最近のことでは，ロシアの陸上選手団の全員が2016年のオリンピックに参加できなかった，なぜならオリンピック当局は彼らが禁止薬物を使用していると考えたからだ。

ドーピングに対する戦いは続いており，アンチ・ドーピング担当局は(3)<u>克服すべきたくさんの課題</u>がある。その最大のものは，多数の人は勝利を求めているため，競技で薬物を使おうとすることだ。幸運なことに，技術発展のおかげでアンチ・ドーピング担当局が禁止薬物を容易に検出できる。薬物使用に関する新しい規則を作ることも，選手がドーピングするのをさらに難しくさせる。しかし，人々は常に新しい種類のドーピングを開発している。そのような種類の1つは「遺伝子ドーピング」と呼ばれる。それは選手の運動能力を向上させるために，遺伝子の形や遺伝子内の物質を変化させる。それは人体に悪影響もあるが，最大の違いは，一般的なドーピングは薬物を使うが，それは使わない，ということだ。アンチ・ドーピング担当局は世界中の科学者たちに，「遺伝子ドーピング」を選手に勧めないよう，要請している。ドーピングに対する戦いには大きな進歩が見られたが，(4)<u>スポーツにおけるドーピングの終焉が現実となるには長い道のりがある。</u>

問1　直前の2文参照。

問2　［Ⅰ］（the marathon）has shown how drugs can be very useful（to athletes in long-distance races.）文の動詞は現在完了の has shown で，目的語は how 以下の間接疑問。

［Ⅱ］（it）took many years for Olympic officials to take（action.）〈It takes ＋時間＋ for ＋人＋ to ＋動詞の原形〉「(人が)～するのに(時間が)かかる」 take action「行動を起こす」

やや難 問3　It was not until ～ that …「～になって初めて…した」 that節の主語は rules about the use of drugs in sport「スポーツでの薬物使用に関する規則」，文の動詞は受動態で were thought necessary「必要だと考えられた」。

問4　(A)　下線部(3)の直後の文参照。The biggest one is ～「その最大のもの(課題)は～」で文が始まっているので，that「～ということ」以下の内容をまとめる。　(B)　(A)の該当箇所に続く2文(最終段落第3～4文)を参照する。

やや難 問5　③「多くの困難があるのでスポーツにおけるドーピングが終わるには長い時間がかかる」

重要 問6　「一般的なドーピングと『遺伝子ドーピング』の最大の違いは何か」「『遺伝子ドーピング』は薬物を使わない」　最終段落最後から3つ目の文参照。文末の it does not の it は “gene doping” を指し，does not の後ろには use drugs が省略されている。

問7　①「古代ギリシャのトレーナーたちは選手に運動能力を向上させるために薬物を与えた」(○)　②「1904年のオリンピックのマラソンでは，薬物の助けにより選手が走り続け，レースに優勝した」(○)　③「新しい薬物を見つけようとする担当局と選手間の争いは1960年代に始まった」(×)　④「ベン・ジョンソンは薬物の力を借りずに1988年のオリンピックで金メダルを獲得した」(×)　⑤「2016年のオリンピックでは多くのロシアの選手が失格になりメダルを失った」(×)

3　**(会話文読解問題：語句補充，前置詞，文補充・選択，内容吟味，和文英訳，受動態，助動詞)**

(全訳)　エミリー(以下E)：あなたはボストンに行ったの？　向こうで灯台を見た？

デイビッド(以下D)：うん，着陸する直前に飛行機から見たよ。

E：それがどんな(1)<u>感じ</u>だったか教えて。

D：うーん，それは僕にとってはよくある灯台だったよ。つまり，その塔は基部の方が幅広くて，先の方は細くて，色は白かった。ボストン港の小さな島に立っていたよ。

E：それはボストン灯台よ！　アメリカで最初の灯台で，300年前ごろに建てられたの。写真家の間でとても人気があるのよ！

D：Ａ君はこの灯台についてよく知っているね。どうして？

E：実は私はあらゆる種類の灯台に興味があるの。私の父は航海が好きで，父は私が子供の頃から灯台についていろいろ話してくれたのよ。

D：なるほど。Ｂそれなら君に質問をしてもいいかな？

E：もちろん！

D：ボストン灯台を含め，どうして多くの灯台は丸い形の塔があるのかな。

E：丸い形は風の影響を削減するからよ。沿岸の強い風は多くのダメージを与えるわ。

D：ああ，なるほど。ところで，君はボストン灯台がアメリカで最も古い灯台だと言ったけれど，世界で最も古いものはスペインにあるよね？　僕は先週，いろいろな世界記録に関するテレビ番組を見たんだ。

E：ヘラクレスの塔のこと？　(1)ある意味では，そうね。つまり，それは今でも使われている最も古い灯台よ。私の記憶では，それは1世紀に建てられたわ。

D：それは古いね！　でも君はどの灯台が世界で最も古いか知っているの？

E：Ｃ実のところ，それは誰も確実にはわからないわ。でも古代の有名な灯台の1つは，アレクサンドリアの大灯台よ。それは紀元前300年頃にエジプトで建てられたの。

D：わあ，それはずっと古いね！

E：しかも高さが130メートルくらいだったって信じられる？　現代の30階建ての建物より高いのよ！　アレクサンドリアは賑やかな港町で，灯台は出入りする全ての船の船員たちから見えなくてはいけなかったの。でもね，灯台の一番上にある大きな鏡が見つけやすくしたのよ。

D：大きな鏡？　Ｄどうしてそんなものがあったの？

E：光を強くするためよ。それは日中は太陽の光を反射して，夜は火の明かりを反射したの。(2)その灯台の最上部の光は，50キロ離れたところから見ることができたと言われている。

D：ああ，昔の人はなんて賢かったんだろう！

問1　What was it like?「それはどのような感じでしたか」 like は「～のような」を表す前置詞。ここでは間接疑問で what it was like となる。

問2　全訳下線部参照。

問3　下線部(1)の直後の文参照。

やや難　問4　It is said that ～「～だと言われている」 主語が「その灯台の最上部の光」なので，動詞部分の「見ることができた」は受動態で「見られることができた」と表す。

問5　デイビッドの2番目と5番目の発言参照。基部が幅広く，先端が細く，円形なのは⑤。

問6　「船員たちがアレクサンドリアの大灯台を見つけることは容易だった，なぜならそれは高くて，2種類の光を反射する鏡が付いていたからだ」

4　**（長文読解問題・紹介文：語句補充，語形変化，分詞，進行形，和文英訳，動名詞，使役構文，接続詞，助動詞，言い換え・書き換え，英文和訳，前置詞）**

（全訳）　メイ・ジェミソンは，1956年に生まれ，宇宙に行くという終生の夢を実現させた。実のところ，彼女は宇宙に行った初のアフリカ系アメリカ人の女性である。彼女の成功は簡単に得たものではなかった。それは長年の準備と努力の結果だった。

低学年を通じて，ジェミソンは常に科学に強い関心を持っていた。特に天文学だ。小学生の頃，彼女の大好きなテレビ番組は『スタートレック』だった。彼女のお気に入りのキャラクターの1人は聡明な科学者で士官であるウフーラで，アフリカ系アメリカ人の女優によって(ア)演じられていた。当時，科学の分野に女性やアフリカ系アメリカ人はほとんどいなかった。1960年代の宇宙飛行士は全員白人男性だった。(1)宇宙船に乗っているアフリカ系アメリカ人の女性をテレビで見ることが，ジェミソンに自分が宇宙飛行士になることができると信じさせた。

しかしながら，高校時代に彼女は工学分野でキャリアを追求することに興味を持った。彼女は1973年に高校を卒業し，わずか16歳でスタンフォード大学に入学した。大学で学ぶことは彼女にとって困難なこともあった。彼女はその大学で最年少の工学専攻の学生だった。また，当時スタンフォード大学には女性もアフリカ系アメリカ人もほとんどいなかった。しかしそれでも彼女は熱心な学生であり，(2)彼女は自分が経験した差別に自分を立ちどまらせなかった。ジェミソンはエンジニアになるという目標を追い求める，強い意志を持っていた。1977年，彼女は工学の学位を得てスタンフォードを卒業した。

卒業直後，彼女は医学を学ぶためにコーネル大学に入学することにした，なぜなら彼女は医師として人々を助けたかったからだ。在籍中，彼女は忙しかったけれども，(3)彼女はいくつかの発展途上国で学び，タイの難民キャンプで働くことによって，自分の視野を広げる時間を得た。1981年にコーネル大学を卒業後，彼女はロサンゼルスで医師として働き始めた。次の2年半の間は，アフリカのいくつかの国でボランティア団体の医務官として働いた。

1985年，彼女はアメリカに戻り，終生の夢を実現させるために，自分の知識およびエンジニアと医師としての経験を生かす時だと考えた。彼女はキャリアを変更し，A宇宙に行く夢を追求することにした。その年の10月，彼女はアメリカ航空宇宙局の宇宙飛行士訓練プログラムに応募した。ジェミソンは約2000人から選ばれた15人の候補者の1人になった。彼女は宇宙飛行士訓練プログラムに参加することを(イ)許可された，初のアフリカ系アメリカ人女性になった。

1年以上の訓練を経て，ジェミソンは宇宙飛行士になった。1992年9月12日，他の6人の宇宙飛行士たちと共に，ジェミソンはエンデバー号に乗って宇宙へ(ウ)飛んだ。知識と経験のおかげで，彼女は科学任務の運用技術者になった。宇宙での8日間で，彼女は科学的，医学的な実験を行った。歴史的な飛行の後，ジェミソンは，機会が与えられれば女性でも少数派の人々でも世界に多大な貢献ができるということを社会が認識すべきである，と語った。

1993年にアメリカ航空宇宙局を離れ，ジェミソンは多くのことをした。会社を作り，大学で教え，技術に関する講演をするために世界を回り，女優として『スタートレック』にも出演した！　今日，ジェミソンは再びアメリカ航空宇宙局と仕事をしている。しかし彼女は今回，宇宙飛行士ではない。彼女は「100年宇宙船計画」のリーダーの1人だ。このプロジェクトの主な目的は，人間が100年後に宇宙旅行をする際に必要となるシステムを開発することだ。今，彼女は自分の広い知識，科学への強い関心，そして宇宙飛行士としての経験を(エ)活かしている。彼女は地球上にずっといるかもしれないが，宇宙の夢を追い続けるだろう。

問1　(ア)　play「～を演じる」を過去分詞にし，played by an African-American actress「アフリカ系アメリカ人女優によって演じられた」とする。　(イ)　〈allow ＋人＋ to ＋動詞の原形〉「(人)に～することを許す」　ここでは過去分詞にし，形容詞的用法の過去分詞句 allowed to take part in ～「～に参加することを許された」が woman を後ろから修飾する形にする。

(ウ)　fly「飛ぶ」の過去形 flew を入れる。　(エ)　take advantage of ～「～を利用する，活かす」　ここでは現在進行形にする。

やや難 問2　Seeing an African-American woman in a spaceship on TV「宇宙船に乗っているアフリカ系アメリカ人の女性をテレビで見ること」が文全体の主語。〈make ＋人＋動詞の原形〉「(人)

に～させる」

やや難 問3 「彼女が経験した差別は彼女を止めることができなかった」とする。彼女は差別を経験しても自分の道をあきらめなかった，という意味である。

重要 問4 broaden one's horizons「視野を広げる」 by ～ing「～することによって」 developing countries「発展途上国」 a refugee camp「難民キャンプ」

問5 第1段落第1文に her lifelong dream of going into space とある。この部分と空所Aの her dream of going into space が同意の表現となる。

問6 「メイ・ジェミソンは宇宙飛行士になった，初のアフリカ系アメリカ人の女性だ。彼女のメッセージの1つは，女性や少数派の人々は世界に貢献するため機会を与えられるべきだ，ということだ。現在，彼女の知識，科学への関心，宇宙飛行士としての経験は，彼女がNASAと仕事をする上で多いに役立っている」 最後から2番目の段落の最終文参照。they are given the chance とある。

重要 5 **(自由・条件英作文)**

（問題文訳）「あなたは宿題は必要だと思いますか。2つか3つの理由を挙げてあなたの考えを教えてください。英語で書き，約50語を使いなさい。解答用紙の空所に単語数を書いてください」

（解答例訳）「私は宿題は必要だと思います。生徒は宿題をすると，授業で習ったことを思い出し，より良く理解することができます。家で数学の問題をたくさん解き，新しい英単語を何度も書くことは，生徒がその教科を身につけるのに役立ちます。また，全ての課題を期日通りに完成させるよう，時間管理能力を養うことができます」（58語）

★ワンポイントアドバイス★

2の長文は，タバコや薬物，オリンピックとドーピングに関する英文。オリンピックの実施年には，様々な学校でオリンピック関連の英文が出題される。

＜国語解答＞ 《学校からの正答の発表はありません。》

一 問一 1 呼応 2 こお(り) 3 去来 4 ひそ(む) 問二 ア よる イ ゆうぐれ ウ つとめて 問三 X 夏虫 Y 思ひ 問四 5→4→2→3→1 問五 (例) 春とともに芽生え，春の始まりを象徴する若菜は，青春の明るさを連想させるから。 問六 (1) じんじつ (2) (例) 春の七草を七草がゆとして食べる。 問七 (例) 春とともに芽生える若菜は，恋する心の躍動を表現する風物にふさわしいから。 問八 (例) 古代の農耕社会においては天候頼みの要素が強かったため，人々は自然現象をよく観察し季節の変化に敏感に反応したから。 問九 (例) 人々が自然の景物に思いを託して歌を詠んだということ。 問十 (1) 他物を語って，真に語りたい本物を引き興す(技法) (2) 目にした景物を詠むことで，詩人の気持ちを表現する切り口にすることができるから。 問十一 G 掛詞 H 枕詞 問十二 (例) 景物の描写から心情を引き起こすという過程をふまえることで生まれる深い味わいや趣。 問十三 3・5

二 問一 1 ちゅうすう 2 粒子 3 過言 4 維持 問二 3 問三 (例) 発達過程における臨界期を過ぎてしまうと，ある行動の学習が成立しなくなるから。

問四 (例) 幼少期に他人との接触が断たれ，言語的な刺激を受けることができない状況。
問五 領域の中に言語の情報を入れて活用している(20字) 問六 (例) 科学の専門用語を母国語で学べると，一つの言葉からたくさんのイメージを受けることができ理解も進むから。 問七 3・4・5

問八	うまく	使いこなせ	なく	なっ	て	しまう
	形容詞	動詞	助動詞	動詞	助詞	動詞
	連用形	未然形	連用形	連用形		連体形

○推定配点○

□一 問一 各1点×4 問二～問四・問六・問十一 各2点×10(問四完答)
他 各5点×8(問十三完答) □三 問一 各1点×4 問二 2点 他 各5点×6(問七完答)
計100点

＜国語解説＞

□一 (和歌の鑑賞―漢字の読み書き，文脈把握，表現技法，文学史)

問一 1 「呼」を使った熟語はほかに「呼吸」「呼称」など。訓読みは「よ(ぶ)」。
2 「凍」の訓読みは「こお(る)」「こご(える)」。音読みは「トウ」。熟語は「凍傷」「冷凍」など。
3 「去来」は，行ったり来たりすること。「去」を使った熟語はほかに「去就」「去年」など。音読みはほか「コ」。熟語は「去年(こぞ)」「過去」など。訓読みは「さ(る)」。 4 「潜」の訓読みは「ひそ(む)」「もぐ(る)」「くぐ(る)」。音読みは「セン」。熟語は「潜在」「潜伏」など。

問二 『枕草子』の第一段には「春はあけぼの」，「夏は夜」，「秋は夕暮れ」，「冬はつとめて(早朝)」とあるので，アは「よる」，イは「ゆうぐれ」，ウは「つとめて」とする。

問三 直前に「袖に包んでも隠しきれない。袖から漏れてくる蛍の光よ，まるであの人へのあふれる思いのようなものだ。隠そう隠そうとしてもつい顕われてしまうのだ」と歌の解釈が示されている。「蛍の光」から，自身の「あふれる思い」を引き出した，という文脈になるので，「つつめども……」の歌の中から「夏虫」「思ひ」を抜き出す。

問四 「西行」は平安時代末期の歌人。「紀貫之」は平安時代前期の歌人で『古今和歌集』の序文「仮名序」を記しており，「仮名序」の中で「小野小町」を六歌仙の一人に挙げているので，「小野小町」は「紀貫之」よりも前の時代の人物と考えられる。「清少納言」は平安時代中期の歌人。「柿本人麻呂」は『万葉集』を代表する歌人なので，柿本人麻呂→小野小町→紀貫之→清少納言→西行の順になる。

問五 「若菜」については，「春先の……」で始まる段落に「いち早く春の到来を知らせる。若菜から春が始まり，四季が始まる」と説明されているので，春の始まりを知らせる若菜は青春をイメージさせるものであることを表現すればよい。

問六 (1) 「じんじつ」と読む。 (2) 「人日」については，直後に「この日に若菜を食べると，一年の邪気をはらうことができる」と説明されていることから，現在の一月七日に，春の七草を七草がゆとして食す風習を指すものであるとわかる。

やや難 問七 直後に「若菜が恋の象徴となり得たのは，春夏秋冬の自然風物に心情を託すという詩歌の伝統手法があるからである」とあり，具体的には，「人も春になれば陽気になり，心が弾む。そこで詩人と歌人は，春とともに芽生える若菜を借りて，恋する心の躍動を表現する」と説明されている。

問八 理由については，直前に「日本も中国も農耕社会である。古代社会において農業は天候頼みの要素が強い。ゆえに人々は自然現象をよく観察し，季節の変化に敏感に反応した」と説明されているので，これらの内容を要約すればよい。

問九　同様のことは，「若菜が……」で始まる段落に「詩人はある景物を眼にする。……詩人は景物を描写することによって，おのれの感動をうたい出す」と言い換えられており，「自然の景物から人間の心情を引き出す」と説明されている。

やや難 問十　(1)「興」については直後に説明されており，「つまり，まず他物を語る。他物から真に語りたいもの，本物を引き興す。これが興である」と端的に述べられている。　(2)「興」が生まれた背景は，「詩人の……」で始まる段落に「詩人の胸中にさまざまな気持ちがキョライする。どのようにして，どこを切り口にして，それをうたいだすかが難しい。そこで，目にした景物から入れば入りやすい」と説明されている。

問十一　G「ふる」については，直後に「『ふる』は『経る』と『降る』の意味にかかり……」と説明されている。一つの語に二重の意味を持たせる技法を「掛詞(かけことば)」という。

H　冒頭の五音「あしひきの」は，「山」という語を導き出すための「枕詞(まくらことば)」。

問十二　直後に「最初から何もかも露骨に言ってしまえば，趣がない。……引き起こすという過程があるからこそ，かぎりなく味わいが生まれる」と説明されている。景物の描写から心情を引き起こすことによって生まれる味わいや趣を「含蓄」と表現しているのである。

問十三　「興」は，「自然の景物から人間の心情を引き出すこと」。心情を表す語が含まれるものがあてはまるので，「燃ゆる思ひ」とある3，「わが身」とある5が適切。

二　(論説文一漢字，脱語補充，四字熟語，文脈把握，内容吟味，要旨，品詞分解)

問一　1「中枢」は，物事の中心となる大切なところ。「枢」を使った熟語はほかに「枢軸」「枢要」など。　2「粒」の訓読みは「つぶ」。「粒より」「飯粒」などと使われる。　3「過言」は，言いすぎること。「過」を使った熟語はほかに「過酷」「過剰」など。訓読みは「す(ぎる)」「す(ごす)」「あやま(つ)」「あやま(ち)」。　4「維」を使った熟語はほかに「維新」「繊維」など。

問二　直前の「日本人が英語を話すことができないこと」と，「英語が得意でなくとも世界トップレベルの発見ができるのは，日本語がしっかりとしているから」の二つを指すものが入る。3の「二律背反」は，同じ前提から導き出された命題が，互いに矛盾して両立しないこと，という意味なので，日本語がしっかりしていれば英語が得意でなくとも世界トップレベルの発見ができるが，だからといって，英語が話せなくてもよいというわけではない，という内容にあてはまる。英語が得意でないという前提は同じだが，その先の結果は両立しない。

問三　「大きな差が発生」してしまう理由については，「この神経回路が……」で始まる段落に「発達過程において臨界期を過ぎてしまうと，ある行動の学習が成立しなくなるのです」と説明されている。

問四　「ケース」とは，前に示されている「ジーニー」の例で，「大脳の……」で始まる段落に「幼少期に他人との接触を断たれ，言語的な刺激を受けなかった」と説明されている。

問五　同様のことは，直後で「領域の中に言語の情報を入れて活用している」と言い換えられている。

問六　「明治の初期に……」で始まる段落に「明治の初期にこのような言葉がたくさんつくられたからこそ，日本人は西洋文明をベースにした学問を日本語で学ぶことができたのです。やはり，学問を学ぶには母国語で学んだほうが理解も進みます」「日本では科学を母国語で学ぶことができ，専門用語も日本語でつくられていることが多い。そのため，一つの言葉からたくさんのイメージを受け取ることができるのです」と説明されている。

やや難 問七　1は，本文に「ネイティブのバイリンガルになることと，言語をうまく使いこなすことは，また別の問題です」とあることと合致しない。2は，「既存の日本語」という部分が合致しない。本文には「積極的に新しい日本語をつくってきました」とある。3は，本文最後に「最近は……会話能力を重視し，読み書きの能力を軽視する風潮があるので，日本人の言語リテラシーがこのままイジされるかわからない状況になってきました」とあることと合致する。4は，「大脳の……」で始まる段落に「幼少期に他人との接触が断たれ，言語的な刺激を受けなかった人は，……言語中枢の神経細胞自体が縮退したのかもしれません」とあることと合致する。5は，「日本人は西洋文化を咀嚼して，積極的に新しい日本語をつくってきました。その時，中心となって活躍したのが西周という人物です」とあることと合致する。6は，「脳の発達は止まってしまう」という部分が合致しない。本文には「臨界期を過ぎてしまうと，ある行動の学習が成立しなくなる」と述べられているだけである。

重要 問八 「うまく（形容詞）・使いこなせ（動詞）・なく（助動詞）・なっ（動詞）・て（助詞）・しまう（動詞）」と6つの品詞に分けられる。「うまく」は，終止形が「うまい」となる形容詞の連用形。「使いこなせ」は，終止形が「使いこなす」となる動詞の未然形。「なく」は，打消しの助動詞「ない」の連用形。「なっ」は，動詞「なる」の連用形。「て」は，接続助詞。「しまう」は，「（補助）動詞」「しまう」の連体形。

（作文について）

テーマが明示されている課題型の設問ではないので，論述のテーマを自分で決めることが必要である。ここでは，例えば「『私は，私にできることをしているだけ』」という部分に着目して，「私にできること」とは何か，自分の考えを示した上で「くちばしで水のしずくを一滴ずつ運んでは／火の上に落としていきます」という行為が表すものとは何か，逃げることが賢明であるかもしれないが，逃げずに「私にできること」をする意義とは何か，と書き進めて行き，自分が主張したいことを最後にはっきりと示す，といった形にするなど，文章力・表現力だけでなく，適切な題材を決める力や文章構成力も問われていることを理解して取りかかろう。

★ワンポイントアドバイス★

出題量が多いので，最後まで集中を切らさずに解答する持久力を身につけよう！
記述対策として，要旨を簡潔にまとめる練習をしておこう！

大切なことはメモしておこうネ！

2019年度

★★★★★★★★★★★★★★★★★★★★★★★★

入　試　問　題

2019年度

慶應義塾女子高等学校入試問題

【数　学】（60分）〈満点：100点（推定）〉

【注意】　1. 途中の計算や式なども全て解答用紙に書いておくこと。

2. 図は必ずしも正確ではありません。

1　次の問いに答えなさい。

[1]　次の式を計算しなさい。　$(\sqrt{5}-\sqrt{2}+1)(\sqrt{5}+\sqrt{2}+1)(\sqrt{5}-2)$

[2]　右の図のように，2点O，O′をそれぞれ中心とする円O，O′は点Aで接する。点B，Cは円Oの円周上の点で，線分BCは点Dで円O′に接し，線分ACは円Oの直径である。また，円O′は線分OCと交わり，その交点を点Eとする。円Oの半径を3cm，$\angle DEA = 56^\circ$として，次の問いに答えなさい。

(1)　$\angle BOA$の角度を求めなさい。

(2)　図の2つの斜線の部分の面積の差を求めなさい。ただし，円周率はπとする。

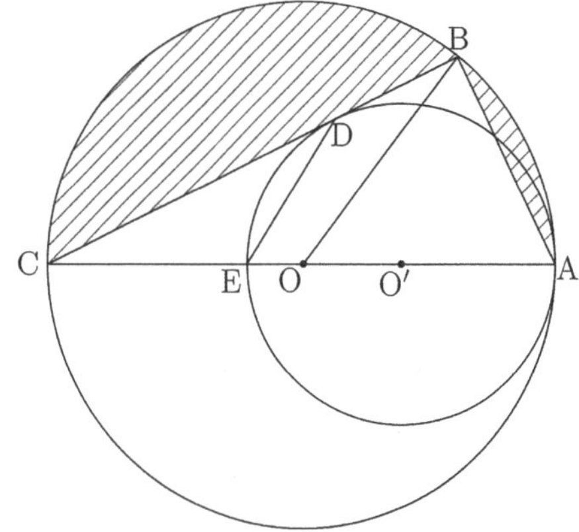

2　$\triangle OAB$が正三角形になるように，放物線$y=\frac{1}{3}x^2$上にx座標が正である点Aとy軸上に点Bをとる。放物線$y=\frac{1}{3}x^2\ (x \geqq 0)$，直線$y=\frac{\sqrt{3}}{3}x+8$，$y$軸の3つに囲まれた図の太線とその内側の部分に，$\triangle OAB$と合同な正三角形を，$\triangle OAB$に続けて，次の(ア)～(ウ)を満たすようにできるだけ多く置いて図形を作る。

(ア)　どの正三角形も辺以外では重ならない。

(イ)　すでに置いてある正三角形の辺と次に置く正三角形の辺がぴったり重なるように置く。

(ウ)　どの正三角形も太線とその内側から一部でもはみ出さない。

次の問いに答えなさい。

[1]　A，Bの座標を求めなさい。

[2]　放物線$y=\frac{1}{3}x^2$と点(0，6)を通り，傾きが

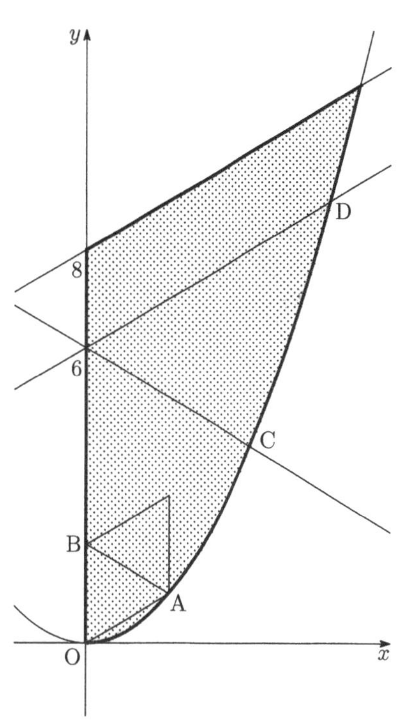

$-\frac{\sqrt{3}}{3}$，$\frac{\sqrt{3}}{3}$ である2つの直線との交点の x 座標が正である点をそれぞれC，Dとする。C，Dの座標を求めなさい。

[3]　△OABを含めて置いた正三角形の個数を求めなさい。

[4]　作った図形を y 軸のまわりに一回転させてできる立体の体積を求めなさい。ただし，円周率は π とする。

3　容器Aには濃度2%の食塩水が入っている。濃度6%の食塩水 x kgを，容器Aに加えると濃度 y %，8kgの食塩水になった。次の問いに答えなさい。

[1]　y を x を用いて表しなさい。

次に，容器Aから x kgを抜き取った後，容器Aに水を2kg加えたら濃度2.5%の食塩水になった。

[2]　考えられる x と y の値の組をすべて求めなさい。

4　図の△ABCの辺AB，AC上の点をそれぞれD，Eとし，線分DEを折り目として，点Aが辺BC上にくるように折り返す。Aを折り返した点をA′としたとき，△DBA′∽△ABCとなった。次の問いに答えなさい。

[1]　∠ABC，∠ADEと角度が等しい角を①～⑩の中からそれぞれ選びなさい。ただし，複数ある場合はすべて選びなさい。

①∠BAC　②∠EDA′　③∠BDA′　④∠BA′D　⑤∠DA′E

⑥∠CA′E　⑦∠ACB　⑧∠CEA′　⑨∠DEA′　⑩∠AED

[2]　線分ADと長さが等しい線分をすべて書きなさい。

[3]　線分AA′と線分DEを作図しなさい。

[4]　AB＝5cm，BC＝6cm，CA＝3cmのとき，次の長さを求めなさい。

(1)　Aから辺BCにひいた垂線

(2)　BA′

(3)　AA′

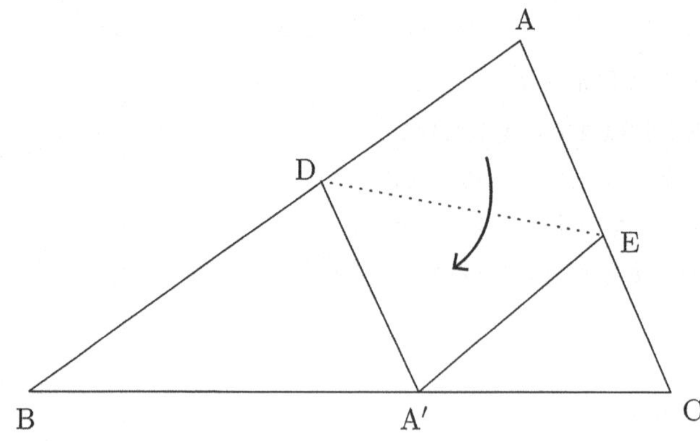

5 右の図のような一辺が$2a$ cmの立方体がある。点P，Qはそれぞれ頂点A，Gを出発して，毎秒a cmの速さで辺の上を動き，辺の上では次の頂点に着くまでは向きを変えることはない。P，Qは出発のときは，それぞれA，Gを含むどの辺の上も進めるが，出発のとき以外は頂点では，進んできた辺の上を戻ることはできない。また，各頂点では，進むことのできるどの辺も選ばれる確率はすべて同じである。次の問いに答えなさい。

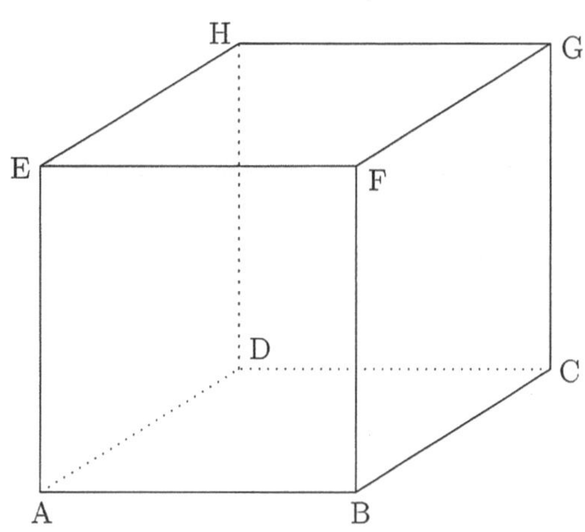

[1] 2秒後に線分PQの長さが$2a$ cmになる確率を求めなさい。

[2] 5秒後にP，Qが到達した点をそれぞれP′，Q′とする。P′，Q′が動いた結果が(ア)～(ウ)であったとき，P′とQ′の位置を図の中に書きなさい。ただし，P′とQ′は異なる点とする。

(ア) P′とQ′は，正方形BCGFの辺の上にある。

(イ) 線分CP′の長さは$2a$ cm以下である。

(ウ) Pの経路とQの経路が重なっているところはない。

[3] [2]のとき，3点P′，Q′，Hを通る平面でこの立方体を切断したとき，断面の面積を求めなさい。

【英　語】（60分）〈満点：100点（推定）〉

1　これからリスニングのテストを行います。英文と，それに関する質問が2問ずつ放送されます。1つ目の質問は，最も適切な答えを①～④より1つ選び，番号で答える形式です。2つ目の質問は，書き出しの語に続けて答えを英語で書く形式です。書き出しの語も含めて10語以内で解答しなさい。放送を聞きながら問題用紙にメモを取ってもかまいません。英文と質問は2回ずつ放送されます。

(A) 1 ① In the living room.
② At his company.
③ In the family room.
④ In his bedroom.
2 She ______

(B) 1 ① Some people dig holes for sea turtles on the beaches.
② Sea turtles dig their nests in the ground in winter.
③ The eggs of sea turtles are round and white.
④ Only a few sea turtles were alive in the past.
2 To ______

(C) 1 ① David doesn't think swimming in the pool is fun.
② Swimming on a humid day is dangerous.
③ Swimming with a friend is an important rule of water safety.
④ David thinks swimming with a friend is not as fun as swimming alone.
2 His friend ______

※リスニングテストの放送台本は非公表です。

2　次の文章を読んで設問に答えなさい。

On May 15, 2006, a New Zealand man made a historic "first" at the top of Mt. Everest. No, it wasn't Edmund Hillary, the climber from Christchurch who became world-famous in 1953 when he reached the top of the world's tallest mountain.

Forty-seven-year-old Mark Inglis grew up in the South Island of New Zealand, and he said that Edmund Hillary was an inspiration to him. Mark started climbing at a young age, and climbing the highest mountain in the world became his dream. By 20, he was a professional climber, working as a search-and-rescue climber in Mt. Cook National Park. So what made his ascent of Mt. Everest a "first"? Mark Inglis is the first person to climb Mt. Everest with two artificial legs.

How did Mark lose his legs? In 1982, Mark and his climbing partner were climbing Mt. Cook, New Zealand's highest mountain, when a terrible blizzard (ア) the mountain. The two climbers were trapped in an ice cave for 14 days. They suffered severe frostbite, and though Mark was rescued, he lost both of his legs below the knee.

After the accident, he started to wear artificial legs. (1)<u>They</u> were specially made for him, but he still couldn't climb mountains, or even do sports for several years. Even though life with artificial legs was tough, he looked at it as a blank sheet and was curious to know how well he could do things with them.

Skiing was the first sport he did with his new legs. He was lucky enough to have skiing experience before he lost his legs, so he wanted to replace skiing with climbing. Skiing with artificial legs was not as easy as just skiing in normal boots. But he tried again and again, and after some time he was able to ski again. A bigger surprise was that in 1991 he joined an international disabled skiing competition with top skiers in the world.

He also liked cycling, and actually joined some races with his artificial legs. However, in 1997, people in New Zealand were still not so interested in disabled bike races as a sport. He also didn't think these races were (イ) the best athletes, and he had a strong wish for better competition. One of his friends gave him information on Paralympic cycling. He needed a new challenge, so to join the Paralympics was his new goal. Again he tried his best, and he (ウ) a few international competitions.

He was selected as a member of the New Zealand national team for the 2000 Sydney Paralympic Games. Incredibly, he got a silver medal there. Soon after he got that medal, he decided it was time to try and climb Mt. Cook again. Getting the silver medal, he felt more confident, and came to have a strong motivation to reach higher.

In January of 2002, Mark began to climb the mountain. The weather conditions were terrible, so it made climbing very difficult. One of the most dangerous things on Mt. Cook is glaciers. When climbers are traveling on glaciers, the main danger comes from what they can't see: hidden crevasses. (2)<u>They are often covered with snow, so you never know where they are, or, even if you do, then you won't know how strong the snow bridge is.</u> Mark and his team climbed up very carefully and were able to reach the top. After 20 years, he could finally achieve this goal.

In 2004, he also climbed Cho Oyu, the world's sixth-highest mountain. After that, Mark knew he had to try to climb Mt. Everest.

His ascent of Mt. Everest took 40 days. While he was climbing, at about 6400 meters, one of his artificial legs broke. And it was (エ) with tape while another new leg was brought up the mountain. He suffered from fever and also frostbite of the fingers. But even these difficulties couldn't stop Mark from (オ) Mt. Everest. Why didn't he give up? Because he loves challenges. Overcoming them always makes him stronger and more confident. Even though the conditions on Mt. Everest were tough, he enjoyed the challenge. Early in the morning on May 15, it was −40°C outside. The top was so close, but there was so much hard work still to do. Every step up, especially the last few, needed much energy. With only 10 meters to go, he still needed to stop several times. At last, just before 7 a.m. on May 15, (3)<u>perhaps more than 20 years later than he expected</u>, he really was on the top of the world.

［注］ historic：歴史的な　Mt. Everest：エヴェレスト　climber：登山家
Christchurch：クライストチャーチ　Mt. Cook：マウント・クック　ascent：登山
blizzard：吹雪　frostbite：凍傷　blank sheet：白紙　motivation：やる気，動機
crevasse：クレバス（割れ目）　achieve：達成する　Cho Oyu：チョ・オユー

問1　（ア）～（オ）に入る最も適切な語を次より1つずつ選び，文脈に合う形で答えなさい。ただし，同じ語を2度以上選ばないこと。

attract,　climb,　happen,　hit,　repair,　sit,　win

問2　下線部（1）の具体的な内容を日本語で答えなさい。

問3　下線部（2）を日本語に直しなさい。ただし，“They”，“they”，“do” の具体的な内容を明らかにすること。

問4　次の文は，下線部（3）のような表現が用いられている理由を説明したものである。［あ］，［い］にそれぞれ適切な日本語を補いなさい。

もしマーク・イングリスが1982年に［　あ　］，
もしかすると［　い　］かもしれないので。

問5　次の質問に英語で答えなさい。ただし，主語と動詞のある文の形で答えること。

Why did Mark Inglis want to join the 2000 Sydney Paralympic Games?

問6　本文の内容に合っているものを①～⑥より２つ選び，番号で答えなさい。

① Edmund Hillary was the first person to climb Mt. Everest with artificial legs.
② Skiing with artificial legs was more difficult than skiing in normal boots.
③ Disabled bike racing was one of the most popular sports in New Zealand in 1997.
④ Mark was a member of the Australia national team for the 2000 Sydney Paralympic Games.
⑤ Mark gave up climbing Mt. Everest because of his broken artificial legs.
⑥ Mark becomes stronger and more confident when he overcomes challenges.

［3］　John と Lisa はイギリスに住む高校生である。次の会話文を読んで設問に答えなさい。

John ： Tell me, Lisa, you live in (1)<u>the country</u>, don't you? How is your life there?

Lisa ： Why do you ask?

John ： Because my parents saw a nice cottage in the village where you live. They really liked it and they have been talking about moving there. My parents like moving. I don't. Do you?

Lisa ： No. ［　A　］ I remember it was hard to part from my friends when I was a small child.

John ： I guess you were born in Japan, right?

Lisa ： No. Actually, I don't know much about Japan, though I want to learn more about it. I was born in London and then we moved.

John ： How long have you been living in the village?

Lisa ： For ten years.

John ： I see. Well, we've moved many times since I was born! This is the first time I've lived in the same place for more than three years. Anyway, I hate the idea of living in a village. In my opinion, life is better in a city; different types of shops, nice restaurants and cinemas. [B]

Lisa : I don't think so. The village where I live is only twelve miles from the city where you live. If you live in the village, you will take the bus to the city, just like me. But keep in mind there are no buses after eight!

John : [C] I'm disappointed.

Lisa : But think about the bad points of life in a city. The (あ c―) of living is high and most goods are very expensive. There are a lot of people and cars. The environment is polluted with smoke, garbage and so on.

John : Well, not every city is like that.

Lisa : OK, but I think life in a village is really nice. It is quiet and safe. Air is clean, and it's easy to get fresh water and food. There are fewer people and there is no traffic jam, so you don't feel frustrated by (い c―) places. People are nice and friendly. Believe me, living in the country has many advantages like this.

John : I agree, but I like to have chances to do and see more. I still (う w―) if village life fits me.

Lisa : Do you like sports?

John : I've played rugby. But now I play tennis a lot.

Lisa : There's a tennis club in the village. It's a small club, but it has some very good players. Have you ever tried horse-riding?

John : No, never.

Lisa : [D] I've been riding for five years. It's great. And it's cheaper in the village.

John : (2)<u>It's nice of you to try to cheer me up.</u> In spite of all you've said, I don't think I'll get used to living in the country until I can ride a motorcycle!

［注］ cottage：小さな家　　mile：マイル(距離の単位で，1マイルは約1.6 km)
in spite of ～：～にもかかわらず

問1 下線部(1)のここでの意味を日本語で答えなさい。

問2 [A]～[D]を補うのに，最も適切なものを①～⑧より1つずつ選び，番号で答えなさい。ただし，同じ番号を2度以上選ばないこと。

① When did you finish it?　② I'm afraid all of this is going to change!
③ I'm not sure you were.　④ I've only moved once.
⑤ Why don't you try it in the village?　⑥ They didn't make up their minds.
⑦ May I ask you a favor?　⑧ Really? That's not convenient!

問3 (あ)～(う)にそれぞれ最も適切な1語を補いなさい。ただし，指定された文字で書き始めること。

問4 下線部(2)とほぼ同じ意味の文になるように，次の文の(　　)に最も適切な語を補いなさい。ただし，文字が与えられている場合はその文字から書き始めること。

(　　　)(　　　)(f-　　)(　　　) to cheer me up.

問5 本文の内容に合っているものを①～⑥より2つ選び，番号で答えなさい。

① John's parents like moving, but John has the opposite idea.

② Lisa used to live in Japan when she was a child and misses her friends there.

③ According to Lisa, city environment will be less polluted someday.

④ Lisa has a good impression of village life, but she prefers city life.

⑤ John has decided to join either a tennis club or a horse-riding club in the village.

⑥ John thinks it's difficult to get used to village life without riding a motorcycle.

4 次の文章を読んで設問に答えなさい。

Time has always been a part of your life, so it can seem strange to think of it as a resource you can use. It is not something you can see and touch. You cannot store it in the way you can store food, books, or money. If you run out of time, where can you get more? You will find that the only way to save time is to spend it wisely.

(1) How do you use your time resource to make the best use of 24 hours? A schedule can help you to manage time, instead of letting other things take control. You should spend a few minutes making a schedule for an ordinary week in your life. Start on a weekend afternoon or evening, writing down what you expect to be doing for the next week.

A to-do list will help you [Ⅰ] to you. The activities you must do are the most important. The ones you should do are the second most important. The ones you would like to do are third. You can more easily choose between two activities if one has a higher (A) than the other. You can exchange one activity for another if both have the same (B). This kind of choosing gives you more control of how you use your time.

A to-do list not only can help you make a schedule, it can also help remind you of your duties. Crossing out activities as they are completed is very satisfying.

After you have made your list, start placing each activity on the schedule according to the day and time you plan to do it. You might write in pen all the things you have to do at specific times. Then, with a pencil, you might add the things you must do but have no set times for. Finally, you might add with a different color pencil the things you want to make time for. It will also be a good idea to leave some time free, with no special activities during that period. (2) This time can be used for unexpected things that may happen, and it is a way to easily adjust your schedule.

To evaluate your schedule, take a moment on the next weekend to review it. You will probably find that you spent more time than you thought you would on some things and less on others. (3) 立てた計画と実際に使った時間を比べることによって，今後の計画の立て方がよくわかるようになるだろう。

Many of the decisions you make about your time will also involve the use of other people's time. As a part of a family, a club, or a team, you cannot always choose the timing that would be best for you. The [Ⅱ]. When you have a meeting or a business appointment, for example, your planning involves other people's time as well as your own.

If you are late or break an appointment without telling the other person in advance, that person will lose her or his time resource. As you become better at managing your own time, [C] to be on time. This will please others, and make you feel better about yourself.

［注］ wisely：賢く　manage：管理する　to-do list：するべきことのリスト
cross out ～：～に線を引いて消す　satisfying：満足感を与える　specific：特定の
unexpected：予期しない　adjust：調節する　evaluate：評価する　involve：関連する
appointment：約束　in advance：前もって

問1 下線部(1)を日本語に直しなさい。

問2 ［Ⅰ］，［Ⅱ］を補うように，次の語句を並べかえなさい。

［Ⅰ］に用いる語句：in, of, put, the order, their importance, your activities

［Ⅱ］に用いる語句：be, considered, must, needs, that, the whole group, things

問3 （A）と（B）を補う共通の1語として最も適切なものを①～④より1つ選び，番号で答えなさい。

①experience　②hobby　③priority　④survey

問4 下線部(2)の具体的な内容を日本語で答えなさい。ただし，15字以上25字以内で答えること。

問5 下線部(3)を英語に直しなさい。

問6 [C] を補うのに最も適切なものを①～④より1つ選び，番号で答えなさい。

①something will be harder　②it will be easier

③they will be shorter　④nothing will be longer

5 Which website do you often look at? Why do you go to that website? Write in English and use about 50 words. Please write the number of words in the space (　words　) on the answer sheet.

けの景観といってもよさそうです。この絶句ではわざとこのように観念的に捉えているかに見えます。

そんな自然と対比される自分が後半二句で登場しますが、この自然と自分、ないし自然と人間の対比は、杜甫の終生のテーマといってもいいものです。次に挙げるのは、有名な「春望」の詩の冒頭です。

國破山河在　　国破れて山河在り

「国」という人間の作った組織、それは破壊され、「山河」という自然はもとのまま存在している。自然は3カッコとして本来の秩序を守っているのに、人間世界はそうでない。

人も自然と同じように秩序を得た、安定した状態であるべきなのに、実際にはそうでないことに対して杜甫は訝り、憤ります。あるべき状態を4キキュウしながら、それにほど遠い人間世界を嘆く、これが杜甫の文学に通底しています。H「絶句」（江碧にして）は短い詩ではありますが、そこにも杜甫のテーマの一端を垣間見ることができます。

（川合康三「漢詩のレッスン」による）

問一　波線部1～4のカタカナを漢字で、漢字の読みをひらがなで書きなさい。

問二　ア に漢詩の形式の一つで一首が八句からなる定型詩の名称を漢字二字で記しなさい。

問三　傍線部Aについて、この二句に見られる杜甫の心情を本文中の表現を用いて説明しなさい。

問四　傍線部Bについて、

(1)　この人物が活躍した時代を、中国の王朝名で答えなさい。

(2)　この人物と並び称される同時期に活躍した詩人を、ひらがな三字で答えなさい。

問五　傍線部Cについて、この詩の形式から生まれ、文章の構成を示す表現となった四字熟語を記しなさい。

問六　傍線部Dについて、この表現の意味として最も適切なものを次の中から選び、番号で答えなさい。

1　強く世間に訴えかけた　　2　全く世間に顧みられなかった

3　広く世間に知れ渡った　　4　長く世間に理想とされた

問七　傍線部Eについて、このようにして生み出された「すぐれた」文学とはどういうものですか、説明しなさい。

問八　傍線部Fとは、どういうものですか、説明しなさい。

問九　傍線部Gについて、牧水が「同化している」とは、どういうことですか、説明しなさい。

問十　傍線部Hについて、杜甫のテーマは「絶句」の中でどのように表されていますか、具体的に説明しなさい。

問十一　二重傍線部を例にならって品詞分解し、それぞれの品詞名を答えなさい。ただし、活用のあるものは文中での活用形も答えなさい。

	名詞	助詞	名詞	助詞	名詞	助動詞 終止形
(例)	これ	は	今年	の	試験問題	です

まで流れ着いた話を聞いて作られた、という有名な逸話がありますが、F甘やかな旅愁が全体にやさしく流れています。同じ島崎藤村に、「小諸なる古城のほとり」とうたいおこされる「千曲川旅情の歌」がありますが、これにもやはりやわらかな旅愁が漂っています。

それに対して杜甫の詩は強い帰還の願いに加えて、今年もまた帰れないまま春を過ごしてしまった、そんな自分のふがいなさへの憤りまで含んでいるかのようです。もの悲しい旅の愁い、なんていうのとは、ずいぶん違います。

中国にも感傷的な詩はいくらでもありますが、杜甫の場合はそういう情緒に2浸るだけの詩はありません。旅の感傷に浸るのも、文学の美しい情感といえます。しかし中国を代表する文学者の場合、センチメンタルな情感だけではすまされない。やさしい情緒を楽しむ日本の文学、厳しい現実に向き合う中国の文学、そんな対比が杜甫の絶句を通しても浮かび上がってきます。

日本の詩歌と似ているといえば、もう一つ、明治から昭和初期にかけて、日本の津々浦々を旅した歌人、若山牧水の歌もよく引き合いに出されます。

　白鳥は哀しからずや空の青海のあをにも染まずただよふ

確かに杜甫の一句目、「江碧にして　鳥逾いよ白く」を思わせます。杜甫の鳥は川の碧色に対していっそう白く対比されますが、若山牧水の歌でも空・海の青に対して白い姿をくっきりさせて飛ぶ「白鳥」がうたわれています。

しかし、一見すると似ているように見えても、よく読めば両者はまったく違うことに気づきます。牧水の歌では、空・海の青さに染まることなくただよう白鳥の飛翔、その孤独な姿に自分を重ね合わせています。白鳥は旅から旅へとさすらいを続ける牧水自身なのです。

ところが杜甫の詩では一句目・二句目は自分が見ている、自分の前で春らしさを見せつけている景色の一部としての「鳥」なのです。杜甫は「鳥」に同化するどころか、自分と相容れない存在として、もっと大胆にいえば、敵対する存在として見ているとさえいえそうです。

若山牧水の歌との違いから、杜甫の絶句の特色がはっきりしてきます。前半二句、ここで描かれた風景は、杜甫の外側の世界です。G牧水と違って、杜甫はそのなかに同化していません。

山の青、花の赤が対比される第二句では、植物の生命力がピークに達している、春の勢いがほとばしっています。しかしそれは杜甫にとっては、そらぞらしく映る。杜甫は生命を燃焼させるどころではない、情けないことに今年もここに居続けてしまった。外界は春の時節が巡ってきたら、春の営みをしっかり行っている。それに対して自分は帰りたいと思いながら帰れずにいる、みじめな存在だ。自然が春の景観をあざやかにあらわしていることは、杜甫に対していっそう自分のふがいなさを突きつけるものです。

このように見てくると、前半二句の描写は杜甫がわざと類型的に描いているかに見えてきます。補色関係の色を対比した単純さに加えて、「江」「山」、そして「鳥」「花」、いずれも名も挙げずに観念的に並べられています。具体的な光景を描くのではなく、概念的な春をあらわすだ

すか、最も適切なものを次の中から選び、番号で答えなさい。

1　おまえ以外に誰が書くだろうか、と、篁の学の深さを認めている。
2　おまえ以外に誰が書くだろうか、と、篁の図太さをなじっている。
3　おまえが人に書かせたのだろう、と、篁の計算高さに驚いている。
4　おまえが人に書かせたのだろう、と、篁の臆病さにあきれている。

問六　傍線部Dとは、どういうことですか、説明しなさい。

三　次の文章を読んで、あとの設問に答えなさい。

絶句　　　　　絶句（ぜっく）
江碧鳥逾白　　江碧（こうみどり）にして　鳥逾（とりいよ）よ白（しろ）く
山青花欲燃　　山青（やまあお）くして　花（はな）燃（も）えんと欲（ほっ）す
A 今春看又過　　今春（こんしゅん）　看（み）すみす又（ま）た過（す）ぐ
何日是帰年　　何（いず）れの日（ひ）か　是（こ）れ帰年（きねん）ならん

（中　略）

B 杜甫（とほ）（七一二―七七〇）といえば、中国最高の詩人。その評価はどの時代を通しても揺るぎません。C ただ絶句はあまり多くなくて、［ア］の方が得意です。杜甫の絶句はいずれも「絶句」という題しかついていませんが、それも絶句に対する作者の軽視を示しているかもしれません。とはいえ、ここにあげるような、D 人口に膾炙（かいしゃ）した絶句ものこしています。

絶句に限らず、杜甫の詩は彼の人生と切り離して読むことはできません。それは杜甫が空想の世界をうたう詩人ではなく、実際の暮らしのなかの出来事から詩を作ったからです。そして詩の題材となった彼の人生は、実に1キフクに富んだ、たいへんなものでした。しかし杜甫がE 嘗（な）めた辛酸（しんさん）の代償として、そこからすぐれた文学が生み出されたともいえます。

洛陽（らくよう）にほど近い鞏県（きょうけん）で生まれたのち、若い時のことは詩をのこしていないのでよくわからないのですが、中国の東の地域、南の地域で長い旅を続けます。三十代も半ばになってから都に出てきて、官職を求める活動を始めます。やっとなんとか官を得たのは四十代も半ば、しかしたまたま安史（あんし）の乱が起きて、都の長安は陥落（かんらく）してしまいます。やがて乱は平定されますが、せっかく得た官をなぜか捨ててしまいます。

そのあとは死ぬまで放浪（ほうろう）が続きます。家族を養っていくために、人を頼って転々と移動する旅です。食べ物に困らないと聞いて移った秦州（しんしゅう）も、同谷（どうこく）も、行ってみれば住める所ではなかった。ついに険しい山道を越えて蜀（しょく）（四川省（しせんしょう））の成都（せいと）にまでたどりつきます。

そこで数年間、落ち着いたものの、また離れて長江に沿（そ）いながら下り、結局最後は洞庭湖（どうていこ）の南の川の上、舟のなかで五十九歳の生涯を終えます。都、故郷に帰りたいという願いをずっといだきながら、実際には都からどんどん遠ざかってしまった、なんとも皮肉な人生行路（じんせいこうろ）でした。（中　略）

この絶句はよく知られているせいか、日本の詩歌にも影響を与えたようです。島崎藤村（しまざきとうそん）の「椰子（やし）の実」の詩にある「いずれの日にか国に帰らん」――、これはこの絶句の最後の句、「何（いず）れの日（ひ）か　是（こ）れ帰年（きねん）ならん」と、とてもよく似ていますね。でも杜甫の句のような言い方は珍しくないので、必ずしも藤村が杜甫の句をヒントにしたとは限りません。

それより大きな問題は、杜甫の詩と藤村の詩の情感の違いです。島崎藤村の詩には、友人の柳田国男（やなぎたくにお）から、遠い南の島の椰子の実が伊良湖岬（いらごみさき）

てくれさえすれば、たまにでいいから。お前らのことは、そこで燃えてる「大」の字みたいに、わたしたちからはいつでも見えてるんだから。

舟、鳥居のかたち、妙、法の字、ふたつの大。それだけでなく、濃厚な夜空をみあげる僕たち、ひとりひとりのなかで、それぞれの送り火がしずかに燃える。宙に浮かんで遠ざかっていく親たちにはすべて見えている。この夜のためにうまれた、と、河原で見あげながら、すべての子らが思う。そうして僕たちもいつか、あの親たちと溶け合うのだ、と。

（いしい しんじ「この世のみんなが「子」になる祭」による）

問一　波線部1〜4のカタカナを漢字で、漢字の読みをひらがなで書きなさい。

問二　傍線部Aとは、どういうことですか、説明しなさい。

問三　傍線部Bとは、どういうことですか、説明しなさい。

問四　傍線部Cについて、これはなぜですか、その説明として最も適切なものを次の中から選び、番号で答えなさい。

1　お盆は、死んだ人と生きている人が交流できる特別な期間だから。
2　お盆は、日付すら忘れるほど祭典で盛り上がる特別な期間だから。
3　お盆は、大人も子供も時間を気にせず楽しめる特別な期間だから。
4　お盆は、家族が日常から離れて一緒に過ごせる特別な期間だから。

問五　傍線部Dが指示する内容を記しなさい。

問六　傍線部Eとは、どういうことですか、説明しなさい。

問七　傍線部Fとは、どういうことですか、説明しなさい。

二　次の文章を読んで、あとの設問に答えなさい。

今は昔、小野篁（をののたかむら）といふ人おはしけり。嵯峨帝（さがのみかど）の御時に、内裏に札を立てたりけるに、「無悪善」と書きたりけり。帝、篁に、「読め」と仰（おほ）せられたりければ、「読みは読み候（さぶら）ひなん。されど恐れにて候へば、え申し候はじ」と奏しければ、「ただ申せ」とたびたび仰せられければ、「［ア］と申して候ふぞ。されば君を呪ひ参らせて候ふなり」と申しければ、「おのれ放ちては誰か書かん」と仰せられければ、「さればこそ、申し候はじとは申して候ひつれ」と申すに、帝、「さて何も書きたらん物は読みてんや」と仰せられければ、「何にても読み候ひなん」と申しければ、片仮名の子文字を十二書かせて給（たま）ひて、「読め」と仰せられければ、「［イ］」と読みたりければ、帝ほほゑませ給ひて、事なくてやみにけり。

（「宇治拾遺物語」による）

＊何も書きたらん物は読みてんや…何でも書いた物は読んでみせるのか。
＊片仮名の子文字…当時は「子」が「ね」の片仮名として用いられていた。

問一　［ア］に最もよくあてはまる表現を次の中から選び、番号で答えなさい。

1　さがなくてわろし
2　さがなくてよからん
3　さがなくてよしあし
4　さがなくてよからじ

問二　［イ］に最もよくあてはまる表現をひらがな八字で記しなさい。

問三　傍線部Aについて、
(1)　漢字の読みをひらがなで書きなさい。
(2)　これはどのようなところですか、説明しなさい。

問四　傍線部Bとは、どういうことですか、説明しなさい。

問五　傍線部Cについて、帝が篁をどのように見ていることがわかりま

【国　語】（六〇分）〈満点：一〇〇点（推定）〉

一　次の文章を読んで、あとの設問に答えなさい。

これまで暮らした浅草、松本、神奈川県の三崎と、どこも町ぐるみ、本気の祭礼に向かう土地だった。とりわけ小さな港町三崎は、祭しか娯楽がない、といわれるくらい、男も女も老人も子どもも犬も魚たちも、祭の二日のためだけに一年の残りを過ごしている。

どの祭にも「うた」がある。「踊り」がある。昔から伝わる、大切な「ものがたり」がある。供えられた食物に限らず、A すべてが、この特別な時間のための、あふれんばかりに盛られた「ごちそう」だ。時間のほうも、この日ばかりは二十四時間の枠を越えて、滝みたいにじゃぶじゃぶあふれかえる。

だから子どもは、いつまでも起きていていい。眠くなるより先に、祭の時間は、笑う逃げ水みたいに、先へ先へとまわりこんで、どこまでも伸びていく。

ワールドカップもそうだし、オリンピックもそう。シュートが円弧を描きゴールに吸いこまれる瞬間、ときは止まり、直後、いっせいにあふれ出す。氷上の四回転ジャンプが残す1キセキの上に、僕たちは永遠に立ち止まり、何語かわからない2カンセイをこころから送る。

この世に住んでいるものすべてが子どもになる「まつり」がある。B お盆のあいだ、僕たちはみな、ひとりひとり、目に見えない誰かの子どもに戻る。目に見えるよ、というひとも、実はけっこうな数、周囲にはいる。おじいちゃんが、ちいちゃんが、ミケが、いまそこに座ってる、笑ってるよ、と。

自分がいま、どこにいるか、何月何日なのか。C お盆がつづくあいだ、カレンダー上の日付は意味をうしなう。この世にまだいるものと、遠ざかったものの時間が混ざり、家族の「ものがたり」が大きく循環する。

そのなかで僕たちは、帰ってきてくれている、目に見えない大切な誰かに、捧（ささ）げられるかぎりのものを捧げようとする。おじいちゃんが、ちいちゃんが、ミケが、そこにいてくれる、というだけでも、あふれんばかりの贈り物を、僕たちはもらっているのだ。

死は、突然前に突きつけられると目をそむけたくなるものだが、この深い夏の時期、D それは、なつかしいなにかに変わる。帰ってきてくれるひとたちのおかげで、僕たちは、いまは生きていること、生きるほかないこと、そして、いずれ必ず、そちらへと旅立っていくことを、ことばをこえた「ものがたり」、「うた」として聞き取る。知っているひとたちばかりでない。あらゆるひとが、なつかしい。血縁をこえ、年齢をこえて、先にいったひとたちはみな、僕たちの親なのだ。

親たちはかたりかけてくれる。きこえない声で、ことばをこえて、一切おしみなく。その振動、「ふるえ」は、3コマクでなく、僕たちのこころをじかに揺らす。おじいちゃんが、ちいちゃんが、ミケが、わたしにさわった、僕の頭を撫（な）でてる。E そしていま、だんだん浮きあがってきてる。

お盆の最後、京都ではなつかしいひとたちに町ぐるみでアトラクションを贈る。山々に巨大な字と模様を描いてそこに火を放つ。「送り火」の夜、「まつり」の時間は、この上なくふくらむ。空に浮きあがった親たちが子らに懸命に手を振っている。問題ない、また会える、思いだし

【作　文】（六〇分）

内閣府の「国民生活に関する世論調査」によると、二〇〇四年から二〇一八年まで二十代の「生活に対する満足度」は高くなっている。非正規雇用、格差社会、世代格差といった現実が存在するにもかかわらず、このような調査結果が生じたことについて、あなたの考えを六〇〇字以内にまとめなさい。

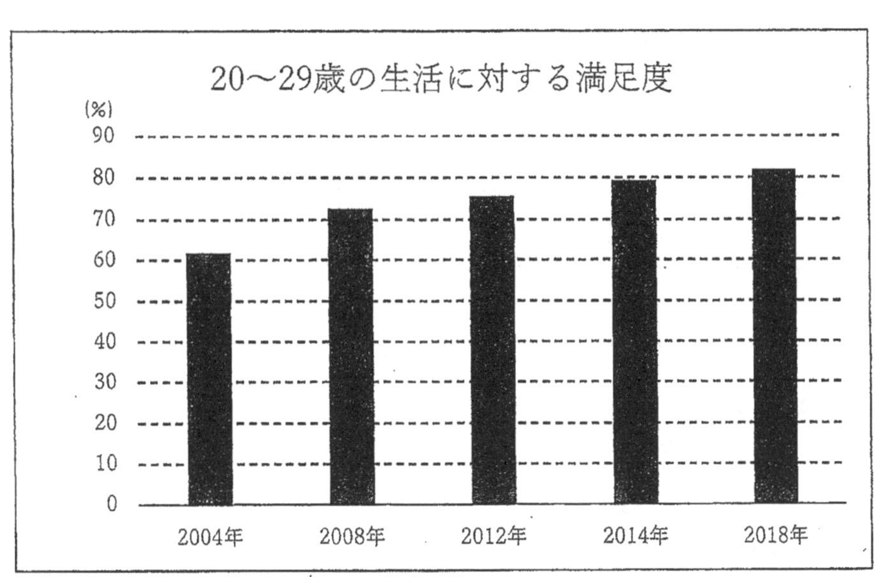

（参考データ）内閣府「国民生活に関する世論調査」

大切なことはメモしておこうネ！

T・G

2019年度

解　答　と　解　説

《2019年度の配点は解答欄に掲載してあります。》

＜数学解答＞《学校からの正答の発表はありません。》

1 ［1］ 2　［2］ (1) ∠BOA＝44°　(2) $\frac{23}{10}\pi$cm²

2 ［1］ A($\sqrt{3}$, 1)　B(0, 2)　［2］ C($2\sqrt{3}$, 4)　D($3\sqrt{3}$, 9)　［3］ 16個　［4］ 108π

3 ［1］ $y=\frac{1}{2}x+2$　［2］ $(x, y)=\left(3, \frac{7}{2}\right)$, (6, 5)

4 ［1］ ∠ABCと等しい角は ⑥∠CA′E
∠ADEと等しい角は ②∠EDA′, ⑨∠DEA′, ⑩∠AED
［2］ 線分AE, 線分A′D, 線分A′E　［3］ 解説参照
［4］ (1) Aから辺BCにひいた垂線 $\frac{2\sqrt{14}}{3}$cm　(2) BA′＝$\frac{15}{4}$cm　(3) AA′＝$\frac{\sqrt{105}}{4}$cm

5 ［1］ $\frac{2}{3}$　［2］ 解説参照　［3］ $\frac{9}{2}a^2$cm²

○推定配点○

1 ［1］ 8点　［2］ (1)・(2) 各5点×2
2 ［1］ 各2点×2　［2］ 各3点×2　［3］・［4］ 各6点×2　3 ［1］ 6点　［2］ 10点
4 ［1］ 4点(完答)　［2］ 4点(完答)　［3］ 4点(完答)　［4］ (1)～(3) 各4点×3
5 ［1］ 6点　［2］ 6点(完答)　［3］ 8点　計100点

＜数学解説＞

1 (小問群―平方根の計算, 平面図形―円の性質, 角度, 面積)

基本 ［1］ $(\sqrt{5}-\sqrt{2}+1)(\sqrt{5}+\sqrt{2}+1)(\sqrt{5}-2)=\{(\sqrt{5}+1)-\sqrt{2}\}\{(\sqrt{5}+1)+\sqrt{2}\}(\sqrt{5}-2)=\{(\sqrt{5}+1)^2-(\sqrt{2})^2\}(\sqrt{5}-2)=(5+2\sqrt{5}+1-2)(\sqrt{5}-2)=2(\sqrt{5}+2)(\sqrt{5}-2)=2\{(\sqrt{5})^2-2^2\}=2(5-4)=2$

［2］ (1) 円O′の半径O′Dを引くと, △O′DEは二等辺三角形なので, ∠O′DE＝∠DEA＝56°　BCは円O′の接線だから, ∠CDO′＝90°　よって, ∠CDE＝90°－56°＝34°　∠DEO′は△ECDの外角だから, ∠DCE＝∠DEO′－CDE＝56°－34°＝22°　円Oの弧ABに対する中心角と円周角の関係から, ∠BOA＝2∠BCA＝44°

(2) ∠BOC＝180°－44°＝136°だから, 弧BCと弦BCに囲まれた斜線部分の面積は, $\pi\times3^2\times\frac{136}{360}-$△OBC　弧BAと弦BAに囲まれた斜線部分の面積は, $\pi\times3^2\times\frac{44}{360}-$△OBAところで, △OBCと△OBAはOC＝OAであり, OC, OAをそれぞれの底辺とみたときの高さが共通なので面積が等しい。よって, 斜線の部分の面積の差は, $9\pi\times\frac{136}{360}-9\pi\times\frac{44}{360}=9\pi\times\frac{92}{360}=\frac{23}{10}\pi$ (cm²)

2 **(関数・グラフと図形ー正三角形，座標，2次方程式，交点の座標，図形内の三角形の個数，回転体の体積)**

基本 [1] 点Aからy軸に垂線AHを引くと，△AOHは内角の大きさが30°，60°，90°の直角三角形となるので，AO：OH：AH＝2：1：$\sqrt{3}$　OH＝mとすると，AH＝$\sqrt{3}m$　よって，A$(\sqrt{3}m,\ m)$と表せる。点Aが放物線$y=\frac{1}{3}x^2$の上にあるので，$m=\frac{1}{3}\times(\sqrt{3}m)^2$　$m^2-m=0$　$m(m-1)=0$　$m>0$なので，$m=1$　よって，A$(\sqrt{3},\ 1)$　OB＝2OH＝$2m$＝2だから，B$(0,\ 2)$

重要 [2] 点Cは，放物線$y=\frac{1}{3}x^2$と直線$y=-\frac{\sqrt{3}}{3}x+6$の交点だから，そのx座標は方程式$\frac{1}{3}x^2=-\frac{\sqrt{3}}{3}x+6$の解として求められる。両辺を3倍して整理すると，$x^2+\sqrt{3}x-18=0$　2次方程式の解の公式を用いると，$x=\frac{-\sqrt{3}\pm\sqrt{75}}{2}=\frac{-\sqrt{3}\pm5\sqrt{3}}{2}$　$x>0$だから，$x=\frac{-\sqrt{3}+5\sqrt{3}}{2}=2\sqrt{3}$　$y=\frac{1}{3}\times(2\sqrt{3})^2=4$　よって，C$(2\sqrt{3},\ 4)$　点Dは，放物線$y=\frac{1}{3}x^2$と直線$y=\frac{\sqrt{3}}{3}x+6$の交点だから，そのx座標は方程式$\frac{1}{3}x^2=\frac{\sqrt{3}}{3}x+6$の解として求められ，両辺を3倍して整理すると，$x^2-\sqrt{3}x-18=0$　よって，$x=\frac{\sqrt{3}\pm\sqrt{75}}{2}=\frac{\sqrt{3}\pm5\sqrt{3}}{2}$　$x>0$だから，$x=\frac{\sqrt{3}+5\sqrt{3}}{2}=3\sqrt{3}$　$y=\frac{1}{3}\times(3\sqrt{3})^2=9$　よって，D$(3\sqrt{3},\ 9)$

[3] 点Cのx座標，y座標はそれぞれ点Aのx座標，y座標のの2倍だから，右図で示すように，並べて置く正三角形の頂点の1つである。同様に，点Dのx座標，y座標はそれぞれ点Aのx座標，y座標の3倍だから，点Dも正三角形の頂点の1つである。また，直線OAの傾きは$\frac{1}{\sqrt{3}}=\frac{\sqrt{3}}{3}$なので，直線$y=\frac{\sqrt{3}}{3}x+6$，直線$y=\frac{\sqrt{3}}{3}x+8$は直線OAに平行であり，正三角形の辺と重なる。同様に，直線BAの傾きは$-\frac{1}{\sqrt{3}}=-\frac{\sqrt{3}}{3}$なので，直線$y=-\frac{\sqrt{3}}{3}x+6$は直線BAに平行であり，正三角形の辺と重なる。以上のことから，図で示すように，△OABを含めて16個の正三角形を置くことができる。

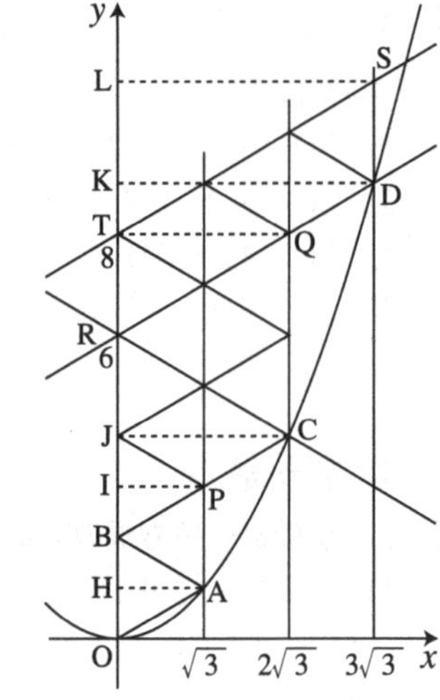

重要 [4] ひし形OAPBを回転させてできる立体については，図の△AOHを回転させてできる円錐と△PBIを回転させてできる立体の体積が等しいから，長方形HAPIを回転させてできる立体の体積を求めればよい。よって，$\pi\times(\sqrt{3})^2\times2=6\pi$…①　ひし形BCQRについては，△CBJを回転させてできる立体と△QRTを回転させてできる立体の体積が等しいから，長方形JCQTを回転させてできる立体の体積を求める。よって，$\pi\times(2\sqrt{3})^2\times4=48\pi$…②　平行四辺形RDSTを回転させてできる立体については，△DRKを回転させてできる立体と△STLを回転させてできる立体の体積が等しいから，長方形KDSLを回転させてできる立体の体積を求める。よって，$\pi\times(3\sqrt{3})^2\times2=54\pi$…③　①＋②＋③から，$6\pi+48\pi+54\pi=108\pi$

3 **(方程式の応用問題ー食塩水の濃度，連立方程式，二次方程式)**

基本 [1] 初めに容器Aに2％の食塩水が$z$kg入っていたとすると，そこに含まれている食塩の量は，$0.02z$kg　6％の食塩水$x$kgには$0.06x$kgの食塩が含まれていて，それを加えてできるy％の食塩水に含まれる食塩の量は$0.08y$kgである。よって，食塩水の量の関係から，$z+x=8$…①　含まれる食塩の量の関係から，$0.02z+0.06x=0.08y$　$z+3x=4y$…②　②－①から，$2x=4y-8$

$y=\frac{1}{2}x+2$

[2]　容器Aから$x$kg抜き取ると，y%の食塩水が$(8-x)$kg残り，そこに含まれる食塩の量は，$0.01(8-x)y$kgである。水を2kg加えると食塩水の量$(10-x)$kgになるが，含まれる食塩の量は変わらない。2.5%の食塩水が$(10-x)$kgできたのだから，含まれる食塩の量は$0.025(10-x)$kg　よって，$0.01(8-x)y=0.025(10-x)$　$2(8-x)y=5(10-x)$　この式に$y=\frac{1}{2}x+2$を代入すると，$2(8-x)\left(\frac{1}{2}x+2\right)=5(10-x)$　$(8-x)(x+4)=5(10-x)$　$-x^2+4x+32=50-5x$　$x^2-9x+18=0$　$(x-3)(x-6)=0$　したがって，$x=3$，6　$y=\frac{1}{2}\times3+2=\frac{7}{2}$，$y=\frac{1}{2}\times6+2=5$

したがって，$(x,\ y)=\left(3,\ \frac{7}{2}\right)$，$(6,\ 5)$

+α 4　(平面図形ー折り返し，相似，角度，ひし形，作図，三平方の定理，角の二等分線と辺の比)

基本　[1]　△DBA′∽△ABCなので，対応する角は等しい。よって，∠DBA′＝∠ABC…(ⅰ)，∠BDA′＝∠BAC…(ⅱ)，∠DA′B＝∠ACB…(ⅲ)　(ⅱ)，(ⅲ)から，同位角が等しいので，DA′//AC…(ⅳ)　△A′DEは△ADEを折り返したものだから，∠A′DE＝∠ADE，∠A′ED＝∠AED　また，(ⅳ)から錯角が等しいから，∠A′DE＝∠AED　したがって，図Ⅰの・印の角はすべて等しい。よって，∠ADE＝∠A′EDとなり，錯角が等しく，AB//EA′である。よって，同位角は等しいから，∠DBA′＝∠EA′C，∠BDA′＝∠BAC＝∠A′EC　△DBA′と△EA′Cは2組の角がそれぞれ等しいので相似である。以上のことから，∠ABCと等しい角は，⑥∠CA′E　∠ADEと等しい角は，②∠EDA′，⑨∠DEA′，⑩∠AED

図Ⅰ

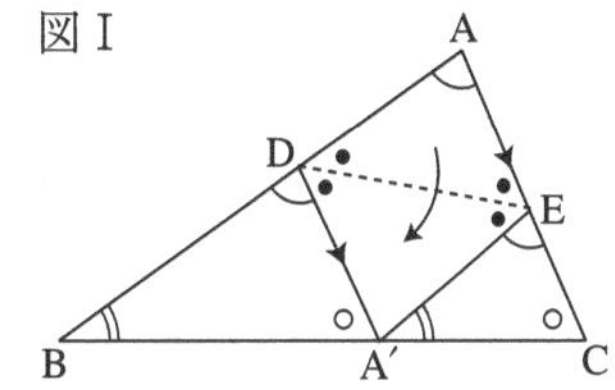

基本　[2]　△ADE，△A′DEはそれぞれ2角が等しいので二等辺三角形である。よって，AD＝AE，A′D＝A′E　また，△A′DEは△ADEを折り返したものだから，A′D＝AD，A′E＝AE　したがって，AD＝AE＝A′D＝A′E　よって，線分ADと長さが等しい線分は，線分AE，線分A′D，線分A′E

[3]　△ADA′と△AEA′は3辺がそれぞれ等しいので合同である。よって，∠BAA′＝∠CAA′　∠BACの二等分線を引いて，BCとの交点をA′とすればよい。また，四角形ADA′Eはひし形で，ひし形の対角線はそれぞれの中点で垂直に交わるから，AA′はの垂直二等分線を引いて，AB，ACとの交点をそれぞれD，Eとすればよい。図Ⅱのようになる。

図Ⅱ

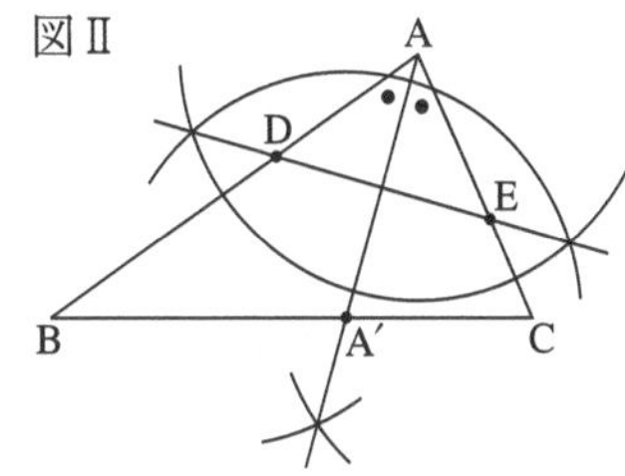

やや難　[4]　(1)　AからBCに引いた垂線をAHとする。BH＝xとすると，CH＝$6-x$　△ABHと△ACHでそれぞれ三平方の定理を用いてAH^2を2通りに表すと，$AH^2=AB^2-BH^2=AC^2-CH^2$　よって，$25-x^2=9-(6-x)^2$　式を整理すると，$12x=52$　$x=\frac{13}{3}$　よって，$AH^2=25-\left(\frac{13}{3}\right)^2=25-\left(\frac{13}{3}\right)^2=\frac{5^2\times3^2-13^2}{3^2}=\frac{15^2-13^2}{3^2}=\frac{56}{3^2}$　$AH=\frac{2\sqrt{14}}{3}$

よって，AからBCに引いた垂線の長さは$\frac{2\sqrt{14}}{3}$(cm)

(2)　BA′：AC＝BA：AC＝5：3　BC＝6なので，$BA'=\frac{6\times5}{5+3}=\frac{15}{4}$(cm)

(3)　$A'H=BH-BA'=\frac{13}{3}-\frac{15}{4}=\frac{7}{12}$　△AA′Hで三平方の定

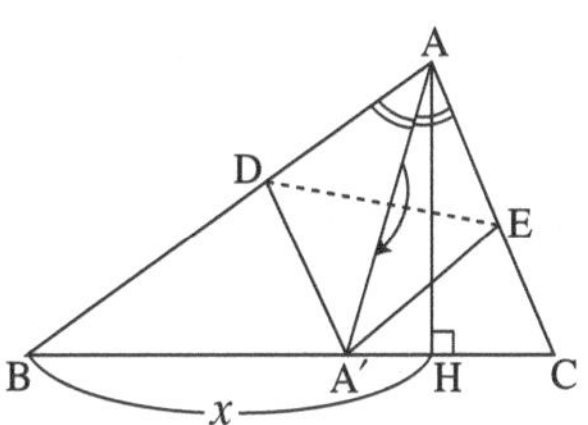

理を用いると，$AA'^2=A'H^2+AH^2=\frac{49}{144}+\frac{56}{9}=\frac{945}{144}$　　$AA'=\frac{\sqrt{945}}{12}=\frac{3\sqrt{105}}{12}=\frac{\sqrt{105}}{4}$(cm)

5 (空間図形ー点の移動，確率，作図，切断面の面積)

基本　[1]　点P，Qの速さは毎秒$a$cmなので，2秒後には$2a$cm進んでいる。よって，点Pは頂点B，D，Eのいずれかに進み，点Qは頂点C，F，Hのいずれかに進む。点Pの位置として3通りあり，そのそれぞれに点Qの位置が3通りずつあるので，点Pと点Qの位置の総数は$3\times3=9$(通り)　　そのうち線分PQの長さが2acmとなるのは，(P，Q)=(B，C)，(B，F)，(D，C)，(D，H)，(E，F)，(E，H)の6通りなので，その確率は$\frac{6}{9}=\frac{2}{3}$

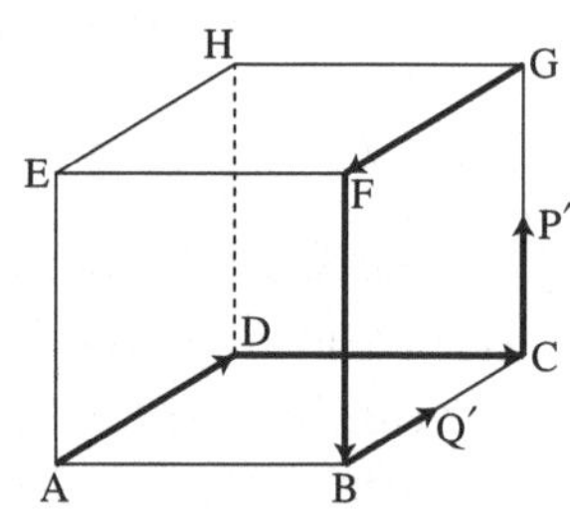

[2]　点P，Qはそれぞれ5秒間に$5a=2a+2a+a$進む。点Pの経路については，CP′が$2a$cm以下であることからA→B→C→CGの中点，A→D→C→CGの中点またはBCの中点が考えられる。P′とQ′がともに正方形BCGFの辺の上にあることから，点Qの経路として，G→H，G→F→E，G→C→Dは不適当であり，G→F→B→BCの中点，G→C→B→BFの中点が考えられる。これらの中で，Pの経路とQの経路が重ならないのは，点PがA→D→C→CGの中点と動き，点QがG→F→B→BCの中点と動くときである。作図せよという問題ではないが，作図によって位置を示すには，CGの垂直二等分線を引き，CGとの交点をP′とする。また，BCの垂直二等分線を引き，BCとの交点をQ′とする。

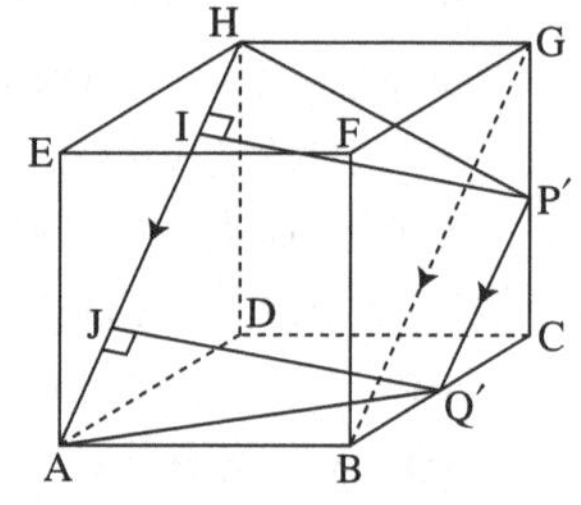

重要　[3]　平行な平面に他の平面が交わるとき，交わりの直線は平行になる。面ADHEと面BCGFは平行だから，3点P′Q′Hを通る平面でこの立体を切断するとき，切断面で面ADHE上の点Hを通る直線は直線P′Q′に平行である。ところで，P′，Q′はそれぞれCG，CBの中点だから，P′Q′//GB　　よって，P′Q′//HA　　切断面は四角形Q′P′HAである。CQ′=CP′=aだから$Q'P'=\sqrt{2}a$　　DA=DH=$2a$だから$AH=2\sqrt{2}a$　　△P′GH，△Q′BAで三平方の定理を用いると，$P'H=Q'A=\sqrt{(2a)^2+a^2}=\sqrt{5a^2}=\sqrt{5}a$　　点P′，点Q′からAHに垂線P′I，Q′Jを引くと，平行線間の距離は一定だから，P′I=Q′J　　△P′HIと△Q′AJは斜辺と他の1辺がそれぞれ等しい直角三角形だから合同であり，$HI=AJ=\frac{2\sqrt{2}a-\sqrt{2}a}{2}=\frac{\sqrt{2}a}{2}$　　△P′HIまたは△Q′AJで三平方の定理を用いると，$P'I=Q'J=\sqrt{(\sqrt{5}a)^2-\left(\frac{\sqrt{2}a}{2}\right)^2}=\frac{\sqrt{9a^2}}{\sqrt{2}}=\frac{3\sqrt{2}a}{2}$　　したがって，断面の面積は，$\frac{1}{2}\times(\sqrt{2}a+2\sqrt{2}a)\times\frac{3\sqrt{2}a}{2}=\frac{9}{2}a^2$(cm²)

★ワンポイントアドバイス★

1の[2]はおうぎ形から引く三角形の面積が等しい。3は2%の食塩水の量を文字で表して始める。4の[4](1)は垂線の長さをxとしないように。5の[2]は，ともかく経路を書いてみること。

＋α は弊社HP商品詳細ページ(トビラのQRコードからアクセス可)参照。

＜英語解答＞《学校からの正答の発表はありません。》

1 リスニングテスト解答省略

2 問1 (ア) hit (イ) attracting (ウ) won (エ) repaired (オ) climbing 問2 義脚 問3 クレバスは雪で覆われていることが多いので，クレバスがどこにあるのか決してわからず，たとえわかったとしても，そのスノーブリッジがどのくらい強いのかはわからない 問4 あ 登山中に凍傷で両脚を失わなければ い もっと早い時期にエヴェレスト山登頂に成功していた
問5 (It is) because he needed a new challenge. 問6 ②，⑥

3 問1 いなか 問2 A ④ B ② C ⑧ D ⑤ 問3 (あ) cost (い) crowded (う) wonder 問4 Thank you for trying 問5 ①，⑥

4 問1 24時間を最大限に利用するために，どのように自分の時間という資源を使うのか。
問2 [Ⅰ] put your activities in the order of their importance [Ⅱ] things that the whole group needs must be considered 問3 ③ 問4 特に予定を入れていない空いた時間。 問5 By comparing the plan you made with the time you actually spent, you will know well how to make future plans. 問6 ②

5 (例) I often visit the website of GO TOKYO, the official Tokyo travel guide. It gives us a lot of information about what we can do, see and enjoy in Tokyo. My parents and I like visiting festivals of temples and shrines and this website helps us make plans for weekends. (50 words)

○推定配点○
1 1 各2点×3 2 各3点×3 2 問1・問2 各2点×6 他 各3点×5
3 問1～問3 各2点×8 他 各3点×3 4 問5 5点 他 各3点×6 5 10点
計100点

＜英語解説＞

1 リスニングテスト解説省略。

2 **(長文読解問題・紹介文：語句補充，語形変化，時制，進行形，受動態，動名詞，英文和訳，指示語，接続詞，間接疑問，語句解釈，英問英答，内容一致)**

(全訳) 2006年5月15日，ニュージーランド人男性がエヴェレスト山の山頂で，「史上初」を達成した。いや，それは，1953年に世界で最も高い山の山頂に到達して世界的に有名となった，クライストチャーチ出身の登山家，エドモンド・ヒラリーのことではない。

マーク・イングリス47歳は，ニュージーランドの南島で育ち，エドモンド・ヒラリーが自分に刺激を与えた，と言った。マークは若い頃に登山を始め，世界で最も高い山に登ることが彼の夢となった。20歳までに彼はプロの登山家になり，マウント・クック自然公園の捜索救助隊員として働いた。ではなぜ，彼のエヴェレスト登頂が「史上初」なのか。マーク・イングリスは2本の義脚でエヴェレスト山に登った最初の人物なのだ。

マークはどうして脚を失ったのか。1982年，彼と彼の登山パートナーがニュージーランドで最も高い山であるマウント・クックに登っていた時，ひどい吹雪がその山を(ア)襲った。その2人の登山家たちは氷の洞穴に14日間閉じ込められた。彼らは深刻な凍傷にかかり，マークは救助されたが，ひざから下の両脚を失った。

その事故の後，彼は義脚を装着するようになった。(1)それらは彼のために特別に作られたが，山に登ることはできず，数年間はスポーツをすることさえもできなかった。義脚を付けた生活は大変だったが，彼はそれを白紙とみなし，それらを使っていかに上手にいろいろなことができるか知りたいと思った。

スキーは彼が新しい脚を付けてやってみた最初のスポーツだった。彼は運のいいことに両脚を失う前にスキーをした経験があったので，スキーを登山と取り換えようしようとした。義脚でスキーをすることは通常のブーツを履いてスキーをするほど簡単ではない。しかし彼は何度も挑戦し，しばらくすると再びスキーができるようになった。さらに驚くべきことに，1991年に彼は世界のトップスキー選手と共に，国際的な障害者スキー大会に参加した。

彼はまた，自転車競技も好きで，実際に義脚でいくつかのレースに参加した。しかしながら，1997年当時，ニュージーランドの人々はスポーツとして障害者の自転車レースにあまり興味をもっていなかった。彼もまた，これらのレースが最高のアスリートを(イ)引き付けているとは思わず，より良い競争を強く望んでいた。友人が彼にパラリンピックの自転車競技について情報を与えた。彼は新しい挑戦を必要としていたので，パラリンピックに参加することが新しい目標になった。再び彼はベストを尽くし，いくつかの国際大会で(ウ)優勝した。

彼は2000年シドニー・パラリンピックのニュージーランド代表のメンバーに選ばれた。信じられないことに彼はそこで銀メダルを獲得した。そのメダルを獲得した直後に，彼は再びマウント・クック登頂に挑戦する時が来たと決心した。銀メダルを獲得して，彼はより自信を持ち，もっと高いところへ到達したいという強い動機を持つようになった。

2002年の1月，マークはその山に登り始めた。気象条件は劣悪で，登山を非常に困難にした。マウント・クックで最も危険なことの1つが氷河だ。登山家が氷河の上を移動している時，主たる危険は彼らが見えないものから生じる。隠れたクレバスだ。(2)クレバスは雪で覆われていることが多いので，クレバスがどこにあるのか決してわからず，たとえわかったとしても，そのスノーブリッジがどのくらい強いのかはわからない。マークと彼のチームはとても慎重に登り，山頂に到着することができた。20年かけて，彼はついにこの目標を達成した。

2004年，彼は世界で6番目に高い山であるチョ・オユーにも登った。その後，彼はエヴェレスト山の登頂に挑戦しなくてはならないと悟った。

彼のエヴェレスト山の登頂は40日かかった。彼が登っている間，およそ6400メートルの地点で義脚の片方が壊れた。そして新しい義脚が山を登って運ばれるまで，それはテープで(エ)修理された。彼は熱と指の凍傷にも苦しんだ。しかしこれらの困難さえもマークがエヴェレスト山に(オ)登るのを止めることはできなかった。彼はなぜあきらめなかったのか。なぜなら彼は挑戦が大好きだからだ。それらを克服すると，彼は必ずより強くなり，より自信を持つ。エヴェレスト山の状況は厳しかったにもかかわらず，彼はその挑戦を楽しんだ。5月15日の早朝，外はマイナス40℃だった。頂上はすぐそこだったが，非常に多くの大変な仕事がまだ残っていた。1歩上がるのに，特に最後の数歩は，多大なエネルギーを必要とした。わずか10メートル進むのに，彼は何度も立ち止まる必要があった。ついに5月15日の午前7時の直前，(3)おそらく彼が期待したよりも20年以上後になって，彼は実際に世界の頂点にいた。

問1 (ア) hit「(自然現象が)(場所)を襲う」 ここでは過去形 hit を入れる。hit－hit－hit
(イ) attract「～を引き付ける，～の興味を引く」 ここでは過去進行形。 (ウ) win「～に勝つ」の過去形 won を入れる。win－won－won (エ) repair「～を修理する」の過去分詞を入れ，受動態〈be ＋過去分詞〉にする。 (オ) 〈stop ＋人＋ from ～ing〉「(人)が～するのをやめさせる」 climb ～「～に登る」

基本 問2 直前の artificial legs「義脚」を指す。

やや難 問3 全訳下線部参照。“They” と “they” は共に直前の文の文末の crevasses を指す。do は know の繰り返しを避けるために用いられている。なお snow bridge「スノーブリッジ」とはクレバスの上に雪がアーチ状に残り，橋のようになった物のことである。

重要 問4 第3段落参照。マーク・イングリスは1982年，登山中に凍傷で両脚を失った。もしその事故が起きなければ，もっと早い時期にエヴェレスト山の登頂に成功していたかもしれない，ということ。

問5 質問は「なぜマーク・イングリスは2000年のシドニー・パラリンピックに参加したかったのか」。答えの文は，空所(イ)から2つ後の文を参照し，「彼は新しい挑戦を必要としていたから」とする。

問6 ① 「エドモンド・ヒラリーは義脚でエヴェレスト山に登った最初の人物だった」(×) ② 「義脚でスキーをすることは通常のブーツでスキーをするより難しい」(○) ③ 「障害者自転車レースは1997年当時，ニュージーランドで最も人気のあるスポーツの1つだった」(×) ④ 「マークは2000年のシドニー・パラリンピックのオーストラリア代表チームのメンバーだった」(×) ⑤ 「マークは義脚が壊れたためエヴェレスト山登頂を諦めた」(×) ⑥ 「マークは困難を克服すると，より強くなり，より自信を持つ」(○)

3 **(会話文読解問題：単語，文補充・選択，語句補充，言い換え・書き換え，熟語，不定詞，動名詞，内容一致)**

(全訳) ジョン(以下J)：リサ，教えて，君は(1)いなかに住んでいるよね？ そこでの暮らしはどう？

リサ(以下L)：どうして聞くの？

J：僕の両親が君の住んでいる村で素敵なコテージを見たんだ。2人ともとても気に入ってそこへ引っ越すことを話している。僕の両親は引っ越し好きだ。僕は好きじゃない。君は？

L：好きじゃないわ。[A]私は1度だけ引っ越ししたことがある。小さかった頃，友達と離れるのが辛かったことを覚えているわ。

J：君は日本で生まれたんだよね？

L：いいえ。実は私，日本についてあまり知らないの。もっと知りたいと思っているけれど。私はロンドンで生まれてそれから引っ越ししたの。

J：あの村にどのくらい住んでいるの？

L：10年よ。

J：そう。僕が生まれてから僕たちは何度も引っ越ししている！ 僕が3年以上同じ場所に住んでいるのは今回が初めてだ。とにかく，僕は田舎に住むという考えが大嫌いだ。僕の意見では，街の暮らしのほうがいい。いろいろな種類のお店，素敵なレストラン，映画館がある。[B]こういうのがみんな変わってしまうことが心配だよ！

L：そんなことないわ。私が住んでいる村はあなたの住んでいる街からたった12マイルの距離よ。あなたがあの村に住んだら，バスに乗って街まで来るのよ，ちょうど私みたいにね。でも8時以降はバスがないって覚えておいて！

J：[C]本当？ それは便利じゃない！ がっかりだな。

L：でも街の暮らしの悪い点を考えてみて。生活(あ)費が高くてほとんどの商品がとても高価よ。人や車も多い。煙やゴミなどで環境が汚染されているよね。

J：うーん，全ての街がそういうわけじゃないよ。

L：まあね，でも私は村の暮らしはとても素晴らしいと思う。静かで安全よ。空気がきれいで新鮮な水や食べ物が簡単に手に入るわ。人が少なくて交通渋滞もないから，(い)混雑した場所にイライラすることもない。人は感じが良くて親しみやすい。私を信じてよ，田舎に住むことはこんなふうにたくさんの利点があるわ。

J：そうだね，でも僕はいろいろやったり見たりする機会があるのがいいんだ。村の暮らしが僕に合うかまだ(う)疑問に思うよ。

L：あなたはスポーツが好き？

J：僕は前からラグビーをするよ。でも今はテニスをたくさんやっている。

L：村にテニスクラブがあるの。小さいクラブだけれど，すごく上手なプレーヤーが何人かいるの。乗馬をしたことはある？

J：いや，一度もない。

L：Ⓓ村でやってみない？　私は5年間乗馬をしているの。最高よ。それに村だと安いし。

J：(2)僕を元気づけてくれようとしてありがとう。君がいろいろ言ってくれたけれど，僕はバイクに乗れるようになるまで村の暮らしには慣れないと思う！

基本　問1　country は「いなか」の意味もある。リサが village「村」に住んでいることから考える。

問2　全訳下線部参照。

問3　(あ)　cost「費用」　(い)　crowded「混雑した」　(う)　wonder if ～「～かなと思う」

問4　〈It is nice of you to ＋動詞の原形〉は相手の親切に対するお礼の言葉で，直訳すると「～してくれるとはあなたは親切ですね」となる。よって Thank you for ～ing「～してくれてありがとう」と書き換える。〈try to ＋動詞の原形〉「～しようとする」

問5　①「ジョンの両親は引っ越しが好きだが，ジョンは反対の考えを持っている」(○)　②「リサは子供の頃に日本に住んでいて，そこの友達に会いたがっている」(×)　③「リサによると，都市環境はいつか汚染が少なくなるだろう」(×)　④「リサは村の生活に好印象を持っているが，街の暮らしのほうが好きだ」(×)　⑤「ジョンは村でテニスクラブか乗馬クラブのどちらかに入ることを決めた」(×)　⑥「ジョンはバイクに乗らずに村の生活に慣れるのは難しいと思っている」(○)

4　**(長文読解問題・論説文：英文和訳，不定詞，熟語，語句整序，関係代名詞，助動詞，受動態，語句補充・選択，指示語，和文英訳，前置詞，動名詞，不定詞)**

(全訳)　時間は常に生活の一部なので，それを使うことのできる資源と見なすことは奇妙に思われるかもしれない。それは見たり触ったりできる物ではない。食品や本やお金を貯めるような方法でそれを貯めることができない。もし時間を使い果たしたら，どこでさらに手に入れることができるか。時間を貯める唯一の方法は賢く使うことだとわかるだろう。

(1)24時間を最大限に活用するために，どのように自分の時間という資源を使うのか。予定表は，他の物に支配されずにあなた自身が時間を管理するのに役立つ。あなたは，人生のごく普通の1週間の予定を立てることに，数分でも時間を費やすべきだ。週末の午後や夕方に始めよう，翌週にやることになっているものを書き留めるのだ。

やることリストは，[I]あなたが自分の活動を自分にとっての重要性の順に並べるのに役立つ。しなくてはならない活動が最も重要だ。するべき活動は2番目に重要だ。したい活動は3番目だ。もし一方が他方よりも高い(A)優先度を持っているのであれば，その2つの活動からより簡単に選ぶことができる。もし(B)優先度が同じなら，ある活動を別の活動に交換することもできる。このような選択により，あなたは時間の使い方をもっと調整することができる。

することリストは予定を立てるのに役立つだけでなく，やるべきことを思い出すのに役立つ。活動が完了した時に線を引いて消すことはとても満足感がある。

リストを作ったら，それぞれの活動を，それをする予定の日時に従って予定表に配置しよう。ある特定の時にしなくてはならないことはすべて，ペンで記入するとよい。そして，しなくてはならないがする日時が決まっていないことを，鉛筆で書き加えるとよい。最後に，あなたがそのための時間を作りたいと思っていることを違う色の鉛筆で書き加えるとよい。その期間に，特に活動のない自由な時間を少し残しておくのも良い考えだ。(2)この時間は予期せぬ出来事のために使うことができ，予定を簡単に調節する方法の1つだ。

予定を評価するために，次の週末に振り返る時間を取りなさい。思ったよりも多く時間がかかったものや少なく時間がかかったものがあると気づくだろう。(3)立てた計画と実際に使った時間を比べることによって，今後の計画の立て方がよくわかるようになるだろう。

あなたが自分の時間について決めた計画の多くは，他の人の時間の使い方に関係する。家族やクラブやチームの一員として，あなたは自分に一番良いタイミングを選べるとは限らない。[Ⅱ]グループ全体が必要とする事柄が考慮されなければならない。例えば，会議や仕事の面会の約束がある時，あなたの計画はあなた自身の時間と同じように他の人の時間にも関係する。もしあなたが相手に前もって言わずに約束に遅れたり約束を破棄したりすれば，その人は時間という資源を失うのだ。あなたは時間の管理がうまくなるにつれ，時間を守ることがⒸ簡単になるだろう。これは他の人を喜ばせ，あなたも自分自身により満足するだろう。

問1　全訳下線部参照。to make ～ 以下は目的を表す副詞的用法の不定詞。make the best of ～「～を最大限に利用する」

やや難　問2　［Ⅰ］　空所の前の help you に着目。〈help＋人＋動詞の原形〉で「(人)が～するのに役立つ」となるので，you の後ろには動詞 put を置く。put ～ in order で「～を順に置く，並べる」という意味だが，ここでは put your activities in the order of their importance (to you) とし，「自分の活動を自分にとっての重要度の順に並べる」とする。　［Ⅱ］　文頭に The があるので，その後には名詞を置く。that を目的格の関係代名詞として用い，(The) things that the whole group needs「グループ全体が必要とするもの」を文全体の主語とする。その後に動詞 must be considered「考慮されなければならない」を置く。

問3　priority「優先」

問4　直前の文の to leave 以下を参照する。

やや難　問5　by ～ing「～することによって」　compare A with B「AとBを比べる」　know well「よくわかる」　〈how to＋動詞の原形〉「～の仕方」　future plans「今後の計画」

問6　全訳下線部参照。これは形式主語構文で，②の it は to be on time を指す形式主語である。

重要　5　(自由・条件英作文)

(問題文訳)「あなたがよく見るウェブサイトは何ですか。なぜそのサイトを見るのですか。英語で書き，約50語を使いなさい。解答用紙の空所に単語数を書いてください」

(解答例訳)「私は東京公式観光ガイドのGO TOKYOをよく見ます。それは東京でできること，見られること，楽しめることについて多くの情報を与えてくれます。両親と私は寺や神社のお祭りに行くのが好きで，このサイトは私たちが週末の計画を立てるのに役立ちます」(50語)

★ワンポイントアドバイス★

3の会話文は読みやすく，問題も他の大問に比べて解きやすいので，確実に得点できるようにしたい。

＜国語解答＞《学校からの正答の発表はありません。》

一　問一　1　軌跡　2　歓声　3　鼓膜　4　とりい　問二　(例)　祭礼における「うた」「踊り」「ものがたり」などは，人々に供されるもてなしのようなものであるということ。　問三　(例)　お盆の間帰ってきてくれるひとたちはみな，血縁や年齢をこえて，なつかしい親のような存在であるということ。　問四　1　問五　死

問六　(例)　「聞こえない声」が，言葉を超えて心にじかに響いてくるということ。

問七　(例)　「なつかしい親たち」と，この世に存在する自分との隔たりがなくなり，深いつながりを実感するということ。

二　問一　2　問二　ねこのこのこねこ　問三　(1)　だいり　(2)　(例)　帝が住む所

問四　「嵯峨天皇がいない方がよいだろう」などとは言えないということ。　問五　1

問六　(例)　札を立てた件についてはおとがめがなかったということ。

三　問一　1　起伏　2　ひた(る)　3　確固　4　希求　問二　律詩

問三　(例)　帰りたいと思いながら帰れずにいる自分は情けなくみじめで，また帰れないまま春を過ごすふがいなさに憤ってもいる。　問四　(1)　唐　(2)　りはく

問五　起承転結　問六　3　問七　(例)　人間も秩序を得た安定した状態であるべきだと考え，あるべき世界とは程遠い人間世界を嘆くもの。　問八　(例)　もの悲しい旅の愁いや感傷を，美しい情感として描いたもの。　問九　(例)　空・海の青さにただよう白鳥の孤独な姿に自分自身の孤独感を重ね合わせているということ。　問十　(例)　自然の光景と，自然と対比される現実の自分の姿を描き，あるべき状態とは程遠い現実を嘆き憤っている。

問十一	帰り	たい	と	いう	願い	を	ずっと	いだき	ながら
	動詞	助動詞	助詞	動詞	名詞	助詞	副詞	動詞	助詞
	連用形	終止形		連体形				連用形	

○推定配点○

一　問一　各1点×4　問四・問五　各3点×2　他　各5点×4

二　問一～問三・問五　各3点×5　他　各4点×2

三　問一　各1点×4　問二～問六　各3点×6　他　各5点×5　計100点

＜国語解説＞

一　（論説文ー漢字の読み書き，文脈把握，内容吟味，要旨，指示語）

問一　1　「軌」を使った熟語はほかに「軌道」「常軌」など。　2　「歓」を使った熟語はほかに「歓迎」「歓心」など。訓読みは「よろこ(ぶ)」。　3　「鼓」を使った熟語はほかに「鼓動」「鼓舞」など。訓読みは「つづみ」。　4　「鳥居」は，神社の入り口に立ててある門のこと。「居」の訓読みは「い（る)」「お(る)」。音読みは「キョ」。熟語は「住居」「居留」など。「い」と読む熟語は「鳥居」のほかに「居間」「居候」など。

問二　直前に「どの祭にも『うた』がある。『踊り』がある。昔から伝わる，大切な『ものがたり』がある。」とある。祭礼における「うた」「踊り」「ものがたり」は，人々にとって最大のもてなしとなる，という文脈である。

問三　「目に見えない誰かの子ども」については，「死は……」で始まる段落に「あらゆるひとが，なつかしい。血縁をこえ，年齢をこえて，先にいったひとたちはみな，僕たちの親なのだ」と述

べられている。お盆の期間に帰ってきてくれるあらゆるひとはみな，血縁も超えて，なつかしい親である，という内容を踏まえてまとめればよい。

問四　直後に「この世にまだいるものと，遠ざかったものの時間が混ざり，家族の『ものがたり』が大きく循環する」と説明されているので，「死んだ人と生きている人が交流できる特別な期間だから」とする1が適切。

問五　文頭の「死」を「それ」と受ける文脈である。

問六　直前に「親たちはかたりかけてくれる。きこえない声で，ことばをこえて，一切おしみなく。……僕たちのこころをじかに揺らす。……頭を撫でてる」とある。きこえない声で語りかけてくれる声が言葉を超えて心を揺らし，親しいものとして実感できるというのである。

やや難　問七　この世から遠ざかった「なつかしいひとたち」と一つになったという実感を「あの親たちと溶け合う」と表現していることを押さえる。「親たち」が語りかけてくる，言葉を超えたものを感じ取りながら，隔たりを超えてえてつながりあうことを実感しているというのである。

二　**（古文一脱文補充，漢字の読み，語句の意味，口語訳，内容吟味，情景・心情，要旨）**

〈口語訳〉　今となっては昔のことだが，小野篁という人がおいでになった。嵯峨天皇の御代に，内裏に立札がしてあったが，（その立て札に）「無悪善」と書いてあった。帝が篁に「読んでみよ」とおっしゃったので，（篁は）「読むことはお読みいたしましょう。しかし，恐れ多うございますから，申し上げることはできますまい」と申し上げたところ，「何でもよいから，申してみよ」と，何度もおっしゃったので，（篁は）「『さがなくてよからん』と申しているのでございますよ。ですから，これは帝を呪い申し上げているのでございます」と申し上げたところ，（帝は）「（こんな難しいことは）お前以外には誰が書こうか（書いたのはお前にきまっている）」とおっしゃったので，「ですから，『申し上げますまい』と申し上げたでございます」と申し上げた。すると，天皇は，「ところで，（お前は）何でも書いたものは読んでみせるのか」とおっしゃったので，「何でもきっと読みましょう」と申し上げたところ，（帝は）片仮名の「子」という文字を十二お書きなさって，「読んでみよ」とおっしゃったので，（篁は）「ねこのこのこねこ，ししのこのこじし（猫の子の子猫，獅子の子の子獅子）」と読んだところ，帝はにっこりと微笑なさって，何のおとがめもなくてすんでしまった。

問一　「悪」を「悪い性（さが）」という意味で「さが」と読み，「無」で打ち消して「さがなくて」と読めるので，「善」は，打消しを伴わず「よからん」と読む。

やや難　問二　前に「片仮名の子文字を十二書かせて給ひて」とある。「子」の読みは，「こ」「ね」「し」で，後半部分は「ししのこのこじし（獅子の子の子獅子）」となり，「子」の字が6回使われていることから，前半部分も「子」の字が6回使われているとわかる。前半では「子」を「し」「こ」と読んでおり，いくつかの「し」を「ね」に置き換えると，「ねこのこのこねこ（猫の子の子猫）」。となる。

問三　(1)　「だいり」と読む。「内」を「だい」と読む用例はほかに「境内」「参内」など。

(2)　「内裏」は帝（天皇）の住むところ，という意味。

問四　「え申し候はじ（申し上げることはできません）」とあり，その理由は，直後に「されば君を呪ひ参らせて候ふなり」とある。読めないことはないが，読むと「さがなくてよからん（嵯峨天皇がいない方がよかろう）」となり，嵯峨天皇を呪うことになるので読めないというのである。

問五　「放つ」には，除外する，という意味があるので「おのれ放ちては」は，「お前を除いては（お前以外には）」という意味になる」。「誰か書かん」は，係助詞「か」が文末を連体形でむすんで反語表現となるので，「誰が書くだろうか（誰もいない）」という意味になる。次に「さて何も書きたらん物は読みてんや」と，篁の学才を試すようなことを言っているので，1が適切。

やや難　問六　直前に「帝ほほゑませ給ひて」とあることから，帝が気を良くしたので，何事もなかった，という文脈が読み取れる。前に「『読め』」とあり，この難題に篁は難なく回答したことに満足しているのである。「事なくて」は，何事もなく，という意味だが，ここでは，「無悪善」と書いた札を立てたことについて，何のおとがめもなかった，という意味になる。

三 （漢詩の鑑賞文ー漢字，漢詩の知識，漢詩の鑑賞，文学史，ことわざ，内容吟味，要旨，品詞分類）

〈漢詩の口語訳〉 揚子江の流れの深いみどりに，鳥の白さがますます際立ち，山の新緑に映えて，花は燃えるばかりに赤く鮮やかである。今年の春もみるみるうちに過ぎ去ってしまおうとしている。いったいいつになったら故郷に帰れる日が来るのであろうか。

問一 1 「起」を使った熟語はほかに「起因」「起源」など。訓読みは「お(きる)」「お(こす)」「お(こる)」「た(つ)」。 2 「浸」の訓読みは「ひた(す)」「ひた(る)」。音読みは「シン」。熟語は「浸食」「浸透」など。 3 「確」を使った熟語はほかに「確執」「確信」など。訓読みは「たし(か)」「たし(かめる)」。 4 「希」を使った熟語はほかに「希少」「希薄」など。「希有(けう)」という読み方もある。

問二 漢詩の形式は，一首が八句から成る定型詩を「律詩」，四句から成る定型詩を「絶句」という。

問三 「今春看又過」については「それに対し……」で始まる段落に「今年もまた帰れないまま春を過ごしてしまった，そんな自分のふがいなさへの憤りまで含んでいるかのようです」とあり，「何日是歸年」という思いについては，については，「山の青……」で始まる段落に「情けないことに今年もここに居続けてしまった。……自分は帰りたいと思いながら帰れずにいる，みじめな存在だ」と説明されている。

やや難 問四 (1) 「杜甫」が活躍した時代の王朝名は「唐」。「唐」の時代は，「初唐」「盛唐」「中唐」「晩唐」に分けられ，杜甫や李白が活躍した時代は「盛唐」。この時代に優れた詩人が多く輩出した。その時代に作られた漢詩を特に「唐詩」という。 (2) 杜甫と並び称される詩人は「李白(りはく)」で，「杜李」と併称される。「李白」は絶句が得意で「詩仙」と呼ばれる。

やや難 問五 「絶句」の構成は，「第一句(起句)＝ある内容を述べ起こす」「第二句(承句)＝起句を承けて展開する」「第三句(転句)＝内容を一転させて述べる」「第四句(結句)＝全体をまとめて結ぶ」というもので，「起承転結」の手法で展開する。

問六 「人口に膾炙する」は，世の中の人々に広く知れわたり，大いにもてはやされること。「膾炙」の「膾」は「なます」，「炙」は「あぶった肉」のことで，誰の口にも好まれる意から。

問七 「辛酸の代償」ともいえる杜甫の文学については，最終段落に「人も自然と同じように秩序を得た，安定した状態であるべきなのに，……。あるべき状態をキキュウしながら，それにほど遠い人間世界を嘆く，これが杜甫の文学に通底しています」と説明されている。

問八 島崎藤村の詩を評した部分で，同様のことは，次の段落で「もの悲しい旅の愁い」と言い換えられて入り，次の段落では「旅の感傷に浸るのも文学の美しい情感といえます」とある。

問九 若山牧水における「同化」については，「しかし……」で始まる段落に「牧水の歌では，空・海の青さに染まることなくただよう白鳥の飛翔，その孤独な姿に自分を重ね合わせています」と述べられている。「同化」を「重ね合わせている」と言い換えていることを押さえる。

やや難 問十 『絶句』については，「このように……」で始まる段落に「前半二句の描写は……具体的な光景を描くのではなく，概念的な春をあらわすだけの景観といってもよさそうです。この絶句ではわざとこのように観念的に捉えているかに見えます」とあり，続いて「そんな自然と対比される自分が後半二句で登場しますが，この自然と人間の対比は，杜甫の終生のテーマといってもいいものです」と説明されている。

重要 問十一 「帰り(動詞　連用形)・たい(助動詞　終止形)・と(助詞)・いう(動詞　連体形)・願い(名

詞)・を(助詞)・ずっと(副詞)・いだき(動詞　連用形)・ながら(助詞)」となる。

★ワンポイントアドバイス★

現代文，古文ともに深い読みが求められるので，多くの文章にあたって高度な読解力を養おう！　現代文の中で古文・漢文・韻文の知識が問われることも想定して，知識を充実させておこう！

〈作文について〉

「20〜29歳の生活に対する満足度」が2004年以降上昇していることと，社会背景として「非正規雇用」「格差社会」「世代格差」といた問題があることを関連させて述べることが求められている。客観的には恵まれているとはいえない環境にありながら，若者の「満足度」が高いのはなぜか，自分の考えを述べることが必要である。現代の若者が，今よりも良い状態をそもそも知らないから，価値観が変わったから，などと言われていることを押さえ，その上で，自分はどう考えるか，なぜそういえるのか，という順序で論を展開させよう。説得力のある具体例を交えて内容を構成しよう。

大切なことはメモしておこうネ！

平成30年度

★★★★★★★★★★★★★★★★★★★★★★★★

入　試　問　題

平成30年度

慶應義塾女子高等学校入試問題

【数　学】（60分）〈満点：100点（推定）〉

【注意】　1. 途中の計算や式などもすべて解答用紙に書いておくこと。

2. 図は必ずしも正確ではありません。

1　次の問いに答えなさい。

[1]　次の式を計算しなさい。

$$\sqrt{85^2-84^2+61^2-60^2-2\times11\times13}$$

[2]　右の図のように 7，8，9 の書かれた縦長の長方形のカードが 1 枚ずつ計 3 枚ある。これらをすべて裏返しにし，よくかきまぜてからカードを選び，長い辺が縦になるように置いてから，カードをおもてにして数字を読む。ただし，数字が上下逆になったとき，7 は数字として扱わず，8 は 8 として扱い，9 は 6 として扱うものとする。以下の問いに答えなさい。

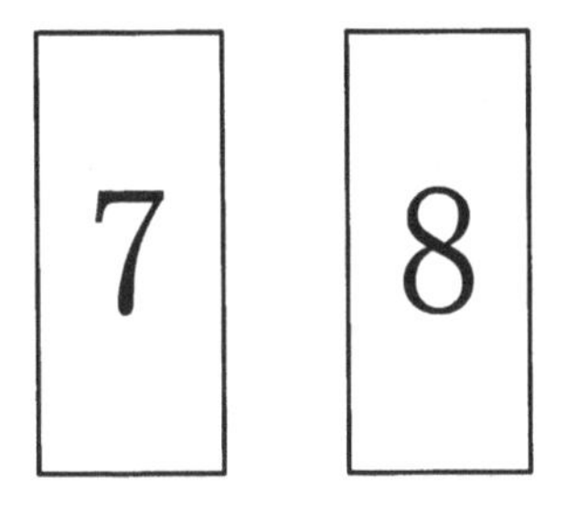

(1)　カードを 1 枚だけ選んで，それをおもてにしたとき 6 である確率と，8 である確率をそれぞれ求めなさい。

(2)　カードを 2 枚選んで横に並べて，おもてにしたとき 2 桁の整数が作れる確率を求めなさい。

2　右の図のように放物線 $y=x^2$ と直線 ℓ : $y=\dfrac{4}{3}x+8$ があり，放物線上の点 P を中心とする円が x 軸と直線 ℓ に接している。次の問いに答えなさい。

[1]　直線 ℓ と x 軸との交点 A の座標を求めなさい。

[2]　直線 ℓ と y 軸との交点を B とするとき，線分 AB の長さを求めなさい。

[3]　直線 AP と y 軸との交点 C の座標を求めなさい。

[4]　点 P の座標を求めなさい。ただし，点 P の x 座標は正とする。

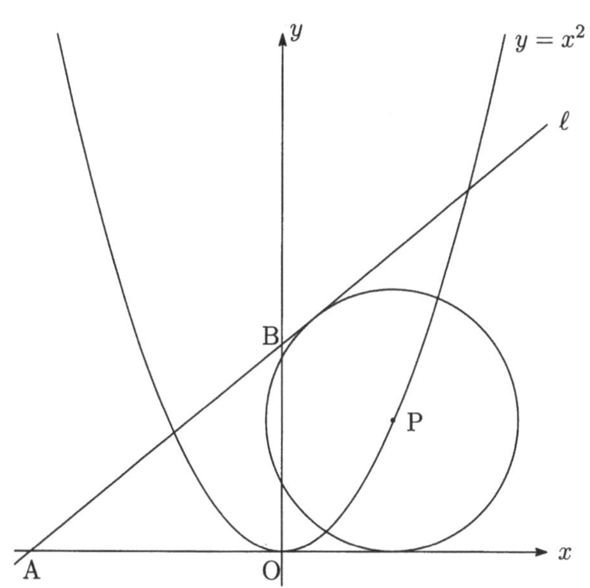

3 平面上の 2 点 A, B を中心に半径 AB の円 A, 円 B をそれぞれ描きその交点を C, D とする。また，点 C を中心とする線分 AB と同じ長さの半径の円 C を描き，線分 CD との交点を E, AE の延長と弧 BD との交点を図のように F とする。おうぎ形 ABF の面積が 6π のとき，次の問いに答えなさい。

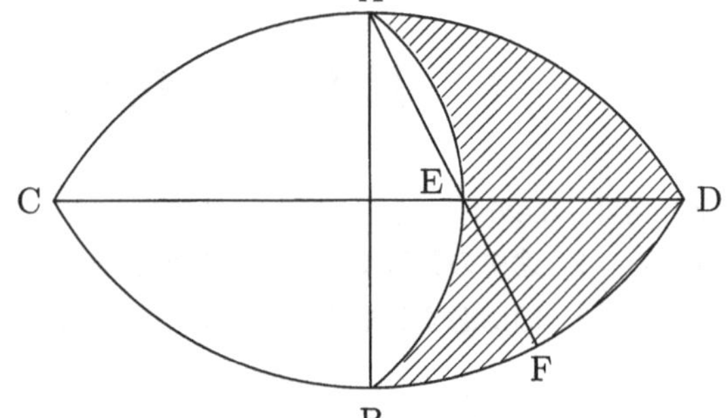

[1] ∠BAF の大きさを求めなさい。

[2] 線分 AB の長さを求めなさい。

[3] 円 A, 円 B, 円 C により囲まれた図の斜線部分の面積 S を求めなさい。

4 百の位，十の位，一の位がそれぞれ a, b, c である 3 桁の数字がある。その 3 つの数字を並べ替えてできる一番大きい 3 桁の数字から一番小さい 3 桁の数字をひいたものを 〈abc〉 で表すものとする。例えば，〈357〉 =753−357=396 である。次の問いに答えなさい。

[1] 〈123〉, 〈〈123〉〉 をそれぞれ求めなさい。

[2] さらに $0 < a < b < c < 10$ のとき，以下の問いに答えなさい。

(1) 〈abc〉 を，数式を用いて表しなさい。

(2) 〈abc〉 の百の位，一の位を，a, c を用いてそれぞれ表しなさい。

(3) 〈abc〉 = 〈〈abc〉〉 となるとき，〈abc〉 の値を求めなさい。

5 すべての面が球 A と接し，すべての頂点が球 B の球面上にある正六角柱がある。球 A の半径を r, 球 B の半径を R, 円周率を π として次の問いに答えなさい。

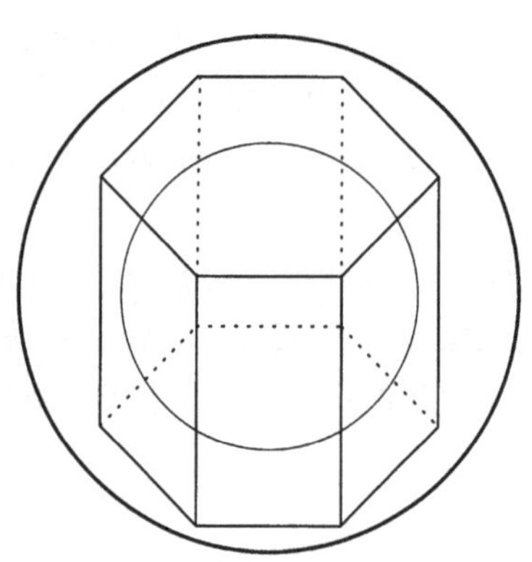

[1] 正六角柱の底面の一辺の長さを，r を用いて表しなさい。

[2] R を，r を用いて表しなさい。

[3] $R=7$ のとき，球 A の体積 V を求めなさい。

【英　語】（60分）〈満点：100点（推定）〉

1　これからリスニングのテストを行います。英文と，それに関する質問が2問ずつ放送されます。1つ目の質問は，最も適切な答えを①～④より1つ選び，番号で答える形式です。2つ目の質問は，書き出しの語に続けて答えを英語で書く形式です。書き出しの語も含めて10語以内で解答しなさい。放送を聞きながら問題用紙にメモを取ってもかまいません。英文と質問は2回ずつ放送されます。

(A) 1 ① Sally woke up late in the morning.
② Sally went hiking with her family.
③ Sally took a rest for two hours on the mountain.
④ Sally got too tired to feel happy on the mountain.
2 She ________________________________

(B) 1 ① Maria called John every day.
② Maria found a small bag and took it away.
③ Maria knew that she was in trouble.
④ Maria went to the nearest police station.
2 She ________________________________

(C) 1 ① How to know more about people.
② How to clean the floor and carpet.
③ How to make a good impression on others.
④ How to have a good time in a car.
2 We ________________________________

※リスニングテストの放送台本は非公表です。

2　次の文章を読んで設問に答えなさい。

Studies have shown that stress can have some effects on our bodies. When we are stressed by something, such as a loud noise, our bodies respond by making adrenaline. Also, our blood pressure, our body temperature, and the amount of oxygen we use rise. These physiological changes are called (A)<u>a "fight or flight" response</u>. These changes prepare our bodies to either stay and deal with stress or to run away. We are ready to give "fight or flight", as our ancestors did when they came across a tiger.

However, if we are dealing with stress over a long period of time—for example, in the workplace—the effect on our bodies is not healthy. Toxins stored from the "fight or flight" response could make cells in our bodies age or die earlier. After experiencing stress over a long period, our reaction time becomes shorter, functions of our mind and body start to become worse, and we may (ア) from lack of sleep or become angry very easily. Over time, people can die from stress.

The first case of karoshi (death from overwork) in Japan happened in 1969 with the death from a stroke of a 29-year-old married male worker of Japan's largest newspaper company.

In 1987, the Ministry of Labour started releasing the numbers and the conditions about this new problem. In 2004, there were 345 karoshi-related deaths in Japan, an increase over a year earlier. In addition, lack of sleep is thought to be the cause of 40% of work-related accidents and long periods of absence.

To reduce stress, a few companies are allowing pets in the office. A company in Japan has filled its work space (あ) many cats that are allowed to move around freely. Office communication has increased a lot, because everybody just can't seem to stop (イ) about the cats. It's a subject that brings workers together and reduces everyone's stress. One worker said, "It's almost impossible to be angry when there's a cute cat around us, but sometimes cats walk on a phone and cut off the call, or they shut down the computers by walking on the off switch."

Meditation and relaxation are also good ways to help reduce the effects of stress, but how does one go about getting the quiet time in a busy city? (B)Recently, some Japanese companies have started offering products and services to help stressed Japanese workers deal with this problem. Sales of "desk pillows" are increasing. If you don't want your pillow to be seen, try a "dictionary desk pillow." When you open it, you have a comfortable cushion for your tired head. When you're not using it, close it and put it on your shelf.

New types of hotels are also appearing in the center of Tokyo which offer stressed workers a chance to take a nap. These nap hotels offer a bed for short rests from 15 minutes to two hours, with prices from $5 to $16. Some of them serve a cup of coffee to the workers before they lie down, because the caffeine in coffee takes about 20 minutes to take effect, the perfect amount of time for a workday nap.

Also, a Japanese company has designed a talking pillow with sensors that learn the user's regular sleep habits. Depending on head movements, it offers many messages, including advice like, "Try taking a warm bath" and encouraging words like, "You've been sleeping well. Keep it up."

The Japanese government (ウ) to have new laws which limit the number of working hours of workers. They should also encourage companies to give their workers more breaks. Someday, don't be (エ) if you enter a Japanese company and find that workers have their own desk pillows.

［注］ stress：ストレス(を与える)　adrenaline：アドレナリン　physiological：生理的な　flight：逃走
response：反応　ancestor：先祖　toxin：毒素　cell：細胞　age：年をとる
reaction time：反応時間　function：機能　lack：不足　stroke：脳卒中
the Ministry of Labour：労働省(現在の厚生労働省)　～-related：～に関係ある
meditation：瞑想(めい)　relaxation：くつろぎ　go about ～：～にとりかかる　caffeine：カフェイン
sensor：センサー　limit：制限する

問1 下線部(A)について，次の(1)(2)に答えなさい。

(1) 下線部(A)はどのような体内の反応を指すか，具体的に日本語で答えなさい。

(2) 下線部(A)はどのような場面で起こるか，本文中で挙げられているものを①～④より1つ選び，番号で答えなさい。

① when people meet a tiger
② when people work with cats
③ when people sleep on desk pillows
④ when people hear encouraging words

問2 (ア)～(エ)に入る最も適切な語を次より1つずつ選び，文脈に合う形で答えなさい。ただし，同じ語を2度以上選ばないこと。

arrive, become, need, suffer, surprise, talk

問3 (あ)に最も適切な1語を補いなさい。

問4 下線部(B)を日本語に直しなさい。

問5 次の質問に英語で答えなさい。ただし，主語と動詞のある文の形で答えること。

What kind of information can talking pillows get?

問6 本文の内容に合っているものを①～⑥より2つ選び，番号で答えなさい。

① In 1969, more than 300 karoshi-related deaths happened in Japanese companies.
② People who have stress for a long time are patient to others.
③ Pets in an office have increased communication among workers there.
④ A dictionary desk pillow can be put on your shelf when it isn't used.
⑤ Caffeine in coffee makes us sleep for many hours.
⑥ New types of hotels offering workers a nap lend a business person a talking pillow.

3 次のJackの家での会話文を読んで設問に答えなさい。

Jack : Have you decided your theme of the science contest at school?

Eric : I'm interested in volcanoes, so I'm thinking of making a model of a volcano. But I haven't started anything. [A]

Jack : I'm planning to study about insects and write a report. Actually, my sister and I have insects. Come over here. I'll show you some of them. We also have lots of books about insects.

Eric : Thanks. I'd love to.

Jack : [B] This jar has two grasshoppers in it. We put grass and twigs in the jar with them. Grasshoppers have two pairs of wings. The back wings are large though the front wings are small and hard. They also have long back legs that help them jump a long way. They can jump twenty times the length of their body.

Eric : That's amazing! I didn't know that. Do you keep any other insects?

Jack : Yes. Let me show you our ant farm. Ants are (ア) insects. That means they live together in large colonies or groups. In a colony, the queen is the only ant that can lay eggs. (あ O —) the queen becomes an adult, she spends the rest of her life laying eggs! The other female ants are worker ants. They build the nest and gather food for the colony. There is a lot of work to be done. They are hard workers.

Eric : You know a lot about insects. Do you know which insect becomes the best (い m —)?

Jack : As far as I know, it's the earwig.

Eric ： The earwig? What's it like?

Jack ： Well, I have a picture of one. She spends all winter looking after her eggs. She licks them clean and keeps them warm. When they hatch, she feeds them.

Eric ： I see. She really does a lot.

Jack ： This is a picture of another insect. She also takes good care of her babies. She carries them in a pouch.

Eric ： [C]

Jack ： Yes, exactly like that. Let me show you one more picture. This shows the insect I like most. It is a giraffe weevil. The name comes from its long neck. Its neck is twice as long as its body.

Eric ： Wow! (1)I've become more interested in insects than before. I also want to keep some at home if possible.

Jack ： I'm glad to hear that. Summer is a good time to collect insects. Let's go outside and catch some. That should be fun.

Eric ： That sounds good, but I have to go home now. [D] So, as soon as I get home, I'll start (2)my science project!

[注] jar：(広口の)びん　grasshopper：バッタ　twig：小枝　～ times：～倍　colony：集団
lay：産む　earwig：ハサミムシ　lick ～ …：～をなめて…にする　hatch：(卵が)かえる
pouch：小袋　giraffe weevil：キリンクビナガオトシブミ

問1 [A]～[D]を補うのに，最も適切なものを①～⑧より1つずつ選び，番号で答えなさい。ただし，同じ番号を2度以上選ばないこと。

① That reminds me of kangaroos!　② I'm inspired by your passion for insects.
③ What's wrong with you?　④ Do you know how long it took?
⑤ They are willing to pay.　⑥ Take a look at this.
⑦ How about you, Jack?　⑧ It was important to remove them.

問2 (ア)に入る最も適切なものを①～④より1つ選び，番号で答えなさい。

① social　② national　③ medical　④ local

問3 (あ)，(い)にそれぞれ最も適切な1語を補いなさい。ただし，指定された文字で書き始めること。

問4 下線部(1)を，"interesting"を用いてほぼ同じ意味の文に書きかえなさい。

問5 下線部(2)の具体的な内容を日本語で答えなさい。

問6 本文の内容に合わないものを①～④より1つ選び，番号で答えなさい。

① Jack has decided his research theme of the science contest.
② The size of the front wings of grasshoppers is different from that of the back wings.
③ Jack and his sister keep earwigs as well as grasshoppers and ants.
④ A giraffe weevil is Jack's favorite insect.

4 次の文章を読んで設問に答えなさい。

A friend is someone you can share things with. A movie is funnier when your friend is laughing by your side. Going horse-riding for the first time is more of an adventure when it's your friend's first time, too. Your fear of moving up a grade is more bearable because your friends feel the same way. Going shopping, going fishing, or making cookies—all these things are better when you have a friend to share them with.

If you are lucky, you have at least one friend you feel really close to, someone you can talk to and rely on. Of all the people you know, this person most nearly [A].

What makes a close friendship special? (1)<u>Part of it may be the length of time you have spent together or the experiences you have shared.</u> Just as important is the quality of the give- and-take between you.

First of all, you accept each other just as you are. You know each other's strong and weak points. Although there [I] about the other, you're ready to accept it for the friendship.

You are true to each other. Your friend can tell you something that he or she thinks is a secret and know that you won't tell it to anyone. You know that your friend will stick up for you when you are not around.

You listen to each other's problems with understanding and a sense of shared feeling. You can tell each other your worst fears and embarrassments and know that you'll be understood. Even if the problem seems bad, you know your friend is on [B].

Perhaps most important of all, you care about each other. If you miss a day at school, your friend calls and lets you know what you missed. If your friend is having problems at home, you find a way to offer hope and encouragement. To each of you, the feelings [II] your own.

Even between good friends, problems can happen. The closer you are to someone, the more you may expect from him or her. This [III] feelings. Your attitude toward another person can be part of the problem.

For example, new friends or interests can interfere with an old friendship. Let's say that you used to walk home from school with your friend every day. Now, suddenly, your friend no longer [C]. There can be many reasons. Perhaps the friend has made a new friend or gotten interested in someone else. It could be that your friend has joined a new group of people—members of a sports team, band or volunteer organization. Whatever the reason is, you feel left out.

Problems that happen between you and your friend like this can make you feel hurt. However, (2)<u>まだ怒っているうちに話すと，あなたはその状況をより悪くしてしまうかもしれない。</u> It's better to calm down first or to do something physical to use up your energy. Then examine what you feel and how you want to deal with it. A good friendship is worth all the honesty and patience you can bring to it.

[注] more of a (an) ～：むしろ～　fear：不安　bearable：我慢できる　give-and-take：協力
true：誠実な　stick up for ～：～を支持する，かばう　embarrassment：不愉快なこと
encouragement：励まし　interfere with ～：～を妨げる　whatever：何であろうとも
patience：忍耐力

問1 [A] を補うのに最も適切なものを①～④より1つ選び，番号で答えなさい。

① doesn't fit the friend who is successful

② fits the image of a great leader

③ doesn't fit the friend who worries about you

④ fits the image of a perfect friend

問2 下線部(1)を日本語に直しなさい。ただし，"it"の内容を明らかにすること。

問3 [Ⅰ]～[Ⅲ]を補うように，次の語句を並べかえなさい。

[Ⅰ]に用いる語句：change, each, like, might be, something, to, would

[Ⅱ]に用いる語句：almost as, as, matter, much, of, other, the

[Ⅲ]に用いる語句：and hurt, can, lead, problems, to

問4 [B] に入る最も適切な2語を，本文中より抜き出しなさい。

問5 [C] に入る適切な内容を4語の英語で補いなさい。

問6 下線部(2)を英語に直しなさい。

[5] Some students have part-time jobs during high school. Do you think this is a good idea or not? Give two or three reasons. Write in English and use about 50 words. Please write the number of words in the space (words) on the answer sheet.

[注] part-time job：アルバイト

りの女」などの傑作が相次いで（おそらくこの順番で）描かれた。フェルメールは円熟の30代を迎えていた。彼は光の粒を操ることができるようになり、時間を止めることに成功する。やがて光を柔らかく溶かすことまで自在にできるようになる。

つまり名画礼賛（らいさん）のマナーとは、C画家自身の旅路を旅する、という地点に行き着くことである。

（福岡伸一「名画礼賛のマナー」より）

問一　本文には次の一文が省略されています。どこに入れたらよいか、その箇所の直前の五字を記しなさい。ただし句読点は含みません。

「逆に言えば、私にとって名画とは、単に大作、上手、美麗というのではなく、小品であっても絵から問いかけがある絵、ということになる。」

問二　傍線部Aとはどういうことですか、具体的に説明しなさい。

問三　傍線部Bとはどういうことですか、文中のことばを用いて説明しなさい。

問四　傍線部Cとはどのようにすることですか、説明しなさい。

問五　二重傍線部を例にならって品詞分解し、それぞれの品詞名を答えなさい。ただし、活用のあるものは文中での活用形も答えなさい。

	名詞	助詞	名詞	助詞	名詞	助動詞 終止形
（例）	これ	は	今年	の	試験問題	です

4　とても近くでご対面させているのですよ

問三　ア・イ にあてはまる四字熟語を、次の中からそれぞれ番号で選び、漢字に直しなさい。

1　オメイヘンジョウ　　2　キショクマンメン
3　トウイソクミョウ　　4　メンモクヤクジョ

問四　a ～ c にあてはまる語を次の中から選び、それぞれ番号で答えなさい。

1　頭　　2　尻　　3　鼻　　4　眼　　5　耳

問五　傍線部Aの成立と最も近い年代に成立した作品を、次の中から選び、番号で答えなさい。

1『今昔物語集』　2『徒然草』　3『平家物語』　4『方丈記』

問六　傍線部Bが示す内容を、具体的に説明しなさい。

問七　傍線部Cとは、どういうことですか、具体的に説明しなさい。

問八　傍線部Dについて、なぜ誇らしかったのですか、説明しなさい。

問九　傍線部Eとは、どういうことですか、説明しなさい。

三　次の文章を読んで、あとの設問に答えなさい。

私は絵を描くことは全くできないけれど、絵を見ることはとても好きである。旅に出れば、その土地の美術館に足を運ぶ。いや、むしろ絵を見ることがなかったら、その場所に出かけることも、ひょっとするとその街の名前すら知らなかったかもしれない。

私は生物学者だが、生物学者になる前は昆虫少年だった。つまりおたく出身である。おたくの常として、たとえば本を読んで、ミトコンドリアという言葉が出てきたら、それ自体よりも、いったい誰が、どんな意図でこんな奇妙な単語をひねり出したのかを知りたくなる。ちなみに、ミトコンドリアのミトとは「糸」という意味で、細胞の中に糸くずのような絡(から)まりが散らばっていることから名づけられた。

私はおたくとして、あるいはアマチュアの美術ファンとして、名画を見るときも、いつもこのようなマナーで作品を見る。絵のこの不思議な魅力はいったい何に由来するのだろう。絵の中の人物は一心に何を読んでいるのだろう。あるいは画家は何を思ってこのテーマを選んだのだろう。

私の大好きな画家に17世紀の人ヨハネス・フェルメールがいる。日本は今年（2012年）フェルメール・イヤー。彼の代表作が次々と6点も来日する。現存作品はたった37点しかない（議論のあるものを含む）ので、この数はなかなかのものだ。

私が提案したいのは、川の源流から河口を辿(たど)るように、時間軸をもって絵を旅してみる、ということである。

フェルメールは最初から、ザ・フェルメールだったわけではない。彼は、1632年、オランダの小都市デルフトに生まれた。画家を志した20代、彼は迷っていた。自分のスタイルを見つけることができないでいたのだ。前の時代の画家をまねして聖書から題材を取ってきたり、神話にテーマを求めたりした。

やがて彼は、自分が何をどのように描くべきかを徐々に見いだしていく。大きなドラマを描くことをやめ、日常を切り取ることにした。静けさの中で女性がたたずみ、手紙を書き、あるいは楽器を奏(かな)ではじめる。物語のない物語が語られはじめる。いわゆる「フェルメールの部屋」の発見である。この部屋の中で、今年、来日する「青衣の女」、「真珠の首飾

う発想の転換ともいえる。ここで、同じ『大鏡』が伝える、公任のいわゆる「三船の才」の逸話を思い合わせてみるのも、おもしろいだろう。

ある時、道長が人々と大井川に逍遥*に出かけたとき、諸芸に秀でた公任に、和歌、漢詩、管弦いずれの舟に乗るかを尋ねたところ、公任は和歌の舟を選び、秀歌を詠んだ。しかし、公任は、「もし漢詩の舟に乗ってすぐれた漢詩を詠んでいたらもっと名声が上がったろうに。だが、D道長公にどの舟に乗るかと尋ねられたのは誇らしかった」と言った、という話である。

この逸話じたいは、諸芸に秀でた公任を賛美するものとして語られている。しかし、道長の「影をば」のことばを知れば、一流文化人たる公任は、所詮大政治家道長の掌の上の存在に過ぎない、とすら見ることができる。「面を踏んづける」などという型破りな発想をする道長の政治家としての大きさは、公任にはない。

（中略）

さて、*このエピソードは、『大鏡』ではすぐ後に続くもう一つのエピソードとセットになっている。それは、花山院が帝位にあった頃、ある気味の悪い雨が降る夜、帝は肝試しとして、道隆、道兼、道長にそれぞれ場所を決めて出かけさせた。道隆と道兼は、不思議なものの声を聞いたり姿を見たりして、恐ろしさのあまり、すぐに戻ってきてしまった。ところが、道長は、平気な顔をして、小刀で大極殿の柱を少し切り取って戻ってきた、というのである。少しも怖がらなかっただけでなく、実際に行ってきた証拠を持参するという冷静さまで加わっている。道長のあまりの豪胆さにあきれた帝は、これを疑わしく思い、翌朝、蔵人に命じてその削り屑を大極殿の柱にあてさせに行ったところ、ぴったりと合ったという。ここまで来ると、Eいかにも兄たちをダシにした武勇伝として眉唾ものという気もするが、二つ合わせて、剛毅な道長像はよく伝わってくる。

それにしても、道長のことばはかっこいい。誰もが一度は口にしてみたいせりふであろうが、時と所をまちがえれば、こちらの面が踏んづけられること必定[4]である。

（高田祐彦「いまに見ていろ――『大鏡』「道長」」より）

＊逍遥…散歩。気ままに。

＊このエピソード…「三船の才」の逸話のこと。

問一　波線部1〜4のカタカナを漢字で、漢字の読みをひらがなで書きなさい。

問二　X ・ Y にあてはまる口語訳を、次の中から選び、それぞれ番号で答えなさい。

X
1　まずは後を追いかけて影を踏んで、真っ正面から面まで踏んづけてやるんだ
2　なんとか後を追いかけて影を踏んでも、とても真っ正面からは面は踏めやしない
3　後を追いかけて影なんか踏むもんか、真っ正面から面を踏んづけてやるんだ
4　後を追いかけて影を踏めるもんか、真っ正面から面なんかとても踏めやしない

Y
1　あまり近くでご対面になれないのですよ
2　あまり近くでご対面させないようですよ
3　とても近くでご対面をしているのですよ

(2) それはなぜですか、説明しなさい。

問六　傍線部Cとは、どういうことですか、説明しなさい。

問七　傍線部Dについて、なぜこう思ったのですか、次の中から最も適切なものを一つ選び、番号で答えなさい。

1　高まる気持ちを抱えきれずに、一心不乱に走る青年の姿を見て、自分も青年のように目標に向かって突き進みたいと思ったから。

2　天の青と白、地の黄金、大海原の波のように見える緑の縞を見て、画面の中の見知らぬ風景を自分の目で見てみたいと思ったから。

3　果てしなく広がる麦畑や大海原の波のような若草色の丘陵を見て、雄大な自然は小さな自分を優しく包み込んでくれると思ったから。

4　見知らぬ風景の中を、一心不乱に走る同じ年頃の青年の姿を見て、海外ならば自分でも夢中になれるものが見つかると思ったから。

問八　傍線部Eとは、どういうことですか、説明しなさい。

二　次の文章を読んで、あとの設問に答えなさい。

影をば踏まで、面(つら)をや踏まぬ。（『大鏡』「道長」）

これは、若き日の藤原道長のことばとして、A『大鏡』が伝えるものである。

ある時、道長の父兼家(かねいえ)が、息子たちの前でこう言った。「藤原公任(きんとう)は、どうしてあのように何もかもできるのか。うらやましい。わが子たちが公任の影さえ踏めそうもないのが残念だ」。公任は、道長たちと同年輩の男である。これを聞いた道長の兄、道隆(みちたか)と道兼(みちかね)は、父の言葉に納得しているらしく、いかにも恥ずかしそうにして、何も言えないでいる。そこで、若い道長が言い放った言葉である。「［ X ］」。いかにも鼻っ柱の強い、後年大権力者になる男の若き日の［ ア ］といったところである。『大鏡』は、これに続けて、「まことにBさこそおはしますめれ。内(ない)大臣殿(だいじんどの)をだに、近くてえ見たてまつりたまはぬよ（実際に、そのようになられたようですな。公任殿は、内大臣殿〈道長の息子、教道(のりみち)。公任の娘婿〉にさえ、［ Y ］）」と述べている。もっとも、政治家として道長の官位は常に公任よりも上だったので、兼家の嘆きには、物語の誇張があるだろう。

ここには、若い道長の激しい闘争心やみなぎる気迫が、力強く表されている。道長にまつわる、数ある自信家、怖い物知らずのエピソードの中でも、代表的な一つといえるだろう。ここに、若者特有の生意気さを感じて［ a ］白むか、少壮の覇気を感じて爽快(そうかい)に思うか、人により、また時により異なるであろう。いずれにしても、そこにあるのは、単なるむき出しの闘争心というだけでもなさそうだ。少し、表現そのものに注目してみよう。この簡潔な一句は、「影」と「面」という対を用いながら、七・七のリズムも持った、実に巧みな言い回しになっている。父親のぼやきにシュンとなってしまったふがいない兄たちを［ b ］目に、［ イ ］に負けじ魂を表現した、その表現そのものこそ、このエピソードの［ c ］目なのであろう。ただ単に「絶対あいつに勝つ」などと叫んでも、そんなことばは残りはしない。この秀句というべき表現に、道長という人物が1ギョウシュクしている。C文は人なり、との感を深くせざるをえない。そうした道長像を2アザやかに描き出した『大鏡』の表現力はすばらしい。

諸芸に通じた公任との比較、その基準では、道長たちは公任に3太刀打ちできない。それならば、その基準ではないところで勝負しよう、とい

して、青年が一心不乱に走る。

私と同じ年頃だろうか、と思いながら画面に見入る。

青年は嬉(うれ)しくてならず高まる気持ちを抱え切れなくなって、［ウ］駆け出したらしい。天の青と白、地の黄金、緑の縞が寄せては返す大海原の波のように見える。

D〈海の向こうに行ってみよう〉

画面の中の見知らぬ風景を見ながら、唐突に私は思った。

そして、黄金の麦畑はイタリア中部地方の光景と知った。

「本校は会話学校ではありませんので、そのつもりで」

語学の最初の授業の日、教授は私たちに教科書を配り終えると、静かにでもきっぱりと言った。イタリア語文法の教科書は、人差し指と親指で摘(つま)めるほど簡素だった。教授は、片手に取りパラパラとページを繰(く)ってみせ、

「夏休みまでに終えてしまいましょう」

淡々と告げた。

それまで唯一関わりのあった外国語は英語で、中学高校六年かけて学び苦心惨憺(さんたん)＊した割にはたいした成果がなかった。それなのにイタリア語を、片手でパラパラ二か月半、で終えることができるのか。

教科書の表紙は、本文の紙より［エ］厚めという程度だった。大学からの帰路、文房具店に寄ってヨーロッパ風の包装紙を買い、早速カバーをかけた。手の中にイタリアを包み込んだようで、嬉しかった。

人差し指と親指の間でイタリアを摘める、と思ったのはしかし大いなる幻想だった。

教授たちの説明は、格調高く丁寧だった。少しの寄り道もせず雑談にとらわれることなく、まっすぐ前を向いて進んでいった。ぼんやり窓の外に気を取られたりしようものならその間に現在形から近未来へと進んでしまい、気付いたときにはもう条件法だの接続法だの、見知らぬイタリア語の世界が待ち受けていたりした。そして［X］が明けた頃、教授は予告したとおり、文法の授業をすべて終えた。

「秋までに、どうでしょうか」

夏休み前の最後の授業で、教授は大判の本を見せた。古典文学で、もちろん原書だった。［オ］動詞の現在形あたりでもがいていた私は、越えられない高い山に行く手をふさがれたように思った。新しい教材はずしりとした手ごたえがあり、E文学の重みを実感した。

（内田洋子『十二章のイタリア』より）

＊苦心惨憺…とても苦労をすること。

問一　波線部1～4のカタカナを漢字で、漢字の読みをひらがなで書きなさい。

問二　本文中の［ア］～［オ］に最もよくあてはまる語を次の中から選び、それぞれ番号で答えなさい。

1　いかにも　2　いまだ　3　思わず　4　たかが　5　やや

問三　［X］に最もよくあてはまる語を漢字二字で記しなさい。

問四　傍線部Aとは、どういう点がひねくれているのですか、説明しなさい。

問五　傍線部Bについて、次の設問に答えなさい。

(1)　どういう様子ですか、説明しなさい。

【国　語】（六〇分）〈満点：一〇〇点(推定)〉

一　次の文章を読んで、あとの設問に答えなさい。

入学した東京外国語大学のイタリア語学科は、その年は入学を辞退した人もあり、十数名からなる一クラスきりの小さな学科だった。他にも世界各国の語学科があり、各語学科の規模はそのまま当時の日本とその国との関係の深さを暗示しているようで興味深かった。定員枠が大きかったのは、英米語学科やフランス語、スペイン語学科などだった。

人数の多い語学科には、気のせいか、リーダー的なオーラがあった。新入生も先輩も皆揃(そろ)って、堂々としている。一クラスでは収まらず二、三クラスに分かれていて、教室の場所も主要校舎の真ん中にあったのではなかったか。日の当たる語学科、という印象が強かった。これからの人生は安泰、という自信に満ちているようにも見えた。

同じラテン語圏のフランスやスペインと比べると、当時イタリア語学科は地味で、それほど人気のある学科ではなかった。二十人の枠。それなのになぜ、私はイタリア語学科を選んだのか。確固とした理由などなかった。学ぶことを具体的に選べるほど、イタリアのことを私は知らなかった。ただ、大勢が行く目抜き通りは避けて脇道や路地を[1]サグってみたい、というような[A]少々のひねくれた気持ちと漠然とした好奇心で選んだように覚えている。

最初の授業のとき、語学や文学、思想史など各専門科目の担当教官が教室に集まり、イタリア語を選んだ理由を自己紹介代わりに述べるように、と言った。

クラスは地方出身の男子学生が過半数で、順々にイタリアの美術や音楽についての[2]憧れや敬意を口にした。個別に芸術家の名前や作品名を挙げる人までいた。中世やルネサンス、近世が頭の中でぐるぐると回ったが、私は皆が賞賛した芸術の何も知らず、教室の端で自分の順番が来るのを[B]身をすくめて待った。

海の近くで生まれた私に、「太平洋を渡るような人生を」と、祖父は名前を付けた。平凡に思えた名前はそれでも、育つにつれて対面する[C]そのときどきの分岐点で、絶妙な水先案内をしてくれたように思う。

高校から先は大人への入り口で、[3]ナマハンカな気持ちでは進路は決められない。そうは思うものの十代までの経験など［ア］知れていて、どういうこれからが待ち受けているのか、[4]皆目見当が付かない。

進路を決めかねていたある日曜日の午後、一人で家にいて、空(くう)に浮いたような自分の現況を持て余していた。点(つ)けっ放しのテレビからは、再放送らしい古びた映画が流れている。

〈天気の良い休日の昼過ぎに、家でテレビを見ている高校生などいるのだろうか……〉

何となく見始めたその映画は、音楽も台詞(せりふ)の言い回しや話す速さもすべてが［イ］前時代的だった。

『ブラザー・サン　シスター・ムーン』

画面いっぱいに、果てしなく麦畑が広がっている。首(こうべ)を垂れた黄金色の穂がびっしりと並び、いっせいに風に揺らいでいる。その向こうには、若草色の丘陵がなだらかに連なっている。農耕地の切れたところから青空が始まり、雲が太く白い縞(しま)模様を成している。麦を掻(か)き分けるように

【作　文】（六〇分）

次の詩を読んで、傍線部に関してあなたが思う事を、六〇〇字以内にまとめなさい。

そうだ　うれしいんだ
生きる　よろこび
たとえ　胸の傷がいたんでも

なんのために　生まれて
なにをして　生きるのか
こたえられないなんて
そんなのは　いやだ！
今を生きる　ことで
熱い　こころ　燃える
だから　君は　いくんだ
ほほえんで

そうだ　うれしいんだ
生きる　よろこび
たとえ　胸の傷がいたんでも
ああ　アンパンマン
やさしい　君は
いけ！　みんなの夢　まもるため

（以下　略）

（やなせたかし『わたしが正義について語るなら』より）

大切なことはメモしておこうネ！

T.G

平成30年度

解答と解説

《平成30年度の配点は解答用紙に掲載してあります。》

＜数学解答＞

《学校からの正答の発表はありません。》

1 [1] 2 [2] (1) 6である確率 $\frac{1}{6}$，8である確率 $\frac{1}{3}$ (2) $\frac{2}{3}$

2 [1] A$(-6,\ 0)$ [2] AB＝10 [3] C$(0,\ 3)$ [4] P$(2,\ 4)$

3 [1] ∠BAF＝15° [2] AB＝12 [3] S＝24π

4 [1] 〈123〉＝198，〈〈123〉〉＝792

[2] (1) $99c-99a$ (2) 百の位 $c-a-1$，一の位 $10+a-c$ (3) 495

5 [1] $\frac{2\sqrt{3}}{3}r$ [2] $\mathrm{R}=\frac{\sqrt{21}}{3}r$ [3] $\mathrm{V}=28\sqrt{21}\pi$

＜数学解説＞

1 (小問群－平方根，数の計算，確率)

[1] $\sqrt{85^2-84^2+61^2-60^2-2\times11\times13}=\sqrt{(85+84)(85-84)+(61+60)(61-60)-2\times11\times13}$
$=\sqrt{169-2\times11\times13+121}=\sqrt{13^2-2\times11\times13+11^2}=\sqrt{(13-11)^2}=\sqrt{2^2}=2$

[2] (1) 3枚のカード，7，8，9が上下逆になったときの状態を，×7，8′，6とする。裏返しにしたものから1枚選んでおもてにするとき6通りの出方がある。6である場合は1通りだけなので，その確率は$\frac{1}{6}$ 8である場合は，8と8′の2通りあるから，その確率は$\frac{2}{6}=\frac{1}{3}$

(2) カードを2枚選ぶ選び方は，(7か×7)と(8か8′)，(7か×7)と(9か6)，(8か8′)と(9か6)の3通りある。例えば，(7か×7)と(8か8′)の場合には，7と8，7と8′，×7と8，×7と8′の4通りの場合があり，他の選び方のときも同様だから，全部で12通りの模様の出方がある。その中で2桁の整数ができる組は，(7と8)，(7と8′)，(7と9)，(7と6)，(8と9)，(8と6)，(8′と9)，(8′と6)の8通りあるから，その確率は$\frac{8}{12}=\frac{2}{3}$

2 (関数・グラフと図形－放物線，直線，交点，長さ，三平方の定理，円と接線，角の二等分線，平行線と線分の比)

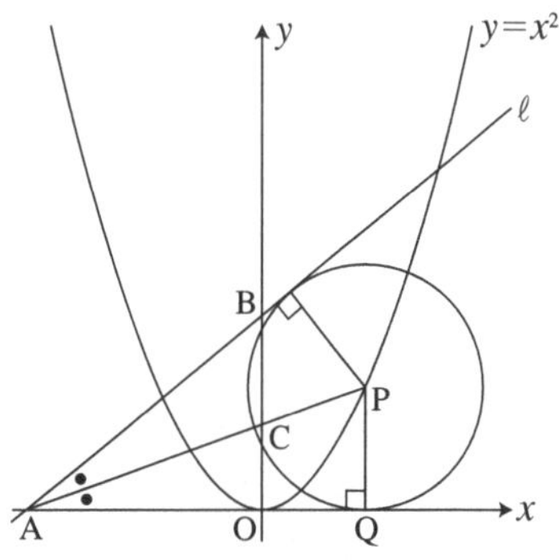

基本 [1] x軸上の点のy座標は0だから，$0=\frac{4}{3}x+8$ $-4x=24$ $x=-6$ A$(-6,\ 0)$

基本 [2] A$(-6,\ 0)$，B$(0,\ 8)$だから，OA＝6，OB＝8 △OABで三平方の定理を用いると，$\mathrm{AB}=\sqrt{\mathrm{OA}^2+\mathrm{OB}^2}=\sqrt{100}=10$

重要 [3] 直線AO(x軸)と直線ABはともに円Pの接線なので，APは∠OABの二等分線である。△OABで，ACは∠OABの二等分線であり，三角形の1つの角の二等分線は，その角と向かい合う辺を，角を作る2辺の比に分けるから，OC：BC＝AO：AB＝3：5 OB＝8なので，OC＝3 よって，

C(0, 3)

[4]　点Pからx軸に垂線PQを引くと，CO//PQ　よって，CO：PQ＝AO：AQ　点Pは放物線$y=x^2$の上にあるので，点Pのx座標をaとするとy座標はa^2　よって，OQ＝a，AQ＝$6+a$　また，PQ＝a^2だから，$3:a^2=6:(6+a)$　$2a^2=6+a$　$2a^2-a-6=0$　左辺を因数分解して，$(2a+3)(a-2)=0$　よって，$a=2$　P(2, 4)

3　(平面図形－三角形と円，三平方の定理，相似)

基本　[1]　AB＝BC＝CAなので△ABCは正三角形である。また，この図形は直線CDについて対称なので，AB⊥CD　よって，ECは∠ACBの二等分線であり，∠BCE＝30°　弧BEに対する円周角と中心角の関係から，$\angle BAF=\dfrac{1}{2}\angle BCE=15°$

[2]　AB＝rとすると，おうぎ形ABFの面積は，$\pi r^2\times\dfrac{15}{360}=\dfrac{\pi r^2}{24}$　これが6πと等しいのだから，$\dfrac{\pi r^2}{24}=6\pi$　$r^2=144$　よって，AB＝$r=\sqrt{144}=12$

やや難　[3]　この図形全体の面積は(おうぎ形BCAD－△BCD)×2　△BCD＝△ABCであり，1辺の長さがaの正三角形の面積は$\dfrac{\sqrt{3}a^2}{4}$だから，この図形全体の面積は，$\left(\pi\times12^2\times\dfrac{120}{360}-\dfrac{\sqrt{3}\times12^2}{4}\right)\times2=96\pi-72\sqrt{3}$　右図の斜線をつけた弓型1個の面積は，(半径12，中心角60°のおうぎ形)－△ABCで求められるので，弓型3個の面積は，$3\left(\pi\times12^2\times\dfrac{60}{360}-36\sqrt{3}\right)=72\pi-108\sqrt{3}$　よって，斜線部分の面積は，$96\pi-72\sqrt{3}-(72\pi-108\sqrt{3}+36\sqrt{3})=24\pi$

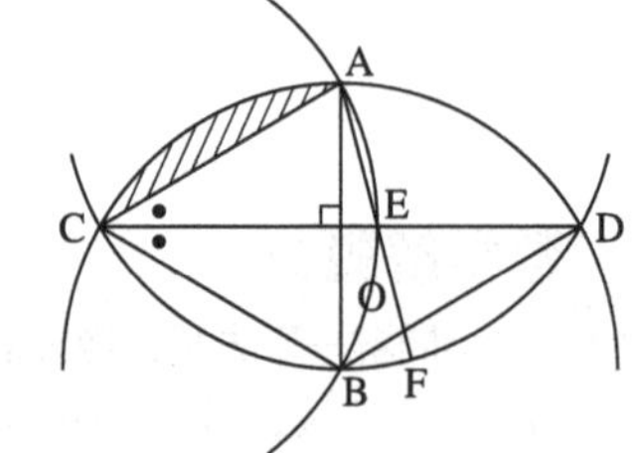

4　(自然数－位の数，整数の表し方，新しい記号)

基本　[1]　〈123〉＝321－123＝198　〈〈123〉〉＝〈198〉＝981－189＝792

[2]　(1)　百の位，十の位，一の位がそれぞれa，b，cである3桁の数字は$100a+10b+c$と表すことができる。$0<a<b<c<10$のとき，$\langle abc\rangle=(100c+10b+a)-(100a+10b+c)=99c-99a$

やや難　(2)　$99c-99a=(100-1)c-(100-1)a=100(c-a)+(a-c)$　$a<c$なので，$(a-c)$は負の数になるから，$100(c-a-1+1)+(a-c)=100(c-a-1)+100+(a-c)=100(c-a-1)+90+(10+a-c)$　よって，百の位は$c-a-1$，一の位は$10+a-c$　なお，十の位は9である。

やや難　(3)　百の位が一の位より大きいとき，$\langle\langle abc\rangle\rangle=\{900+10(c-a-1)+(10+a-c)\}-\{100(10+a-c)+10(c-a-1)+9\}=900+10+a-c-1000-100a+100c-9=-99+99c-99a$　これが$\langle abc\rangle=99c-99a$となることはない。一の位が百の位より大きいとき，$\langle\langle abc\rangle\rangle=\{900+10(10+a-c)+(c-a-1)\}-\{100(c-a-1)+10(10+a-c)+9\}=900+c-a-1-100c+100a+100-9=990-99c+99a$　これが$99c-99a$と等しくなるとき，$990-99c+99a=99c-99a$　両辺を99でわって，$10-c+a=c-a$　$2c-2a=10$　$c-a=5$　$\langle abc\rangle=99c-99a=99(c-a)$なので，$\langle abc\rangle=99\times5=495$

5　(空間図形－球と正六角柱，半径，三平方の定理)

[1]　右図の正六角柱CDEFGH－IJKLMNにおいて，面CDEFGHの対角線CF，DG，EHは1点で交わり，その点をOとすると，△OCD，△ODE，△OEF，△OFG，△OGH，△OHCは正三角形となる。点Oから辺CDに垂線OPをひくと，点PはCDの中点であり，OPが球Aの半径である。△OCDは内角の大きさが

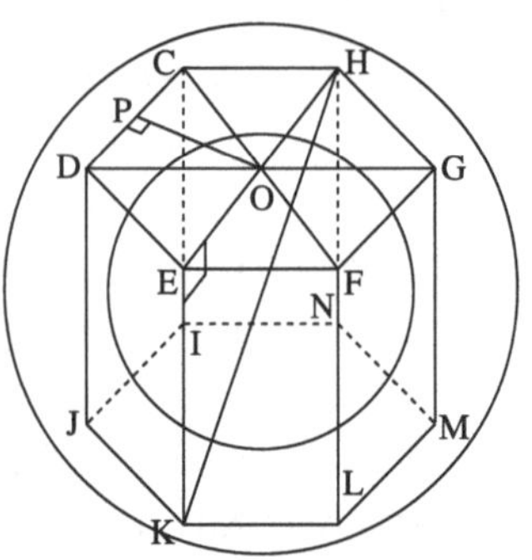

30°，60°，90°の直角三角形であるから，OC：OP＝2：$\sqrt{3}$　OC：r＝2：$\sqrt{3}$　OC＝$\frac{2}{\sqrt{3}}r$＝$\frac{2\sqrt{3}}{3}r$　CD＝OCなので，正六角形の1辺の長さは，$\frac{2\sqrt{3}}{3}r$

重要 [2]　正六角柱の対角線HKが球Bの直径なので，HK＝2R　面EKHにおいて，EH＝$\frac{2\sqrt{3}}{3}r\times2$＝$\frac{4\sqrt{3}}{3}r$　EKは球Aの直径に等しいので$2r$　よって，△EKHで三平方の定理を用いると，$(2R)^2=\left(\frac{4\sqrt{3}}{3}r\right)^2+(2r)^2$　$4R^2=\frac{48}{9}r^2+4r^2$　$R^2=\frac{21}{9}r^2$　$R=\frac{\sqrt{21}}{3}r$

[3]　$R=\frac{\sqrt{21}}{3}r$だから，$R^3=\frac{21\sqrt{21}}{27}r^3=\frac{7\sqrt{21}}{9}r^3$なので，$r^3=\frac{9}{7\sqrt{21}}R^3$　よって，R＝7のとき，球Aの体積Vは$\frac{4}{3}\pi r^3=\frac{4}{3}\pi\times\frac{9}{7\sqrt{21}}\times7^3=\frac{12}{\sqrt{21}}\times7\times7\pi=\frac{12\sqrt{21}}{21}\times7\times7\pi=28\sqrt{21}\pi$

★ワンポイントアドバイス★

2の[3]は，APが∠BAOの二等分線であることに着目する。3は問題文に合わせて自分で図を書いてみる。4はいろいろな数で〈abc〉や〈〈abc〉〉を作ってみて考える。5は正六角柱の高さが球Aの直径である。

＜英語解答＞《学校からの正答の発表はありません。》

1　リスニングテスト解答省略

2　問1　(1)　体がアドレナリンを分泌したり，血圧，体温，酸素摂取量が増加したりする反応。　(2)　①　問2　(ア)　suffer　(イ)　talking　(ウ)　needs　(エ)　surprised　問3　with　問4　最近，いくつかの日本の会社は，ストレスを受けている日本の労働者がこの問題に対処するのに役立つ製品やサービスを提供し始めた。
問5　They can get the information about the user' s regular sleep habits.
問6　③，④

3　問1　A　⑦　B　⑥　C　①　D　②　問2　①　問3　(あ)　Once　(い)　mother　問4　Insects have become more interesting to me than before.
問5　火山の模型を作ること。　問6　③

4　問1　④　問2　友情を特別にするものは，一緒に過ごした時間の長さと共有した経験かもしれない。　問3　[Ⅰ]　might be something each would like to change　[Ⅱ]　of the other matter almost as much as　[Ⅲ]　can lead to problems and hurt　問4　your side　問5　walks home with you　問6　if you talk (with your friend) while you are still angry, you may make the situation worse.

5　(例)　I don't think of having a part-time job during high school as a good idea. You will not have enough time for homework and feel tired or sleepy in the class. Then you can't do well at school. Besides, you won't have time with your friends, either. (47words)

＜英語解説＞

1　リスニングテスト解説省略。

2　**(長文読解問題・論説文：語句解釈，語句補充，語形変化，熟語，動名詞，前置詞，英文和訳，現在完了，不定詞，英問英答，内容一致)**

(全訳)　研究により，ストレスは私たちの体に影響を与えるとわかっている。大きな騒音など，何かにストレスを受けると，私たちの体はアドレナリンを作って反応する。また，血圧，体温，必要な酸素量も上昇する。これらの肉体的変化は(A)「闘争・逃避」反応と呼ばれる。これらの変化は私たちの体に，このままストレスに対処するか，それとも逃げ出すかという準備をさせる。私たちは，先祖がトラと出くわした時と同じように，「戦うか逃げるか」に備えるのだ。

しかし，私たちがたとえば職場などで，ストレスと長期間付き合っていると，体に対する影響が不健康なものとなる。「闘争・逃避」反応によって蓄積された毒素が体細胞の老化や死滅を早める。長期間ストレスを経験すると，私たちの反応時間は短くなり，心や体の機能が悪くなり，睡眠不足に(ア)苦しんだり，すぐに怒ってしまったりするかもしれない。長期間になると，人はストレスで死ぬこともある。

日本における過労死(過労による死亡)の最初の事例は1969年に起き，日本最大の新聞社で働く29歳の既婚男性の脳卒中だった。1987年，労働省はこの新しい問題に関して，数と条件を発表し始めた。2004年に日本では過労死関連の死亡件数は345で，前年から増加した。さらに，睡眠不足は労働関連事故の40％と長期休業の原因と考えられている。

ストレスを減らすために，職場にペットを連れてくることを許している会社がわずかにある。日本のある会社は，事務所内が自由に動き回るたくさんのネコであふれている。職場のコミュニケーションは非常に増えた，なぜならみんなネコについて(イ)話さずにはいられない様子だからだ。それは従業員たちを結び付け，みんなのストレスを減らす話題である。ある従業員は言った。「かわいいネコが周りにいたら，怒るなんてできませんよ。でもネコたちは時々，電話の上を歩いて通話を切ってしまったり，電源スイッチの上を歩いてパソコンをシャットダウンしたりします」

瞑想やくつろぎも，ストレスの影響を減らすのに役立つ良い方法だが，どのようにしたら忙しい街で静かな時間を得られるのだろうか。(B)最近，いくつかの日本の会社は，ストレスを受けている日本の労働者がこの問題に対処するのに役立つ製品やサービスを提供し始めた。「デスク枕」の売上が増加している。もし自分の枕を見られたくないと思うなら，「辞書型デスク枕」を試してほしい。それを開くと，疲れた頭に心地よい枕が入っている。それを使っていない時は，閉じて棚に置けばよい。

ストレスを感じている労働者たちに昼寝の機会を与える，新しいタイプのホテルが東京の都心部に登場している。これら昼寝用ホテルは，15分から2時間の短い休息用にベッドを提供し，価格は5ドルから16ドルだ。それらのホテルの中には，労働者たちがベッドに横になる前にコーヒーを出すところもある，なぜならコーヒーの中のカフェインは効果が出るのに約20分かかるので，仕事日の昼寝としては完璧な時間なのだ。

また，ある日本の会社は，使う人の普段の睡眠習慣を学習するセンサーの付いた，話す枕を設計した。頭の動きにより，それは多くのメッセージを出す。それには「暖かいお風呂に入ってみてください」というアドバイスや「よく眠りましたね。がんばって」という励ましの言葉などが含まれる。

日本政府は，労働者の労働時間数を制限する新しい法律を持つことが(ウ)必要だ。また，政府は企業が労働者にもっと多くの休憩を与えるよう奨励すべきである。いつかあなたが日本の会社に入って，そこの従業員たちがデスク枕を持っていることに気付いても，(エ)驚いてはいけない。

問1 (1) 直前の2文の内容を指す。 (2) 第1段落最終文参照。

問2 (ア) suffer from ～「～に苦しむ」 (イ) can't stop ～ing「～せずにはいられない」 ここではcan'tとstopの間にseem to ～「～のように見える」が挿入されている。

(ウ) 〈need to +動詞の原形〉「～する必要がある」 集合名詞governmentはアメリカ英語ではふつう単数扱いなのでneedsとする。 (エ) be surprised「驚く」

基本 問3 fill A with B「AをBで満たす，いっぱいにする」

重要 問4 現在完了の文で，have started offering ～は「～を提供し始めた」。to help ～は形容詞的用法の不定詞で，products and servicesを後ろから修飾する。〈help +人+動詞の原形〉は「(人)が～するのに役立つ」という意味で，ここでは「ストレスを受けている日本の労働者が～するのに役立つ」となる。deal with ～「～に対処する」

問5 質問は「話す枕はどのような情報を得られるか」。答えの文は，最後から2番目の段落の第1文を参照し，「それらは使う人の普段の睡眠習慣についての情報を得る」とする。

問6 ①「1969年，日本の会社では過労死関連の死亡件数が300以上あった」(×) ②「長い間ストレスを抱えている人は，他者に対して忍耐強い」(×) ③「職場のペットはそこで働く人たちのコミュニケーションを増やした」(○) 空所(イ)を含む文の前半に一致する。 ④「辞書型デスク枕は使わない時に棚に置くことができる」(○) ⑤「コーヒー中のカフェインは私たちを何時間も眠らせる」(×) ⑥「労働者に昼寝を提供する新しいタイプのホテルは，ビジネスマンに話す枕を貸し出す」(×)

3 **(会話文読解問題：文補充・選択，語句補充，接続詞，言い換え・書き換え，現在完了，比較，分詞，語句解釈，内容一致)**

(全訳) ジャック(以下J)：君は学校の理科コンテストのテーマを決めた？

エリック(以下E)：僕は火山に興味があるから，火山の模型を作ろうと思っているよ。でも何も始めていない。[A]ジャック，君は？

J：僕は昆虫について調べてレポートを書くつもりだよ。実際，妹と僕は昆虫を飼っているんだ。こっちに来て。君にいくつか見せるよ。僕たちは昆虫に関する本もたくさん持っている。

E：ありがとう。ぜひ見たいよ。

J：[B]これを見て。このビンにはバッタが2匹入っている。ビンの中には一緒に草や小枝を入れたよ。バッタには羽が2対ある。前羽は小さくて硬いけれど，後羽は大きいんだ。長い距離をジャンプするのに役立つ，長い後ろ足もある。体の長さの20倍もジャンプできる。

E：すごいね！ それは知らなかったよ。他の昆虫も飼っているの？

J：うん。アリの巣も見せるよ。アリは(ア)社会性のある昆虫だ。大きな集団や群れの中で一緒に生活しているという意味だよ。集団の中で女王は卵を産むことのできる唯一のアリだ。女王が成虫にな(あ)ると，残りの一生を卵を産んで過ごすんだ！ 他のメスのアリは働きアリだ。巣をつくり，集団のためにエサを集める。やるべき仕事がたくさんある。とてもよく働くよ。

E：君は昆虫について詳しいね。どの昆虫が最高の(い)お母さんになるか，知っている？

J：僕の知る限りでは，それはハサミムシだ。

E：ハサミムシ？ それはどんなもの？

J：僕はその写真を持っているよ。ハサミムシのメスは冬中ずっと卵の世話をして過ごす。卵をなめてきれいにして，温めるんだ。卵がかえったら，食事を与える。

E：なるほど。本当にたくさんのことをするんだね。

J：これは別の昆虫の写真だよ。このメスも赤ちゃんの世話をよくする。赤ちゃんを袋に入れて育てるんだよ。

E：ⓒそれはカンガルーを思い起こさせるね！

J：そう，まさにそんな感じだよ。もう1枚の写真を見てほしい。これに僕が一番好きな昆虫が写っている。キリンクビナガオトシブミだよ。長い首からその名前が付いた。首が体の2倍長いんだ。

E：へえ！ (1)僕は以前よりも昆虫に興味を持ったよ。僕もできれば家で飼いたいな。

J：そう聞いてうれしいよ。夏は昆虫採集に良い時期だ。外に出て捕まえよう。きっと楽しいよ。

E：それは良さそうだけど，もう家に帰らないと。ⓓ僕は君の昆虫への情熱に刺激を受けたよ。家に着いたらすぐに(2)理科の課題を始めるよ！

基本 問1　全訳下線部参照。

問2　social「社会的な」 アリが各自役割を持って集団で生活していることから考える。

問3　(あ)　once は「(一度)～すると，～するとすぐに」を表す接続詞。　(い)　ジャックが卵や幼虫の世話をする昆虫について説明していることから，mother「母」が適当。

問4　主語を Insects に替え，動詞は元の文と同様に現在完了 have become とし，more interesting を後ろに置く。〈be interesting to ＋人〉「(人)にとって興味深い」

問5　エリックの最初の発言参照。

問6　①「ジャックは理科コンテストの調査テーマをすでに決めた」(○)　②「バッタの前羽の大きさは後羽の大きさと異なる」(○)　③「ジャックと妹はバッタとアリと同様にハサミムシも飼っている」(×)　ジャックがハサミムシの写真を見せていることから，飼ってはいないとわかる。　④「キリンクビナガオトシブミはジャックのお気に入りの昆虫だ」(○)

4　**(長文読解問題・論説文：語句補充・選択，英文和訳，指示語，助動詞，関係代名詞，語句整序，不定詞，比較，熟語，和文英訳，接続詞)**

(全訳)　友達とはあなたが物事を共有できる人のことだ。友達があなたの横で笑っていれば映画はもっと楽しくなる。初めて乗馬に行くことは，友達も初めてなら，むしろ冒険となる。新学年になることの不安は，友達も同じように感じているので，より耐えられるものになる。買い物に行くこと，釣りに行くこと，クッキーを作ること，これらはみな，分かち合う友達がいるとより良いことになる。

もしあなたが幸運なら，あなたにはとても身近に感じ，話しやすく信頼できるという友達が少なくとも1人いる。あなたが知っているすべての人の中で，この人物が最もⒶ完璧な友人のイメージに合う。

何が友情を特別にするか。(1)その一部は，一緒に過ごした時間の長さと共有した経験かもしれない。同様に重要なのは，2人の間の協力の質である。

まず，あなたたちはお互いをありのままで受け入れる。あなたたちはお互いの長所短所を知っている。相手に関して[Ｉ]お互いが変えたいと思っていることがあるかもしれないが，友情のためにそれを受け入れる覚悟ができている。

あなたたちはお互いに対して誠実である。あなたの友達はあなたに自分が秘密だと思っていることを言うことができ，あなたがそれを誰にも言わないということを知っている。あなたがそこにいない時でも友達はあなたのことを支持してくれるとあなたはわかっている。

あなたたちはお互いの問題に理解と共感を持って耳を傾ける。あなたたちはお互いに自分が最も不安に感じることや不愉快なことを言い合うことができ，自分を理解してもらえると知っている。たとえその問題が悪くても，あなたは友達がⒷ味方してくれると知っている。

おそらくすべての中で最も大切なのは，あなたたちがお互いを思いやることだ。あなたが学校を休んだら，友達が電話をくれてあなたが習い損ねたことを教えてくれる。もし友達が家で問題を抱えていたら，あなたは希望と励ましを与える方法を見つける。お互いにとって，[Ⅱ]相手の気持ちは自分自身の気持ちとほとんど同じくらい大事なのだ。

仲の良い友達の間でも，問題は起こり得る。あなたは誰かと親しくなればなるほど，より多くのことをその人に期待するかもしれない。これは[Ⅲ]問題を引き起こし気持ちを傷つける可能性がある。あなたの誰か別の人への態度が問題の一部になりうる。

たとえば，新しい友達や興味が長い友情関係を妨げることがある。あなたが以前毎日友達と一緒に学校から帰宅していたと仮定しよう。でも今，突然，友達はもはやⒸあなたと一緒に帰宅しない。多くの理由がありうる。もしかしたら，その友達には新しい友達ができたか，誰か別の人に興味があるのかもしれない。あなたの友達は新しい集団に加わったのかもしれない。スポーツのチームやバンドやボランティア団体などだ。その理由がなんであれ，あなたは仲間外れにされたように感じる。

あなたと友達の間に起きるこのような問題は，あなたを傷ついた気持ちにさせる可能性がある。しかし，(2)まだ怒っているうちに話すと，あなたはその状況をより悪くしてしまうかもしれない。まずは落ち着いたり，エネルギーを消耗させるために何か体を動かしたりすると良い。それから自分がどう感じるか，それをどうしたいか考えなさい。良い友情はあなたが持ちうるすべての正直さと忍耐に値する。

問1　全訳下線部参照。fit ～「～に合う」

やや難　問2　It は直前の文を受け，「友情を特別にするもの」を表す。2つの you の前には共に目的格の関係代名詞が省略されており，you have spent together が time を修飾し，you have shared が experiences を修飾する。

やや難　問3　［Ⅰ］ There is ～「～がある」の構文で，there might be something「何かがあるかもしれない」とする。次に something を修飾する節として，each would like to change about the other「それぞれが相手に関して変えたいと思っている」を後ろに置く。each の前には目的格の関係代名詞が省略されている。　［Ⅱ］ matter は「重要である」という動詞。matter almost as much as ～ は「～とほとんど同じくらい大事だ」という意味になる。　［Ⅲ］ lead to ～「～につながる，～を引き起こす」

問4　第1段落第2文の your side を抜き出して入れる。on one's side「味方して」

問5　直前の文 you used to walk home from school with your friend と反対の内容になるよう，your friend no longer walks home with you とする。

重要　問6　「話すと」は if you talk (with your friend)「あなたが(友達と)話したら」と訳す。「まだ怒っているうちに」は接続詞 while「～している間に」を用いて，while you are still angry と表す。「その状況をより悪くする」は make the situation worse とする。

重要　**5**　**（自由・条件英作文）**

（問題文訳）「高校の時にアルバイトをする学生がいます。これは良い考えだと思いますか，それとも思いませんか。2つか3つの理由を挙げなさい。英語で書き，約50語を使いなさい。解答用紙の空所に単語数を書いてください」

（解答例訳）「私は高校の時にアルバイトをすることを良い考えだとは思いません。宿題をする時間が十分なく，授業中に疲れや眠気を感じるでしょう。すると学校で良い成績を出せません。さらに，友達と過ごす時間もないでしょう」

★ワンポイントアドバイス★

2はストレスに関する論説文。「ストレスの影響」→「過労死問題」→「ストレスを減らす取り組みや商品」という段落ごとの流れを捕らえよう。

＜国語解答＞ 《学校からの正答の発表はありません。》

一　問一　1　探(って)　2　あこが(れ)　3　生半可　4　かいもく　問二　ア　4　イ　1　ウ　3　エ　5　オ　2　問三　幻想　問四　(例)　大勢の人が選ぶ人気のある語学科ではなく，地味で人気のないイタリア語学科をあえて選んだ点。

問五　(1)　(例)　小さくなっている様子。　(2)　(例)　イタリア芸術への憧れや敬意を口にするクラスメイトに気後れを感じたから。　問六　(例)　その名にふさわしく，海の向こうへ行ったみたいという憧れに導かれて進路を決めたということ。　問七　2

問八　(例)　イタリアの古典文学を原書で読む作業は，重く厳しいものであると予感したということ。

二　問一　1　凝縮　2　鮮(やか)　3　たちう(ち)　4　ひつじょう　問二　X　3　Y　1　問三　ア　(番号)　4　(漢字)　面目躍如　イ　(番号)　3

(漢字)　当意即妙　問四　a　3　b　2　c　4　問五　1　問六　(例)　道長は，公任をしのぐ大権力者になった。　問七　(例)　道長の詠んだ歌は，道長の負けじ魂を実に巧みに表現した歌であるということ。　問八　(例)　大政治家である道長に目をかけられたことに感激したから。　問九　(例)　道長の豪胆さを物語るエピソードは，あまりにもできすぎていて，実話としての信ぴょう性に欠けるということ。

三　問一　作品を見る　問二　(例)　画家フェルメールも自分のスタイルを見いだすまでにはさまざまな試行錯誤があったということ。　問三　(例)　日常を切り取って絵の題材にすること。　問四　(例)　名画が描かれるまでの画家自身の葛藤や迷いを，時間軸に沿って考え，理解するということ。

問五	ひねり出し	た	の	か	を	知り	たく	なる
	動詞	助動詞	助詞	助詞	助詞	動詞	助動詞	動詞
	連用形	連体形				連用形	連用形	終止形

＜国語解説＞

一　**(随筆ー漢字の読み書き，副詞の用法，脱語補充，文脈把握，内容吟味，要旨)**

問一　1 「探」の訓読みは「さが(す)」「さぐ(る)」。音読みは「タン」。熟語は「探査」「探勝」など。　2 「憧」の訓読みは「あこが(れる)」。音読みは「ドウ」「ショウ」。熟語は「憧憬」など。3 「生半可」は，物事がいいかげんで，十分でないこと。中途半端なこと。「生」を使った熟語はほかに「生意気」「生兵法」など。　4 「皆目」は，まるきり，まったく，という意味。「皆」を使った熟語はほかに「皆勤」「皆無」など。訓読みは「みな」。

問二　ア　直後の「知れている」に接続する語としては，「たかが」が適切。「たかが知れている」は，どの程度かがだいたいわかる，大したことない，という意味。　イ　直後の「前時代的」を修飾する語としては，どう見ても，という意味の「いかにも」が適切。その映画のすべてが，まったくもって古くさく見えたのである。　ウ　直後の「駆け出した」を修飾する語としては，とっさに，という意味の「思わず」が適切。気持ちを押さえきれず無意識に走り出したのである。　エ　直後の「厚め」を修飾する語としては，いくらか，少し，という意味の「やや」が適切。イタリア語文法の教科書は簡素なもので，表紙の厚さも本文の紙とほとんど変わらなかったのである。　オ　直後の「動詞の現在形あたりでもがいていた私」を修飾する語としては，今になっても，という意味の「いまだ」が適切。文法の授業が終了し，これからはイタリア語の原書で授業を行うと言われても，「私」はまだ，文法の途中でもがいているような状態だったのである。

問三　直後に「教授は予告したとおり，文法の授業をすべて終えた」とある。「予告」とは，イタリア語文法の教科書を渡しながら，教授が「『夏までに終えてしまいましょう』」と言ったことを指す。直前の段落に「人差し指と親指の間でイタリアを摘める，と思ったのはしかし大いなる幻想だった」とあるので，「幻想(が明けた頃)」とするのが適切である。

問四　直前に「ただ，大勢が行く目抜き通りは避けて脇道や路地をサグってみたい」と説明されているので，この部分を使ってまとめればよい。定員枠の多い「日の当たる語学科」ではなく，それほど人気のある学科ではないイタリア語学科を選んだのは，人気のある学科ではなく，地味で人気のない学科をあえて選びたいという「少々のひねくれた気持ち」からだったというのである。

問五　(1)「身をすくめる」は，小さくなっている様子。ここでは，イタリア語を選んだ理由として，イタリアの美術や音楽について堂々と語るクラスメイトに恐れをなして，自分の番が回ってくるのを，身を小さくして待っている様子である。　(2)　この時の心情は，直前に「クラスは地方出身の男子学生が過半数で，順々にイタリアの美術や音楽についての憧れや敬意を口にした。個別に芸術家の名前や作品名を挙げる人までいた。……私は皆が賞賛した芸術の何も知らず……」と表現されている。また，これより前には「それなのになぜ，私はイタリア語学科を選んだのか。確固とした理由などなかった」とあることから，イタリア語を選んだ確固たる理由を持たない身としては，イタリア芸術への憧れや敬意を具体的に語るクラスメイトに気後れしている様子がうかがえるので，クラスメイトに気圧され気後れする気持ちを表現すればよい。

やや難　問六「水先案内」は，安全な水路の案内をすることで，ここでは，「私」の進路を決める時の指針になってくれたということ。進路を決めた時のことは，後に「天の青と白，地の黄金，緑の縞が寄せては返す大海原の波のように見える。〈海の向こうに行ってみよう〉画面の中の見知らぬ風景を見ながら，唐突に私は思った」と表現されている。「『太平洋を渡るような人生を』」と名付けられた名前にふさわしく，「〈海の向こうへ行ってみよう〉」という気持ちで進路を決めたのである。

問七　直後に「画面の中の見知らぬ風景を見ながら，唐突に私は思った」「そして，黄金の麦畑はイタリア中部地方の光景と知った」とあることから，映画の中の風景に導かれるようにして，海の向こうへ行ってみたいという気持ちになったとわかるので，「見知らぬ風景を自分の目で見てみたい」とする2が適切である。

やや難　問八　直前の「新しい教材」とは，「(イタリアの)古典文学で，もちろん原書」のこと。イタリア語文法の学習でもがいている最中の「私」にとって，原書の古典文学は，あまりにも重く厳しいものであることを，本の重みによって実感したというのである。

二　**(古典鑑賞文―漢字，語句の意味，口語訳，脱語補充，慣用句，文学史，文脈把握，要旨)**

問一　1「凝」を使った熟語はほかに「凝固」「凝視」など。訓読みは「こ(らす)」「こ(る)」。　2「鮮」の音読みは「セン」。熟語は「鮮明」「新鮮」など。　3「太刀打ち」は，刀で切り合う，という意味がある。転じて，敵対すること，競争すること，という意味がある。　4「必定」は，必ずそうなるように決まっていること。「定」を「ジョウ」と読む熟語はほかに「定規」「定石」

など。音読みはほかに「テイ」。訓読みは「さだ(まる)」「さだ(め)」「さだ(か)」。

問二　X 「面をや踏まぬ」は，係助詞「や」によって，顔を踏んでやろう，という意味を強調しているので，「面を踏んづけてやるんだ」とする3が適切。　Y　直前の「近くにてえ見たてまつりたまはぬよ」の口語訳。「え〜ぬ」は，〜できない，という意味なので，「ご対面になれない」とする1が適切。

問三　ア　直前に「後年大権力者になる男の若き日の」とあることから，その人らしさがありありと現れているさま，という意味の「面目躍如（メンモクヤクジョ)」が入る。　イ　直後の「負けじ魂を表現した，その表現」にかかる語としては，その場に応じた機転をとっさに利かせる，という意味の「当意即妙(トウイソクミョウ)」が適切である。

問四　a 「鼻白む(はなじろむ)」には，不満・不快の表情をする，という意味がある。　b 「尻目(しりめ)」は，目の瞳だけ動かして後ろを見ることで，「尻目に(かける)」は，相手を追い抜き蔑んでみること。　c 「耳目(じもく)」は，多くの人の関心，という意味。

問五　『大鏡』は，1115年頃に成立した歴史物語。『今昔物語集』は1120年頃に成立した説話集。『徒然草』は1331年頃に成立した兼好法師による随筆。『平家物語』は1219年頃に成立した軍記物語。『方丈記』は1212年頃に成立した鴨長明による随筆。

問六　道長が，「(公任の)影をば踏まで，面をや踏まぬ」と詠んだことを指す。道長については，「後年大権力者になる」「政治家としての道長の官位は常に公任よりも上だった」とある。

問七　「文は人なり」は，人の表現したものは，その人自身を如実に表しているということ。ここでは，本文冒頭に示された道長の歌を指し，「『影』と『面』という対を用いながら，七・七のリズムも持った，実に巧みな言い回しになっている」「ふがいない兄たちを……負けじ魂を表現した」とあるので，この歌は，道長の負けじ魂を実に巧みに表現したものであることを示せばよい。

問八　直後に「一流文化人たる公任は，所詮大政治家道長の掌の上の存在に過ぎない，とすら見ることができる」とあることから，大政治家である道長に声をかけられたことを誇らしく思っていることがわかるので，大政治家に文芸の才能を認められたことを喜んでいることを示せばよい。

問九　「眉唾」は，「眉に唾を付ける」を略した言い方で，だまされないよう用心する，という意味。ここでは，「ある気味の悪い雨の降る夜，帝は肝試しとして，道隆，道兼，道長にそれぞれ場所を決めて出かけさせた。……ところが，道長は，平気な顔をして，小刀で大極殿の柱を少し切り取って戻ってきた」「翌朝，……ぴったりと合っていた」というエピソードを指す。恐ろしさのあまり，すぐに戻ってきてしまった兄たちを対照させることで豪胆さを強調している点が，いかにも作り話めいていている，という内容を表現すればよい。

三 （論説文ー脱文補充，文脈把握，内容吟味，要旨，品詞分解）

問一　「絵のこの不思議な魅力はいったい何に由来するのだろう，あるいは画家は何を思ってこのテーマを選んだのだろう」という部分が，脱落文の「問いかけ」にあてはまるので，この部分の直前に入る。

問二　直後に「画家を志した20代，彼は迷っていた。自分のスタイルを見つけることができないでいたのだ。……，神話にテーマを求めたりした」「やがて彼は，自分が何をどのように描くべきかを徐々に見いだしていく。……」と説明されている。

やや難　問三　「物語のない物語」は，これより前に「日常を切り取ること」と表現されている。聖書や神話といった大きなドラマではなく，日常を切り取ったようなシーンを描くことである。

問四　同様のことは，前に「川の源流から河口を辿るように，時間軸をもって絵を旅してみる」と表現されている。具体的には，フェルメールについて「彼は，1632年，オランダの小都市デルフトに生まれた。画家を志した20代，彼は迷っていた。……。やがて彼は，自分が何をどのように描くべきかを徐々に見いだしていく」と説明されている。名画が描かれるまでの画家自身の内面の葛藤や迷いを時間軸に沿って考え，理解することが「名画礼賛のマナー」だというのである。

重要 問五 「ひねり出し(動詞　連用形)・た(助動詞　連体形)・の(助詞)・か(助詞)・を(助詞)・知り(動詞　連用形)・たく(助動詞　連用形)・なる(動詞・終止形)」と分けられる。

★ワンポイントアドバイス★

記述力が重要ポイントといえるので，難度の高い問題集を使って要約の練習を重ねておこう！　採用文のテーマは幅広い内容となっているので，さまざまなジャンルの文章にあたっておこう！

〈作文について〉

「胸の傷がいたむ」とはどういうことかを明確に示すこと。また，この詩には「たとえ，胸の傷がいたんでも」とあり，アンパンマンの「みんなの夢　まもるため」という思いが示されているので，「〜のために」というやさしさと，自分の胸の痛みを乗り越えることを関連させて考察することが求められていることを理解してまとめるとよいだろう。

MEMO

大切なことはメモしておこうネ！

T.G

平成29年度

★★★★★★★★★★★★★★★★★★★★★★★★

入　試　問　題

平成29年度

慶應義塾女子高等学校入試問題

【数　学】（60分）〈満点：100点（推定）〉

【注意】 1. 途中の計算や式などもすべて解答用紙に書いておくこと。

2. 図は必ずしも正確ではありません。

1 次の問いに答えなさい。

[1] 次の式を計算しなさい。

$\sqrt{12}(\sqrt{13}+\sqrt{68})+\sqrt{34}(\sqrt{13}+\sqrt{68})-\sqrt{13}(\sqrt{12}+\sqrt{34})-\sqrt{24}(\sqrt{12}+\sqrt{34})$

[2] 1から9までの整数が1つずつ書かれた合計9枚のカードが入っている袋から，Aさんは2，xが書かれた合計2枚のカードを，残った7枚の中からBさんは1，7，8，yが書かれた合計4枚のカードを取り出した。Aさんの持つ2枚のカードに書かれた数字の平均値と，Bさんの持つ4枚のカードに書かれた数字の平均値が等しいとき，xとyの値を求めなさい。また，AさんとBさんそれぞれが，持っているカードから数字を見ないで1枚を同時に出し合い，数字の大きい方を勝ちとするとき，Aさんが勝つ確率pを求めなさい。

[3] ある商品を1個x円で100個仕入れ，3割の利益を見込んで定価をつけて売った。y個売れ残ったので，定価の2割引きで残りすべてを売ったところ，2160円の利益があったが，すべて定価で売ったときより売り上げは2340円少なくなった。次の問いに答えなさい。

(1) xの値を求めなさい。

(2) yの値を求めなさい。

2 放物線 $y=x^2$ 上に3点A$(a,\ a^2)$，B$(-2a,\ 4a^2)$，C$(1,\ 1)$と点Dがあり，直線ABと直線CDの傾きがともに-2であるとき，次の問いに答えなさい。

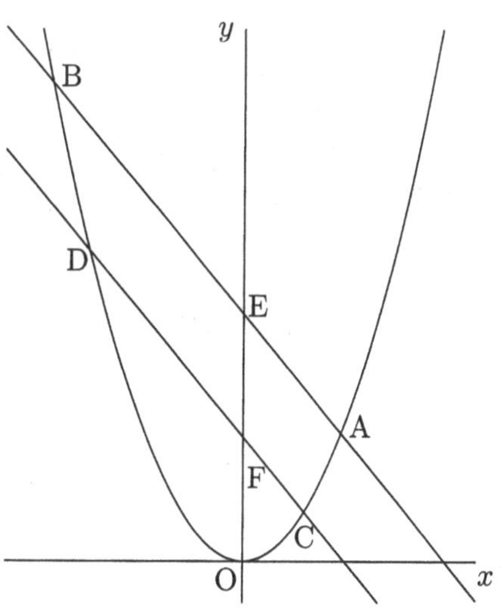

[1] 点Dの座標を求めなさい。

[2] 定数aの値を求めなさい。

[3] y軸と直線AB，CDの交点をそれぞれE，Fとおく。$\triangle CDG=\frac{1}{2}\triangle CDE$となる線分EF上の点Gの$y$座標を求めなさい。

[4] $\triangle PCD=\frac{1}{2}\triangle ACD$となるような点Pを放物線上にとる。このような点Pのうち，x座標が0と1の間になるような点Pのx座標を求めなさい。

3 2点O，O′をそれぞれ中心とする円O，O′がある。円Oは点O′を通り，2円は2点A，Bで交わる。線分ACは円O′の直径で，点Dは線分BCと円Oの交点である。△OBDが正三角形であるとき，次の問いに答えなさい。ただし，円周率はπとする。

[1] ∠ABC，∠AODの大きさをそれぞれ求めなさい。

[2] 円Oの面積がπであるとき，円O′の面積Sを求めなさい。

[3] 図の斜線の部分の面積Tを求めなさい。

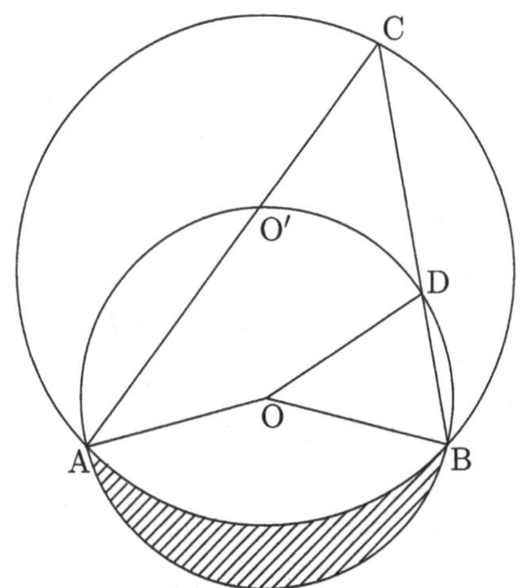

4 3種類のタイルP，Q，Rがある。タイルP，Qは1辺の長さがそれぞれ3cm，1cmの正方形で，タイルRは2辺の長さが1cm，3cmの長方形である。図1はタイルPを左上に2枚×2枚，タイルQを右下に1枚×4枚，残りをタイルRで敷き詰めて作った長方形である。これらのタイルをすべて余さず使って，図2のように，タイルPを左上に1枚×4枚，タイルQを右下に2枚×2枚，残りをタイルRで敷き詰めると別の形の長方形を作ることができる。

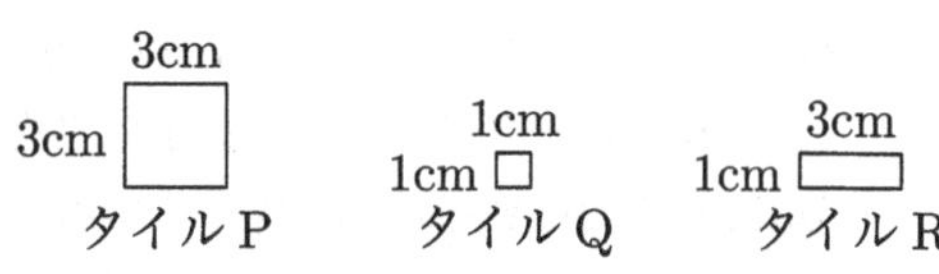

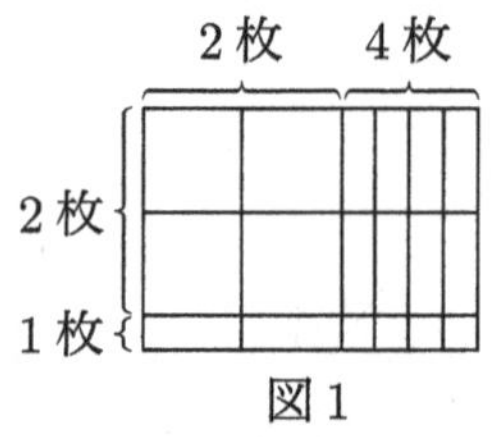

図1

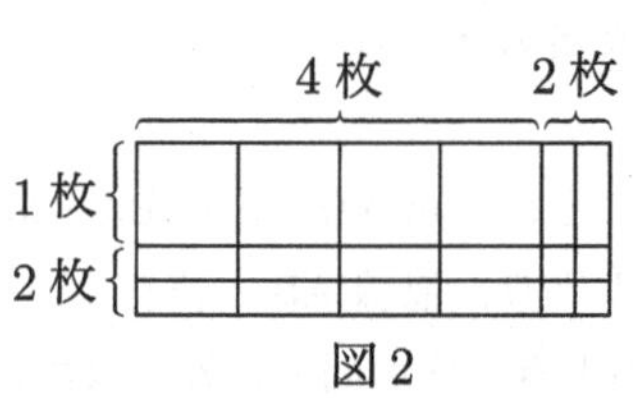

図2

同じようにしてタイルPを左上にx枚×x枚，タイルQを右下にy枚×z枚，残りをタイルRで敷き詰めて，図3のように長方形ABCDを作る。ただし，$y < z$とする。

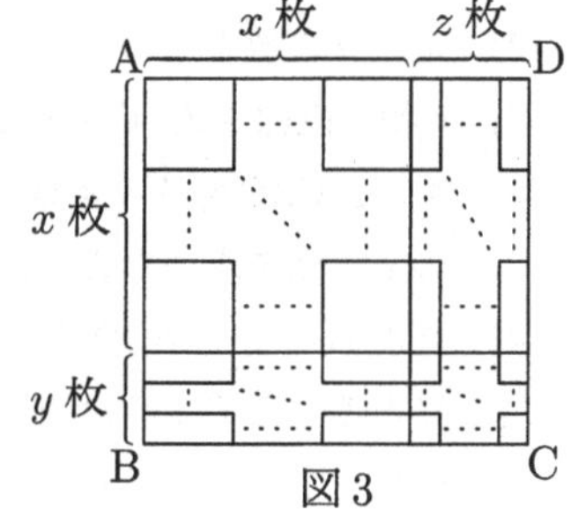

図3

[1] 次の文章内の［ア］，［イ］にx，y，zを用いたもっとも適切な式を，［ウ］～［オ］にy，zを用いたもっとも適切な式または数を入れなさい。

長方形ABCDの2辺の長さは［ア］cm，［イ］cmであるから，長方形ABCDの面積$S\text{cm}^2$は$S=$(［ア］)(［イ］)と表せ，式を展開し整理すると次のようになる。

$S=$［ウ］$x^2+($［エ］$)x+$［オ］

長方形ABCDのタイルをすべて余さず使って，タイルPを左上にy枚×z枚，タイルQを右下にx枚×x枚，残りをタイルRで敷き詰めて別の形の長方形を作ることができる場合について考える。

[2] x^2をyとzで表しなさい。

[3] $x=10$ のとき，yとzの値の組をすべて求めなさい。

[4] タイルP，Q，Rを全部あわせると490枚で，長方形ABCDの面積が1870cm^2となるようなx，y，zの値を求めなさい。

5 正四角錐(すい)ABCDEがある。底面BCDEは1辺の長さが12の正方形で，ほかの辺の長さはすべて10である。また，球Oは正四角錐ABCDEの5つの面に接する球である。図1は，この正四角錐を直方体BCDE-FGHIの上にのせたものである。次の問いに答えなさい。

[1] 辺BCの中点をMとして，AMの長さと，正四角錐ABCDEの高さhを求めなさい。

[2] 球Oの半径rを求めなさい。

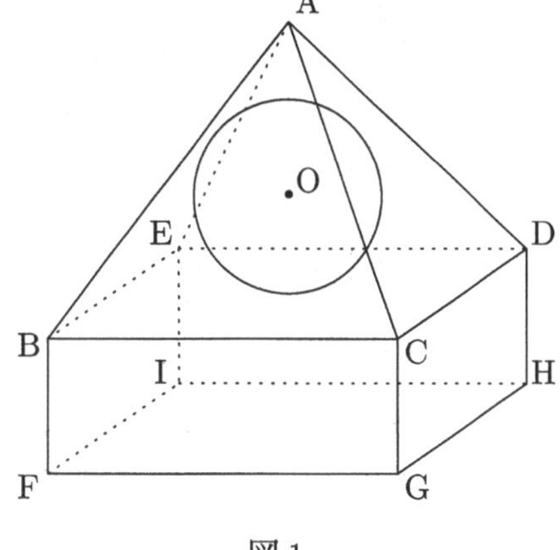

図1

図2は，この立体を頂点A，G，Iを通る平面で切ったときの断面の様子を表したものである。図2において，2点A，Gを結んだところ，線分AGが球の断面の円に点Jで接した。

[3] 線分AJの長さを求めなさい。

[4] 線分CGの長さを求めなさい。

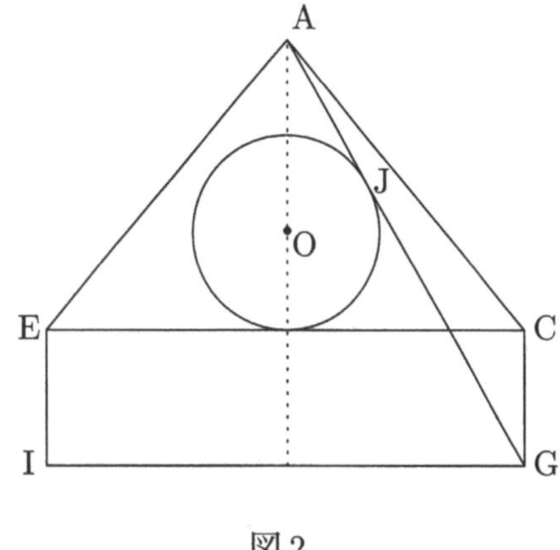

図2

【英　語】（60分）〈満点：100点（推定）〉

1　これからリスニングのテストを行います。英文と，それに関する質問が2問ずつ放送されます。1つ目の質問は，最も適切な答えを①～④より1つ選び，番号で答える形式です。2つ目の質問は，書き出しの語に続けて答えを英語で書く形式です。書き出しの語も含めて8語以内で解答しなさい。放送を聞きながら問題用紙にメモを取ってもかまいません。英文と質問は2回ずつ放送されます。

(A)　1　①Because she was his teacher in school.
②Because most students picked a grandparent.
③Because she took care of him.
④Because her American customs impressed him.

2　He ＿＿＿＿＿＿＿＿＿＿＿＿＿＿＿＿

(B)　1　①Making sure busses run all night and are safe.
②Building shopping centers inside the city.
③Providing free transportation to sports stadiums outside the city.
④Raising the price of train tickets so people will drive more.

2　People ＿＿＿＿＿＿＿＿＿＿＿＿＿＿＿＿

(C)　1　①Singing and making loud noises.
②Hitting their tails against each other.
③Sending signals to each other.
④Using gestures to show feelings.

2　They ＿＿＿＿＿＿＿＿＿＿＿＿＿＿＿＿

※リスニングテストの放送台本は非公表です。

2　次の文章を読んで設問に答えなさい。

Sunflowers may be connected to the ground, but that doesn't mean they can't dance. Each day, young sunflowers follow the path of the sun across the sky as they move their heads 180 degrees from east to west. Their slow, beautiful movements even continue at night. After the sun sets, the plants return to their original position by slowly (　ア　) their heads back to the east. This allows them to begin the cycle again.

The idea of young sunflowers following the sun is not new — Darwin himself reported on this more than 100 years ago. However, until now no one explained how the young sunflowers move and why. Or why adult sunflowers only face (　あ　). A group of scientists in California has solved these mysteries by carrying out a number of experiments.

They first planted some sunflowers outside and watched what happened. In time, they discovered that the plants could control their movements. For example, during the shorter nights of summer, young sunflowers took just eight hours to turn their heads from west to east. However, (1)<u>during the longer nights of autumn, it took them twelve hours to do the same thing</u>. To find out how the plants were moving, the scientists marked both sides of their stems with a pen at regular times. By using a special video camera, they were able to see that the east side of the stem grew longer during the day. That made the plant's head turn to the west. At night, the opposite effect occurred.

But what was controlling this growth cycle? Was it the movement of the sun or something else? To better understand what was making the plants act this way the scientists grew some inside a laboratory with lamps instead of the sun. The young sunflowers continued to bend to the west during the day, then turned back toward the east at night. They then turned off the lamps to see the effect it might have. They found that plants (イ) in the dark continued to turn for a while, even without a light source.

The results of the experiments prove that a sunflower's movement is not only influenced by light, but is also controlled by some kind of body clock. It's similar to the one that humans have, and lets us know for example when to wake up or when to eat. This body clock can be very useful since it helps young sunflowers perform activities at certain times of the day, even if something in the environment changes for a short time. This means they will not (ウ) chasing the sun even on a cloudy morning.

In order to understand why sunflowers follow the sun, the scientists put some young ones outside, but tied the stems to the ground. This meant their heads couldn't move with the sun. As a result, the plants [A] that were allowed to move freely. It was clear that the sun promoted growth.

The research team's last experiments were connected to adult sunflowers. They planted a field of sunflowers outside and studied their movements. As the plants grew from young seedlings into adults, the scientists noticed that they slowly (エ) the strength to follow the sun. Once they bloomed, they stopped completely. One scientist said, "For many years, people believed that adult sunflowers moved with the sun. They actually always point to the rising sun."

To see whether or not this was an advantage, the scientists put some adult sunflowers outside facing west and east. They recorded how many bees visited the plants in the morning because bees are most active at that time. (2)<u>東に向いているヒマワリは西に向いているヒマワリより約5倍多くの蜂を得た。</u> This is because they heated up faster. Earlier research has shown that bees prefer warmer plants. So the scientists realized it was a big (い) for these sunflowers to always face east.

The science community is excited about the new discoveries. It will allow other scientists to improve their research on a wide variety of plants and animals. Millions of years ago the sun, sunflowers, and the bees began their relationship. It's nice, at last, to be able to understand why.

［注］ stem：茎　bend：曲がる　seedling：苗木

問1 (ア)～(エ)に入る語を次より1つずつ選び，文脈に最も適した形で答えなさい。ただし，同じ語を2度以上選ばないこと。

stop,　leave,　shine,　turn,　rise,　lose,　allow

問2　（あ），（い）に入るそれぞれ最も適切な１語を本文中より抜き出しなさい。

問3　下線部(1)を日本語に直しなさい。　ただし，“the same thing”の具体的内容を明らかにすること。

問4　[A] を補うのに最も適切なものを①～④より１つ選び，番号で答えなさい。

①didn't grow as big as the ones　　②grew as big as the ones

③grew bigger than the ones　　④weren't as small as the ones

問5　下線部(2)を英語に直しなさい。

問6　本文の内容に合っているものを①～⑨より３つ選び，番号の小さい順に答えなさい。

①Young sunflowers move in the morning across the sky and then rest at night.

②Recently, a group of scientists from California have discovered that young sunflowers can move with the sun.

③At night, the west side of a young sunflower's stem will grow longer and that makes the plant's head turn to the east.

④Most of the experiments on the sunflowers were done with lamps instead of sunlight.

⑤A sunflower's body clock helps it to do activities at particular points in a day.

⑥In order to understand a sunflower's body clock and why it follows the sun, scientists carried out experiments in a laboratory.

⑦The experiments carried out on the adult sunflowers were done outside.

⑧After sunflowers bloom, they no longer follow the sun because they don't have enough bees.

⑨Scientists will use the new discoveries about sunflowers to try and understand why and how sunflowers turn with the sun.

[3]　次の会話文を読んで設問に答えなさい。

Bob　: I was surprised to hear that the Canadian government wants to make school summer vacation shorter.

Ann　: Most schools generally get eight to ten weeks. Some teachers think this is too much.

Kim　: Well, we have used the present summer vacation schedule for a long time.

Bob　: Did you know that schedule was based on farming? Kids were supposed to help in the fields. That's the main reason for the long summer break.

Kim　: That's what many people think. [A] They actually attended school more in the summer than in the autumn. Can you guess why?

Ann　: Because there were more crops to harvest in the (　あ　).

Kim　: You got it! We were lucky we didn't have to do that.

Bob　: So what's the reason we have such long summer vacations?

Kim　: Imagine what the classrooms felt like in the summers without air conditioners.

Ann　: So they couldn't stand the heat. That doesn't surprise me.

Kim　: I wonder if the government's new plan means more school days.

Bob : (1)I don't think many kids will like that.

Kim : I agree.

Ann : [B] Instead, they plan to increase vacation days at other times of the year. The number of school days will stay the same.

Kim : Longer breaks in December and March might be nice. So why do they want to make summer vacation shorter?

Ann : One reason is because students forget what they learn in school over the long summer. It's called a "summer slide."

Kim : I've heard of that. It's especially true in math.

Bob : That's also what my teacher said. She has to spend the first few weeks after summer teaching the students past lessons so everyone can catch up.

Ann : That's what I mean. [C] Most of them don't agree with the long summer breaks.

Bob : Does the government think a shorter summer vacation will solve the "summer slide"?

Ann : Yes. In fact, there have been studies which prove it.

Kim : However, just because students are not in school, it doesn't mean they can't (い). There are plenty of other educational activities in the summer.

Bob : Not only that, kids want to take it easy. Some of them go camping or take a vacation with their family.

Kim : That's another reason the government wants to change things. They feel rich families have an advantage. It's easier for them to pay for those summer activities.

Ann : That's a good point.

Bob : I agree. [D] My family didn't have much money when I was growing up. I remember watching a lot of TV while my parents worked.

Kim : I feel we should encourage kids and parents to spend more time together. That's how summer vacation should be. I don't think we need to make it shorter.

Ann : If you ask most kids, they will say the same thing. However, it's time to try something new. I think six weeks is enough.

Bob : [E] On the other hand, we need to deal with the "summer slide" problem. I can't make up my mind.

[注]　harvest : 収穫する　　educational : 教育的な

問1 [A]～[E]を補うのに，最も適切なものを①～⑩より１つずつ選び，番号で答えなさい。ただし，同じ番号を２度以上選ばないこと。

①Teachers think it's a waste of time.　　②They didn't go to school at all.

③Everything depends on you.　　④Kim doesn't agree with me.

⑤In fact I've experienced this.　　⑥Surprisingly, there's no change to that.

⑦Summers should be long and fun.　　⑧However, that's not completely correct.

⑨There will be more.　　⑩Most teachers liked doing that.

問2 (あ)，(い)に入るそれぞれ最も適切な１語を本文中より抜き出しなさい。

問3　下線部(1)について，“that”の具体的内容を示し，“against”を用いたほぼ同じ意味の文に書きかえなさい。ただし，10語で書くこと。

問4　本文の内容に合うように，次の質問の答えとして最も適切なものを①～④より1つずつ選び，番号で答えなさい。

1　Why does the Canadian government want to make summer vacation shorter?

①Because other countries are doing it.

②Because the students are needed to help harvest the crops.

③To prevent the “summer slide.”

④To encourage rich families to spend more time together.

2　Which of the following is true about the conversation?

①Some teachers think summer vacation is not long enough.

②The number of school days will increase.

③Having long summers helps students remember the class information better.

④Poor families have fewer choices for activities in the summer.

4　次の文章を読んで設問に答えなさい。

Punctuation marks: they may not look like much — just a few dots — but without them, our sentences would be a mess that couldn't be read. Surprisingly, however, a long time ago people didn't put punctuation marks and even (ア s-) between words at all, and all sentences looked like this!

In ancient Greece, written sentences were usually meant to be learned very carefully, and then read in a loud voice by a politician or performer, not read in a silent manner by a reader. Punctuation marks were just not that necessary.

About 2,400 years ago, however, Aristophanes, a man working in a library in Greece, invented a simple system of punctuation to [Ⅰ] a breath during speech. Aristophanes suggested three different dots called the *comma* (·), the *colon* (.), and the *periodos* (˙). The *comma* meant the shortest pause, and the *periodos* meant the longest pause of the three.

Aristophanes's invention didn't really become popular until writing began to take priority over public speaking. This happened in the fourth and fifth centuries. At that time, in order to spread the word of God, Christians began giving the church's ideas in written form. Books became an important part of Christianity. As it spread across Europe, Christian writers [Ⅱ] when they wrote books.

As time passed, Aristophanes's punctuation changed little by little. The *periodos* dropped to the bottom to become “.”, and came to mean the end of a sentence. The *comma* was joined to another popular pause mark, the slash (/), and then dropped to the bottom to become “,”. The *colon* added another dot to become “：” .The origin of the question mark is less clear, but some people believe it is made from the (イ l-) “q” and “o” from the word *quaestio*. It is the Latin word meaning “question.” In the fifteenth century, the printing machine appeared and fixed punctuation marks. The next centuries, therefore, passed with little change.

Until now! With the new ways of communication, such as instant messaging, punctuation is once again changing. The simple period has come to show anger in the relaxed world of instant messaging. The number sign (#) was originally popular only within North America, but it is now used all over the Internet as a sign of the subject of a message. In addition, emojis have come to appear in a sentence. (1)<u>The little cartoon pictures allow us to express a variety of feelings traditional punctuation never could</u>, and lead some people to wonder if emojis are a new form of punctuation.

From Aristophanes's *periodos* to our cartoon emojis, there are many ways for people to communicate. Punctuation is a part of language, and language continues to change.

[注] punctuation (mark)：句読点　Greece：ギリシャ　pause：小休止　Christian：キリスト教徒(の)
Christianity：キリスト教　Latin：ラテン語の
instant messaging：ネット上でリアルタイムにメッセージをやりとりできるコミュニケーション・ツール

問1 (ア), (イ) にそれぞれ最も適切な1語を補いなさい。ただし，指定された文字で書き始めること。

問2 [Ⅰ], [Ⅱ] を補うように，次の語句を並べかえなさい。

[Ⅰ] に用いる語句：take, remember, help, to, when, public speakers

[Ⅱ] に用いる語句：clearer, the meanings, to, punctuation, used, make

問3 本文の内容に合うように，次の文の (あ)〜(う) に入る語として最も適切なものを①〜③より1つずつ選び，番号で答えなさい。

The (あ) meant a pause longer than the pause meant by the (い).The (う) meant a pause longer than the pause meant by the (あ), and later came to be used to finish a sentence.

① *comma*　② *colon*　③ *periodos*

問4 下線部(1)を日本語に直しなさい。

問5 次の質問に英語で答えなさい。

1 Why did punctuation stay almost the same for several centuries until now?

2 How do people feel when they use the simple period in the relaxed world of instant messaging?

5 Tell us about a difficult decision you had to make. How did you decide? What do you think of your decision now? Write in English and use about 50 words. Please write the number of words in the space (words) on the answer sheet.

ているのは教育のせいだ、学校が悪い、教師をもっと働かせろ」と盛んに喚(わめ)き散らしています。それはE社会問題の教育問題への転嫁にすぎません。

なぜ、問題が直視されないのでしょうか。それは、すでに述べたように、消費社会化が資本主義経済のメカニズムの動力として、深く埋め込まれてしまっているからです。資本主義経済システムの存続のためには、高度消費社会をますます高度化させねばならず、したがってそこに生きる人間がますます消費者化してくれなければならないのです。つまりは、「お買い物客」であることが場違いである領域での活動においても、ますます人々に「お客様」になってもらわなければならない、という強烈な圧力が働いているわけです。

このような愚昧(ぐまい)な状況がいつまで続くのかはわかりません。あるいは、この愚昧さの泥沼のなかで人類は滅亡するのかもしれませんが、この傾向の一方で、資本主義経済の発展に限界が見え始めていることも確かです。これまで、ひたすらに欲望を煽(あお)り立て、というか欲望の捏造(ねつぞう)のようなことまで行って、つまりは、5要りもしないものを買わせることで、経済発展を実現してきたわけですが、今日の世界経済の全般的な停滞は、その手法が限界を6ムカえつつあることを示しているようにも見えます。

とはいえ、その先に何があるのかは、不透明です。基本的に、産業革命以降の資本主義経済の発展によって豊かな生活を人類は実現してきたわけですから、この豊かさを実質的に維持しつつ、エコロジー的にも持続可能で、F消費社会の人間的不幸や愚かさといった副作用を排した社会を実現しなければならないわけですが、こうした社会のお手本はまだ存在しないからです。

(白井聡「消費社会とは何か――「お買い物」の論理を超えて」より)

*コスパ…コストパフォーマンスの略。かかった費用に対して得られた効果。

問一　波線部1～6のカタカナを漢字で、漢字の読みをひらがなで書きなさい。

問二　空欄 X ・ Y に最も適切な漢字を入れて、四字熟語を完成させなさい。

問三　傍線部Aについて、筆者はどのような行為だと考えていますか、次の中から最も適切なものを一つ選び、番号で答えなさい。

1　授業料という対価を払うことで、卒業証書を手に入れる行為。
2　技能など有用なものを、確実に手に入れることができる行為。
3　商品と貨幣の交換とは全く異なり、有用性が認識できる行為。
4　効果がすぐには認識できない、商品として分かりにくい行為。
5　いつ役に立つか分からないものを、主体的に学ぶという行為。

問四　傍線部Bと同じ内容の表現を、文中から五字で抜き出しなさい。

問五　傍線部Cとは、どのようなことですか、説明しなさい。

問六　傍線部Dとは、具体的にどのようなことですか、説明しなさい。

問七　傍線部Eとは、具体的にどのようなことですか、説明しなさい。

問八　傍線部Fとは、具体的にどのようなことですか、説明しなさい。

問九　二重傍線部を例にならって品詞分解し、それぞれの品詞名を答えなさい。ただし、活用のあるものは文中での活用形も答えなさい。

	名詞	助詞	名詞	助詞	名詞	助動詞 終止形
(例)	これ	は	今年	の	試験問題	です

商品であると無理矢理に定義してしまったら、出来1ソコないの商品でしかないのです。

　そして、もう一つ、より本質的な点を挙げるならば、教育が徹［X］徹［Y］商品であると見なされた瞬間に、B教育は不可能になります。なぜなら、教育が商品であるならば、生徒や学生はお客様だということになるわけですが、「お客様は神様です」と考えるのが商売の鉄則であるわけで、神様に何かを教えるのは不可能だからです。

　例えば、完全に消費者化した生徒・学生に共通する行動様式として、目に余る不真面目な授業態度が挙げられます。こうした現象に対しては、厳しく叱責（しっせき）すべきというのが正論だったはずですが、生徒・学生が神様だとするならば、受講者が居眠りしたくなったり私語したりしたくなったりするようなつまらない授業をやっている教師の方が一方的に悪い、ということになります。私など、悪い授業態度に対しては、相当強い言葉で注意する方ですが、Cそのようなやり方はリスクを伴います。叱（しか）られた学生が家に帰って、「XXという教師に乱暴な言葉で怒られ、不愉快であった」と親に訴え、それをマに受けた親が「XXという教師は、2不テキカクだ、辞めさせろ」と学校側に要求して来たらどうなるか。もちろん、教師の側にパワーハラスメントを犯した恐れがあるならば話は別ですが、本来ならば、「あんたの子供がなってないだけだ」と言って学校側が取り合わなければよいだけのことです。しかしながら、今日多くの学校が、生徒・学生やその保護者の3リフジンなクレームに対して、筋の通らない対応をするケースが増えています。確かに、お客様は神様であるなら、これを叱りつけることはできなかろうし、学資負担者に至っては最高神だということになりますから、どんな我が儘（まま）でも聞かないわけにはいかないでしょう。

　そして、近年大いに問題視されている学力低下や学力崩壊といった現象は、教育が商品視されることによって教育が死ぬことの最も強力な証明です。学力低下に対しては、いわゆるゆとり教育が導入されてみたり、それではやはりダメだということになって学習内容が再び増やされるなど、政策的なブレが続いていますが、その間にも学力の低下は確実に進行している、と私は教育現場で実感しています。つまり、学ぶ内容を減らしてみたり、逆に増やしてみたり、教員の労働環境を締めつけてみたりしたところで、本質には何ら触れることができていない、無効であるということです。要するに、学校で行っていることをあれこれと弄（いじ）ってみたところでこの傾向は止められない、ということはすでに明らかなのです。

　それでは家庭学習が悪いのか、と考えたくもなりますが、おそらくは自分の子供の学力について全くどうでもいいと思っている親はほとんどいないはずで、多くの親たちが、自分の子供の学業成績が出来る限り良好であることを願っているはずです。つまり、学力低下の犯人は、学校でも家庭でもない、誰でもないのでしょう。だとすれば、問題はやはり、消費社会の高度化であり、そこに生きる人間の全面的な消費者化に見定められなければなりません。最低限の支出（この場合、学習労力）によって最大限の有用性（この場合、卒業証書）を得ようという、コスパ重視の消費者としてはD合理的な行動原理が、止めどもない学力低下をもたらしています。したがって、「お客様」を「学ぶ主体」に戻さない限り、教育はますます4コウハイするほかありません。

　にもかかわらず、政治家をはじめとして社会は「世の中がおかしくなっ

問八　二重傍線部①～⑥の中から、下一段活用の動詞をすべて選び、番号で答えなさい。

二

次の文章を読んで、あとの設問に答えなさい。

三月三日は、うらうらとのどかに照りたる。［X］の花の今咲きはじむる。柳などをかしきこそ<u>さらなれ</u>[ア]。それもまだ、まゆにこもりたるはをかし。ひろごりたるは<u>うたて</u>[イ]ぞ見ゆる。おもしろく咲きたる桜を、長く折りて、大きなる瓶（かめ）にさしたるこそをかしけれ。桜の直衣（なほし）に出袿（いだしうちき）して、まらうどにもあれ、御せうとの君達（きんだち）にても、そこ近くゐて物などうち言ひたる、<u>いとをかし</u>[A]。

<u>四月</u>[B]、祭のころ、いとをかし。上達部（かんだちめ）、殿上人（てんじやうびと）も、うへの衣（きぬ）の濃き薄きばかりのけぢめにて、白襲（しらがさね）ども同じさまに、涼しげにをかし。

＊まゆにこもりたる…若芽の状態にある。
＊桜の直衣…（桜色と呼ばれる）表が白で裏が赤の上着。
＊出袿…わざと下に着た服のすそを出して見せること。
＊まらうど…客人。　＊せうと…兄弟。　＊祭…賀茂祭。
＊上達部、殿上人…身分の高い貴族。　＊けぢめ…違い。
＊白襲…夏に着用する白い薄物。

問一　本文の作者をひらがなで記しなさい。

問二　空欄［X］に最もよくあてはまる花の名前を、漢字で記しなさい。

問三　傍線部ア・イの意味として最も適切なものを次の中から選び、番号で答えなさい。

ア　1　理想的だ　2　言うまでもない　3　なおさらだ　4　趣がある

イ　1　さびしく　2　すばらしく　3　不快に　4　大げさに

問四　傍線部Aについて、これはなぜですか、「をかし」の意味もふまえて説明しなさい。

問五　傍線部Bの陰暦名をひらがなで記しなさい。

三

次の文章を読んで、あとの設問に答えなさい。

消費社会が高度化するにしたがって、教育が商品と見なされる場合が増えてきました。<u>学校に行って授業を受けるとはどのような行為なのか。</u>[A]多くのケースで授業料を収めなければなりませんから、教育サービスとは商品であると定義できるように見えます。つまり、授業料という対価を払うことによって、技能とか資格とか卒業証書といった「有用なもの」（＝商品の効用）を手に入れることができるというわけで、このように見なした場合、教育商品は他の色々な商品と何も変わらないように見えます。

しかし、そう見える一面があるにせよ、教育という行為は商品と貨幣の交換とは全く異なるのです。なぜなら、わかりやすい点から挙げれば、教育の効果（商品で言えば有用性）は、すぐには認識できません。普通の商品ならば、買って手に入れた瞬間から役に立たなければいけませんが、教育においては、「先生があのとき言っていたことの意味が、20年経ってわかってきた」などということがよくあります。もちろん、場合によっては、死ぬまでわからないということもあります。つまり、教育は、一見商品に見えたとしても、その有用性が発揮される仕方が複雑なので、

い。その後も、フランスの思想家たちは、ポストモダン時代の代表的な思想家ジャック・デリダに至るまで、ある意味ではハイデガーの魅力的な「誤読」を通じて、思索を巡らせてきたのである。

哲学を例に取ると、こんな堅苦しい話になるが、もっと気楽に、たとえば、食べ物のことでも考えてみると良い。[D]スペイン人やポルトガル人に長崎のカステラを見せると、かなり感動するそうである。カステラの起源は、「ビスコチョ」といわれるスペインのお菓子や「パン・デ・ロー」と呼ばれるポルトガルのお菓子で、語源は、カスティーリャ地方に由来しているらしい。いずれのお菓子も、今でもスペインやポルトガルで親しまれているが、それがその昔、遠い海を渡って、日本でこんなお菓子に姿を変えていたということが、彼らを驚かせるのである。当時の日本人は、材料の制約もさることながら、見様見[X]で、「カステラ」を作ってみたわけだが、これは一種の「誤読力」であり、その結果が、「ビスコチョ」や「パン・デ・ロー」と同じでないからといってカステラを否定する人は誰もいない。

また、メキシコのウルトラバロック教会なども、もともとのスパニッシュ・バロック教会を何倍もグロテスクにしたようなカジョウ[3]な装飾を施[4]されているが、これもまた、彼らの独創的な「誤読力」の産物である。

文化というのは、伝播（でんぱ）過程の「誤読力」によって豊かになるものであり、これは本に関しても同じである。

しかし、見落としてはいけ⑥ないのは、[E]この豊かさは、どちらかというと、本にとっての豊かさである。

確かに、「誤読力」は、本の可能性を広げてくれる。しかし、「作者の意図」を完全に無視して、いつも「誤読力」頼みで本を読んでいる人は、何をどう読んでも、相も変わらぬ独善的な結論しか導き出せなくなる可能性がある。それは、読者の可能性を狭める本の読み方である。

（平野啓一郎『本の読み方 スロー・リーディングの実践』より）

問一 波線部1～4のカタカナを漢字で、漢字の読みをひらがなで書きなさい。

問二 空欄[X]に最もよくあてはまる語を、ひらがな二字で記しなさい。

問三 傍線部Aが指示する内容を次の中から選び、番号で答えなさい。

1 「こう読んでもらいたい」という「作者の意図」は必ずあること。
2 「作者の意図」の物証として、「創作ノート」があげられること。
3 シュールレアリストたちが無意識のイメージを言葉にしたこと。
4 シュールレアリストたちの「自動記述」は成功しなかったこと。

問四 傍線部Bについて、これはなぜですか、説明しなさい。

問五 傍線部Cの作者について、次の設問に答えなさい。

(1) この作者の他の作品を次の中からすべて選び、番号で答えなさい。

1 『故郷』 2 『高瀬舟』 3 『坊っちゃん』
4 『古都』 5 『三四郎』 6 『小僧の神様』

(2) 二〇一六年はこの作者の没後何年に当たっていたか、次の中から選び、番号で答えなさい。

1 五〇年 2 一〇〇年 3 一五〇年 4 二〇〇年

問六 傍線部Dについて、これはなぜですか、説明しなさい。

問七 傍線部Eについて、次の設問に答えなさい。

(1) 誰にとっては豊かではないのですか、記しなさい。

(2) それはなぜですか、説明しなさい。

【国　語】〈六〇分〉〈満点：一〇〇点推定〉

一 次の文章を読んで、あとの設問に答えなさい。

作者の立場からすると、小説であろうと、エッセイであろうと、論文であろうと、基本的には、作品の一語一句のレヴェルから作品全体に至るまで、「こう読んでもらいたい」という「作者の意図」は必ずある。それがなければ、そもそも文章は①書けないからだ。作者の死後に公開される「創作ノート」などは、その物証だろう。「無意識」の存在を重視し、意識と理性とに縛られた世界を揺さぶろうと意図したシュールレアリストたちは、「自動記述」という無意識のイメージの連鎖そのものを言葉にしたような文章を書いたりもしているが、これはかなり特殊な例であり、また十分に成功したとも言いがたかった。

しかし、Aその一方で、程度の差はあれ、作者が読者の読みの自由をあらかじめ想定していることも確かである。自分の言いたいことを正確に伝えたい。そういう欲求に導かれなければ、文章は生まれてこない。けれども、言葉というものの性質上、できあがったものが、どう読まれるかは必ずしも予測がつかない。

かつては、B作者の言わんとしたことを正確に理解することが、本の正しい唯一の読み方である、という考え方が支配的だった。この考え方の根源には、一神教の影響があるのだろう。ご存じの通り、ユダヤ教やキリスト教の「預言者」とは、「神の言葉を預かった者」の意である。だから、聖書を読んで、その言葉を発した者（＝神）が、どういうことを言おうとしているのか、その意図を考えることは非常に重要だった。ところが、神学論争を見れば②分かる通り、その解釈はいつも対立していて、どちらの解釈が「正しい」かに決着がついたためしはなかった。

文学作品の批評でも同じである。未だに、一〇人いれば、一〇通りのC『吾輩は猫である』の読み方があるだろう。そういうとき、そもそも誰も正確には分からないのに、「作者の意図」こそ、「正しい読み方」だとして、他の読み方をすべて「間違っている」とすることには、根拠がないし、また1フトウに作品の可能性を2狭めてしまうことになる。

そこで、文学の世界では、テクスト理論という、読者の側の創造的な読みをむしろ積極的に評価する立場の批評が一頃流行した。これは、古い立場から③すれば、一種の「誤読力」の評価である。

人の勝手な思いこみには、確かに意外な創造性が発揮されることがある。『存在と無』という著書で有名な実存主義者サルトルは、ドイツの哲学者ハイデガーの主著『存在と時間』をある意味で「誤読」し、それによって彼の独特の思想を練り上げていった。これがイヤだったハイデガーは、その後、一般に『ヒューマニズム書簡』と呼ばれている文章を公にして、サルトルの「実存主義」と自分の「実存哲学」とは別物だということをわざわざ説明した。

「誤読」にも、単に言葉の意味を勘違いしているだとか、論理を把握できていないといった「貧しい誤読」と、スロー・リーディングを通じて、熟考した末、「作者の意図」以上に興味深い内容を④探り当てる「豊かな誤読」との二種類がある。

ハイデガーの著書は、どれも極めて難解である。もともと、「誤読」が生じやすいものだが、しかし、だからといって、サルトルが「誤読」を⑤通じて考えたことが、その意味で否定されなければならない理由はな

【作　文】（六〇分）

　昨年十一月、アメリカの次期大統領選挙で大接戦を演じたヒラリー・クリントン候補は、開票が行われた翌日のスピーチで、事実上、選挙での敗北を認めた。次に挙げるのは、そのスピーチの中でヒラリー候補が述べた言葉の日本語訳である。これを読んで、あなたの考えを、六〇〇字以内にまとめなさい。

　私のこれまでの選挙戦を応援してくださったすべての女性の方々、とりわけ若い女性の方々に申し上げたいと思います。あなた方の考えを述べることができた以上に、私が誇らしく思うことはありません。
　今、私に分かっていることは、私たちは、まだ最も高く、最も硬いガラスの天井を壊せずにいるということです。しかし、いつか誰かが、そして願うならば私たちが思っているよりも早く、そうしてくれると信じています。

MEMO

大切なことはメモしておこうネ！

T・G

平成29年度

解答と解説

《平成29年度の配点は解答用紙に掲載してあります。》

＜数学解答＞ 《学校からの正答の発表はありません。》

1 [1] $22\sqrt{2}$ [2] $x=9$ $y=6$ $P=\frac{5}{8}$ [3] (1) $x=150$ (2) $y=60$

2 [1] D$(-3, 9)$ [2] $a=2$ [3] $\frac{11}{2}$ [4] $\frac{-2+\sqrt{6}}{2}$

3 [1] $\angle ABC=90°$ $\angle AOD=180°$ [2] $S=3\pi$ [3] $T=\frac{\sqrt{3}}{2}-\frac{1}{6}\pi$

4 [1] ア $3x+y$ イ $3x+z$ ウ 9 エ $3y+3z$ オ yz
[2] $x^2=yz$ [3] $(y, z)=(1, 100), (2, 50), (4, 25), (5, 20)$
[4] $x=10$, $y=4$, $z=25$

5 [1] AM$=8$ $h=2\sqrt{7}$ [2] $r=\frac{6\sqrt{7}}{7}$ [3] AJ$=2$ [4] $2\sqrt{14}-2\sqrt{7}$

＜数学解説＞

1 (小問群－平方根の計算，確率，方程式の応用)

[1] $\sqrt{12}=a$，$\sqrt{13}=b$，$\sqrt{34}=c$とすると，$\sqrt{24}=\sqrt{2}\sqrt{12}=\sqrt{2}a$，$\sqrt{68}=\sqrt{2}\sqrt{34}=\sqrt{2}c$と表せる。よって，$\sqrt{12}(\sqrt{13}+\sqrt{68})+\sqrt{34}(\sqrt{13}+\sqrt{68})-\sqrt{13}(\sqrt{12}+\sqrt{34})-\sqrt{24}(\sqrt{12}+\sqrt{34})=a(b+\sqrt{2}c)+c(b+\sqrt{2}c)-b(a+c)-\sqrt{2}a(a+c)=ab+\sqrt{2}ac+bc+\sqrt{2}c^2-ab-bc-\sqrt{2}a^2-\sqrt{2}ac=\sqrt{2}c^2-\sqrt{2}a^2$ $=\sqrt{2}\times(\sqrt{34})^2-\sqrt{2}\times(\sqrt{12})^2=34\sqrt{2}-12\sqrt{2}=22\sqrt{2}$

基本 [2] AさんとBさんの平均値が等しいことから，$\frac{2+x}{2}=\frac{1+7+8+y}{4}$ 両辺を4倍して整理すると，$4+2x=16+y$ $y=2x-12$ $y>0$だから，$2x-12>0$ $x>6$ よって，$x=9$ $y=2\times9-12=6$ Aさんに2通りの出し方があり，そのそれぞれに対してBさんに4通りずつの出し方があるので，出し方の総数は$2\times4=8$(通り) Aさんが勝つ場合の出し方は，(A，B)$=(2, 1)$，$(9, 1)$，$(9, 6)$，$(9, 7)$，$(9, 8)$の5通りがあるので，その確率は，$\frac{5}{8}$

[3] 仕入れにかかった金額は$100x$円 定価は1個$1.3x$円 2割引きで売ったときの1個の値段は，$1.3x\times0.8=1.04x$(円) 定価通りに売れた個数は$(100-y)$個なので，$1.3x(100-y)+1.04xy=100x+2160$ $130x-1.3xy+1.04xy=100x+2160$ $30x-0.26xy=2160$…① すべて定価で売ったときの売り上げは$130x$円だから，$1.3x(100-y)+1.04xy=130x-2340$ $130x-0.26xy=130x-2340$ $0.26xy=2340$…②

(1) ②を①に代入すると，$30x-2340=2160$ $30x=4500$ $x=150$

(2) $x=150$を②に代入して，$0.26\times150y=2340$ $39y=2340$ $y=60$

2 (関数・グラフと図形－直線の式，交点の座標，直線の式，平行線と三角形の面積，2次方程式)

基本 [1] 直線CDの傾きは-2なので，直線CDの式を$y=-2x+b$とおいてC$(1, 1)$を代入すると，$1=-2+b$ $b=3$ 放物線$y=x^2$と直線CDの交点は方程式$x^2=-2x+3$の解だから，$x^2+2x-3=0$ $(x+3)(x-1)=0$ $x=-3$ $y=x^2=(-3)^2=9$ よって，D$(-3, 9)$

基本 [2]　直線ABの傾きが-2なので，傾き$=\dfrac{y\text{の値の増加量}}{x\text{の値の増加量}}=\dfrac{4a^2-a^2}{-2a-a}=-a=-2$　よって，$a=2$

重要 [3]　$a=2$だから，A$(2,\ 4)$　直線ABの式を$y=-2x+c$とおいて$(2,\ 4)$を代入すると，$4=-4+c$　$c=8$　よって，E$(0,\ 8)$　直線CDの式についても同様に，$y=-2x+d$にC$(1,\ 1)$を代入して，$d=3$　F$(0,\ 3)$　△CDE＝△CEF＋△DEF$=\dfrac{1}{2}\times$EF×(点Cからy軸までの距離)$+\dfrac{1}{2}\times$EF×(点Dからy軸までの距離)$=\dfrac{1}{2}\times$EF×(点Cのx座標と点Dのx座標の差)　△CDGについても同様に，△CDG$=\dfrac{1}{2}\times$GF×(点Cのx座標と点Dのx座標の差)で求められる。よって，△CDG$=\dfrac{1}{2}$△CDEのとき，GF$=\dfrac{1}{2}$EF$=\dfrac{1}{2}(8-3)=\dfrac{5}{2}$　よって，点Gのy座標は，$3+\dfrac{5}{2}=\dfrac{11}{2}$

[4]　AB//CDなので，△ACD＝△CDE　よって，△PCD＝△CDGとなるような点Pを考えるとよい。F$(0,\ 3)$，FG$=\dfrac{5}{2}$なので，$\left(0,\ \dfrac{1}{2}\right)$を通る傾きが$-2$の直線上に点Pがあればよい。放物線$y=x^2$と直線$y=-2x+\dfrac{1}{2}$の交点の$x$座標は方程式$x^2=-2x+\dfrac{1}{2}$の解として求められる。よって，$2x^2+4x-1=0$　$x=\dfrac{-4\pm\sqrt{24}}{4}=\dfrac{-2\pm\sqrt{6}}{2}$　$0<x<1$だから，$x=\dfrac{-2+\sqrt{6}}{2}$

3 （平面図形ー円の性質，角度，面積，おうぎ形）

基本 [1]　直線ACが円O′の直径であり，直径に対する円周角は90°なので，∠ABC＝90°　△OBDは正三角形なので，∠OBD＝60°だから，∠OBA＝30°　△OABは底角が30°の二等辺三角形なので，∠AOB＝120°　よって，∠AOD＝180°

[2]　円Oの面積がπのとき，円Oの半径は1である。弧ABに対する中心角が120°なので，円周角∠AO′Bは60°である。よって，△O′ABは正三角形である。∠OO′A＝30°であり，AO′の中点をMとすると，△OO′Mは内角の大きさが30°，60°，90°の直角三角形なので，OO′：O′M$=2:\sqrt{3}$　よって，よって，OO′：AO′$=2:2\sqrt{3}=1:\sqrt{3}$　したがって，円O′の半径は$\sqrt{3}$となるから，面積Sは，$\pi\times(\sqrt{3})^2=3\pi$

[3]　円Oの半径をrとすると，円Oの面積はπr^2，円O′の半径は$\sqrt{3}r$，面積は$3\pi r^2$　図形Tの面積は{(おうぎ形OAB)＋△O′AO＋△O′BO}－(おうぎ形O′AB)で求められる。∠AO′Bは弧ABに対する円周角なので，∠AO′B＝60°　AO′＝BO′だから△O′ABは正三角形であり，OO′ついて対称である。よって，△O′AO≡△O′BO　△O′AO＋△O′BOの面積は，1辺がrの正三角形2つ分である。1辺がrの正三角形の高さは$\dfrac{\sqrt{3}}{2}r$，面積は$\dfrac{\sqrt{3}}{4}r^2$だから，$\text{T}=\pi r^2\times\dfrac{120}{360}+\dfrac{\sqrt{3}}{4}r^2\times2-3\pi r^2\times\dfrac{60}{360}=\dfrac{1}{3}\pi r^2+\dfrac{\sqrt{3}}{2}r^2-\dfrac{1}{2}\pi r^2=\dfrac{\sqrt{3}}{2}r^2-\dfrac{1}{6}\pi r^2$　[2]で円Oの面積をπ，半径1としたので，その場合には$\dfrac{\sqrt{3}}{2}-\dfrac{1}{6}\pi$となる。

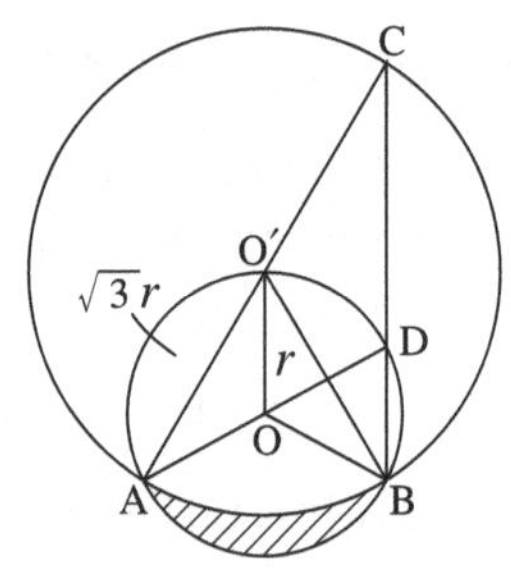

4 （その他の問題ー文字式，関係式，方程式）

[1]　1辺の長さが3cmまたは1cmのタイルを用いているので，AB$=3x+y$，AD$=3x+z$　よって，長方形の面積Sは，$(3x+y)(3x+z)=9x^2+3xy+3xz+yz$　よって，$\text{S}=9x^2+(3y+3z)x+yz$

[2]　並べ替えて作った長方形の縦の長さは$3y+x$，横の長さは$3z+x$なので，その面積は，$(3y+x)(3z+x)=9yz+3xy+3xz+x^2$　並べ替えても面積は変わらないから，$9x^2+3xy+3xz+yz=9yz+3xy+3xz+x^2$　$9x^2+yz=9yz+x^2$　$x^2=yz$

[3]　$x=10$のとき，$yz=100$　　$y<z$なので，$(y,\ z)=(1,\ 100)$，$(2,\ 50)$，$(4,\ 25)$，$(5,\ 20)$

[4]　枚数が490枚であることから，$yz+x(y+z)+x^2=490$…①　　面積が1870cm^2となることから，$9yz+3x(y+z)+x^2=1870$　　$x^2=yz$なので，①に代入して，$2x^2+x(y+z)=490$…③　　②に代入して，$10x^2+3x(y+z)=1870$…④　　③×5−④から，$2x(y+z)=580$…⑤　　また，③×3−④から，$4x^2=400$　　$x^2=100$　　$x>0$なので，$x=10$　　⑤に代入すると，$20(y+z)=580$　　$y+z=29$　　[3]で，$x=10$のときのyとzの組が求めてあり，その中で$y+z=29$にあてはまるものを選べばよい。よって，$x=10$，$y=4$，$z=25$

5　(空間図形－三平方の定理，長さ，高さ)

[1]　△ABCは二等辺三角形なので，AMはBCを垂直に二等分する。△ABMで三平方の定理を用いると，$\text{AM}=\sqrt{\text{AB}^2-\text{BM}^2}=\sqrt{100-36}=\sqrt{64}=8$　　正方形BCDEの対角線の交点をPとすると，APは正方形BCDEに垂直である。△AMPで三平方の定理を用いると，$\text{AP}=\sqrt{\text{AM}^2-\text{MO}^2}=\sqrt{64-36}=\sqrt{28}=2\sqrt{7}$　　よって，正四角錐ABCDEの高さhは$2\sqrt{7}$

[2]　球Oと面ABCの接点をQとすると，点QはAM上にある。右図は，点Oと直線AMを通る平面で四角錐ABCDEを切断したときの断面を示したものである。△AMPと△AOQは2組の角がそれぞれ等しいので相似であり，AM：AO＝MP：OQ　　$\text{AO}=\text{AP}-\text{OP}=2\sqrt{7}-r$だから，$8:(2\sqrt{7}-r)=6:r$　　$8r=12\sqrt{7}-6r$　　$14r=12\sqrt{7}$　　よって，球Oの半径rは，$\dfrac{12\sqrt{7}}{14}=\dfrac{6\sqrt{7}}{7}$

[3]　$\text{AO}=\text{AP}-r=2\sqrt{7}-\dfrac{6\sqrt{7}}{7}=\dfrac{8\sqrt{7}}{7}$　　△AOJで三平方の定理を用いると，$\text{AJ}^2=\text{AO}^2-\text{OJ}^2=\dfrac{64}{7}-\dfrac{36}{7}=\dfrac{28}{7}=4$　　AJ＝2

[4]　直線AOとIGの交点をQとすると，△AQGは直角三角形である。CG＝xとすると，$\text{AQ}=2\sqrt{7}+x$　　また，GIは正方形の対角線なので，$\text{GI}=\sqrt{2}\,\text{FG}=12\sqrt{2}$　　$\text{GQ}=6\sqrt{2}$　　△AGQ∽△AOJなので，AQ：AJ＝GQ：OJ　　よって，$(2\sqrt{7}+x):2=6\sqrt{2}:\dfrac{6\sqrt{7}}{7}$　　$12+\dfrac{6\sqrt{7}}{7}x=12\sqrt{2}$　　$\dfrac{6\sqrt{7}}{7}x=12\sqrt{2}-12$　　$\text{CG}=x=\dfrac{7(12\sqrt{2}-12)}{6\sqrt{7}}=\sqrt{7}(2\sqrt{2}-2)=2\sqrt{14}-2\sqrt{7}$

★ワンポイントアドバイス★

1の[1]は，数を文字に置き換えて整理する。3は，与えられた図が正確ではないことに注意。4の[4]は，枚数と面積の2種類の式を作る。5の[2]，[3]は相似な直角三角形の辺の比を利用する。

＜英語解答＞《学校からの正答の発表はありません。》

1　リスニングテスト解答省略

2　問1　(ア)　turning　　(イ)　left　　(ウ)　stop　　(エ)　lost　　問2　(あ)　east　(い)　advantage　　問3　夜が長い秋の間は，若いヒマワリが頭を西から東へ向けるのに12時間かかった。　　問4　①　　問5　The sunflowers facing east got about five times more bees than the ones facing west.　　問6　③，⑤，⑦

3 問1 A ⑧ B ⑥ C ① D ⑤ E ⑦ 問2 (あ) autumn
(い) learn 問3 I think many kids will be against more school days.
問4 1 ③ 2 ④

4 問1 (ア) spaces (イ) letters 問2 [Ⅰ] help public speakers remember when to take [Ⅱ] used punctuation to make the meanings clearer
問3 (あ) ② (い) ① (う) ③ 問4 その小さい漫画の絵によって，私たちは従来の句読点が表すことのできなかった様々な感情を表すことができる
問5 1 Because the printing machine appeared in the fifteenth century and fixed punctuation marks. 2 They feel (that) they are angry.

5 (例) I belong to the school chorus and we were once invited to perform at a local festival. On that day I also had a piano contest. I had to decide which to join and thought it important to try hard for the chorus. I'm happy with my decision because we had a wonderful experience. (54 words)

＜英語解説＞

1 リスニングテスト解説省略。

やや難 2 **(長文読解問題・自然科学系論説文：語句補充・選択，語形変化，時制，動名詞，英文和訳，不定詞，和文英訳，分詞，比較，内容一致)**

(全訳) ヒマワリは地面とつながっているかもしれないが，だからといって踊ることができないわけではない。毎日，若いヒマワリは太陽が空を横切るのを追って，頭を東から西へ180度動かす。このゆっくりとした美しい動きは夜も続く。日が沈んだ後，その植物は頭をゆっくりと東へ(ア)向けることにより，初めの位置に戻るのだ。こうして再びその一連の動きを始めることができる。

若いヒマワリが太陽を追うという考えは目新しいものではない。ダーウィンが100年以上も前にこれについて報告している。しかしながら今まで，誰も若いヒマワリがどのようにして動くのか，そしてなぜ動くのかについて説明していなかった。そしてなぜ成長したヒマワリは(あ)東を向いているだけなのかも説明していなかった。カリフォルニアの科学者集団が数多くの実験をすることでこれらの謎を解き明かした。

彼らはまずいくつかのヒマワリを外に植え，何が起こるか観察した。しばらくして，彼らはその植物が自分の動きをコントロールできるということを発見した。たとえば，夏の短い夜の間，若いヒマワリは頭を西から東へ向けるのに8時間しかかからなかった。しかし，(1)夜が長い秋の間は，同じことをするのに12時間かかった。その植物がどのように動くのか知るために，科学者たちは茎の両側にペンで印を定期的に付けた。特別なビデオカメラを使って，彼らは日中に茎の東側が伸びるということを確認することができた。それによってその植物の頭は西を向いた。夜には逆のことが起きた。

しかし何が成長サイクルをコントロールしているのだろうか。太陽の動きなのか，それとも別の何かだろうか。何がその植物にこのような動きをさせているのかをより理解するために，科学者たちはいくつかのヒマワリを研究室の中で，太陽の代わりにランプを使って栽培した。若いヒマワリは日中，西へ向き続けたが，夜には東へ戻った。彼らはそれからランプを消し，そのことがもたらす影響を調べた。彼らは，暗闇に(イ)残された植物が光源がなくてもしばらくの間頭を動かす，ということを発見した。

その実験の結果によって，ヒマワリの動きは光に影響されているだけでなく，ある種の体内時計

によってコントロールされているということが証明された。それは人間が持っているものと似ていて，たとえば私たちにいつ起きるべきか，いつ食べるべきかを知らせるものだ。この体内時計は，たとえ短期間に状況が変化しても，若いヒマワリが一日の特定の時間に活動するのに役立つので，非常に便利である。これは，曇っている朝でもヒマワリが太陽を追うのを(ウ)やめない，ということを意味する。

なぜヒマワリが太陽を追うのか理解するために，科学者たちはいくつかの若いヒマワリを外に出し，茎を地面に結びつけた。これは，頭が太陽と共に動けないということだ。結果として，それらのヒマワリは自由に動けたヒマワリAほど大きく育たなかった。太陽が成長を促すことは明らかだった。

研究チームの最後の実験は，成長したヒマワリに関するものだった。彼らはヒマワリを外の畑一杯に植え，その動きを調べた。科学者たちは，その植物が若い苗木から成長していくにつれ，太陽を追う力を徐々に(エ)失うことに気付いた。花が咲くと，完全に動かなくなった。ある科学者が言った。「何年もの間，人々は成長したヒマワリが太陽と共に動くと信じていた。実際は常に昇ってくる太陽に向いている」

このことが有利かそうでないかを調べるため，科学者たちはいくつかの成長したヒマワリを外に出し，西と東を向かせた。蜂は午前中に最も活動的なので，彼らは何匹の蜂が午前中にそのヒマワリのところに来るか記録した。(2)東に向いているヒマワリは西に向いているヒマワリより約5倍多くの蜂を得た。これは，東に向いているヒマワリのほうが速く温かくなるからだ。前に行われた調査により，蜂は温かい植物を好むということがわかっている。よって科学者たちはこれらのヒマワリが常に東に向いていることはとても(い)有利なことだとわかった。

科学界はその新発見に興奮している。それによって他の科学者たちは，自分たちの様々な動植物についての研究をより良くすることができるだろう。何百万年も前に太陽，ヒマワリ，蜂はお互いに関係するようになった。それがなぜなのかついに理解できることは，良いことだ。

問1 （ア） 下線部(1)の直前の文に turn their heads とあるのに着目する。前置詞 by に続くので動名詞 turning にする。 （イ） 過去分詞句 left in the dark「暗闇に残された」が plants を後ろから修飾する。 （ウ） stop ～ing「～するのをやめる」 （エ） lose the strength「力を失う」 過去形の動詞 noticed に合わせて，過去形 lost にする。(時制の一致)

問2 （あ） 最後から2番目の段落の最終文参照。face east「東を向く」 （い） 同段落第1文の advantage「有利，優位」を抜き出す。

問3 〈It takes ＋時間＋ for … ＋ to ＋動詞の原形〉「…が～するのに(時間)かかる」 them は前文の young sunflowers を指し，do the same thing は同じく前文の turn their heads from west to east を表す。

問4 全訳下線部参照。選択肢の最後の the ones は the plants を表す。空所A直後の that were allowed to move freely は the ones を後ろから修飾する関係代名詞節で「自由に動くことを許された植物(ヒマワリ)」となる。not as … as ～「～ほど…でない」

問5 主語の「東に向いているヒマワリ」は，the sunflowers に現在分詞句 facing east を続ける。「約5倍多くの蜂を得た」は got about five times more bees とする。「西に向いているヒマワリ」は sunflowers の繰り返しをさけて代名詞 ones を用い，the ones facing west とする。

問6 ①「若いヒマワリは午前中に空中を移動し，夜休む」(×) ②「最近，カリフォルニア出身の科学者のグループが，若いヒマワリは太陽と共に動くことができると発見した」(×) 第2段落第1文参照。 ③「夜，若いヒマワリの茎の西側が伸びて，それがその植物の頭を東に向かせる」(○) 第3段落最後の3文に一致する。 ④「ヒマワリの実験のほとんどが日光の代わりにランプを使って行われた」(×)　⑤「ヒマワリの体内時計は1日の特定の時に活動するのに役立つ」(○)　第5段落第3文に一致する。　⑥「ヒマワリの体内時計を理解し，なぜヒマワリが太陽を追うのかを理解するために，科学者たちは研究室で実験を行った」(×)　第4，5段落参照。研究室での実験によって，ヒマワリに体内時計があることがわかった。　⑦「成長したヒマワリに対して実施された実験は，屋外で行われた」(○)　最後から2番目の段落の第1文に一致する。　⑧「ヒマワリは花が咲いた後は十分な蜂がないので太陽を追わない」(×)　⑨「ヒマワリがなぜ，どのようにして太陽と共に動くのかということを理解するために，科学者たちはそのヒマワリに関する新発見を利用するだろう」(×)　最終段落参照。

3 **(会話文読解問題：文補充・選択，語句補充，言い換え・書き換え，指示語，英問英答)**

(全訳)　ボブ(以下B)：カナダ政府が学校の夏休みを短くしたがっていると聞いて驚いたよ。

アン(以下A)：ほとんどの学校がふつう8週間から10週間あるわね。これは多すぎると思っている先生がいるわ。

キム(以下K)：でも私たちは現在の夏休みの日程に長い間慣れているわ。

B：その日程が農作業に基づいているって知っていた？　子供たちは畑を手伝うこととされていたんだ。それが夏休みが長い主な理由だよ。

K：多くの人がそう思っているわね。<u>A でもそれは完全に正しいわけではないの</u>。子供たちは実際は秋よりも夏のほうが学校に行っていたのよ。なぜかわかる？

A：(あ)<u>秋</u>のほうが収穫すべき作物が多かったからね。

K：正解！　私たちはそんなことをしなくてもいいからラッキーだったわ。

B：では僕たちにとても長い夏休みがある理由は何だろう？

K：想像してみて，エアコンがなかったら夏は教室がどんなふうだったか。

A：暑さが我慢できなかったのね。それは納得よね。

K：政府の新しい計画は学校の日数が増えるということかしら。

B：(1)<u>多くの子供たちがそれを気に入るとは思えない</u>。

K：私も同じ考えよ。

A：<u>B 驚くべきことに，それには変更がないの</u>。代わりに，1年の別の時期に休みを増やすことを計画しているの。学校の日数は同じままよ。

K：12月と3月に休みが長くなるのはいいかもしれない。ではなぜ政府は夏休みを短くしたいの？

A：理由の1つとして，生徒たちは長い夏の間に学校で習うことを忘れてしまうからよ。それは「夏休みの学力低下」と呼ばれているわ。

K：それは聞いたことがあるわ。特に数学が当てはまる。

B：それは僕の先生も言っていたことだ。先生は夏休み後の最初の数週間は過去の授業を教えなくてはならないんだ，みんなが授業に追いつけるように。

A：それが私の言いたかったことよ。<u>C 先生たちはそれが時間の無駄だと思っている</u>。ほとんどの先生は長い夏休みに賛成しないわ。

B：政府は夏休みを短くしたら「夏休みの学力低下」が解決すると思っているのかな？

A：そう。実際にそれを証明する研究があるわ。

K：でも生徒が学校にいないからといって，(い)<u>勉強</u>ができないわけではないでしょう。夏にはたくさんの教育的な活動があるわ。

B：それだけではなく，子供だってのんびりしたいよ。キャンプに行くとか，家族と休暇を過ごすよね。

K：それも政府が改革を望む理由の1つよ。政府は裕福な家庭が有利な状況だと思っている。そういう夏の活動にお金を払うことができるから。

A：それはいい指摘ね。

B：僕もそう思う。D実際に僕は経験したことがある。僕が小さかった頃，うちの家族はお金があまりなかった。僕は両親が働いている間たくさんテレビを見ていたことを覚えているよ。

K：子供と両親がもっと多くの時間を一緒に過ごすよう促すべきだという気がする。それが夏休みのあるべき姿よ。短くする必要があるとは思わないわ。

A：ほとんどの子供に聞いたら同じことを言うでしょうね。でも新しいことをやってみる時よ。私は6週間で十分だと思うわ。

B：E夏は長くて楽しくあるべきだ。でももう一方で「夏休みの学力低下」問題をどうにかしなくてはならない。僕は決心がつかないよ。

問1　全訳下線部参照。

問2　(あ)　直前のキムの発言中の autumn「秋」を抜き出す。　(い)　アンの5番目の発言中の learn「学ぶ，習う」を抜き出す。

重要 問3　that は直前の文の more school days を指す。「私は，多くの子供たちが学校の日数が増えるのに反対するだろうと思う」という文にする。

問4　1「なぜカナダ政府は夏休みを短くしたいと思っているのか」　③「『夏休みの学力低下』を防ぐため」　2「会話について正しいのはどれか」　④「貧しい家庭は夏の活動の選択肢が少ない」

4　**(長文読解問題・歴史文：語句補充，語句整序，英文和訳，文型，不定詞，関係代名詞，助動詞，英問英答)**

(全訳)　句読点－これらは単なる点々のように見え，大したものには見えないかもしれないが，これらがなければ私たちの文章は読めないめちゃくちゃなものになるだろう。しかし驚くべきことに，昔は句読点はおろか単語の間に(ア)スペースすら入れず，スベテノブンガコンナフウダッタ！

古代ギリシャでは，書き記された文は十分注意して習われ，その後，政治家や俳優によって大声で読まれるものとされ，一般読者が黙って読むものではなかった。句読点はそれほど必要なものではなかったのだ。

しかし約2,400年前に，アリストファネスというギリシャの図書館で働いていた男性が，[Ⅰ]演説者が演説中にいつ息を継ぐべきか覚えておけるように，句読点の簡単な仕組みを考案した。アリストファネスはコンマ(・)，コロン(.)，ピリオド(˙)と呼ばれる3種類の点を提案した。コンマは3つの中で最も短い休止で，ピリオドは最も長い休止を意味した。

アリストファネスの発明は，書くことが演説よりも重要になるまで，あまり一般的にならなかった。これは4，5世紀に起こった。その当時，神の言葉を広めるために，キリスト教徒たちが教会の考えを記述し始めた。本はキリスト教の重要な一部となった。それがヨーロッパ中に広まるにつれ，キリスト教の著述家たちは本を書く時，[Ⅱ]意味をより明確にするために句読点を使った。

時がたつにつれ，アリストファネスの句読点は少しずつ変化した。ピリオドは下に落ちて(.)となり，文の終わりを意味するようになった。コンマは，別の一般的な休止マークであるスラッシュ(/)とくっついて下に落ち，(,)となった。コロンにはもう1つ点が加わり，(:)となった。クエスチョンマークの起源ははっきりしていないが，quaestio という語の q と o の(イ)文字からできたと信じている人もいる。それはクエスチョンを意味するラテン語の単語だ。15世紀に印刷機が登場し，句読点を確立させた。それゆえ次の数世紀はほとんど変化なく過ぎた。

それも今までの話だ！　インスタント・メッセージのような新しいコミュニケーション方法ができて，句読点は再び変化している。インスタント・メッセージのゆるい世界では，単なるピリオドが怒りを意味するようになっている。ナンバーサイン(#)はもともと北米だけで一般的だったが，今やインターネット上でメッセージの主題を表すサインとして使われている。さらに，文の中に絵文字が登場するようになっている。(1)その小さい漫画の絵によって，私たちは従来の句読点が表すことのできなかった様々な感情を表すことができ，絵文字は句読点の新しい形なのではないかと思う人もいる。

アリストファネスの句読点から私たちの漫画の絵文字まで，人々には多くのコミュニケーション方法がある。句読点は言語の一部であるし，言語は変化し続けるものだ。

問1 (ア) space「スペース，間隔」 直前の marks が複数形なので合わせて複数形にする。
(イ) letter「文字，字」 q と o の2つの文字なので，複数形にする。

やや難 問2 [Ⅰ] 〈help ＋人＋動詞の原形〉「(人)が～するのに役立つ」〈when to ＋動詞の原形〉「いつ～すべきか」 take a breath「息を継ぐ」 [Ⅱ] to make the meanings clearer は目的を表す不定詞句。〈make ＋目的語＋形容詞〉「～を…にする」

問3 「(あ)コロンは(い)コンマが意味する休止よりも長い休止を意味した。(う)ピリオドは(あ)コロンが意味する休止よりも長い休止を意味して，後に文を終わらせるために用いられるようになった」 第3段落最終文参照。休止の長さは，長い順にピリオド，コロン，コンマ。

やや難 問4 〈allow ＋人＋ to ＋動詞の原形〉は「(人)が～するのを許す」という構文。この文の主語は the little cartoon pictures「小さな漫画の絵」で，直訳すると「小さな漫画の絵が私たちに～するのを許す」となるが，「私たちは小さな漫画の絵のおかげで～できる」と訳すと自然な日本語になる。feelings と traditional の間には目的格の関係代名詞が省略されており，traditional ～ could が feelings を後ろから修飾する。could の後ろには動詞 express が省略されている。

問5 1 「句読点はなぜ今に至るまで数世紀もの間ほとんど同じだったのか」(解答例訳)「15世紀に印刷機が登場し，句読点を確立させたから」 2 「インスタント・メッセージのゆるい世界では，単なるピリオドを使うとどのように感じるか」(解答例訳)「彼らは怒っていると感じる」

5 (自由・条件英作文)

(問題文訳) 「あなたが経験した難しい決断について私たちに教えてください。どのようにして決めましたか。今はその決断をどう思いますか。英語で書き，約50語を使いなさい。解答用紙の空所に単語数を書いてください」

(解答例訳) 「私は学校の合唱部に所属していて，私たちは以前に地域のお祭りで公演するよう招かれました。その日私はピアノのコンクールもありました。私はどちらに参加するか決めなくてはならず，合唱部のために頑張ることが大切だと思いました。私たちは素晴らしい経験をしたので，自分の決断に満足しています」(54語)

★ワンポイントアドバイス★

2のような科学的論説文の読解では，「実験方法」「実験結果」「そこから明らかになったこと」を正しく読み取ることが最も重要だ。

＜国語解答＞ 《学校からの正答の発表はありません。》

一 問一 1 不当 2 せば(める) 3 過剰 4 ほどこ(す) 問二 まね
問三 1 問四 (例) 一神教においては，聖書を読んで，その言葉を発したとされる神

の意図を考えることが重要だったから。　問五　(1)　3・5　(2)　2
問六　(例)　カステラの語源となったものとは違う姿で日本のお菓子となっていることに驚きを感じるから。　問七　(1)　読者　(2)　(例)「作者の意図」を完全に無視して，いつも「誤読力」頼みで本を読んでいると，独善的な結論しか導き出せなくなるから。
問八　①・④

二　問一　せいしょうなごん　問二　桃　問三　ア　2　イ　3　問四　(例)　瓶にさした桜の枝の近くで桜色の直衣姿の君達が談笑する姿は，いかにも似つかわしい光景だから。　問五　うづき

三　問一　1　損(ない)　2　適格　3　理不尽　4　荒廃　5　い(り)　6　迎(え)
問二　X　頭　Y　尾　問三　5　問四　愚昧な状況　問五　(例)　授業態度の悪い学生を厳しい言葉で注意すると，学生や保護者からのクレームの対象になる可能性があるということ。　問六　(例)　最低限の学習労力で卒業証書を手に入れること。
問七　(例)　資本主義経済存続システムを存続させるために高度消費社会をますます高度化させたことによって生じた問題を，教育のせいだとすること。　問八　(例)　ひたすら欲望を煽り立てられるだけでなく，欲望を捏造された消費者が要らないものまで買わされること。

問九

なっ	て	ない	だけ	だ
動詞	助詞	形容詞	助詞	助動詞
連用形		連体形		終止形

＜国語解説＞

一　(論説文ー漢字の読み書き，脱語補充，指示語，文脈把握，内容吟味，要旨，文学史，動詞の活用)

問一　1「不当」は，道理に合わないこと。　2「狭」の訓読みは「せば(まる)」「せば(める)」「せま(い)」。音読みは「キョウ」。熟語は「狭量」「偏狭」など。　3「過」を使った熟語はほかに「過誤」「過渡期」など。訓読みは「す(ぎる)」「す(ごす)」「あやま(つ)」「あやま(ち)」。
4「施」の訓読みは「ほどこ(す)」。音読みは「シ」「セ」。熟語は「施策」「施錠」など。

問二　「見様見まね」は，いつも見ているうちに自然とまねて，そのことができるようになること。

問三　直後に「作者が読者の読みの自由をあらかじめ想定していることも確かである」とあることから，この内容と対照をなすものを指示するとわかるので，「『作者の意図』は必ずあること」とする1が適切である。

問四　直後に「この考え方の根源には，一神教の影響があるのだろう。……聖書を読んで，その言葉を発した者(＝神)が，どういうことを言おうとしているのか，その意図を考えることが重要だった」と説明されている。

重要　問五　(1)『吾輩は猫である』の作者は夏目漱石。『坊ちゃん』『三四郎』のほかに作品は『草枕』『それから』『明暗』など。1の『故郷』の作者は魯迅。2の『高瀬舟』の作者は森鷗外。4の『古都』の作者は川端康成。6の『小僧の神様』の作者は志賀直哉。　(2)　夏目漱石(1867～1916)は明治時代に活躍した文学者。没年は1916年なので，2016年は，没後100年に当たる。

問六　感動した理由については，直後に「カステラの語源は……それがその昔，遠い海を渡って，日本でこんなお菓子に姿を変えていたということが，彼らを驚かせるのである」と説明されている。自分たちのよく知るお菓子を語源とする「カステラ」が，語源となったお菓子とは違う姿で，遠い国に存在することに驚き，感動したのである。

問七 (1) 後に「それは，読者の可能性を狭める読み方である」と述べられているので，「読者」にとっては「豊かではない」ということになる。 (2) 「豊かではない」理由につては，「『作者の意図』を完全に無視して，いつも『語読力』頼みで本を読んでいる人は，何をどう読んでも，相も変らぬ独善的な結論しか導き出せなくなる可能性がある」と説明されている。

重要 問八 ① 終止形は「書ける」。「け／け／ける／ける／けれ／けろ・けよ」と活用する下一段活用動詞。 ② 終止形は「分かる」。「ら・ろ／り／る／る／れ／れ」と活用する五段活用動詞。 ③ 終止形は「する」。「し・せ・せ／し／する／する／すれ／しろ・せよ」と活用するサ行変格活用動詞。 ④ 終止形は「割り当てる」。「て／て／てる／てる／てれ／てろ・てよ」と活用する下一段活用動詞。 ⑤ 終止形は「通じる」。「じ／じ／じる／じる／じれ／じろ・じよ」と活用する上一段活用動詞。 ⑥ 終止形は「いけない」となる形容詞の一部。

二 **(古文一文学史，脱語補充，口語訳，語句の意味，要旨，陰暦名)**

〈口語訳〉 三月三日は，(日ざしが)うららかとのどかに照っている(それがよい)。桃の花が新しく咲きはじめる，(それがすばらしい)。柳などがすばらしいのはいまさら言うまでもないが，それもまだ(若芽が)眉のような形をしているのは趣がある。(すでに葉が)広がってしまっているのは不快に思われる。美しく咲いている桜を長く折って，大きな花瓶にさしてあるのは，ほんとうにすばらしい。桜の直衣に出袿して，お客様にせよ，(中宮様の)御兄弟の君だちでも，花瓶近くにすわって，何か話していらっしゃる光景は，たいへんすばらしい。

四月，加茂祭のころは，たいへんすばらしい。上達部，殿上人も，袍の(色の紫や紅の)濃い薄いの区別だけあって，白襲などみな同じ様子で，涼しそうですばらしい。

重要 問一 文末に「をかし」とあることから，本文は，興趣を「をかし」と表現することが特徴といえる『枕草子』であるとわかる。『枕草子』は，平安時代中期に成立した随筆で，作者は清少納言(せいしょうなごん)。

やや難 問二 冒頭に「三月三日」とあることに着目する。三月三日は「上巳の節句」で，「桃の節句」とも言われるので，「桃(の花)」とするのが適切である。

問三 ア 「さらなり」は，言うまでもない，もちろんのことである，という意味。 イ 「うたて」は，いやだ，うっとうしい，などの意味がある。

問四 「をかし」は，興趣を表す語で，「すばらしい」という意味。ここでは，「桜の直衣に出袿して，まらうどにもあれ，御せうとの君達にても，そこ近くゐて，物などうち言ひたる」姿を「すばらしい」と表現しているのである。大きな瓶に挿した桜の枝の近くに桜色の直衣を身につけた君達の姿がある光景はいかにも似つかわしく，感動を覚えているのである。

問五 月の陰暦名は，一月は睦月(むつき)，二月は如月(きさらぎ)，三月は弥生(やよい)，四月は卯月(うづき)，五月は皐月(さつき)，六月は水無月(みなづき)，七月は文月(ふづき・ふみづき)，八月は葉月(はづき)，九月は長月(ながつき)，十月は神無月(かんなづき)，十一月は霜月(しもつき)，十二月は師走(しわす)。

三 **(論説文一漢字の読み書き，四字熟語，文脈把握，内容吟味，要旨，品詞分解)**

問一 1 「損」の訓読みは「そこ(なう)」「そこ(ねる)」。音読みは「ソン」。熟語は「損壊」「損傷」など。 2 「適格」は，求められる資格や条件に合っていること。同音の「的確」は，考えが確かでまちがいがないこと。 3 「理不尽」は，道理に合わないのに無理押しすること。「尽」を使った熟語はほかに「尽力」「一網打尽」など。訓読みは「つ(かす)」「つ(きる)」「つ(くす)」。 4 「荒廃」は，人の心が荒れて投げやりになること，という意味。「荒」を使った熟語はほかに「荒野」「荒涼」など。訓読みは「あら(い)」「あ(らす)」「あ(れる)」。 5 「要」の訓読みは「い(る)」「かなめ」。音読みは「ヨウ」。熟語は「要因」「要領」など。 6 「迎」の訓読みは

「むか(える)」。音読みは「ゲイ」。熟語は「迎撃」「迎合」など。

問二 「徹頭徹尾(てっとうてつび)」は，初めから終わりまで，あくまでも，という意味。

問三 直後の段落に着目する。筆者の考えは「教育という行為は商品と貨幣の交換とは全く異なるのです」「教育の効果は，すぐには認識できません」「教育は，一見商品に見えたとしても，その有用性が発揮される仕方が複雑なので，商品であると無理矢理に定義してしまったら，出来ソコないの商品でしかないのです」と説明されている。「商品と貨幣の交換とは異なる」という考えにあてはまるものとしては，「いつ役に立つか分からないものを，主体的に学ぶ」とする5が適切。

問四 教育を商品と見なし，生徒や学生を消費者とする状況を表現していることをおさえる。同様のことは，「なぜ……」で始まる段落に「資本主義経済システムの存続のためには，高度消費社会をますます高度化させねばならず，したがってそこに生きる人間がますます消費者化してくれなければならないのです。つまり『お買い物客』であることば場違いな領域での活動においても，ますます人々に『お客様』になってもらわなければならない」と説明されており，続く段落で「このような愚昧な状況」と表現されている。

問五 「そのような」が指示するのは，教師が「悪い授業態度に対して，相当強い言葉で注意する」こと。「リスク」については，直後に「叱られた学生が家に帰って，『××という教師に乱暴な言葉で怒られ，不愉快であった』と親に訴え，それをマに受けた親が『××という教師は，不テキカクだ，辞めさせろ』と学校側に要求して来たらどうなるか」と説明されている。

問六 直前に「最低限の支出(この場合，学習労力)によって，最大限の有用性(この場合，卒業証書)を得よう」と，具体例が示されている。

問七 ここでいう「社会問題」については，直後の段落に「資本主義経済システムの存続のためには，高度消費社会をますます高度化させねばならず，したがってそこに生きる人間がますます消費者化してくれなければならないのです」と説明されている。それを「『世の中がおかしくなっているのは，教育のせいだ，学校が悪い，教師をもっと働かせろ』」と，問題を「転嫁」させているというのである。

問八 「消費社会の人間的不幸や愚かさ」については，直前の段落に「これまで，ひたすら欲望を煽り立て，というか欲望の捏造のようなことまで行って，つまりは要りもしないものを買わせること」と説明されている。

問九 「なっ(動詞　連用形)・て(接続助詞)・ない(形容詞　連体形)・だけ(副助詞)・だ(助動詞　終止形)」と分けられる。「ない」は，助詞に接続しているので「形容詞」，副助詞の「だけ」に接続しているので「連体形」。接続関係に注意して，品詞名・活用形を判断する。

★ワンポイントアドバイス★

記述対策として，指示内容や筆者の主張を要約する練習を重ねよう！　文法問題は，品詞の接続関係までしっかり学習して，確実に得点できる力をつけておこう！

〈作文について〉

本文の主題は「私たちは，まだ最も高く，最も硬いガラスの天井を壊せずにいる（いつか誰かがそれを壊してくれることを願っている)」というものである。本文の主旨を把握した上で，自分の考えを具体的に述べよう。ガラスの天井を壊すとはどういうことで，それをふまえてどう生きて行きたいか，という内容にすること，広い視野を示すことが重要である。「ガラスの天井」とは，社会の中に目に見えにくい形で存在する(女性ゆえの)制限ということ。キーワードとなる語句の意味を理解する語彙力も求められているので，日頃から時事用語にも関心を持ち語彙力を高めておこう。

解答用紙集

○月×日　△曜日　天気（合格日和）

◆ご利用のみなさまへ
＊解答用紙の公表を行っていない学校につきましては、弊社の責任において、解答用紙を制作いたしました。
＊編集上の理由により一部縮小掲載した解答用紙がございます。
＊編集上の理由により一部実物と異なる形式の解答用紙がございます。

人間の最も偉大な力とは、その一番の弱点を克服したところから生まれてくるものである。 ──カール・ヒルティ──

東京学参株式会社

慶應義塾女子高等学校　2024年度

◇数学◇

※ 132%に拡大していただくと，解答欄は実物大になります。

途中の計算や式などもすべて解答用紙に書いておくこと。

1

［1］

$(a,\ b) =$ ＿＿＿＿＿＿＿＿

［2］

(1)

$xy =$ ＿＿＿＿＿＿＿＿

(2)

$x =$ ＿＿＿＿＿＿＿＿，$y =$ ＿＿＿＿＿＿＿＿

2

［1］

4人のとき ＿＿＿＿ 通り，6人のとき ＿＿＿＿ 通り

［2］

（ア）	（イ）	（ウ）	（エ）	（オ）	（カ）	（キ）	（ク）	（ケ）

3

［1］

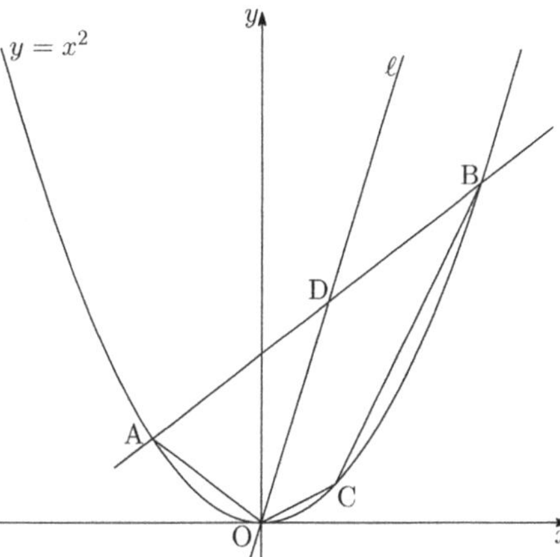

$b =$ ＿＿＿＿＿＿

［2］

答 ＿＿＿＿＿＿

［3］

$c =$ ＿＿＿＿＿＿＿＿＿＿

4

［1］

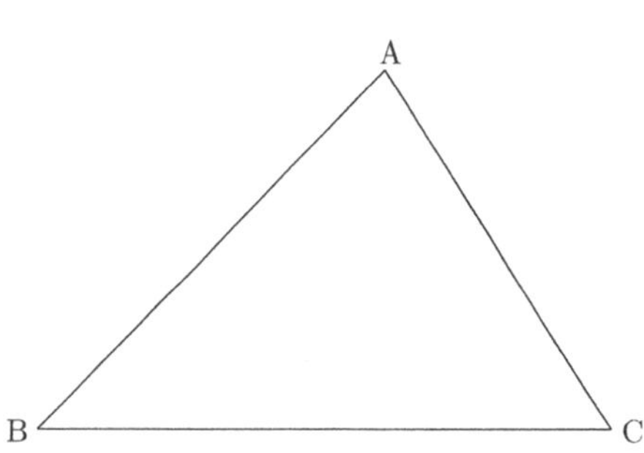

CD = ＿＿＿＿＿＿

［2］

AD = ＿＿＿＿＿＿

［3］

BP = ＿＿＿＿＿＿， CO = ＿＿＿＿＿＿

［4］

MN = ＿＿＿＿＿＿

5

［1］

V = ＿＿＿＿＿＿

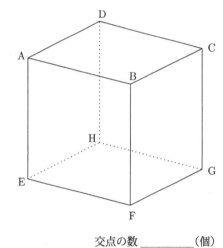

D, A, C, B, H, E, G, F

［2］

（1）

交点の数＿＿＿＿(個)

（2）

交線の数＿＿＿＿(本)

（3）

頂点の数＿＿＿＿(個)　辺の数＿＿＿＿(本)　面の数＿＿＿＿(面)

（4）

W = ＿＿＿＿＿＿

慶應義塾女子高等学校　2024年度　◇英語◇

※ 164%に拡大していただくと，解答欄は実物大になります。

1

問1	①	②	③	④	⑤
	⑥	⑦	⑧	⑨	⑩

問2	

2

問1	①	②

問2	

問3	(あ)	(い)	(う)

問4		
	[A]	
	[B]	

問5	

問6	

問7			

問8	

3

問1	A	B	C	D	E

問2	1	2	3

問3 (　　) → (　　) → (　　) → (　　) → (　　)

問4

4

問1	1	2	3	4

問2

問3

問4

問5 (ア)　(イ)

問6

問7

問8

5

(　　words)

◇国語◇

慶應義塾女子高等学校　２０２４年度

※１４５％に拡大していただくと，解答欄は実物大になります。

一

問一

1	テッパイ		2	趣き	き
3	俗吏		4	足袋	
5	カンショウ		6	イカク	

問二

問三

問四

問五

問六

問七

問八

問九

問十

問十一

問十二

二

問一

1	シンエン		2	カイム	
3	乏しい	しい	4	素振り	り

問二

問三

問四

問五

問六

問七

問八

1		2		3		4		5	

問九

見てくれなければ

慶應義塾女子高等学校　2023年度

◇数学◇

※ 143%に拡大していただくと，解答欄は実物大になります。

途中の計算や式などもすべて解答用紙に書いておくこと。

1

［1］

$x =$ ＿＿＿＿＿＿

［2］

$m =$ ＿＿＿，$n =$ ＿＿＿，$x =$ ＿＿＿

2

［1］

＿＿＿＿ 点

［2］

(あ)	(い)	(う)	(え)	(お)	(か)	(き)	(く)

［3］

＿＿＿＿ チーム

3

[1]

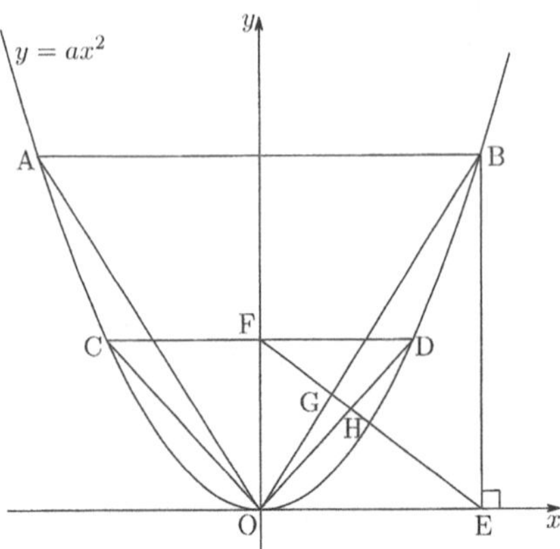

$d =$ ＿＿＿＿

[2]

$b : d =$ ＿＿＿ : ＿＿＿

[3]

$\angle DHE =$ ＿＿＿＿ °

[4]

$FG : GE =$ ＿＿＿ : ＿＿＿

[5]

$a =$ ＿＿＿＿

4

[1]

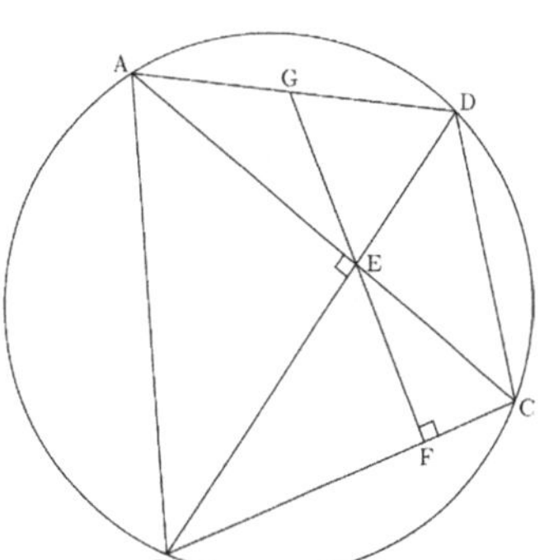

EF = ＿＿＿＿＿

[2]

∠DEG = ＿＿＿＿＿ °

[3]

AG = ＿＿＿＿＿， AD = ＿＿＿＿＿

[4]

S = ＿＿＿＿＿

5

[1]

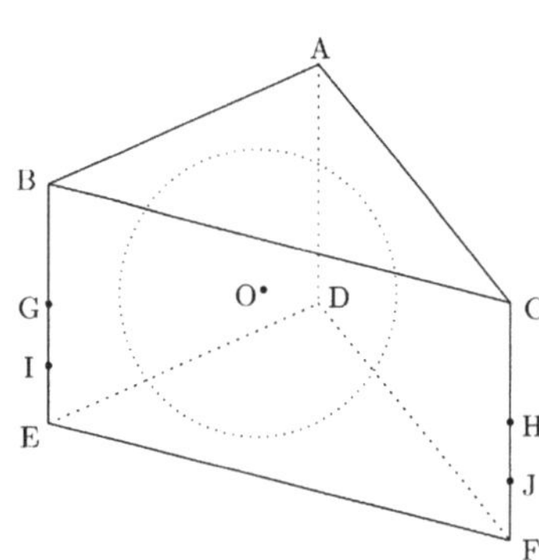

r = ＿＿＿＿＿， V = ＿＿＿＿＿

[2]

S = ＿＿＿＿＿， T = ＿＿＿＿＿

慶應義塾女子高等学校　2023年度

◇英語◇

※ 167％に拡大していただくと，解答欄は実物大になります。

1

(A)	

	A	B
(B)		

(C)	

2

問1	

問2	(あ)	(い)

問3	(ア)	(イ)	(ウ)	(エ)

問4	

問5	

問6	

問7		

3

問1	

問2	A	B	C	D

問3	

問4	

問5	（ア）	（イ）

問6	

問7	あ	い

4

問1	

問2	

問3	

問4	

問5	

問6	（ア）	（イ）

問7	1	
	2	

5

(　　　words)

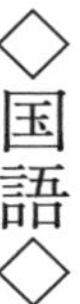

◇国語◇

慶應義塾女子高等学校　２０２３年度

※１６７％に拡大していただくと、解答欄は実物大になります。

一

問一

番号	問題	解答	番号	問題	解答
1	コンナン		2	危惧	
3	喝破		4	センバイ	
5	エンエンと	と	6	オウボウ	
7	ジッタイ		8	ショウガイ	

問二　X　Y

問三

問四

問五

問六　当時のインド　という状況

現代の日本　という状況

問七　文

二

問一　X　Y

問二

問三

問四

問五

問六

三

問一

1 殊に　　　に　意味

2 知己　　　意味

問二

問三

問四

問五

自分

問六

強者

弱者

問七

賞

問八

なるべく外出させないようにした

慶應義塾女子高等学校　2022年度

◇数学◇

※ 136％に拡大していただくと，解答欄は実物大になります。

途中の計算や式なども全て解答用紙に書いておくこと。

1

［1］（1）

答 ＿＿＿＿＿＿＿＿

（2）

答 ＿＿＿＿＿＿＿＿

［2］（1）

$y =$ ＿＿＿＿＿＿＿＿

（2）

$x =$ ＿＿＿＿＿＿＿＿，$y =$ ＿＿＿＿＿＿＿＿

2

［1］

$S =$ ＿＿＿＿＿＿＿＿

［2］

∠BAC ＝ ＿＿＿＿＿＿ °

［3］（1）

∠ADB ＝ ＿＿＿＿＿＿ °

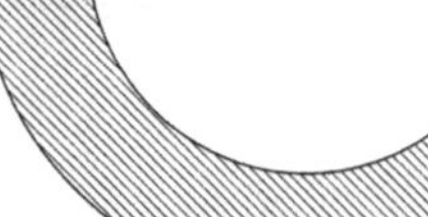

（2）

$x =$ ＿＿＿＿＿＿＿＿

（3）

答 ＿＿＿＿＿＿＿＿

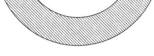

3

［１］

１周目で印をつけた数の個数＿＿＿＿＿個，２周目の最初に印をつけた数＿＿＿＿＿

［２］

答＿＿＿＿＿個

4

［１］

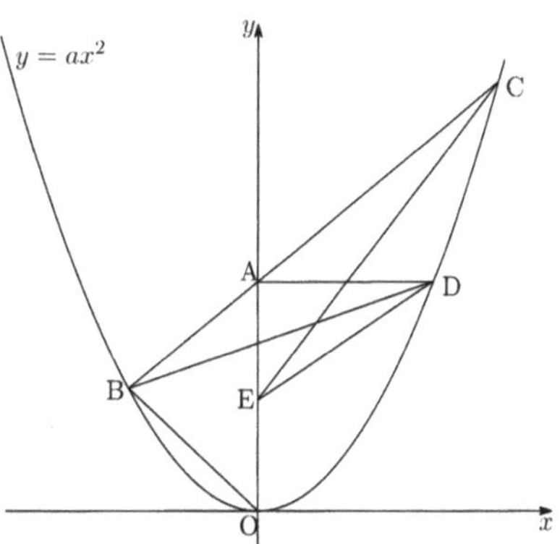

B(＿＿，＿＿)，D(＿＿，＿＿)，a = ＿＿＿＿

［２］

C(＿＿，＿＿)

［３］

AB = ＿＿＿＿＿，∠ABD = ＿＿＿＿＿°

［４］

S = ＿＿＿＿＿

[1]

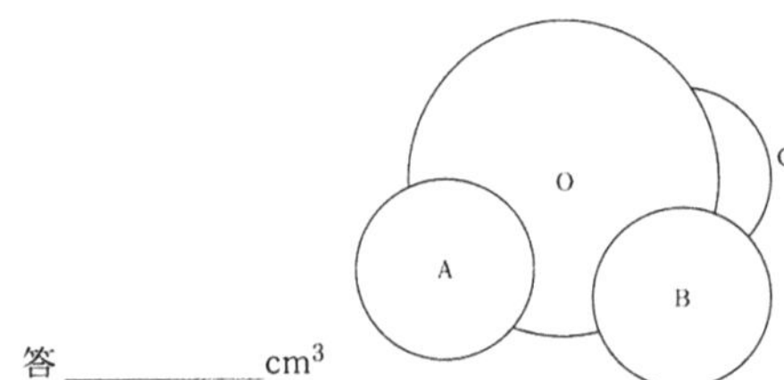

答 ＿＿＿＿＿＿ cm^3

[2]

答 ＿＿＿＿＿＿ cm

[3]

r = ＿＿＿＿＿＿ cm

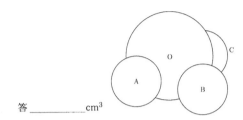

慶應義塾女子高等学校　2022年度

◇英語◇

※ 167%に拡大していただくと，解答欄は実物大になります。

1

	ア	イ	ウ
(A)			

	(i)	(ii)
(B)		

2

問1		

問2	(あ)	(い)

問3	

問4	

問5	(ア)	(イ)	(ウ)	(エ)

問6	

問7	

問8		

3

問1	

問2	A	B	C	D

問3	

問4	ア	イ	ウ	エ

問5

問6

問7

4

問1

(ア)	(イ)

問2

問3

問4

問5

問6 1

2

5

(words)

◇国語◇

慶應義塾女子高等学校　２０２２年度

※１７９%に拡大していただくと，解答欄は実物大になります。

一

問一

1	ソウシツ		2	侮 ら	ら
3	ヘンセン		4	ヘイコウ	
5	シいた	いた	6	旗印	

問二 X

Y

問三

問四

問五　人

問六

問七　。

問八

問九

問十

問十一

問十二 最初　最後

問十三

二

問一

1 クシ
2 アっても　　っても
3 制御
4 ソンリツ

問二

V
W

問三

X
Y
Z

問四

A
E

問五

問六

問七

問八

1
2
3
4
5

問九

すばらしい工夫なわけです。

慶應義塾女子高等学校　2021年度

◇数学◇

※ 136%に拡大していただくと，解答欄は実物大になります。

途中の計算や式などもすべて解答用紙に書いておくこと。

1

［1］

$xy =$ ＿＿＿＿＿＿

［2］

$x =$ ＿＿＿＿＿＿，$y =$ ＿＿＿＿＿＿

2

［1］

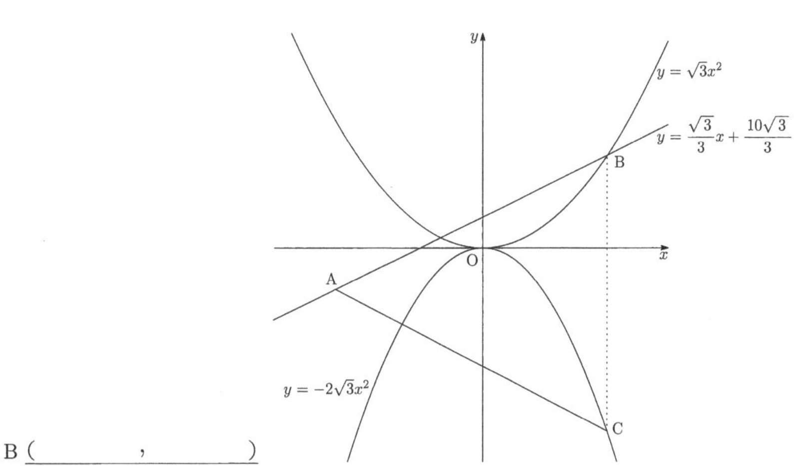

B（＿＿＿＿，＿＿＿＿）

［2］

$y =$ ＿＿＿＿＿＿

［3］

$S =$ ＿＿＿＿＿＿

［4］

$r =$ ＿＿＿＿＿＿

3

[1]

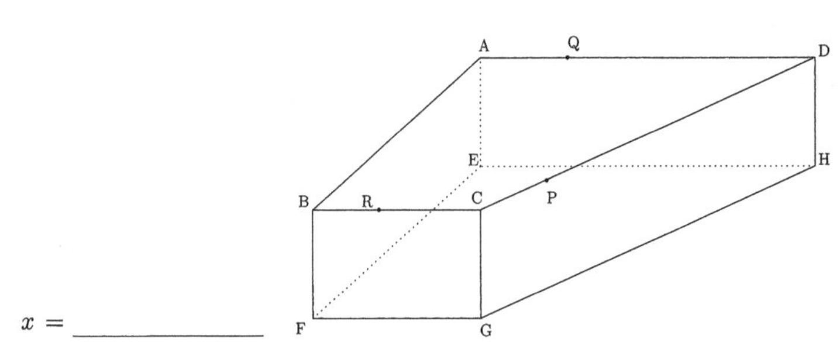

$x =$ ______________

[2]

$V =$ ______________

[3]

PR $=$ ______________

[4]

$h =$ ______________

4

［1］

∠BDP = ＿＿＿＿°，∠DPE = ＿＿＿＿°

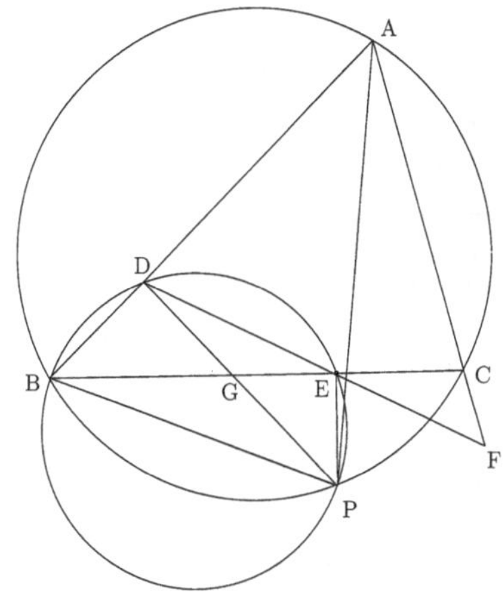

［2］

GD = ＿＿＿＿

［3］

BE = ＿＿＿＿，BP = ＿＿＿＿

［4］

答 ＿＿＿，＿＿＿

［5］

AP = ＿＿＿＿，AF = ＿＿＿＿

5

［1］

ア＿＿＿＿，イ＿＿＿＿，ウ＿＿＿＿，エ＿＿＿＿

［2］

t = ＿＿＿＿，u = ＿＿＿＿

［3］

オ＿＿＿＿，カ＿＿＿＿，キ＿＿＿＿，ク＿＿＿＿

ケ＿＿＿＿，コ＿＿＿＿，サ＿＿＿＿

慶應義塾女子高等学校　2021年度

◇英語◇

※ 158%に拡大していただくと，解答欄は実物大になります。

1

	(i)	(ii)
(A)		

(B)	

2

問1	(ア)	(イ)	(ウ)	(エ)

問2	

問3	

問4		
	A	
	B	

問5	

問6		

3

問1	A	B	C	D

問2	

問3	
	•
	•

問4	

問5		(あ)	(い)
	(A)		
	(B)		

問6		
	1	
	2	

4

問1	

問2	(ア)	(イ)

問3	[I]	
	[II]	

問4	

問5	

問6	

5

(words)

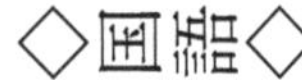

慶應義塾女子高等学校　２０２１年度

※１７６％に拡大していただくと、解答欄は実物大になります。

一

問一

1	赴き	き	2	イカン
3	弄した	した	4	サイチ
5	戯れ	れ	6	ユダねた　ねた

問二　X　Y

問三

問四

問五

問六

問七

問八　なかなか優雅ではないか。

二

問一

問二

問三

問四

問五 X　　Y

三

問一

1	カンゲン		2	イッカツ	
3	コクフク		4	ビョウヘイ	

問二 ア　　イ

問三

問四

問五

問題。

問題。

問六

慶應義塾女子高等学校　2020年度

◇数学◇

※131％に拡大していただくと，解答欄は実物大になります。

途中の計算や式などもすべて解答用紙に書いておくこと。

1

［1］

答 ＿＿＿＿＿＿

［2］

$N =$ ＿＿＿＿＿＿

［3］

（1）

AC：BC ＝ ＿＿＿：＿＿＿

（2）

$y =$ ＿＿＿＿＿＿

（3）

$x =$ ＿＿＿＿＿＿，$y =$ ＿＿＿＿＿＿

2

(あ)	(い)	(う)	(え)	(お)	(か)	(き)

(く)	(け)	(こ)	(さ)	(し)	(す)

3

[1]

$\angle$DTE = ________°, $\angle$ATD = ________°

[2]

AT : CT = ____ : ____

[3]

FC = ________

[4]

r = ________

4

[1]

AC : CB = ____ : ____

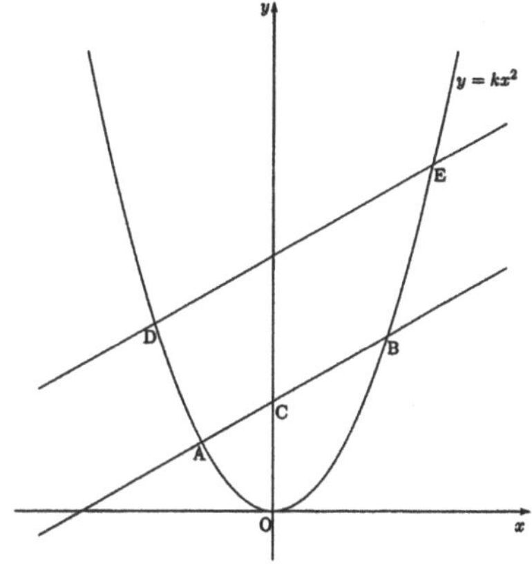

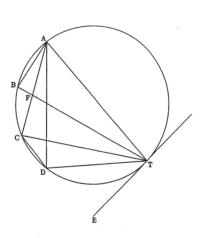

[2]

$k =$ ______ , $a =$ ______ , $b =$ ______

[3]

$y =$ ______

5

[1]

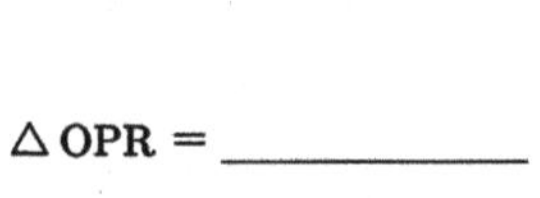

△OPR = ______

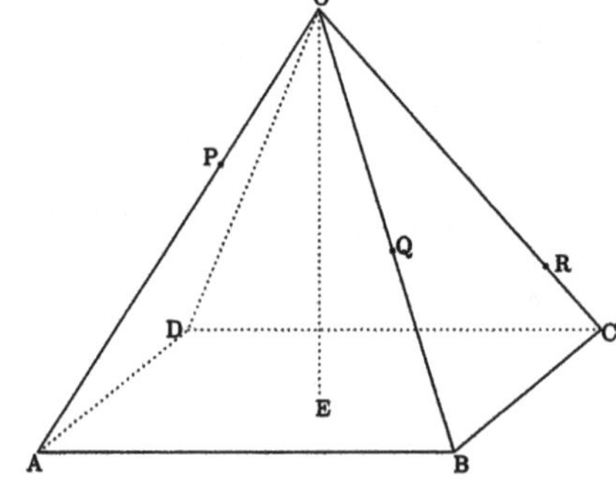

[2]

△OFP = ______ , △OPR = ______

[3]

$h =$ ______

[4]

$s =$ ______

慶應義塾女子高等学校　2020年度

◇英語◇

※180％に拡大していただくと，解答欄は実物大になります。

1

	1	2
(A)		He

	1	2
(B)		He's

	1	2
(C)		Because they

2

問1		

問2	[Ⅰ]	
	[Ⅱ]	

問3	

問4	(A)	
	(B)	・
		・

問5	

問6	"Gene doping"

問7		

3

問1	

問2	A	B	C	D

問3	あ	
	い	

問4	

問5	

問6	

4

問1	(ア)	(イ)	(ウ)	(エ)

問2	Seeing

問3	the discrimination

問4	

問5	

問6	

5

(words)

慶應義塾女子高等学校　２０２０年度

※１５９％に拡大していただくと、解答欄は実物大になります。

一

問一

1	コオウ		2	凍　り	り
3	キョライ		4	潜　む	む

問二　ア　　イ　　ウ

問三　X　　Y

問四　→　→　→　→

問五

問六　(1)　　(2)

問七

問八

問九

問十　(1)　技法

(2)

問十一　G　　H

問十二

問十三

二

問一

1 中枢

2 リュウシ

3 カゴン

4 イジ

問二

問三

問四

問五

問六

問七

問八

うまく使いこなせなくなってしまう

慶應義塾女子高等学校　2019年度

◇数学◇

※この解答用紙は150％に拡大していただくと，実物大になります。

途中の計算や式などもすべて解答用紙に書いておくこと。

1

［1］

答 ＿＿＿＿＿＿

［2］

（1）

∠BOA＝＿＿＿＿＿＿°

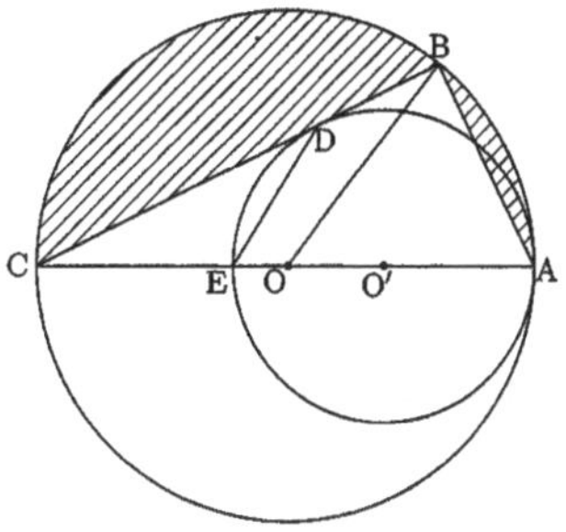

（2）

答 ＿＿＿＿＿＿cm²

2

［1］

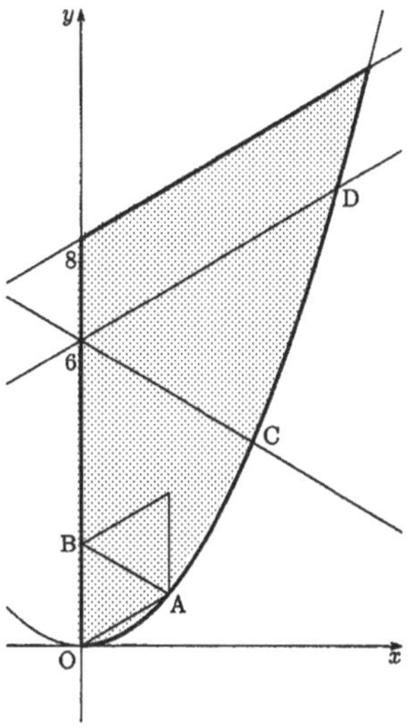

A（　　，　　）　B（　　，　　）

［2］

C（　　，　　）　D（　　，　　）

［3］

答 ＿＿＿＿＿＿個

［4］

答 ＿＿＿＿＿＿

3

［1］

$y =$ ＿＿＿＿＿＿＿＿

［2］

$(x, y) =$ ＿＿＿＿＿＿＿＿＿＿＿＿

4

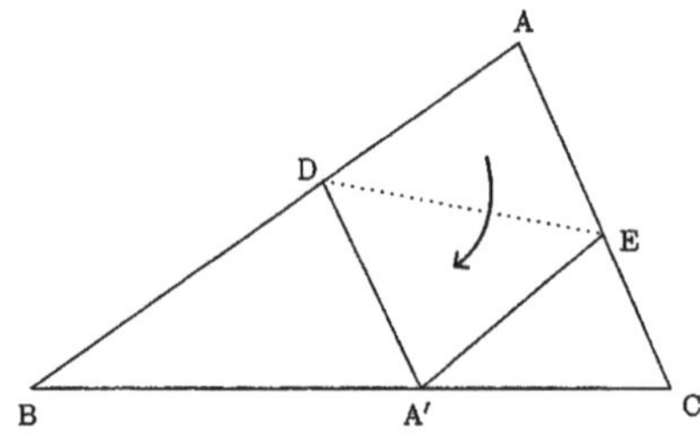

［1］ ∠ABC と角度が等しい角＿＿＿＿＿＿＿

∠ADE と角度が等しい角＿＿＿＿＿＿＿

［2］ 答 ＿＿＿＿＿＿＿＿＿＿＿＿＿

［3］

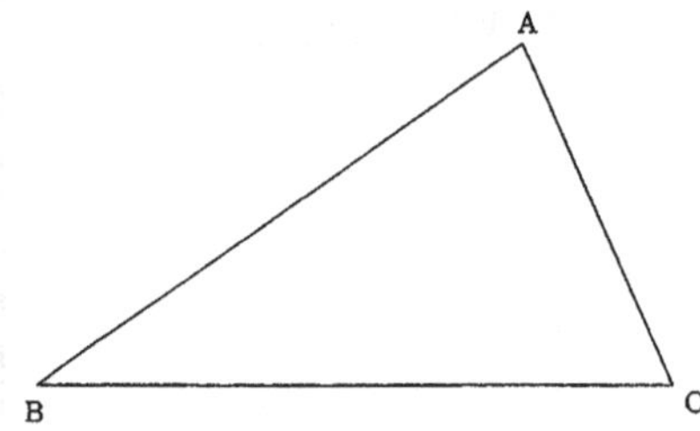

［4］

(1)

A から辺 BC にひいた垂線＿＿＿＿＿＿cm

(2)

BA′ = ＿＿＿＿＿＿cm

(3)

AA′ = ＿＿＿＿＿＿cm

［1］

答 ＿＿＿＿＿＿

［2］

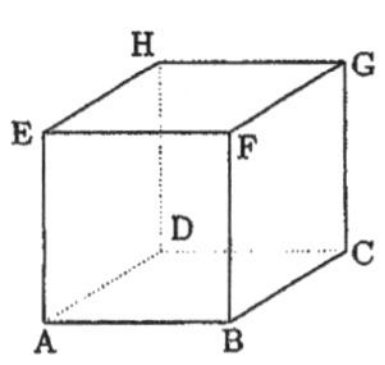

［3］

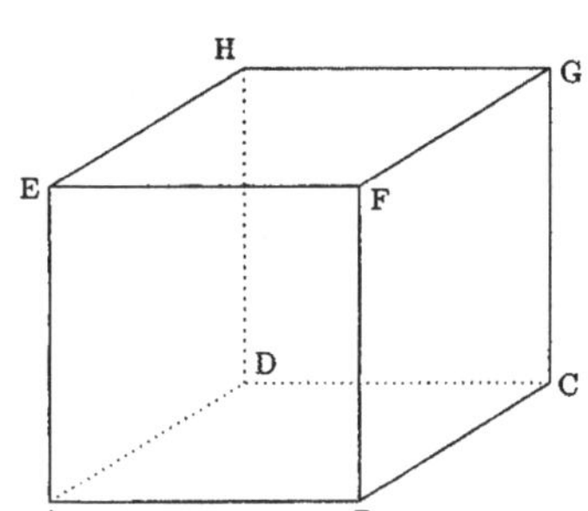

答 ＿＿＿＿＿＿ cm²

慶應義塾女子高等学校　2019年度

◇英語◇

※この解答用紙は158%に拡大していただくと，実物大になります。

1

	1	2
(A)		She

	1	2
(B)		To

	1	2
(C)		His friend

2

問1	(ア)	(イ)	(ウ)
	(エ)	(オ)	

問2	

問3	

問4		
	あ	
	い	

問5	

問6		

3

問1	

問2	A	B	C	D

問3	(あ)	(い)	(う)

問4 (　　　)(　　　)(f　　　)(　　　) to cheer me up.

問5

4

問1

問2 [I]

[II]

問3

問4 15 25

問5

問6

5

(　　words)

◇国語◇

慶應義塾女子高等学校　２０１９年度

※この解答用紙は１５４％に拡大していただくと、実物大になります。

一

問一

1	キセキ		2	カンセイ	
3	コマク		4	鳥居	

問二

問三

問四

問五

問六

問七

二

問一

問二

問三 (1) (2)

問四

問五

問六

三

問一

1	キフク		2	浸る	る
3	カッコ		4	キキュウ	

問二

問三

問四 (1) (2)

問五

問六

問七

問八

問九

問十

問十一

帰りたいという願いをずっといだきながら

慶應義塾女子高等学校　　平成30年度

◇数学◇

※この解答用紙は150%に拡大していただくと，実物大になります。

途中の計算や式などもすべて解答用紙に書いておくこと。

1

［1］

答 ＿＿＿＿＿＿

［2］

（1）

6である確率＿＿＿＿＿＿，8である確率＿＿＿＿＿＿

（2）

答 ＿＿＿＿＿＿

2

［1］

A（＿＿＿＿，＿＿＿＿）

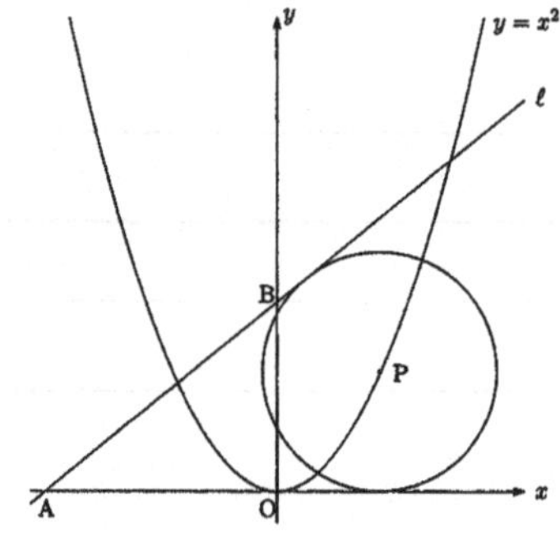

［2］

AB＝＿＿＿＿＿＿

［3］

C（＿＿＿＿，＿＿＿＿）

［4］

P（＿＿＿＿，＿＿＿＿）

3

[1]

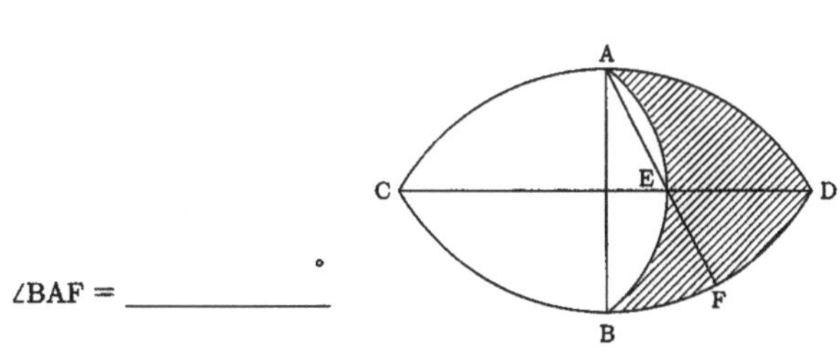

∠BAF = ＿＿＿＿＿＿ °

[2]

AB = ＿＿＿＿＿＿

[3]

S = ＿＿＿＿＿＿

4

[1]

⟨123⟩ = ＿＿＿＿＿＿, ⟨⟨123⟩⟩ = ＿＿＿＿＿＿

[2]

(1)

答 ＿＿＿＿＿＿

(2)

百の位 ＿＿＿＿＿＿, 一の位 ＿＿＿＿＿＿

(3)

答 ＿＿＿＿＿＿

5

［1］

答 ＿＿＿＿＿＿

［2］

$R=$ ＿＿＿＿＿＿

［3］

$V=$ ＿＿＿＿＿＿

○推定配点○　1　［1］　8点　　［2］（1）　各3点×2　　（2）　6点
2　各5点×4　　3　［1］・［2］　各6点×2　　［3］　8点
4　［1］　各2点×2　　［2］（1）　6点　　（2）　各3点×2　　（3）　6点
5　各6点×3　　　計100点

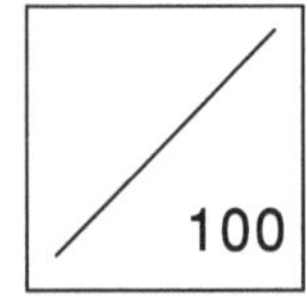

慶應義塾女子高等学校　　平成30年度　　　　◇英語◇

※この解答用紙は174％に拡大していただくと，実物大になります。

1

	1	2
(A)		She

	1	2
(B)		She

	1	2
(C)		We

2

問1		
	(1)	
	(2)	

問2	(ア)	(イ)	(ウ)	(エ)

問3	

問4	

問5	

問6		

3

問1	A	B	C	D

問2	

問3	(あ)	(い)

問4	

問5	

問6	

4

問1	

問2	

問3		
	[Ⅰ]	
	[Ⅱ]	
	[Ⅲ]	

問4	

問5	

問6	

5

(　　　words)

○推定配点○　1　1　各2点×3　　2　各3点×3
2　問2・問3　各2点×5　　他　各3点×6
3　問1～問3　各2点×7　　他　各3点×3
4　各3点×8　　5　10点　　計100点

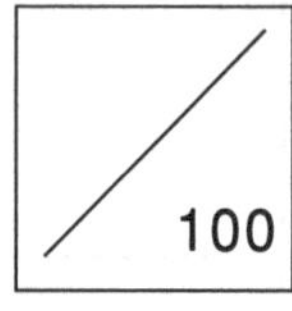

慶應義塾女子高等学校　平成30年度

※この解答用紙は163%に拡大していただくと、実物大になります。

◇国語◇

一

問一

1	サダって	って	2	憧れ	れ
3	ナマハンカ		4	皆目	

問二　ア　イ　ウ　エ　オ

問三

問四

問五　(1)

(2)

問六

問七

問八

二

問一

1	ギョウシュク		2	アザやか	やか
3	太刀打ち	ち	4	必定	

問二　X　Y

問三

ア	番号		漢字		イ	番号		漢字	

問四 a　b　c

問五

問六

問七

問八

問九

三

問一

問二

問三

問四

問五

ひねり出したのかを知りたくなる

○推定配点○
一 問一　各1点×4　　問二　各2点×5　　問三・問五・問七　各3点×4
他　各5点×3
二 問一・問五　各1点×5　　問二～問四　各2点×7（問三各完答）
他　各5点×4
三 各4点×5（問五完答）　　計100点

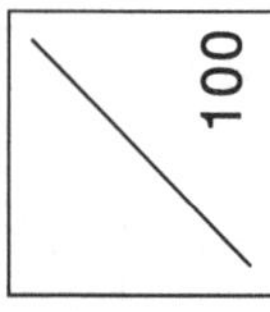

慶應義塾女子高等学校　　平成29年度　　◇数学◇

※この解答用紙は158％に拡大していただくと，実物大になります。

途中の計算や式などもすべて解答用紙に書いておくこと。

1

［１］

答 ＿＿＿＿＿＿

［２］

$x=$ ＿＿＿＿＿＿，$y=$ ＿＿＿＿＿＿，$p=$ ＿＿＿＿＿＿

［３］

（1）

$x=$ ＿＿＿＿＿＿

（2）

$y=$ ＿＿＿＿＿＿

2

［１］

D（　　　　，　　　　）

［２］

$a=$ ＿＿＿＿＿＿

［３］

答 ＿＿＿＿＿＿

［４］

答 ＿＿＿＿＿＿

3

［１］

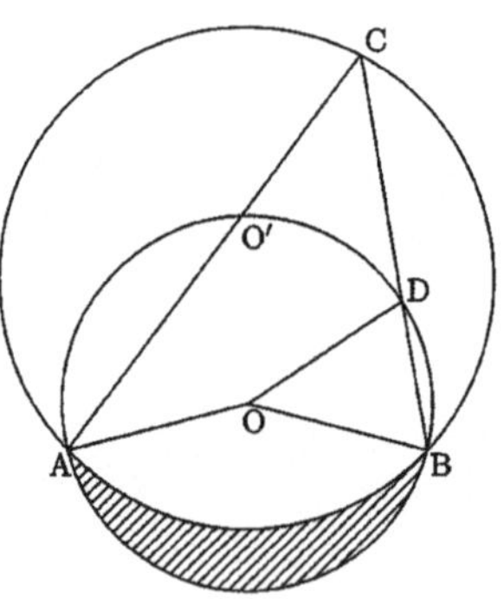

∠ABC＝＿＿＿＿＿＿°，∠AOD＝＿＿＿＿＿＿°

［２］

$S=$ ＿＿＿＿＿＿

［３］

$T=$ ＿＿＿＿＿＿

4

［1］　ア＿＿＿＿＿，イ＿＿＿＿＿，ウ＿＿＿＿＿，エ＿＿＿＿＿，オ＿＿＿＿＿

［2］　$x^2=$ ＿＿＿＿＿

［3］　$(y, z)=$ ＿＿＿＿＿

［4］　$x=$ ＿＿＿＿＿，$y=$ ＿＿＿＿＿，$z=$ ＿＿＿＿＿

5

［1］

AM＝ ＿＿＿＿＿，$h=$ ＿＿＿＿＿

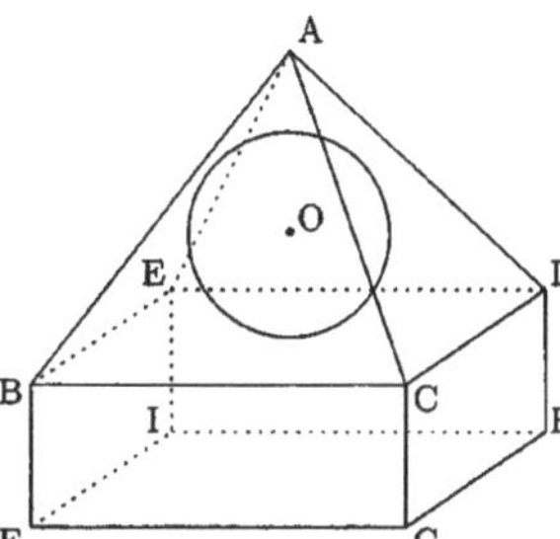

［2］

$r=$ ＿＿＿＿＿

［3］

AJ＝ ＿＿＿＿＿

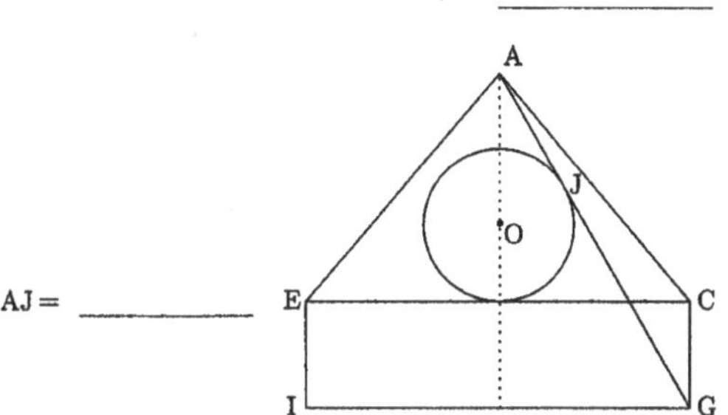

［4］

CG＝ ＿＿＿＿＿

○推定配点○　1　［1］　7点　［2］　x・y　各2点×2　p　3点　［3］　各4点×2
2　各5点×4　3　［1］　各3点×2　［2］・［3］　各6点×2
4　［1］　5点(完答)　［2］～［4］　各5点×3
5　［1］　5点(完答)　［2］～［4］　各5点×3　計100点

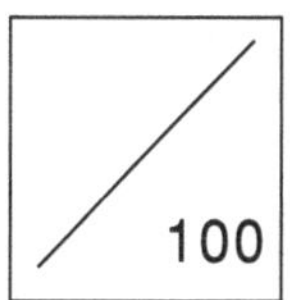

慶應義塾女子高等学校　平成29年度

◇英語◇

※この解答用紙は171％に拡大していただくと，実物大になります。

1

	1	2
(A)		He

	1	2
(B)		People

	1	2
(C)		They

2

問1	(ア)	(イ)	(ウ)	(エ)

問2	(あ)	(い)

問3	

問4	

問5	

問6			

3

問1	A	B	C	D	E

問2	(あ)	(い)

問3	

問4	1	2

4

問1	(ア)	(イ)

問2	
[I]	
[II]	

問3	あ	い	う

問4

問5	
1	
2	

5

(words)

○推定配点○
1 1 各2点×3 2 各3点×3
2 問3・問5 各4点×2 他 各2点×10
3 問3 3点 他 各2点×9
4 問2・問5 各3点×4 問4 4点 他 各2点×5
5 10点 計100点

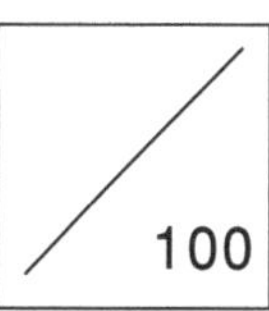

◇国語◇

慶應義塾女子高等学校　平成29年度

※この解答用紙は156％に拡大していただくと、実物大になります。

一

問一

1	フトウ		2	狭める	める
3	カジョウ		4	施す	す

問二

問三

問四

問五 (1) (2)

問六

問七 (1)

(2)

問八

二

問一

問二

問三 ア イ

問四

問五

三

問一

1	ソコない	ない
2	テキカク	
3	リフジン	
4	コウハイ	
5	要り	り
6	ムカえ	え

問二 X　Y

問三

問四

問五

問六

問七

問八

問九

なってないだけだ

○推定配点○
一 問一 各1点×4　問二・問五 各3点×3(問五(1)完答)
問三・問七・問八 各4点×4　他 各6点×2
二 問四 5点　他 各2点×5
三 問一 各1点×6　問二 2点(完答)　問三・問四・問九 各4点×3
他 各6点×4　計100点

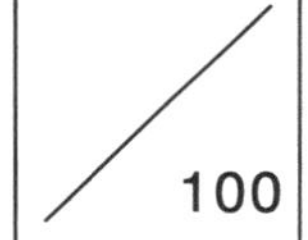

高校入試実戦シリーズ

実力判定テスト10

全11タイトル
定価：
各1,100円（税込）

志望校の過去問を解く前に 入試本番の直前対策にも

準難関校（偏差値58～63）を目指す方

『偏差値60』

3教科
英語 / 国語 / 数学

難関校（偏差値63～68）を目指す方

『偏差値65』

5教科　英語 / 国語 / 数学 / 理科 / 社会

最難関校（偏差値68以上）を目指す方

『偏差値70』

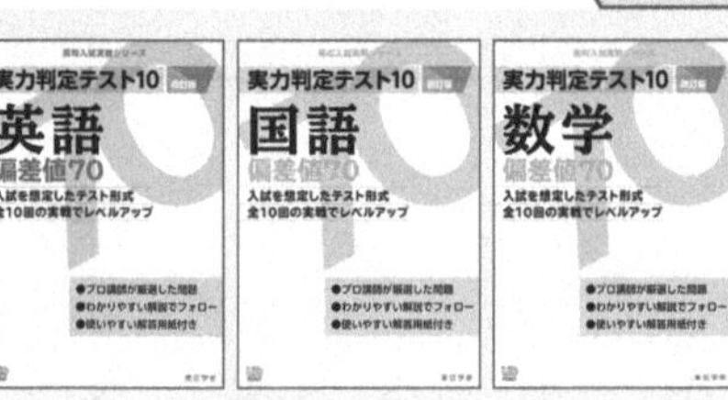

3教科
英語 / 国語 / 数学

POINT

◇入試を想定したテスト形式（全10回）
▶プロ講師が近年の入試問題から厳選
▶回を重ねるごとに難度が上がり着実にレベルアップ

◇良問演習で実力アップ
▶入試の出題形式に慣れる
▶苦手分野をあぶり出す

東京学参
gakusan.co.jp

全国の書店、またはECサイトでご購入ください。

書籍の詳細はこちらから

～公立高校志望の皆様に愛されるロングセラーシリーズ～

公立高校入試シリーズ

- 全国の都道府県公立高校入試問題から良問を厳選
  ※実力錬成編には独自問題も！
- 見やすい紙面、わかりやすい解説

数学

合格のために必要な点数をゲット

目標得点別・公立入試の数学　基礎編

- 効率的に対策できる！　30・50・70点の目標得点別の章立て
- web解説には豊富な例題167問！
- 実力確認用の総まとめテストつき

定価：1,210円（本体1,100円＋税10%）／ISBN：978-4-8141-2558-6

応用問題の頻出パターンをつかんで80点の壁を破る！

実戦問題演習・公立入試の数学　実力錬成編

- 応用問題の頻出パターンを網羅
- 難問にはweb解説で追加解説を掲載
- 実力確認用の総まとめテストつき

定価：1,540円（本体1,400円＋税10%）／ISBN：978-4-8141-2560-9

英語

「なんとなく」ではなく確実に長文読解・英作文が解ける

実戦問題演習・公立入試の英語　基礎編

- 解き方がわかる！　問題内にヒント入り
- ステップアップ式で確かな実力がつく

定価：1,100円（本体1,000円＋税10%）／ISBN：978-4-8141-2123-6

公立難関・上位校合格のためのゆるがぬ実戦力を身につける

実戦問題演習・公立入試の英語　実力錬成編

- 総合読解・英作文問題へのアプローチ手法がつかめる
- 文法、構文、表現を一つひとつ詳しく解説

定価：1,320円（本体1,200円＋税10%）／ISBN：978-4-8141-2169-4

理科

短期間で弱点補強・総仕上げ

実戦問題演習・公立入試の理科

- 解き方のコツがつかめる！　豊富なヒント入り
- 基礎～思考・表現を問う問題まで
  重要項目を網羅

定価：1,045円（本体950円＋税10%）
ISBN：978-4-8141-0454-3

社会

弱点補強・総合力で社会が武器になる

実戦問題演習・公立入試の社会

- 基礎から学び弱点を克服！　豊富なヒント入り
- 分野別総合・分野複合の融合など
  あらゆる問題形式を網羅
  ※時事用語集を弊社HPで無料配信

定価：1,045円（本体950円＋税10%）
ISBN：978-4-8141-0455-0

国語

最後まで解ききれる力をつける

形式別演習・公立入試の国語

- 解き方がわかる！　問題内にヒント入り
- 基礎～標準レベルの問題で
  確かな基礎力を築く
- 実力確認用の総合テストつき

定価：1,045円（本体950円＋税10%）
ISBN：978-4-8141-0453-6

東京学参の

中学校別入試過去問題シリーズ

＊出版校は一部変更することがあります。一覧にない学校はお問い合わせください。

東京ラインナップ

あ 青山学院中等部(L04)
麻布中学(K01)
桜蔭中学(K02)
お茶の水女子大附属中学(K07)
か 海城中学(K09)
開成中学(M01)
学習院中等科(M03)
慶應義塾中等部(K04)
啓明学園中学(N29)
晃華学園中学(N13)
攻玉社中学(L11)
国学院大久我山中学
（一般・CC）(N22)
（ST）(N23)
駒場東邦中学(L01)
さ 芝中学(K16)
芝浦工業大附属中学(M06)
城北中学(M05)
女子学院中学(K03)
巣鴨中学(M02)
成蹊中学(N06)
成城中学(K28)
成城学園中学(L05)
青稜中学(K23)
創価中学(N14)★
た 玉川学園中学部(N17)
中央大附属中学(N08)
筑波大附属中学(K06)
筑波大附属駒場中学(L02)
帝京大中学(N16)
東海大菅生高中等部(N27)
東京学芸大附属竹早中学(K08)
東京都市大付属中学(L13)
桐朋中学(N03)
東洋英和女学院中学部(K15)
豊島岡女子学園中学(M12)
な 日本大第一中学(M14)
日本大第三中学(N19)
日本大第二中学(N10)
は 雙葉中学(K05)
法政大学中学(N11)
本郷中学(M08)
ま 武蔵中学(N01)
明治大付属中野中学(N05)
明治大付属八王子中学(N07)
明治大付属明治中学(K13)
ら 立教池袋中学(M04)
わ 和光中学(N21)
早稲田中学(K10)
早稲田実業学校中等部(K11)
早稲田大高等学院中学部(N12)

神奈川ラインナップ

あ 浅野中学(O04)
栄光学園中学(O06)
か 神奈川大附属中学(O08)
鎌倉女学院中学(O27)
関東学院六浦中学(O31)
慶應義塾湘南藤沢中等部(O07)
慶應義塾普通部(O01)
さ 相模女子大中学部(O32)
サレジオ学院中学(O17)
逗子開成中学(O22)
聖光学院中学(O11)
清泉女学院中学(O20)
洗足学園中学(O18)
捜真女学校中学部(O29)
た 桐蔭学園中等教育学校(O02)
東海大付属相模高中等部(O24)
桐光学園中学(O16)
な 日本大中学(O09)
は フェリス女学院中学(O03)
法政大第二中学(O19)
や 山手学院中学(O15)
横浜隼人中学(O26)

千・埼・茨・他ラインナップ

あ 市川中学(P01)
浦和明の星女子中学(Q06)
か 海陽中等教育学校
（入試Ⅰ・Ⅱ）(T01)
（特別給費生選抜）(T02)
久留米大附設中学(Y04)
さ 栄東中学（東大・難関大）(Q09)
栄東中学（東大特待）(Q10)
狭山ヶ丘高校付属中学(Q01)
芝浦工業大柏中学(P14)
渋谷教育学園幕張中学(P09)
城北埼玉中学(Q07)
昭和学院秀英中学(P05)
清真学園中学(S01)
西南学院中学(Y02)
西武学園文理中学(Q03)
西武台新座中学(Q02)
専修大松戸中学(P13)
た 筑紫女学園中学(Y03)
千葉日本大第一中学(P07)
千葉明徳中学(P12)
東海大付属浦安高中等部(P06)
東邦大付属東邦中学(P08)
東洋大附属牛久中学(S02)
獨協埼玉中学(Q08)
な 長崎日本大中学(Y01)
成田高校付属中学(P15)
は 函館ラ・サール中学(X01)
日出学園中学(P03)
福岡大附属大濠中学(Y05)
北嶺中学(X03)
細田学園中学(Q04)
や 八千代松陰中学(P10)
ら ラ・サール中学(Y07)
立命館慶祥中学(X02)
立教新座中学(Q05)
わ 早稲田佐賀中学(Y06)

公立中高一貫校ラインナップ

北海道 市立札幌開成中等教育学校(J22)
宮 城 宮城県仙台二華・古川黎明中学校(J17)
市立仙台青陵中等教育学校(J33)
山 形 県立東桜学館・致道館中学校(J27)
茨 城 茨城県立中学・中等教育学校(J09)
栃 木 県立宇都宮東・佐野・矢板東高校附属中学校(J11)
群 馬 県立中央・市立四ツ葉学園中等教育学校・
市立太田中学校(J10)
埼 玉 市立浦和中学校(J06)
県立伊奈学園中学校(J31)
さいたま市立大宮国際中等教育学校(J32)
川口市立高等学校附属中学校(J35)
千 葉 県立千葉・東葛飾中学校(J07)
市立稲毛国際中等教育学校(J25)
東 京 区立九段中等教育学校(J21)
都立大泉高等学校附属中学校(J28)
都立両国高等学校附属中学校(J01)
都立白鷗高等学校附属中学校(J02)
都立富士高等学校附属中学校(J03)
都立三鷹中等教育学校(J29)
都立南多摩中等教育学校(J30)
都立武蔵高等学校附属中学校(J04)
都立立川国際中等教育学校(J05)
都立小石川中等教育学校(J23)
都立桜修館中等教育学校(J24)
神奈川 川崎市立川崎高等学校附属中学校(J26)
県立平塚・相模原中等教育学校(J08)
横浜市立南高等学校附属中学校(J20)
横浜サイエンスフロンティア高校附属中学校(J34)
広 島 県立広島中学校(J16)
県立三次中学校(J37)
徳 島 県立城ノ内中等教育学校・富岡東・川島中学校(J18)
愛 媛 県立今治東・松山西中等教育学校(J19)
福 岡 福岡県立中学校・中等教育学校(J12)
佐 賀 県立香楠・致遠館・唐津東・武雄青陵中学校(J13)
宮 崎 県立五ヶ瀬中等教育学校・宮崎西・都城泉ヶ丘高校附属中学校(J15)
長 崎 県立長崎東・佐世保北・諫早高校附属中学校(J14)

公立中高一貫校「適性検査対策」問題集シリーズ

作文問題編　資料問題編　数と図形編　生活と科学編　実力確認テスト編

私立中・高スクールガイド
THE(ザ) 私立
私立中学＆高校の学校生活がわかる！

東京学参の

高校別入試過去問題シリーズ

＊出版校は一部変更することがあります。一覧にない学校はお問い合わせください。

東京ラインナップ

あ 愛国高校(A59)
青山学院高等部(A16)★
桜美林高校(A37)
お茶の水女子大附属高校(A04)
か 開成高校(A05)★
共立女子第二高校(A40)★
慶應義塾女子高校(A13)
啓明学園高校(A68)★
国学院高校(A30)
国学院大久我山高校(A31)
国際基督教大高校(A06)
小平錦城高校(A61)★
駒澤大高校(A32)
さ 芝浦工業大附属高校(A35)
修徳高校(A52)
城北高校(A21)
専修大附属高校(A28)
創価高校(A66)★
た 拓殖大第一高校(A53)
立川女子高校(A41)
玉川学園高等部(A56)
中央大高校(A19)
中央大杉並高校(A18)★
中央大附属高校(A17)
筑波大附属高校(A01)
筑波大附属駒場高校(A02)
帝京大高校(A60)
東海大菅生高校(A42)
東京学芸大附属高校(A03)
東京農業大第一高校(A39)
桐朋高校(A15)
都立青山高校(A73)★
都立国立高校(A76)★
都立国際高校(A80)★
都立国分寺高校(A78)★
都立新宿高校(A77)★
都立墨田川高校(A81)★
都立立川高校(A75)★
都立戸山高校(A72)★
都立西高校(A71)★
都立八王子東高校(A74)★
都立日比谷高校(A70)★
な 日本大櫻丘高校(A25)
日本大第一高校(A50)
日本大第三高校(A48)
日本大第二高校(A27)
日本大鶴ヶ丘高校(A26)
日本大豊山高校(A23)
は 八王子学園八王子高校(A64)
法政大高校(A29)
ま 明治学院高校(A38)
明治学院東村山高校(A49)
明治大付属中野高校(A33)
明治大付属八王子高校(A67)
明治大付属明治高校(A34)★
明法高校(A63)
わ 早稲田実業学校高等部(A09)
早稲田大高等学院(A07)

神奈川ラインナップ

あ 麻布大附属高校(B04)
アレセイア湘南高校(B24)
か 慶應義塾高校(A11)
神奈川県公立高校特色検査(B00)
さ 相洋高校(B18)
た 立花学園高校(B23)
桐蔭学園高校(B01)
東海大付属相模高校(B03)★
桐光学園高校(B11)
な 日本大高校(B06)
日本大藤沢高校(B07)
は 平塚学園高校(B22)
藤沢翔陵高校(B08)
法政大国際高校(B17)
法政大第二高校(B02)★
や 山手学院高校(B09)
横須賀学院高校(B20)
横浜商科大高校(B05)
横浜市立横浜サイエンスフロンティア高校(B70)
横浜翠陵高校(B14)
横浜清風高校(B10)
横浜創英高校(B21)
横浜隼人高校(B16)
横浜富士見丘学園高校(B25)

千葉ラインナップ

あ 愛国学園大附属四街道高校(C26)
我孫子二階堂高校(C17)
市川高校(C01)★
か 敬愛学園高校(C15)
さ 芝浦工業大柏高校(C09)
渋谷教育学園幕張高校(C16)★
翔凜高校(C34)
昭和学院秀英高校(C23)
専修大松戸高校(C02)
た 千葉英和高校(C18)
千葉敬愛高校(C05)
千葉経済大附属高校(C27)
千葉日本大第一高校(C06)★
千葉明徳高校(C20)
千葉黎明高校(C24)
東海大付属浦安高校(C03)
東京学館高校(C14)
東京学館浦安高校(C31)
な 日本体育大柏高校(C30)
日本大習志野高校(C07)
は 日出学園高校(C08)
や 八千代松陰高校(C12)
ら 流通経済大付属柏高校(C19)★

埼玉ラインナップ

あ 浦和学院高校(D21)
大妻嵐山高校(D04)★
か 開智高校(D08)
開智未来高校(D13)★
春日部共栄高校(D07)
川越東高校(D12)
慶應義塾志木高校(A12)
さ 埼玉栄高校(D09)
栄東高校(D14)
狭山ヶ丘高校(D24)
昌平高校(D23)
西武学園文理高校(D10)
西武台高校(D06)

都道府県別 公立高校入試過去問 シリーズ

●全国47都道府県別に出版
●最近数年間の検査問題収録
●リスニングテスト音声対応

た 東京農業大第三高校(D18)
は 武南高校(D05)
本庄東高校(D20)
や 山村国際高校(D19)
ら 立教新座高校(A14)
わ 早稲田大本庄高等学院(A10)

北関東・甲信越ラインナップ

あ 愛国学園大附属龍ヶ崎高校(E07)
宇都宮短大附属高校(E24)
か 鹿島学園高校(E08)
霞ヶ浦高校(E03)
共愛学園高校(E31)
甲陵高校(E43)
国立高等専門学校(A00)
さ 作新学院高校
(トップ英進・英進部)(E21)
(情報科学・総合進学部)(E22)
常総学院高校(E04)
た 中越高校(R03)＊
土浦日本大高校(E01)
東洋大附属牛久高校(E02)
な 新潟青陵高校(R02)
新潟明訓高校(R04)
日本文理高校(R01)
は 白鷗大足利高校(E25)
ま 前橋育英高校(E32)
や 山梨学院高校(E41)

中京圏ラインナップ

あ 愛知高校(F02)
愛知啓成高校(F09)
愛知工業大名電高校(F06)
愛知みずほ大瑞穂高校(F25)
暁高校(3年制)(F50)
鶯谷高校(F60)
栄徳高校(F29)
桜花学園高校(F14)
岡崎城西高校(F34)
か 岐阜聖徳学園高校(F62)
岐阜東高校(F61)
享栄高校(F18)
さ 桜丘高校(F36)
至学館高校(F19)
椙山女学園高校(F10)
鈴鹿高校(F53)
星城高校(F27)★
誠信高校(F33)
清林館高校(F16)★
た 大成高校(F28)
大同大大同高校(F30)
高田高校(F51)
滝高校(F03)★
中京高校(F63)
中京大附属中京高校(F11)★
中部大春日丘高校(F26)★
中部大第一高校(F32)
津田学園高校(F54)
東海高校(F04)★
東海学園高校(F20)
東邦高校(F12)
同朋高校(F22)
豊田大谷高校(F35)
な 名古屋高校(F13)
名古屋大谷高校(F23)
名古屋経済大市邨高校(F08)
名古屋経済大高蔵高校(F05)
名古屋女子大高校(F24)
名古屋たちばな高校(F21)
日本福祉大付属高校(F17)
人間環境大附属岡崎高校(F37)
は 光ヶ丘女子高校(F38)
誉高校(F31)
ま 三重高校(F52)
名城大附属高校(F15)

公立高校入試対策 問題集シリーズ

●目標得点別・公立入試の数学(基礎編)
●実戦問題演習・公立入試の数学(実力錬成編)
●実戦問題演習・公立入試の英語(基礎編・実力錬成編)
●形式別演習・公立入試の国語
●実戦問題演習・公立入試の理科
●実戦問題演習・公立入試の社会

宮城ラインナップ

さ 尚絅学院高校(G02)
聖ウルスラ学院英智高校(G01)★
聖和学園高校(G05)
仙台育英学園高校(G04)
仙台城南高校(G06)
仙台白百合学園高校(G12)
た 東北学院高校(G03)★
東北学院榴ヶ岡高校(G08)
東北高校(G11)
東北生活文化大高校(G10)
常盤木学園高校(G07)
は 古川学園高校(G13)
ま 宮城学院高校(G09)★

北海道ラインナップ

さ 札幌光星高校(H06)
札幌静修高校(H09)
札幌第一高校(H01)
札幌北斗高校(H04)
札幌龍谷学園高校(H08)
は 北海高校(H03)
北海学園札幌高校(H07)
北海道科学大高校(H05)
ら 立命館慶祥高校(H02)

★はリスニング音声データのダウンロード付き。

高校入試特訓問題集 シリーズ

●英語長文難関攻略33選(改訂版)
●英語長文テーマ別難関攻略30選
●英文法難関攻略20選
●英語難関徹底攻略33選
●古文完全攻略63選(改訂版)
●国語融合問題完全攻略30選
●国語長文難関徹底攻略30選
●国語知識問題完全攻略13選
●数学の図形と関数・グラフの融合問題完全攻略272選
●数学難関徹底攻略700選
●数学の難問80選
●数学 思考力―規則性とデータの分析と活用―

2404A

〈ダウンロードコンテンツについて〉

本問題集のダウンロードコンテンツ、弊社ホームページで配信しております。現在ご利用いただけるのは「2025年度受験用」に対応したもので、**2025年3月末日**までダウンロード可能です。弊社ホームページにアクセスの上、ご利用ください。

※配信期間が終了いたしますと、ご利用いただけませんのでご了承ください。

高校別入試過去問題シリーズ

慶應義塾女子高等学校　2025年度

ISBN978-4-8141-2909-6

[発行所] 東京学参株式会社

〒153-0043　東京都目黒区東山2-6-4

書籍の内容についてのお問い合わせは右のQRコードから ⇒

※書籍の内容についてのお電話でのお問い合わせ、本書の内容を超えたご質問には対応できませんのでご了承ください。

※本書のコピー、スキャン、デジタル化等の無断複製は著作権法上での例外を除き禁じています。本書を代行業者等の第三者に依頼してスキャンやデジタル化することは、　たとえ個人や家庭内での利用であっても著作権法上認められておりません。

2024年4月23日　初版